SVEN LEWANDOWSKI, CORNELIA KOPPETSCH (HG.)

Sexuelle Vielfalt
und die *Un*Ordnung der Geschlechter

Beiträge zur Soziologie der Sexualität

[transcript]

Bibliografische Information der Deutschen Nationalbibliothek

Die Deutsche Nationalbibliothek verzeichnet diese Publikation in der Deutschen Nationalbibliografie; detaillierte bibliografische Daten sind im Internet über http://dnb.d-nb.de abrufbar.

Umschlaggestaltung: Kordula Röckenhaus, Bielefeld
Korrektorat: Benjamin Scala, Bochum
Printed in Germany
Print-ISBN 978-3-8376-3017-6
PDF-ISBN 978-3-8394-3017-0

Gedruckt auf alterungsbeständigem Papier mit chlorfrei gebleichtem Zellstoff.
Besuchen Sie uns im Internet: *http://www.transcript-verlag.de*
Bitte fordern Sie unser Gesamtverzeichnis und andere Broschüren an unter:
info@transcript-verlag.de

Inhalt

Einleitung
Cornelia Koppetsch/Sven Lewandowski | 7

SEXUELLE VIELFALT UND HEGEMONIALE GESCHLECHTERORDNUNG

Sexuelle Vielfalt oder Ein Ende der Klassifikationen?
Rüdiger Lautmann | 29

Die Konstruktion der sexuellen Wirklichkeit.
Körperwissen, Medienbilder und die Logik der Prostitution
Thorsten Benkel | 67

Die Macht des Blicks.
Sexualisierung des Körpers und symbolische Gewalt
Otto Penz | 99

JENSEITS DER VERKNÜPFUNG VON SEXUALITÄT UND BINÄRER GESCHLECHTERORDNUNG?

Über die (Nicht-)Zusammengehörigkeit
von Geschlecht, sexuellen Praktiken und Begehren
Kim Scheunemann | 127

Das Geschlecht der Heterosexualität oder
Wie heterosexuell ist die Heterosexualität?
Sven Lewandowski | 151

Bisexualität als Überschuss sexueller Ordnung.
Eine biografieanalytische Fallstudie zur sexuellen Selbstwerdung
Eva Kemler/Martina Löw/Kim Ritter | 185

EMPIRISCHE PERSPEKTIVEN

Beziehungen und Sexualität im Jugendalter
Silja Matthiesen/Jasmin Mainka/Urszula Martyniuk | 219

**Zur Pluralisierung des Swinging
in der eventisierten Lebenswelt der Swingerpaare**
Miriam Venn | 249

**Karrierefrau und Märchenprinz?
Geschlechterverhältnisse und sexuelle Praxis**
Cornelia Koppetsch/Sarah Speck/Alice Jockel | 275

**»How to Seduce Hot Women«.
Sexuelle Kommunikationsstrategien und Geschlechtertypologien
in Verführungsratgebern für Männer**
Fehmi Akalin | 299

Autorinnen und Autoren | 329

Einleitung

CORNELIA KOPPETSCH/SVEN LEWANDOWSKI

Sexuelle Vielfalt ist seit den 1980er Jahren ein zentrales Thema in der Sexual- und Geschlechterforschung. Über die Pluralisierung des Sexuellen, die Ausbildung und neue Sichtbarkeit einer bislang unbekannten Vielfalt legitimer sexueller Lebens- und Erlebniswelten herrscht weitgehender Konsens. Sexuelle Praktiken, Identitäten und Felder haben sich ausdifferenziert, auch das Verhältnis der Geschlechter hat sich demokratisiert. Weniger Konsens herrscht jedoch hinsichtlich der Frage, ob, in welchem Umfang und in welchen Formen sexuelle Vielfalt tatsächlich gelebt wird bzw. gelebt werden kann. Von entsprechenden Möglichkeiten und Restriktionen, Realitäten und (teilweise noch uneingelösten) Optionen handeln die Beiträge dieses Bandes, die sich aus unterschiedlichen Perspektiven mit der Frage befassen, was sexuelle Vielfalt in einer Gesellschaft bedeuten kann, die nach wie vor durch eine dichotome Geschlechterordnung und heteronormative Geschlechterphantasmen geprägt ist. Trotz grundlegender Veränderungen innerhalb westlicher Gesellschaften in den letzten Jahrzehnten – der Ablösung der Sexualität von Ehe und Fortpflanzung, der rechtlichen Gleichstellung von Männern und Frauen, des Abbaus der Diskriminierungen Homosexueller, einer zunehmenden Toleranz gegenüber abweichenden Begehrensformen – lassen sich zahlreiche Hinweise dafür finden, dass die sexuelle Praxis nach wie vor durch eine hierarchisch verfasste Geschlechterordnung, durch den Primat der Paarbeziehung und durch das Regime der Heterosexualität strukturiert wird (Jackson/Scott 2010). Folgen wir Judith Butler (1991), so bringen sich das System der Zweigeschlechtlichkeit und das System der Heterosexualität wechselseitig hervor. Vorstellungen von Weiblichkeit und Männlichkeit werden durch die »heterosexuelle Fixierung des Begehrens« (Butler 1991: 38) geprägt und bestätigt.

Die Einschreibung von Geschlechtsidentitäten geschieht vor allem über den Körper, d.h. über die gesellschaftliche Zurichtung von Körperhaltungen, Aussehen und Körpersprache, die als weiblich oder männlich, bzw. als sexuell attraktiv für das jeweils andere Geschlecht, angesehen werden. Sexualität wirkt dabei insofern als Machtdispositiv, als ihre Einschreibung am Körper ansetzt, sodass Soziales in vermeintlich Naturgegebenes transformiert wird. Denn der geschlechtlich markierte Körper wird dann nicht als soziale Setzung, sondern als natürlicher Ausdruck einer Geschlechterklassifikation verstanden. Dies geschieht, indem sozialer Sinn auf den Körper projiziert wird.

Heterosexualität formiert eine binäre Geschlechterklassifikation, von der auch wesentliche Herrschaftseffekte im Geschlechterverhältnis ausgehen. Denn die Unterscheidung zwischen weiblich und männlich ist nicht neutral, sondern sie wird in den verschiedenen sozialen Feldern eingesetzt, um soziale Positionen als ungleich zu markieren und zu Identitäten zu verdichten. Selbst wenn sich die Inhalte und Attribute des Weiblichen und des Männlichen stets wandeln – das Männliche gilt in der Regel als höherwertig, womit die Privilegierung von Jungen und Männern legitimiert werden soll. Diese Herrschaftseffekte bleiben durch die körperliche Fundierung der Geschlechterklassifikation jedoch meist verborgen und werden den Akteuren nur selten bewusst. Denn Zuweisung von Frauen und Männer auf hierarchische Positionen wird aufgrund ihrer identitären Festschreibung als »natürlich« empfunden.

Diese theoretischen Annahmen bilden den diskursiven Hintergrund, vor dem die Beiträge des Bandes teils in anknüpfender, teils in kritischer Weise unterschiedliche Themenstellungen und Perspektiven entfalten.

Eine Reihe von Beiträgen befasst sich mit der Frage, ob und durch welche Praktiken vereindeutigende Vorstellungen von Sexualität und Geschlecht hinterfragt und gegebenenfalls hintergangen werden können. Welchen Akteuren gelingt es, durch die Herausbildung sexueller Vielfalt, z.B. im Kontext von Transgender, Bisexualität oder Transsexualität, die enge Verknüpfung von Geschlechtsidentität, Geschlechtskörper und sexuellem Begehren aufzubrechen? Solange sich Geschlecht und Sexualität im Rahmen sich gegenseitig konstituierender Bedeutungssysteme bewegen, bleiben jedoch beide beschränkt: Im System der Zweigeschlechtlichkeit ist der Körper immer schon geschlechtlich vordefiniert, sexuelles Begehren wird auf einen männlichen oder weiblichen Körper gerichtet – auch dann, wenn man beide Körper begehren kann. Problematisiert wurde diese binäre Konstruktion sexuellen Begehrens in der politischen Alltagskultur unter dem Stichwort »queer« (vgl. Lautmann[1]). Davon ausgehend befassen sich die entsprechenden Beiträge mit der Frage, durch welche sexuellen

---

1 Verweise, die nur mit Namen, nicht aber mit Jahreszahl gekennzeichnet sind, beziehen sich auf Beiträge in diesem Band.

Klassifikationen und Praktiken und unter welchen Voraussetzungen die in der Regel als selbstverständlich angenommenen Kategorien von männlich und weiblich, Homo- und Heterosexualität, lesbisch oder schwul lebenspraktisch relativiert werden können (vgl. Lewandowski; Scheunemann; Kemler/Löw/Ritter).

Demgegenüber behandeln andere Beiträge des vorliegenden Bandes genau den gegenteiligen Prozess der Festschreibung und Vereindeutigung von Geschlechtsidentitäten: Gezeigt wird, durch welche gesellschaftlichen Zuschreibungen und Praktiken Weiblichkeit und Männlichkeit jeweils hervorgebracht und verinnerlicht werden. Männliche Herrschaft – so zeigt etwa der Beitrag von Otto Penz – wird im Kontext von Sexualität vor allem durch die Institutionalisierung einer Blickkultur gestützt, durch die der Frauenkörper als symbolisches Objekt konstituiert wird. Der Blick ist ein wesentliches Moment der weiblichen Individualisierung und wirkt vermittelt durch Rituale und Bedeutungen westlicher Konsumgesellschaften im Sinne der Sexualisierung des weiblichen Körpers. Der Beitrag von Fehmi Akalin analysiert, auf welche Weise Verführungsratgeber Sexualität und Geschlecht als biologische Tatsachen ausgeben, um mit dieser Simplifikation Kontingenzen im Kontext der Anbahnung von Intimbeziehungen bearbeitbar erscheinen zu lassen.

Zwei weitere Beiträge befassen sich mit sexuellen Interaktionen in Intimbeziehungen und ihrer Bedeutung für die Hervorbringung und Bestätigung von Geschlechtsidentitäten. Wenn sexuelles Begehren nicht naturgegeben aus der Dichotomie der Geschlechter hervorgeht, stellt sich die Frage, auf welche Weise sexuelle Praxis die Funktion erfüllt, und von Akteuren mitunter auch ganz gezielt dazu eingesetzt wird, Geschlechtsidentitäten zu formen und zu bestätigen. Dies kann im Sinne der heteronormen, dichotomen Geschlechtsidentität – d.h. im Sinne der wechselseitigen Hervorbringung von Weiblichkeit und Männlichkeit (vgl. Koppetsch/Speck/Jockel) – aber auch im Sinne einer nicht eindeutigen, vielfältigen Prägung eines sexuellen Selbst (vgl. Kemler/Löw/Ritter) erfolgen.

Aber nicht nur die wechselseitige Begründung von sexuellem Begehren und Geschlecht im System heteronormativer Sexualität schränkt sexuelle Vielfalt ein. Die faktische Festschreibung sexueller Praxis auf Paarsexualität zeigt, dass eine Vervielfältigung sexueller Lebensformen und eine Diversifikation und Deregulierung von Intimbeziehungen kaum stattgefunden hat (vgl. Benkel; Venn). Trotz aller Liberalisierungs- und Pluralisierungstendenzen zeigen quantitative Studien (z.B. Laumann et al. 1994; Schmidt et al. 2006), dass der mit Abstand größte Anteil (hetero-)sexueller Praxis *innerhalb* von Paarbeziehungen stattfindet. Dies zeigen auch die empirischen Beiträge dieses Bandes. So findet Sexualität im Jugendalter überwiegend in heterosexuellen Beziehungen statt, die durch Treuenormen reguliert werden (vgl. Matthiesen/Mainka/Matyniuk).

Aufgrund der Forschungslage bleibt es eine offene Frage, in welchem Ausmaß und in welcher Weise sich Liberalisierungstendenzen und sexuelle Vielfalt in Zukunft durchsetzen werden. Vieles spricht dafür, dass gesellschaftliche Reglementierungen und Normen nicht einfach verschwunden sind, sondern weiterhin in die sexuelle Praxis eingreifen. Dies gilt sowohl für die Festschreibung heterosexueller Begehrensstrukturen wie auch für Doppelstandards im Geschlechterverhältnis. So wird die Tendenz zur Angleichung männlicher und weiblicher Sexualität durch das stärkere Engagement der Männer im Bereich außerpartnerschaftlicher Sexualität, z.b. durch die Nutzung pornografischer wie prostitutiver Angebote, konterkariert. Pornografie ist längst – wie populäre Medien anschaulich zeigen – nicht mehr ein bloßes Randphänomen, das gesellschaftlich ausgegrenzt wird (vgl. Lewandowski 2012b; Villa 2012). Ihre Enttabuisierung und ihre leichte Zugänglichkeit über das Internet machen es möglich, dass pornografische Inszenierungen als Anregung für das sexuelle Handeln von Paaren in Anspruch genommen werden. Inwieweit und in welchem Umfang von dieser Möglichkeit jedoch tatsächlich Gebrauch gemacht wird, ist freilich noch wenig untersucht (vgl. aber: Matthiesen/Martyniuk/Dekker 2011; Schmidt/Matthiesen 2011).

SEXUELLE VIELFALT AUS DER PERSPEKTIVE DER SEXUALWISSENSCHAFTEN

Sexuelle Vielfalt war bereits Mitte/Ende des 19. Jahrhunderts ein wichtiges sexualwissenschaftliches Thema. Allerdings wurde das Phänomen sexueller Vielfalt in ähnlicher Weise wie Homosexualität primär im Denkrahmen psychopathologischer Störungen wahrgenommen. In dieser Hinsicht erwies sich insbesondere Richard von Krafft-Ebings immer wieder aufgelegtes, erstmals 1886 publiziertes opus magnum *Psychopatia Sexualis* (Krafft-Ebing 1912) als ebenso berüchtigt wie epochemachend, wobei heutzutage bei aller berechtigten Kritik an Krafft-Ebings Sammlung abweichender Sexualitäten gerne übersehen wird, dass der psychopathologische Diskurs abweichenden Sexualitäten eine Stimme gab und ihnen erstmals einen legitimen diskursiven Rahmen bot (vgl. Oosterhuis 2001; Weber 2008; Lewandowski 2012b: 162ff.).

Erst mit dem erneuten Erstarken der nun sozialwissenschaftlich informierten und zunehmend gesellschaftskritisch eingestellten Sexualwissenschaften in den 1970er Jahren wurde sexuelle Vielfalt erneut – und diesmal in positiv besetzter Weise – zu einem prominenten Thema.

Der Kontrast zum Mainstream der bisherigen Geschichte der Sexualforschung (vgl. Sigusch 2008) ist überdeutlich: Ursprünglich dominierte eine medizinische, d.h. größtenteils pathologisierende Perspektive, die vom heutigen Bekenntnis zu Vielfalt und Toleranz denkbar weit entfernt war. Auf der Folie einer eng gefassten sexuellen Normalität im Kontext der bürgerlichen Ehe wurden z.b. Homosexualität und Onanie als abweichende Sexualpraktiken gebrandmarkt. Dabei reichte ein einzelnes Merkmal aus, um die ganze Person mit weitreichenden Konsequenzen zu stigmatisieren (»der sexuell Abnorme«, »der Onanist« usw.). Stark verbreitet war die Verknüpfung des Gegenstands mit einer starren Geschlechterpolarität, bei der Frauen und Männer in ihrer Triebhaftigkeit und Emotionalität als homogene Gruppen klassifiziert wurden. Sexualität galt – insbesondere vor Freud – als »natürlicher« biologischer Trieb und davon abweichende Praktiken wurden unter dem Einfluss einer psychiatrischen Sexualwissenschaft als abnorm klassifiziert. Weitgehend unausgesprochen wurde eine Gleichsetzung von normativ richtiger (Hetero-)Sexualität, Penetration und Orgasmus etabliert. Schon bei den Klassikern des sexualmedizinischen Diskurses wird aber auch erkennbar, wenngleich unterschiedlich stark ausgeprägt, dass es nicht ausreicht, Sexualität als bloß biologisch bestimmte bzw. bestimmbare Kategorie zu fassen.

Einen radikalen Bruch mit der klassischen Sexualpathologie inszeniert Sigmund Freud in seinen *Drei Abhandlungen zur Sexualtheorie* (1905). Im Gegensatz zu bis dato (und inzwischen wieder) weit verbreiteten Annahmen geht Freud davon aus, dass »normale« (Hetero-)Sexualität nicht angeboren ist, sondern ganz im Gegenteil nicht am Anfang, sondern am Ende eines komplizierten und gefahrvollen psychologischen Entwicklungsprozesses steht. Aus den »polymorph-perversen« Veranlagungen des kleinen Kindes entwickle sich mittels Versagungen, Verdrängungen, dem Aufbau von Hemmschwellen durch Erziehung und ähnlichen Prozessen, die das »Triebschicksal« formen, die manifeste, mehr oder minder normale respektive perverse Sexualität des Erwachsenen. Wenngleich Freud nicht explizit auf gesellschaftliche Strukturen reflektiert, so macht er doch deutlich, dass die dominierenden Sexualformen nicht natürliche, sondern kulturelle Produkte darstellen. In Freuds Perspektive stellt sich Sexualität also gerade *nicht* als rein biologisch determiniert dar, sondern für ihn folgt die lebensgeschichtliche Ausformung der Sexualität dem Primat des Psychischen und nicht dem des Biologischen.[2]

---

2 Dies wird nicht zuletzt in Freuds Insistieren auf der Tatsache deutlich, dass der Sexualtrieb weder durch das Sexualobjekt ausgelöst werde noch dieses mit sich bringe. Vielmehr habe man sich »die Verknüpfung des Sexualtriebes mit dem

Verstärkt durch Freud haben triebmodellhafte Vorstellungen vom Sexuellen Eingang in Deutungsmuster sexueller Praktiken sowie in das Alltagswissen gefunden (wobei freilich zu betonen ist, dass alltägliche Triebvorstellungen dem Freud'schen Modell oftmals nicht gerecht werden, indem sie es in unzulässiger Weise re-biologisieren). Für die Sozialwissenschaften war das Freud'sche Triebmodell ein wesentlicher Ansatzpunkt für eine sozialwissenschaftliche Erforschung der Sexualität. Als eine frühe Arbeit ist Helmut Schelskys (1955) »Soziologie der Sexualität« zu nennen, die in kritischer Auseinandersetzung zu den in der deutschen Öffentlichkeit breit rezipierten Kinsey-Studien erfolgte. Sexualität wird vom Schelsky als biologisch bedingter Antrieb aufgefasst, der zur Stabilisierung einer kulturellen Umformung durch Institutionen bedarf.

Mit dem Erstarken der sozialwissenschaftlichen Perspektive seit den 1970er Jahren haben sich Einwände nicht nur gegen die Annahme eines biologischen Fundaments der Sexualität verschärft; kritisiert wurde zunehmend auch eine psychologisch verengte Sichtweise, wonach Sexualität im Wesentlichen als Resultat frühkindlicher Prägung anzusehen ist. Im Zuge dieser Entwicklung hat das Triebkonzept seine Funktion als Leitkonzept für die Erforschung von Sexualität verloren (vgl. Schmidt 2004). Stattdessen wurde Sexualität einerseits verstärkt als Ressource, andererseits aber auch als ein von gesellschaftlichen Herrschaftsverhältnissen geprägter Handlungsbereich verstanden, der historischen Veränderungen unterliegt. Das inzwischen abgewickelte Frankfurter Institut für Sexualwissenschaft und die Hamburger Abteilung für Sexualforschung (heute: Institut für Sexualforschung und Forensische Psychiatrie) hatten einen entscheidenden Anteil bei der Durchsetzung und Verbreitung dieser Perspektive.[3]

Sexualobjekt als eine zu innige vorgestellt [...]. [...] zwischen Sexualtrieb und Sexualobjekt [liegt] eine Verlötung vor[...], die wir bei der Gleichförmigkeit der normalen Gestaltung, wo der Trieb das Objekt mitzubringen scheint, in Gefahr sind zu übersehen. Wir werden so angewiesen, die Verknüpfung zwischen Trieb und Objekt in unseren Gedanken zu lockern. Der Geschlechtstrieb ist wahrscheinlich zunächst unabhängig von seinem Objekt und verdankt wohl auch nicht den Reizen desselben seine Entstehung.« (Freud 1905: 46f.) Vgl. zur Würdigung von Freuds *Drei Abhandlungen zur Sexualtheorie* 100 Jahre nach ihrem Erscheinen auch die Beiträge in Dannecker/Katzenbach (2005).

3   Beide Institutionen waren/sind in der Medizin angesiedelt. Das zentrale Anliegen des Frankfurter Instituts war eine kritische Sexualwissenschaft, bei der die Sexualwissenschaft eng mit einer kritischen Gesellschaftstheorie verknüpft wurde (vgl. Sigusch 1988; Dannecker 1991). Die Hamburger Abteilung hat deutlich stärker den Primat auf die Empirie gelegt, wie schon an der seit vielen Jahren durchgeführten Studentenbe-

Parallel und weitgehend unabhängig von der in Frankfurt und Hamburg etablierten Sexualwissenschaft, wenn auch von dieser immer rezipiert, wurde Sexualität ausgehend von divergenten Theorietraditionen und unterschiedlichen Feldern der Sozialwissenschaften zum Gegenstand gemacht. Zu nennen sind vor allem der Poststrukturalismus in der Tradition von Michel Foucault, der Symbolische Interaktionismus, die Frauen- und Geschlechterforschung sowie Arbeiten, die Sexualität aus einer modernisierungstheoretischen Perspektive thematisieren – und selbst aus systemtheoretischer Perspektive liegen inzwischen einschlägige Arbeiten vor. Damit gelangten gesellschaftstheoretische und herrschaftskritische Sichtweisen auf Sexualität in den Mainstream der Sozialwissenschaften.

In seinem mehrbändigen Werk *Sexualität und Wahrheit* hat Michel Foucault (1976, 1984a, 1984b) die Grundlagen einer Diskursanalyse der Sexualität entwickelt. Die wissenschaftliche Erforschung der Sexualität, einschließlich der Psychoanalyse Freuds, wird einer weitreichenden Kritik unterzogen und »Sex« als eine Erfindung der Moderne aufgefasst. Trotz des offensichtlichen Anwachsens von Prüderie lasse sich, so Foucault (1976), im 18. und 19. Jahrhundert eine wahrhafte Explosion des Diskurses über Sexualität beobachten. Entgegen der gängigen These habe die Moderne nicht zur Unterdrückung der Sexualität geführt; vielmehr werde durch das fortlaufende Reden das Sexuelle erst hervorgebracht. Kennzeichnend für entsprechende Diskurse seien die wirklichkeitskonstruierenden Effekte der Wissensproduktion über Sexualität und die ihnen inhärenten Machtprozesse. Im Übergang zur Moderne bilde sich ein ›Sexualitätsdispositiv‹ – aufgefasst als ein Komplex von Diskursen und sozialen Praktiken – heraus, das sexualisierte Subjekte und eine normierende Sexualität mit eindeutigen Geschlechtsidentitäten und heterosexuellem Begehren als fest verankerten Maßstäben für Normalität hervorbringe.

Arbeiten aus dem Symbolischen Interaktionismus haben sich entschieden gegen die Annahme einer Triebgebundenheit der Sexualität mit Verweis auf die soziale Konstruktion sexueller Wirklichkeit gewandt (vgl. z.B. Gagnon/Simon 2005 [1973]; Plummer 1975; Davis 1983). Sexualität wird aus handlungstheoretischer Perspektive als Bedeutungssystem aufgefasst, das in sozialen Situationen hergestellt und den Ablauf sexueller Handlungen anleitet. John H. Gagnon und William Simon (2005 [1973]) haben die soziale Konstruktion der Sexualität auf intrapsychischer, interpersoneller und kultureller Ebene mittels des Skriptansat-

---

fragung zur Sexualität (vgl. Gunter Schmidt 2000) deutlich wird. Die aus diesem Kontext vor 25 Jahren gegründete Zeitschrift für Sexualforschung hat von Anfang an soziologische Beiträge publiziert, wie Sven Lewandowski (2012a) jüngst anlässlich des 25-jährigen Jubiläums der Zeitschrift aufgezeigt hat.

zes untersucht (vgl. auch Simon und Gagnon 2000). Auch wenn kulturelle Vorgaben damit eine theoretische Berücksichtigung finden, liegt der Aufmerksamkeitsfokus der Theorie sexueller Skripte aber deutlich stärker als bei Foucault auf der Handlungsebene.

Nicht Interaktion, sondern Kommunikation steht im Zentrum der Analysen zur Sexualität aus der Perspektive der Systemtheorie. Niklas Luhmann (1982) thematisiert Sexualität als symbiotischen Mechanismus des symbolisch generalisierten Kommunikationsmediums Liebe. Gezeigt wird, dass Sexualität seit dem 17. Jahrhundert (zunächst im Adel) nicht länger als körperliche Notwendigkeit, sondern als eigenständiger Erlebnis- und Kommunikationszusammenhang betrachtet wird, der die Gestaltung durch die Liebenden erforderlich macht. In seiner Nachfolge haben sich einige Autoren dem Sexuellen ausführlicher gewidmet, so z.b. Lewandowski (2004, 2008). Kritisiert wird von ihm die unzureichende gesellschaftstheoretische Fundierung der Sexualwissenschaften. Gezeigt wird, dass sich in modernen Gesellschaften ein Sexualitätssystem ausgebildet habe, dessen binärer Code die Differenz von sexuellen Begehren und sexueller Befriedigung ist.

Seit ihren Anfängen hat sich die Frauen- und Geschlechterforschung ausführlich mit Sexualität befasst. Für sie ist Sexualität nicht naturwüchsig gegeben, sondern ein Produkt einer hierarchisch verfassten Geschlechterordnung. Geschlecht, Körper und das System der Zweigeschlechtlichkeit sind dabei eng aufeinander bezogen (Butler 1991). Im System der Zweigeschlechtlichkeit ist der Körper immer schon geschlechtlich vordefiniert, die Lust wird auf einen männlichen oder/und weiblichen Körper gerichtet; auch dann, wenn man beide Körper als Lustobjekt erleben kann. Schwerpunkte in der Frauen- und Geschlechterforschung blieben die Themen der sexuellen Selbstbestimmung, der männlichen Gewalt sowie die Kritik an der weiterhin hegemonialen Heteronormativität (vgl. Hartmann et al. 2007; Jackson 1999).

Aus der modernisierungstheoretischen Perspektive wird der Wandel des intimen Handelns breit thematisiert. Für Anthony Giddens (1993) ist dabei die Annahme der Herauslösung der Sexualität aus traditionellen Vorgaben zentral. Er sieht in der Entkopplung der Sexualität von der Fortpflanzung den wesentlichen Entwicklungsmotor, wodurch Sexualität frei verfügbar werde und insbesondere für Frauen neue Freiheitsräume entstünden. Im späten 20. Jahrhundert habe sich – so der Originaltitel von Giddens (1993) – eine »Transformation of Intimacy« ereignet. Als neues Grundmuster setze sich immer mehr die »reine Beziehung« durch, worunter er eine Beziehung versteht, die man »um ihrer selbst willen eingeht, […] eine Beziehung, die nur so lange fortgesetzt wird, solange es für beide Parteien klar ist, dass alle Beteiligten sich in ihr wohl fühlen«

(Giddens 1993: 69). Dass die Geschlechtszugehörigkeit an sozialer Relevanz verliert, ist für Giddens ein zentraler Bestandteil dieses Transformationsprozesses. Hier lassen sich eine Reihe von Arbeiten aus der deutschsprachigen Sexualwissenschaft anschließen (vgl. insbesondere Gunter Schmidt, der Giddens' Konzeption einer Konsens- bzw. Verhandlungsmoral in zahlreichen Publikationen aufgreift, empirisch unterfüttert und weiterentwickelt). Aufgezeigt wird u.a., dass die lange Zeit geltende klare Abgrenzung zwischen der »richtigen Sexualität« und den »Perversionen« inzwischen weitgehend verschwunden ist.

Diese Entwicklung und die vermehrte Sichtbarkeit wie Akzeptanz abweichender Sexualitäten versucht Volkmar Sigusch (1998) mit dem Theorem der »neosexuellen Revolution« zu fassen. Infolge des Zusammenwirkens zweier Diskurse, des liberalen Diskurses der 1960er und 1970er Jahre und des Selbstbestimmungsdiskurses der 1980er Jahre, habe sich – wie Gunter Schmidt (2004: 11) ausführt – ein neuer Sexualkodex herausgebildet, der »den sexuellen Umgang friedlicher, kommunikativer, berechenbarer, rationaler, verhandelbarer, herrschaftsfreier machen und regeln will«. Das Ergebnis dieser moralischen Modernisierung bezeichnet Schmidt als »Verhandlungsmoral«. Diese zeichne sich dadurch aus, dass sie »nicht sexuelle Handlungen und Praktiken (bewerte), sondern die Art und Weise ihres Zustandekommens« (Gunter Schmidt 2004: 11). Ermöglicht wurde somit eine weitreichende Normalisierung von Sexualformen, die vorher als deviant galten.[4] Auch sei der lange Zeit existente Doppelstandard, der den Männern – vielfach unter der Hülle der Verschwiegenheit – sexuelle Freiheiten gewährte, während dieselben Normen Frauen ungleich striktere sexuelle Repression auferlegten, verschwunden. Zum Teil besitzen junge Frauen sogar einen Erfahrungsvorsprung (vgl. Peterson/Hyde 2010; Renate-Berenike Schmidt 2003).

Zwar wird deutlich, dass sich die Sozialwissenschaften – wie die Überblicksdarstellung von Rüdiger Lautmann (2002) und mehrere Sammelbände (z.B. Funk/Lenz 2005; Benkel/Akalin 2010) zeigen – verstärkt der Sexualität als sozialem Phänomen annehmen. Hierfür sprechen auch eine wachsende Anzahl von Forschungsstudien und -überblicke, die sich mit dem sozialen Wandel der Sexualität (vgl. u.a. Gunter Schmidt 2000; Gunter Schmidt et al. 2006), Prostitution (vgl. Löw/Ruhne 2011; Benkel 2012; Mitrovic/Gerheim/Koller-Tejeiro 2007; Gerheim 2012; Grenz 2005; Grenz/Lücke 2006), Bisexualität (vgl. Kemler/Löw/Ritter 2012), Online-Sex (vgl. Dekker 2012) und Pornografie befassen (vgl. Pastötter 2003, Flaßpöhler 2007; Lewandowski 2012b; Villa 2012). Eine besondere Aufmerksamkeit hat die Pornografie durch die starke Verbreitung

---

4 Als bemerkenswerte Ausnahme ist Pädophilie zu nennen (vgl. hierzu Schmidt 1999).

über das Internet (Döring 2003; 2009; 2011a; b) und durch eine vermeintlich starke Nutzung durch Jugendliche (vgl. Grimm/Rhein/Müller 2010; Starke 2010; Hill 2011; Matthiesen/Martyniuk/Dekker 2011, Schmidt/Matthiesen 2011; Schetsche 2010) erlangt. Neben Untersucherungen zu den ersten Erfahrungen von Jugendlichen mit Sexualität auch in Verbindung mit dem Risiko früher Schwangerschaft (vgl. Dannenbeck/Stich 2002; King 2006; 2011 a und b; Matthiesen/Block/Mix/Schmidt 2009) liegen auch Studien zur weiblichen Sexualität vor (vgl. Renate-Berenike Schmidt 2003).

Trotz dieser sozialwissenschaftlichen Öffnung und des wachsenden sozialwissenschaftlichen Interesses am Sexuellen bleiben aber die Forschungslücken zahlreich. Nicht nur stehen die genannten Traditionslinien weitgehend unverbunden nebeneinander, auch innerhalb dieser sind es jeweils nur einzelne Arbeiten, die den Möglichkeitsraum sozialwissenschaftlicher Analysen von Sexualität deutlich machen. Die sozialwissenschaftliche Perspektive auf Sexualität ist im Anschluss an Foucault wie auch im Kontext der modernisierungstheoretischen Perspektive vor allem mit Diskursen und Leitbildern befasst, während die konkrete sexuelle Praxis des Alltags allzu oft »ein dunkler Kontinent« bleibt, was nicht zuletzt daran liegt, dass sexualwissenschaftliche Studien in sozialwissenschaftlichen Kontexten oftmals allzu wenig Beachtung erfahren. Trotz der Vielfalt theoretischer und empirischer Annäherungen bleibt in den meisten Ansätzen die Frage, wie sich die ›alltägliche‹ Sexualität auf der Handlungsebene abspielt, weitgehend unerforscht.

Selbstverständlich können auch die Beiträge des vorliegenden Bandes die genannten Defizite und Forschungslücken nicht vollständig beheben. Sie erheben jedoch den Anspruch, die Frage nach der sexuellen Vielfalt nicht nur auf der Ebene der Leitbilder und der Diskurse, sondern auch auf der Ebene der Handlungspraxis zu untersuchen. Dabei vereint sie die Frage nach dem Spannungsverhältnis zwischen einer zunehmenden und im Alltagsbewusstsein weitgehend durchgesetzten Liberalisierung sexueller Praxis auf der einen Seite und einer heteronormativ strukturierten Sexualität auf der anderen Seite.

TEXT(E) UND KONTEXT

Hervorgegangen ist das vorliegende Buch, das – langfristig – zur Etablierung einer Soziologie der Sexualität beitragen soll, aus einer anlässlich des Kongresses der Deutschen Gesellschaft für Soziologie 2012 in Bochum von den HerausgeberInnen organisierten Ad-hoc-Gruppe »Soziologie der Sexualität«. Seit damals hat der Band freilich einige Metamorphosen durchgemacht, so dass sich

sein Fokus ein Stück weit verschoben hat, da sowohl neue AutorInnen hinzukamen als auch einige jener, die in Bochum vortrugen, ihr damaliges Thema inzwischen variiert und erweitert haben. Insofern haben sich die Diskussionen
beim Soziologentag als fruchtbar erwiesen. Hinzugekommen sind außerdem die
Beiträge der HerausgeberInnen dieses Bandes, die die Arena der Ad-hoc-Gruppe
den eingeladenen Referentinnen und Referenten überlassen haben.

Wie schon bei der Auswahl der ReferentInnen der Ad-hoc-Gruppe wurde
auch bei der Auswahl der Beitragenden für diesen Band auf eine gewisse
Durchmischung derart geachtet, dass sowohl etablierte Autorinnen zu Wort
kommen, als auch Beiträge jüngerer Nachwuchswissenschaftler gewonnen wurden. Ein Ziel war – mit anderen Worten – sowohl die Ad-hoc-Gruppe als auch
den Sammelband nicht zu einer Angelegenheit »älterer Männer« (und Frauen)
werden zu lassen.

Die Auswahl von Beiträgerinnen und Beiträgern war jedoch auch davon ge-
leitet, verschiedene inhaltliche wie theoretische Perspektiven einfließen zu lassen. Dies ist einerseits einer grundlegenden pluralistischen Offenheit geschuldet,
aber auch der Tatsache, dass bislang weder die Etablierung einer Soziologie der
Sexualität noch eines sexualsoziologischen Kanons gelungen ist.

Auffällig ist vor diesem Hintergrund, dass sich ein großer Teil der Beiträge
in der einen oder anderen Weise implizit oder explizit mit Fragen des Verhältnisses von Sexualität und Geschlecht auseinandersetzt. Bemerkenswert ist dies
nicht nur, weil Bezüge auf das Geschlechterverhältnis weder für die Teilnahme
an der Ad-hoc-Gruppe noch für die Aufnahme in den Sammelband Bedingung
waren und/oder nahegelegt wurden. Man mag dies als Zeichen für eine (angenommene) Zusammengehörigkeit oder einen (angenommenen) Zusammenhang
von Sexualität und Geschlecht interpretieren oder doch zumindest auf die An-
gewohnheit zurückführen, bei Sexualität an Geschlecht und vice versa zu denken
– obwohl einige der Beiträge im vorliegenden Band (insbesondere Scheunemann
und Lewandowski) derartige Zusammenhänge wenn nicht bestreiten, so doch
äußerst kritisch hinterfragen.[5]

Vielleicht sind es aber auch lediglich (schlechte?) Alltagsgewohnheiten, die
eine (enge) Verknüpfung von Sexualität und Geschlecht selbst jenen nahelegen,
die annehmen, zwischen beiden liege – um Freuds Worte zu bemühen – ledig-

---

5 In einem z.T. programmatischen Editorial des Schwerpunktheftes *Sexualsoziologie*
   der Zeitschrift für Sexualforschung plädiert Lewandowski (2012b) dafür, dass sich
   eine Soziologie der Sexualität von der Fixierung an Geschlecht und Geschlechterforschung lösen müsse, keinesfalls jedoch eine auf das Sexuelle angewandte Geschlechtersoziologie sein dürfe.

lich eine mehr oder minder kontingente »Verlötung« vor. Dass man sich diese »Verlötung« als zu fest und zu unwandelbar vorgestellt hat, mag man ahnen. Wie die Beiträge des vorliegenden Bandes zeigen, scheint im Verhältnis von Geschlecht und Sexualität jedenfalls – vor allem wenn man genauer hinsieht – einiges in *Un*Ordnung geraten zu sein.

DIE BEITRÄGE

Sexuelle Vielfalt und hegemoniale Geschlechterordnung

Ein erster Themenblock untersucht allgemeine Fragen zu sexueller Vielfalt und hegemonialer Geschlechterordnung. *Rüdiger Lautmann* nähert sich dem Thema sexueller Vielfalt aus gesellschaftspolitischer, wissenschaftlicher und alltagsweltlicher Perspektive. Er zeigt eine Kluft zwischen lebensweltlicher Diversität sexueller und geschlechtlicher Praxen und wissenschaftlicher Vereindeutigung. Während sich das geschlechtlich-sexuelle Feld unaufhörlich wandelt, gehen die Naturwissenschaften wie auch die schulsoziologische Forschung meist unhinterfragt von der Dichotomie Frau/Mann aus und zementieren damit die Vorstellung eines biologisch begründeten Systems der Zweigeschlechtlichkeit. Lautmann zeichnet in seinem Beitrag unterschiedliche theoretische Positionen und soziale Prozesse der sexuellen Vielfalt nach.

Mit einer spezifischen Form sexueller Vielfalt befasst sich der Beitrag von *Thorsten Benkel*, der auf Grundlage empirischer Untersuchungen zu Bordellen bzw. Laufhäusern die Frage nach der Struktur des Begehrens in der Sexarbeit aus der Sicht von Freiern aufwirft. Ausgehend von der Einsicht, dass sexuelles Begehren und sexuelles Verstehen ein Grundvermögen des Leibes darstellt, erotisches Empfinden und sexuelles Erleben in Interaktionen somit potenziell immer präsent sind, argumentiert er, dass es sich bei der Prostitution um eine eigenständige Form des institutionalisierten Lusterwerbs handelt, deren Produktivität gerade darin bestehe, dass sie das Ideal der »legitimen, von aufrichtiger Zuneigung geprägten« Paarsexualität hinter sich lasse.

Otto Penz untersucht Herrschaftseffekte, die von der Sexualisierung des Körpers in kommerziellen Bilderwelten ausgehen. Penz argumentiert, dass die Konsumkultur ein spezifisches Blickregime etabliert hat, das von der heterosexuellen männlichen Erotik geprägt wird und zur Verdinglichung und Unterordnung von Frauen führt. Die permanente mediale Visualisierung weiblicher Nacktheit und Sexualität müsse als zentraler Baustein der dominanten heterosexuellen Matrix angesehen werden. Offen bleibt aus seiner Sicht, welche Veränderungen in den Machtbeziehungen zwischen den Geschlechtern durch die zunehmende mediale Sexualisierung auch des männlichen Körpers in Zukunft zu erwarten sind.

Jenseits der Verknüpfung von Sexualität und binärer Geschlechterordnung?

Ein zweites Cluster von Beiträgen befasst sich mit Perspektiven, welche die Verknüpfung des Sexuellen mit der binären Geschlechterordnung anzweifeln. Der Beitrag von *Kim Scheunemann* dokumentiert sexuelle Praxen, die keine Begrenzung auf zwei und nur zwei Geschlechter voraussetzen. Am Beispiel von Trans- und Interpersonen zeigt sie auf, dass der unterstellte Zusammenhang von sexuellem Verhalten und sexueller Zugehörigkeit in der konkreten sexuellen Praxis von Trans- und Interpersonen unterlaufen wird.

Auch *Sven Lewandowski* plädiert dafür, Geschlechtszugehörigkeit und Sexualität, sexuelle Objektwahl und die Wahl sexueller Praktiken soziologisch schärfer zu differenzieren. Er argumentiert, dass den als heterosexuell bezeichneten Beziehungen und Identitätsmustern keine spezifischen sexuellen Praktiken entsprechen. Das Konzept der Heterosexualität sei vielmehr unterbestimmt und offen für geschlechtlich nicht eindeutig codierte Sexualpraktiken. Weder ist die Präferenz für bestimmte Sexualpraktiken, wie etwa für die Analerotik, an die Wahl eines hetero- oder homosexuellen Partners gebunden noch resultiert aus der Präferenz für einen bestimmten Partner zwangsläufig eine bestimmte Sexualpraktik.

Der Beitrag von *Eva Kemler*, *Martina Löw* und *Kim Ritter* wirft anhand einer biografieanalytischen Fallstudie die Frage auf, ob und in welcher Weise Bisexualität das übliche bipolare Schema von Hetero- und Homosexualität und die selbstverständlich angenommenen Kategorien von lesbisch und schwul herausfordern kann. In biografischen Interviews wird untersucht, wie sich die sexuelle Selbstwerdung bisexueller Männer und Frauen vollzieht und auf welche Weise bisexuelle Menschen sich die hegemoniale biopolare Ordnung biografisch aneignen, sie kreativ unterwandern oder stabilisieren.

Empirische Perspektiven

Ein dritter Themenblock umfasst empirische Untersuchungen zur sexuellen Vielfalt. Der Beitrag von *Silja Matthiesen*, *Jasmin Mainka* und *Urszula Martyniuk* zeigt anhand einer von der Bundeszentrale für gesundheitliche Aufklärung geförderten Studie zu sexuellen Beziehungen von jungen Frauen und Männern in Großstädten, dass die sexuellen Beziehungen der Befragten in sehr konventionellen Bahnen stattfinden und alles andere als vielfältig zu sein scheinen. Sexuelle Begegnungen im Jugendalter finden hauptsächlich in festen Beziehungen statt und Treue kommt dabei eine zentrale Bedeutung zu. Da der überwiegende Teil der Jugendlichen die Möglichkeit hat, mit der Partnerin oder dem Partner im Elternhaus zu übernachten, spielt Sexualität für die Autonomieentwicklung und die Loslösung von der Herkunftsfamilie, verglichen etwa mit früheren Generationen, eher eine untergeordnete Rolle.

Miriam Venn liefert anhand einer ethnografischen Studie von Swingerclubs Einblicke in die Lebenswelten von Swingerinnen und Swingern. Die Swingerwelt hat sich in den letzten Jahren ausdifferenziert und kommerzialisiert und erhält zunehmend Eventcharakter. Der klassische Partnertausch spielt bei vielen Events eher eine untergeordnete Rolle.

Der Beitrag von *Cornelia Koppetsch*, *Sarah Speck* und *Alice Jockel* befasst sich mit der Bedeutung sexueller Praxis für die Bestätigung von Weiblichkeit und Männlichkeit in heterosexuellen Paarbeziehungen. Befragt wurden Paare, in denen eingelebte Geschlechterarrangements durch den Verlust der Erwerbsrolle des Mannes unfreiwillig problematisch geworden sind. Gezeigt wird, dass sexueller Praxis eine wichtige Funktion bei der Affirmation verunsicherter Geschlechtsidentitäten in der Paarinteraktion zukommen kann.

Fehmi Akalin untersucht Verführungsratgeber, die sich an Männer auf der Suche nach einer heterosexuellen Begegnung richten und zeigt, dass in den unterschiedlichen Genres der Verführungsratgeber zum Zwecke der Komplexitätsreduktion eine ungebrochene Orientierung an soziobiologisch begründeten stereotypen Männlichkeits- und Weiblichkeitsbildern stattfindet.

Die Beiträge des Bandes zeigen, dass die Möglichkeiten zur Vervielfältigung und Innovation sexueller Praxis und Geschlechterordnungen gesellschaftlich sehr unterschiedlich verteilt sind. Das größte Potenzial zur sexuellen Innovation geht offensichtlich von Personengruppen und Szenen aus, die von der hegemonialen Sexualordnung ohnehin schon abweichen. Demgegenüber scheint sich innerhalb der Mehrheitsgesellschaft eher eine konservative Trendwende abzuzeichnen (Koppetsch 2013: 121f.), bei der sexuelle Orientierungen und Geschlechterklassifikationen zunehmend wieder auf biologische Gegebenheiten zurückgeführt werden. In einigen Teilen der Bevölkerung hat sich aktuell – angeführt von fundamentalistischen Gruppierungen – sogar eine politische Gegenbewegung gegen die Vielfalt privater Lebensformen und sexueller Orientierungen formiert.

LITERATUR

Benkel, Thorsten (2012): Elemente einer Sexualtheorie der Praxis. In: Zeitschrift für Sexualforschung 25: 356-372.

Benkel, Thorsten/Akalin, Fehmi (Hg.) (2010): Soziale Dimensionen der Sexualität. Gießen: Psychosozial.

Butler, Judith (1991): Das Unbehagen der Geschlechter. Frankfurt a.M.: Suhrkamp.

Dannecker, Martin (1991): Sexualität als Gegenstand der Sexualforschung. In: Zeitschrift für Sexualforschung 4: 281-293.

Dannecker, Martin/Katzenbach, Agnes (Hg.) (2005): 100 Jahre Freuds ›Drei Abhandlungen zur Sexualtheorie‹. Aktualität und Anspruch. Gießen: Psychosozial.

Dannenbeck, Clemens/Jutta Stich (2002), Sexuelle Erfahrungen im Jugendalter. Aushandlungsprozesse im Geschlechterverhältnis. Bundeszentrale für gesundheitliche Aufklärung (Hg.). Köln.

Davis, Murray S. (1983): Smut. Erotic Reality/Obscene Ideology. Chicago/London: The University of Chicago Press.

Dekker, Arne (2012): Online-Sex. Körperliche Subjektivierungsformen in virtuellen Räumen. Bielefeld: transcript.

Döring, Nicola (2003): Sozialpsychologie des Internet. 2. Aufl. Göttingen: Hogrefe.

Döring, Nicola (2009): The Internet's Impact on Sexuality. A Critical Review of 15 Years of Research. Computers in Human Behavior 25: 1089-1101.

Döring, Nicola (2011a): Sexuell explizite Medienangebote. Produktion, Inhalte, Nutzung und Wirkungen. In: Schweiger, Wolfgang/Fahr, Andreas (Hg.): Handbuch Medienwirkungsforschung. Wiesbaden: 419-436.

Döring, Nicola (2011b): Sexuell explizite Inhalte in neuen Medien. Negative und positive Wirkungen auf unterschiedliche Bevölkerungsgruppen. In: Reinecke, Leonard/Trepte, Sabine (Hg.): Unterhaltung in neuen Medien. Köln: 361-378.

Flaßpöhler, Svenja (2007): Der Wille zur Lust. Pornographie und das moderne Subjekt. Frankfurt a.M.: Campus.

Foucault, Michel (1991): Der Wille zum Wissen. Sexualität und Wahrheit Band 1. Frankfurt a.M.: Suhrkamp.

Foucault, Michel (1976/[5]1991): Der Wille zum Wissen. Sexualität und Wahrheit Band 1. Frankfurt a.M.: Suhrkamp.

Foucault, Michel (1984a/[2]1991): Der Gebrauch der Lüste. Sexualität und Wahrheit Band 2. Frankfurt a.M.: Suhrkamp.

Foucault, Michel (1984b/²1991): Die Sorge um sich. Sexualität und Wahrheit Band 3. Frankfurt a.m.: Suhrkamp.

Freud, Sigmund (1905/1999): Drei Abhandlungen zur Sexualtheorie. In ders.: Gesammelte Werke. Band V. Frankfurt a.m.: Fischer.

Funk, Heide/Lenz, Karl (Hg.) (2005): Sexualitäten. Diskurse und Handlungsmuster im Wandel. Weinheim/München: Juventa.

Gagnon, John H./Simon, William (2005): Sexual Conduct. The Social Sources of Human Sexuality. 2. Aufl. Chicago: Aldine Transaction (orig. 1973).

Gerheim, Udo (2012): Die Produktion des Freiers. Macht im Feld der Prostitution. Eine soziologische Studie. Bielefeld: transcript.

Giddens, Anthony (1993): Wandel der Intimität. Sexualität, Liebe und Erotik in modernen Gesellschaften. Frankfurt a.m.: Fischer.

Grenz, Sabine (2005): (Un)heimliche Lust. Über den Konsum sexueller Dienstleistungen. 2. Aufl. Wiesbaden: VS.

Grenz, Sabine/Lücke, Martin (Hg.) (2006): Verhandlungen im Zwielicht. Momente der Prostitution in Geschichte und Gegenwart. Bielefeld: transcript.

Grimm, Petra/Rhein, Stefanie/Müller, Michael (2010): Porno im Web 2.0. Die Bedeutung sexualisierter Web-Inhalte in der Lebenswelt von Jugendlichen. Berlin: Vistas.

Hartmann, Jutta/Klesse, Christian/Wagenknecht, Peter/Fritzsche, Bettina/Hackmann, Kristina (Hg.) (2007): Heteronormativität. Empirische Studien zu Geschlecht, Sexualität und Macht. Wiesbaden: VS.

Hill, Andreas (2011): Wirkungen des Pornografiekonsums bei Jugendlichen. Ein Überblick über die empirische Forschung. In: Zeitschrift für Sexualforschung 24: 379-399.

Jackson, Stevi (1999): Heterosexuality in question. Thousand Oaks/London/New Dehli: Sage.

Jackson, Stevi/Scott, Sue (2010): Theorizing Sexuality. Berkshire: Open University Press.

Kemler, Eva/Löw, Martina/Ritter, Kim (2012): Bisexualität als Überschuss sexueller Ordnung. Eine biografieanalytische Fallstudie zur sexuellen Selbstwerdung. In: Zeitschrift für Sexualforschung 25: 314-338, *neu abgedruckt in diesem Band.*

King, Vera (2006): Inszenierungen von Körper und Sexualität in männlichen Peer-Groups. In: AKJP 2: 163-183.

King, Vera (2011a): Der Körper als Bühne adoleszenter Konflikte – Dimensionen der Vergeschlechtlichung. In: Niekranz, Yvonne/Witte, Matthias D. (Hg.): Jugend und Körper. Leibliche Erfahrungswelten. Weinheim: 79-92.

King, Vera (2011b): Ewige Jugendlichkeit – beschleunigtes Heranwachsen? In: BIOS 24: 246-266.

Koppetsch, Cornelia (2013): Die Wiederkehr der Konformität. Streifzüge durch die gefährdete Mitte. Frankfurt a.M.: Campus.

Krafft-Ebing, Richard von (^{14}1912/1997): Psychopathia sexualis. Mit besonderer Berücksichtigung der konträren Sexualempfindung. München: Matthes & Seitz.

Laumann, Edward O./Gagnon, John H./Michael, Robert T./Michaels Stuart (1994): The Social Organization of Sexuality. Sexual Practices in the United States. Chicago: University of Chicago Press.

Lautmann, Rüdiger (2002): Soziologie der Sexualität. Erotischer Körper, intimes Handeln und Sexualkultur. Weinheim/München: Juventa.

Lewandowski, Sven (2004): Sexualität in den Zeiten funktionaler Differenzierung. Eine systemtheoretische Analyse. Bielefeld: transcript.

Lewandowski, Sven (2008): Diesseits des Lustprinzips. Über den Wandel des Sexuellen in der modernen Gesellschaft. SWS-Rundschau (Österreich), 48, 242-263.

Lewandowski, Sven (2012a): Lauter Lobreden – 25 Jahre Soziologie in der Zeitschrift für Sexualforschung. In: Zeitschrift für Sexualforschung 25: 49-65.

Lewandowski, Sven (2012b): Die Pornographie der Gesellschaft. Beobachtungen eines populärkulturellen Phänomens. Bielefeld: transcript.

Lewandowski, Sven (2013c): Editorial. In: Zeitschrift für Sexualforschung 25: 309-313.

Löw, Martina/Ruhne, Renate (2011): Prostitution. Herstellungsweisen einer anderen Welt. Berlin/Frankfurt a.M.: Suhrkamp.

Luhmann, Niklas (1982): Liebe als Passion. Frankfurt a.M.: Suhrkamp.

Matthiesen, Silja/Block, Karin/Mix, Svenja/Schmidt, Gunter (2009): Schwangerschaft und Schwangerschaftsabbruch bei minderjährigen Frauen. Forschung und Praxis der Sexualaufklärung und Familienplanung. Köln: BZgA.

Matthiesen, Silja/Martyniuk, Ursula/Dekker, Arne (2011): »What do girls do with porn?« Ergebnisse einer Interviewstudie, Teil 1. In: Zeitschrift für Sexualforschung 24: 326-352.

Mitrovic, Emilija/Gerheim, Udo/Koller-Tejeiro, Yolanda M. (Hg.) (2007): Arbeitsplatz Prostitution. Ein Beruf wie jeder andere? Hamburg/Münster: Lit.

Oosterhuis, Harry (2001): Richard von Krafft-Ebing und die ›Stiefkinder der Natur‹. Gespräch mit Gunter Schmidt. Zeitschrift für Sexualforschung, 14, 357-365.

Pastötter, Jakob (2003): Erotic Home Entertainment und Zivilisationsprozess. Analyse des postindustriellen Phänomens Hardcore-Pornographie. Wiesbaden: Deutscher Universitäts-Verlag.

Petersen, Jennifer/Hyde, Janet Shibley (2010): A Meta-Analytic Review of Research on Gender Differences in Sexualität, 1993-2007. Psychological Bulletin, 136, 21-38.

Plummer, Kenneth (1975): Sexual Stigma. An Interactionist Account. London, Boston: Routledge & Kegan Paul.

Schelsky, Helmut (1955): Soziologie der Sexualität. Reinbek: Rowohlt.

Schetsche, Michael (Hg.) (2010): Sexuelle Verwahrlosung. Empirische Befunde – Gesellschaftliche Diskurse – Sozialethische Reflexionen. Wiesbaden: VS.

Schmidt, Gunter (1999): Über die Tragik pädophiler Männer. Zeitschrift für Sexualforschung, 12, 133-139.

Schmidt, Gunter (2004): Das neue Der Die Das. Über die Modernisierung des Sexuellen. Gießen: Psychosozial.

Schmidt, Gunter (Hg.) (2000): Kinder der sexuellen Revolution. Kontinuität und Wandel studentischer Sexualität 1966 – 1996. Gießen: Psychosozial.

Schmidt, Gunter/Matthiesen, Silja (2011): »What do boys do with porn?« Ergebnisse einer Interviewstudie, Teil 2, In: Zeitschrift für Sexualforschung 24: 353-378.

Schmidt, Gunter/Matthiesen, Silja/Dekker, Arne/Starke, Kurt (2006): Spätmoderne Beziehungswelten. Report über Partnerschaft und Sexualität in drei Generationen. Wiesbaden: VS.

Schmidt, Renate-Berenike (2003): Lebensthema Sexualität. Sexuelle Einstellungen, Erfahrungen und Karrieren jüngerer Frauen. Opladen: Leske + Budrich.

Sigusch, Volkmar (1988): Was heißt kritische Sexualwissenschaft. In: Zeitschrift für Sexualforschung 1: 1-29.

Sigusch, Volkmar (1998): Die neosexuelle Revolution. Über gesellschaftliche Transformationen der Sexualität in den letzten Jahrzehnten. In: Psyche 52: 1192-1234.

Sigusch, Volkmar (2008): Geschichte der Sexualwissenschaft. Frankfurt a.M.: Campus.

Simon, William/Gagnon, John H. (2000): Wie funktionieren sexuelle Skripte? In: Schmerl, Christiane/Soine, Stefanie./Stein-Hilbers, Marlene M./Wrede, Birgitta (Hg.): Sexuelle Szenen. Inszenierungen von Geschlecht und Sexualität in modernen Gesellschaften. (S. 70-95). Opladen: Leske + Budrich.

Starke, Kurt (2010): Pornografie und Jugend – Jugend und Pornografie. Eine Expertise. Lengerich: Pabst Science Publishers.

Villa, Paula-Irene (2012): Pornofeminismus? Soziologische Überlegungen. In: Schuegraf, Martina/Tillmann, Angela (Hg.): Pornografisierung von Gesellschaft. Konstanz: 51-66.

Weber, Philippe (2008): Der Trieb zum Erzählen. Sexualpathologie und Homosexualität 1852-1914. Bielefeld: transcript.

Sexuelle Vielfalt und hegemoniale Geschlechterordnung

Sexuelle Vielfalt oder
Ein Ende der Klassifikationen?

RÜDIGER LAUTMANN

EINLEITUNG

Das ursprünglich nur in internen Diskursen verwendete Wort von der ›Sexuellen Vielfalt‹ verließ jüngst den geschützten Raum gender- und sexualtheoretischer Einmütigkeit. Nach Publikationen der Evangelischen Kirche in Deutschland und des Bildungsministeriums in Baden-Württemberg fand es sich auf großer politischer Bühne wieder, bekämpft von einer fundamentalistischen Gruppierung mit einem Volksbegehren. Was für akademisch-subkulturelle Kreise noch geduldet worden war, ja als schick galt, erhitzte nun die Gemüter, als es in den Kernbereich konservativen Selbstverständnisses vordrang: in Familie, Schule und Kirche.

Das EKD-Papier nannte die Begriffe ›sexuell‹ und ›Vielfalt‹ an zahlreichen Stellen. Von fachsoziologischer Seite aus stärkte Ute Gerhard (2013), als Mitautorin und Kommentatorin, die Autorität der kirchlichen Verlautbarung. Die Orientierungshilfe bekannte sich explizit zur »Vielfalt der Familienformen« sowie zur »Vielfalt der Lebensformen«; das gehöre »zur spezifisch europäischen Entwicklung« (EKD 2013: 32; vgl. ferner 43, 132, 143). Die Kirche sehe sich »aufgefordert, Familie neu zu denken und die neue Vielfalt von privaten Lebensformen unvoreingenommen anzuerkennen und zu unterstützen. Diese Anerkennung ist nicht lediglich als Anpassung an neue Familienwirklichkeiten zu verstehen, sondern als eine normative Orientierung« (ebd.: 141). Dass sich in der Fürsprache auch soziologische Expertise geltend machte, darf angenommen werden.

Während das Land Berlin im Februar 2014 für alle staatlichen Schulen einen Queer History Month anbot (übernommen vom seit 2006 praktizierten Vorbild in Großbritannien), erwehrte sich das Land Baden-Württemberg einer gegenläufigen Petition, für die sich in wenigen Wochen über 200.000 Unterschriften einsammeln ließen. Der interne Entwurf für einen »Bildungsplan 2015« geriet an die Öffentlichkeit und setzte eine Gegenbewegung in Gang – weil darin der Gesichtspunkt der sexuellen Vielfalt hervorgehoben wurde. Denn es schien, als sollten künftig an allen Schulen Themen wie Homosexualität, Bi- und Transsexualität intensiv und fächerübergreifend behandelt werden. Damit war das Fass der majoritären Geduld übergelaufen.

SEXUELLE VIELFALT

Sexuelle Vielfalt ist ein Schlagwort aus dem politischen Alltag, das Aufsehen erregt und Befremden hervorruft. Überrascht es auch die Soziologie? In weiten Teilen schon, insofern man hier Ordnung, Institutionen und Normen herausarbeitet, den großen Rest aber in den Bereich von Subkultur und Devianz abschiebt. Von allen Wissenschaften wird verlangt, die verwirrende Fülle der Einzelerscheinungen zu reduzieren, bis nur noch wenige Typen und Begriffe übrig sind. Daran werden Verallgemeinerungen angeschlossen, und mit diesem gedanklichen Baukasten wird die Welt erklärt. So lautet das szientifische Programm. Phänomene der Pluralisierung werden hier zunächst einmal als Auflösung von Strukturen begriffen und mit der (umstrittenen) These einer Individualisierung abgehandelt.

Anders im Alltagsdenken, wo die Lust am Klischee herrscht. Gegen die beliebten Aussagen à la ›Männer sind …‹ bzw. ›Frauen sind …‹ hatte eine Position wie von Magnus Hirschfeld nie eine Chance. Der Sexualforscher aus der vorletzten Jahrhundertwende hatte die These der ›sexuellen Zwischenstufen‹ entwickelt, die statt der Zweiteilungen männlich/weiblich und hetero/homo ein System von 16 Elementen verwendete, woraus sich eine Zahl von gut 43 Millionen möglicher »Sexualtypen« errechnete (Hirschfeld 1926: 596; vgl. dazu Bauer 1998). Diese Provokation des Gewohnheitsdenkens ist bis heute nirgends so recht angekommen.

In Sachen des Geschlechts hat der soziologische Hauptstrom die Zweiteilung Frau/Mann betont, was einstmals verdienstvoll war, weil damit überhaupt die Geschlechtsdimension folgenreich thematisiert worden war. Zu erinnern ist an die ›soziologische Orthodoxie‹ aus der Blütezeit des Fachs in den 1950-1960er Jahren, als Talcott Parsons ein familiensoziologisches Funktionenschema entwarf, worin in scheinbar nichthierarchischer Weise der Frau bzw. dem Mann verschiedene Aufgaben zugewiesen waren. Immer wieder wurden seitdem die

Verschiedenheiten in sozialstruktureller Position und Handlungsweise mit der binären Klassifikation Mann/Frau untersucht.

Doch neuerdings blicken wir auf das Feld von Geschlecht und Sexualität wie durch ein Kaleidoskop. Die bunten Steinchen purzeln übereinander und fügen sich wechselnd zu überraschenden Bildern. Damit zerfällt die Einheitsperspektive der ›Heteronormativität‹ – zwei Geschlechter, eine sexuelle Normalität. Die Steinchen in dem Kaleidoskop bleiben sich gleich, es sind die Körper sowie deren Zonen, Namen und Praxen; verändert haben sich die Kombinationen, Geläufigkeiten und Bewertungen. An die Flexibilität des Geschlechtlichen hatten wir uns bereits gewöhnt; zur Herausforderung wurde die Schnelligkeit, in der das geschlechtlich-sexuelle Feld sich wandelt. So wundert sich kaum noch jemand über Trans*, den Wechsel der Geschlechtseinordnung. Aber dass hierzu ständig neue Varianten entstehen und immer mehr Menschen in allen Lebensphasen sich auf den Veränderungsweg machen, das verblüfft denn doch.

Wie überkommene Lebensformen zurückweichen, ohne gänzlich zu verschwinden, und Individualisierung voranschreitet, das zeigt sich markant seit nunmehr 150 Jahren in der Sexualität. Die gesellschaftlichen Vorstellungen über Geschlecht-und-Sexualität verabschiedeten sich von dem einfachen, ›natur‹-gegebenen Verhältnis. Die neu auftretenden Deutungsfiguren stülpen sich über die vorhandenen, sodass der Denkvorrat immer unübersichtlicher wird.

In den Konstruktionen kombinieren sich Wissen und Wertung so sehr, dass eine ›objektive‹ Erforschung nach wie vor schwerfällt – wenn sie nicht gar für unmöglich erklärt wird, weil die Standortgebundenheit (männlich, bildungsbürgerlich, westlich) den Blick lenke. Die Aufnahme neuer Erfahrung aus dem Gender-Spektrum, vor allem weiblicher Herkunft, verändert das nicht-heteronormative Selbstverständnis. Vormals haben männlich-homosexuelle Erfahrungen das Paradigma bestimmt und polare Identitäten hervorgebracht. Nunmehr werden Grenzen aufgehoben; Autorinnen propagieren eine Verflüssigung (fluidity) der Sexualpräferenz.

Überblickt man die neuere Geschichte des Redens über sexuelle Präferenzen, dann fällt der unablässige Wechsel der Bezeichnungen und Erklärungen auf. Unabhängig davon steht die Frage nach der ›Essenz‹, also was konstant bleibt im Wandel der phänomenalen Ereignisse und in welcher Terminologie es beschrieben werden kann. Die Konzepte mäandern, weil sie von der erfahrenen Wirklichkeit aus dem geraden Lauf gebracht worden sind.

Wenn die soziokulturelle Anschauung keinen Halt mehr bietet, dann versprechen biologisierende Ansätze etwas Festes: die Klassifikationen in linnéscher Tradition, die Kausalität physiologischer Abläufe, die Funktionalität für die Reproduktion des Lebens. Hinsichtlich des Sexuellen arbeiten die Lebenswissenschaften mit klaren Ansagen: ›Frauen‹ und ›Männer‹, Fortpflanzung und Überleben. In dieser Form taucht das Geschlechtliche in all jenen Botschaften der Hirn-, Hormon-, Gen- und Evolutionsforschungen auf, von denen sich das Publikum so bereitwillig faszinieren lässt. Dass hier begriffliche Setzkästen, schöne Bilder und einleuchtend klingende Narrationen an die Stelle empirisch geprüfter Theorien treten (dazu genauer: Lautmann 2010), das kümmert die Laien nicht. Die Fachwelt aber wird gespalten.

Wirksam dagegen hält mehr noch als die Soziologie die lebendige Praxis. Hier toben Erfindungsreichtum und Wechselstimmungen. Gegenwärtig wird ›sexuelle Vielfalt‹ diskutiert und ausprobiert, als die praktisch-politische Version der Intersektionalitäts- und Queer-Perspektiven. Die sexual- und genderpolitischen Progressionen stellen Bezüge zu den Bürgerrechten (citizenship) und zur Zivilgesellschaft her. Eine ganze Reihe weiterer Konzeptionen steht zur Rechtfertigung bereit: Toleranz, Akzeptanz, Anerkennung, Respekt und sexuelle Demokratie. Ruhe an dieser Front ist nicht zu erwarten; denn als kultureller Grundkonflikt sowohl innergesellschaftlich als auch global wird sich der Wandel fortsetzen.

Als Querschnittsthema wird ›Vielfalt‹ (diversity) momentan auf vielen Ebenen verhandelt (und mit normativen Konzepten verbunden). Beispiele: Frauen in Unternehmensleitungen, ältere Arbeitnehmer in Betrieben, Integrationsschulen für Behinderte sowie die Folgen der Einwanderung. Die jeweiligen Normen lauten: gender mainstreaming, Kritik der age discrimination, Inklusion bzw. Willkommenskultur.

Auch das sexuelle Feld kennt den Begriff, und ebenfalls steht hier ein Postulat dahinter. Das wird im Folgenden mit einem informatorischen Abriss erläutert. An einen solchen, bislang fehlenden Überblick, der mit vereinfachenden Stichworten arbeiten muss, wage ich mich nur, weil die Soziologie sich bisher dem Thema verweigert, obwohl alle referierten Konzepte sich letztlich soziologischen Denkweisen verdanken. Skizziert werden die zahlreichen Facetten, mit denen sich vormalige Eindeutigkeiten (›Heteronormativität‹) zur Pluralität hin aufgelöst haben und anerkannt sein wollen.

›Sexuelle Vielfalt‹, wie in politischen Programmen und subkulturellen Diskursen verwendet, meint nicht so sehr Individualisierung und auch nicht die 43 Millionen Hirschfeld-Typen. Vielmehr werden einige wenige Sexual- und Geschlechtsformen zusammengestellt: lesbisch, schwul, bisexuell, transgender, transsexuell, intersexuell – im Kürzel: LSBTTI (englisch: LGBTI). Das ist eine merkwürdig anmutende Anhäufung devianter Sexualformen – oder ist die Summe mehr als die Addition der Teile? Jedenfalls hat sich hier eine geschlechtspolitische Allianz gebildet, mit Kommunikation untereinander und mit gemeinsamen, auch wissenschaftlichen Unternehmungen. Gibt es auch eine sozialtheoretisch einheitlich fassbare Idee? Danach forschen die folgenden Ausführungen. Das harmlos klingende und phantasieanregende Wort besagt zunächst bloß: Vielfalt ist Nicht-Einfalt. Neben dem bisherigen Einen kommt das Andere in den Blick. Vom Singular wird zum Plural übergegangen. Da die Alternativen längst bekannt waren, ist die Beschwörung von Vielfalt nicht deskriptiv, sondern imperativ gemeint. Galt das Andere bislang als deviant, muss es nunmehr als normkonform behandelt werden. Vielfalt holt die Alterität aus dem sozialen Abseits und reiht sie in die erlaubten Handlungsmöglichkeiten ein. Aus dem Verbieten wird ein Erlauben, ja: Erwünschtsein.

Die gegenwärtig im Vordergrund stehende Denkaufgabe lautet: die Heteronormativität zu kritisieren. Es lassen sich bereits reale Effekte ausmachen, denn tatsächlich werden Normalitätsvorstellungen durch die Vielfaltsfigur ausgeräumt. Im Zeichen der Heteronormativität haben sich früher massive Sanktionen und Eingriffe legitimiert: Straf- und Polizeirecht gegen geschlechtliche und sexuelle Abweichungen und tiefgreifende Stigmatisierungen. Die Chirurgie hat sich am Körper zu schaffen gemacht: Gehirneingriffe bei Homosexuellen (um sie vor einer kriminellen Karriere oder dem Schicksal des Verachtetseins zu bewahren), Genitalkorrekturen bei intersexuell Geborenen. Pathologisierungen und nutzlose Behandlungen kamen von der Psychiatrie und Psychotherapie (von dieser stellenweise bis heute).

HOMOSEXUALITÄT – DIE MÄNNLICHE

Das Konzept ›Homosexualität‹ – in den 1880er Jahren zuerst für Männer entwickelt – schuf das ursprüngliche Paradigma für sexuelle Vielfalt (die Reihenfolge im Kürzel LSBTTI verschweigt das aus falscher Ritterlichkeit). Seit Mitte des 19. Jahrhunderts durchliefen die ›Conträrsexualen‹, ›Urninge‹ (und wie immer sie sonst noch genannt wurden) alle Formate der Ausgrenzung, Verfolgung, Selbstbehauptung und Verwissenschaftlichung. Heute bewegen sich ›die Schwulen‹ in vergleichsweise ruhigen Fahrwassern. Wegen ihres Gebrauchs zivilgesellschaftlicher Einrichtungen wie Ehe, Familie, Spaßkultur, Gleichheitsforderung usw. müssen sie sich einer neuen ›Homonormativität‹ zeihen lassen, d.h. der zu weit getriebenen Anpassung und des Verlusts an kreativer Eigenart. Gleichwohl sind es die öffentlich auftretenden Schwulen, durch die sich bestimmte Lager der öffentlichen Meinung immer noch am meisten provoziert fühlen und sich zur Gegenwehr verleiten lassen.

Wenn die Schwulen heute die Diskriminierung allmählich abstreifen, dann stellen sich die sozialwissenschaftlichen Fragen nach den Mitteln und nach dem Preis. An dieser Stelle seien lediglich einige Stichworte genannt: Die Homosexuellen hatten zunächst einmal das Stigma zu überleben, also das Martyrium mehrerer Generationen (neben der Pathologisierung und Kriminalisierung ist an das nationalsozialistische Konzentrationslager und die Infektionswelle mit dem HI-Virus zu erinnern). Zeitgleich betrieben sie in der Sozialtechnik einer Theatralisierung die offene Selbstdarstellung, mit der sie die öffentliche Wahrnehmung nachhaltig beeindruckten. Nach und nach gelang es – mit vielen Rückschlägen –, die Konflikte mit den Institutionen auszutragen und Advokaten zu gewinnen. Früh schon wurde ein Bündnis mit dem Feminismus geschlossen, woraus die heute besonders wirkungsmächtige LSBTTI-Allianz hervorging. Die schwule Lebensweise erfuhr eine Teil-Anpassung an dominante Strukturen. Dies wurde mit dem bösen Wort einer Heterosexualisierung belegt, d.h. einer Reinigung von anstößigen Anteilen und der Beendigung des Kampfes gegen die Heteronormativität (Duggan 2003). Beschworen wird die Gefahr, alles Nichthetero-sexuelle werde zu einem lifestyle herabgestuft, der individuell wählbar und dann auch verzichtbar ist.

Die interpretative Soziologie hat diese Entwicklungen begleitet und gefördert. Grundlegend waren die Gedanken und expliziten Inhalte von Büchern wie Die gesellschaftliche Konstruktion der Wirklichkeit (P.L. Berger/Th. Luckmann), Stigma (E. Goffman), Außenseiter (H.S. Becker) sowie die empirischen Studien des Symbolischen Interaktionisten Martin S. Weinberg. Diese Bücher erschienen vor vier Jahrzehnten und begleiteten den Aufbruch der schwullesbischen Emanzipationsbewegungen zur selben Zeit. Heute sind die Effekte konsumiert, sogar beinahe vergessen, auch wenn die Werke immer noch neu aufgelegt werden. Der dänische Kultursoziologe Henning Bech zieht für sein Land die Konsequenz, die ›homosexuelle Identität‹, insoweit sie auf Unterdrücktsein gestützt wird, löse sich auf, und überhaupt sei ›sexuelle Orientierung‹ heute kaum noch ein besonderes Merkmal (vgl. Bech 1999 sowie ders. in einem Vortrag 2012). Hierzulande erntete er damit ein Kopfschütteln. Die These war offenbar als Provokation vorgebracht, um einen möglichen Entwicklungspfad anzudeuten.

LESBISCHE LIEBE

Schon in den ersten Veröffentlichungen nach der liberalen Wende um 1970 wurden gleichgeschlechtliche Intimitäten unter Frauen eher als ›Liebe‹ denn als etwas Körper- und Genitalbezogenes bezeichnet. In den historischen Studien tauchte Frauenintimität als ›Freundschaft‹ auf und konnte dergestalt überhaupt erst sichtbar gemacht werden. Mangels expliziter Zeugnisse ließ sich zur sexuellen Seite i.e.S. meist nichts sagen. Daran waren weder weibliche Diskretion noch männliches Desinteresse schuld. Vielmehr fehlte es an Dokumenten, weil die institutionelle Sozialkontrolle das lesbische Verhalten verschonte (nur Österreich kannte die Strafbarkeit, während sie im Deutschen Reich zwar zuweilen gefordert, aber nie eingeführt wurde). Das ›odiose Privileg‹ der Straflosigkeit hat die Ausdifferenzierung der frauenidentifizierten Sexualform behindert.

Der große Ideengeber Karl Heinrich Ulrichs (1825–1895) stellte zwar ab Band vier seiner zwölfbändigen Räthsel der mann-männlichen Liebe die Urniginnen neben die Urninge, Magnus Hirschfeld nannte sein magnum opus ›Die Homosexualität des Mannes und des Weibes‹ – aber so recht wollte es nie gelingen, ›weibliche und männliche Homosexuelle‹ einer Gesamtkategorie einzuverleiben. Schräg gesagt: die Jungs hätten schon gewollt, aber die Mädels haben sich gesträubt. So werden bis heute die üblichen Forschungen zur sexuellen Orientierung auf ihre Schlagseite hin kritisiert: Die Stichproben bestünden überwiegend aus weißen, schwulen Männern der Mittelschicht (so Gayle Pitman 2011).

Weibliche ›Homosexualität‹ überdeckt sich also nur partiell mit der männlichen Homosexualität. Das beiden Gemeinsame ergibt sich, grob gesprochen, aus dem sexuellen Aspekt, das Trennende aus dem Gender-Aspekt. Bezüglich der körperbezogenen Praxen werden sich Übereinstimmungen finden lassen, in der sozialen Organisation und in der persönlichen Verarbeitung hingegen überwiegen die Differenzen. An solchen Vergleichen zeigt sich heute allerdings niemand interessiert; im Vordergrund stehen die Unterschiede innerhalb der lesbischen bzw. schwulen Populationen.

Im feministischen Sexualdiskurs seit den 1980er Jahren taten sich die Überlegungen lesbischer Autorinnen hervor. In der Pornografiefrage bekämpften sich zwei Fraktionen: die ›Kulturfeministinnen‹ (unter ihnen viele Lesben) und die Moderaten (die nicht so radikal männerkritisch verfuhren). Die schwule Pornografie wurde in die Kritik miteinbezogen – obgleich sie Frauen nicht erniedrigt –, und dies dürfte den Startschuss gegeben haben, die überkommene (als männlich markierte) Homosexuellenforschung zu verabschieden. Seitdem besteht ein eigenständiger Diskurs zur Frauenliebe, der sich von Themen und Thesen zur Männerliebe weit entfernt hat. Grundiert wird dies von der (noch zu behandelnden) queer theory.

Die Tendenz der lesbischen Selbstartikulation und der dieser zugeordneten Forschung lässt sich mit einem Wort charakterisieren: kontra-identitär. So wird eine öffentliche Selbstbezeichnung als ›Lesbe‹ meist vermieden (in privatem

Rahmen sieht es wohl anders aus). Das erste Going-public einer Bundesministe-
rin fand unspektakulär erst Ende 2013 statt; in einer Tageszeitung hieß es
nebenbei, sie werde »mit ihrer Lebenspartnerin auch das Silvesterfest in der
deutschen Hauptstadt verbringen« (Rheinische Post, 31. Dezember 2013). Woher rührt die Absage an das laute und betont selbstbewusste Auftreten, wie es die
Schwulen seit 1969 vorführen? Abseits der Begründungen, wie sie die queer
theory zahlreich liefert, dürfte die biografische Erfahrung der Protagonistinnen
dazu beigetragen haben. Dazu seien zwei Elemente genannt.

Die identitätspolitisch gestimmte Perspektive hat als ›homosexuell‹ nur gelten lassen, was und wer erkennbar so auftrat. Das war eine zuspitzend-
verengende Sichtweise, die den westlichen Emanzipationsjahrzehnten angemessen sein mochte, aber überaus vieles aus der Analyse ausschloss: gleichgeschlechtliche (›homosoziale‹) Beziehungen früherer Zeiten und anderer Kulturen. Und eben auch: der Frauen. Die Literaturwissenschaft, seit jeher auf der Suche nach homosexuellen Schriften und Verfasser_innen, konnte kaum noch fün-
dig werden, nachdem alle enttarnt waren, die eindeutig so gelebt hatten bzw. beschrieben worden waren. Es muss dieses Ungenügen an der Homosexualitäts-
konzeption gewesen sein, das Eve Kosofsky-Sedgwick 1985 dazu brachte, den
Horizont aufzureißen und überraschend weit gefasste Lesarten zu propagieren.
Die Filmwissenschaftlerin Teresa de Lauretis entwickelte Ähnliches für ihre
Sparte. Judith Butler fügte 1991 die philosophische Reflexion an – die queer
theory war geboren.

Noch eine weitere Lebenserfahrung – ihrer selbst oder bei Lesben beobachtet
– brachte diese Frauen in Opposition zum identitären Konzept. Ihre Sexualbio-
grafie folgt nicht bzw. seltener dem Modell klar etikettierter Phasen mit einem
›endgültigen‹ Coming-out als lesbisch. Zwar waren für Frauenliebhaberinnen
solche Merkmale wie Uneindeutigkeit, Wechsel der Zugehörigkeit, glückliche
Ehen mit einem Mann u.a. immer schon berichtet worden; aber das lastete dann
wie ein Makel auf der an sich geforderten Identität. Die Psychologin Lisa Diamond verwandelte das scheinbare Defizit in einen Vorteil, als sie die weibliche
Art der Gleichgeschlechtlichkeit als ›Fließen‹ (sexual fluidity) beschrieb. Mitte
der 1990er Jahre begann sie eine Langfriststudie zur Entwicklung der sexuellen
Orientierung bei Frauen. Eine Stichprobe von anfangs hundert jungen Frauen
wurde regelmäßig dazu interviewt, welche sexuellen Erfahrungen sie machen
und wie sie sich identifizieren. Das Panel hatte nach zehn Jahren dieses Ergebnis: Frauen sind nicht auf einzelne Arten sexueller Identität festgelegt; sie werden mehr von der Person und weniger von deren Geschlecht angezogen. Die
Teilnehmerinnen der Untersuchung wechselten häufig ihre sexuelle Identität, in
der Mehrzahl zu unlabeled oder bisexuell statt zu lesbisch oder heterosexuell

(Diamond 2008: 105). Die wenigsten behielten dieselbe Identität während des Zeitraums. Wie es heißt, wird Diamonds Buch von Frauen in den Vereinigten Staaten verschlungen und die These rezipiert.

BISEXUALITÄT

Das Programm ›Sexuelle Vielfalt‹ sichert den Fragen der Bisexualität wieder einmal Aufmerksamkeit, wenngleich die ›Themenriesen‹ LST sie erneut zu erdrücken drohen. Als Wort kämpft ›Bisexualität‹ seit jeher mit einer Doppeldeutigkeit; einerseits bezeichnete es (früher) ein weiblich-und-männlich in der anatomischen Körperlichkeit, andererseits (heute geläufig) eine sowohl hetero- wie homosexuelle Objektwahl. Ein klassisches Beispiel dafür bietet die erste lesbische Theoretikerin, Johanna Elberskirchen (1904: 7):»Jeder Mann hat etwas vom Weibe – jedes Weib etwas vom Manne! Das ist eine biologische, durch keinen Sophismus aus der Welt zu schaffende Tatsache! Diese biologische Tatsache ist die sogenannte bisexuelle Anlage. Sie ist der Untergrund der sogenannten Homosexualität.« Der schillernde Inhalt macht den Begriff für Entwürfe interessant, die sich gegen überkommene Kategorien richten. Bisexualität fungiert dann etwa als»Mittel, um das gesamte sex/gender-System zu entnaturalisieren« (Jagose 2001: 92).

Nach wie vor gibt es zum bisexuellen Handlungsfeld kaum empirische Forschung, keine Theorie und wenig Selbstorganisation (für ein Resümee vgl. den US-amerikanischen Soziologen Steinman 2011). Offenbar aber gibt es durchaus viel Realität. Die Harvard-Anglistin Marjorie Garber versteht Bisexualität als Alternativentwurf zur Festigkeit der Orientierungen, Präferenzen und Identitäten. Statt einer stabilen Triebrichtung, die sich aufs Geschlecht fixiert, regiere die»bisexuelle Mobilität der Phantasie« (Garber 2000: 37). In dieser Sicht wird Bisexualität als strukturierte Sexualform verabschiedet und durch den frei flottierenden Triebwunsch ersetzt. Das wäre dann auch nicht mehr bi (im Sinne der Addition von hetero plus homo bzw. von weiblich plus männlich), sondern poly. In dieser Fassung des Konzepts werden sich nur einige derjenigen erkennen wollen, die heute für die Anerkennung einer Bisexualität als Begehrensform eintreten.

Lisa Diamond schlägt vor, den Begriff der Bisexualität in Nichtexklusivität (nonexclusivity) umzubenennen – allerdings nicht in dem Sinne von Promiskuität, sondern von nicht ausschließlich einem Geschlecht verschrieben zu sein (2008: 95). Dieses Phänomen wiederum zeige sich bei Frauen weit häufiger als bei Männern. Diamond folgert, dass die Erregbarkeit von Männern stärker kategorie-spezifisch sei als die von Frauen (2008: 101). Bisexualität bzw. Nichtex-klusivität scheine daher ein eher weibliches Phänomen zu sein.

POLYAMORIE

Der Neologismus polyamory (engl.) meint ein Netz intimer Beziehungen – Lie-be und Sexualität – zwischen mehr als zwei Menschen, gelebt in Offenheit und wechselseitiger Akzeptanz. Kürzer: eine verantwortliche Nicht-Monogamie. Die Idee richtet sich in erster Linie gegen die Dominanz der geschlossenen Zweier-beziehung. Dementsprechend benennen viele Polyamoristen als zentrales Ziel, die Enge des Treuegebots aufzusprengen.

Dass es sich nicht um individuelle und vereinzelte Vorkommnisse handelt – wie es sie schon immer gegeben hat –, sondern um die Begründung einer neuen Form des intimen Zusammenlebens, das zeigen Aktivitäten der Vernetzung in Gruppen sowie die Schaffung von Medien. So erscheint die Polyamorie bislang überwiegend als eine Angelegenheit interessierter Kreise. Die Sexualwissen-schaft hingegen hält sich zurück und ordnet das Phänomen bei der längst analy-sierten Relativierung des überkommenen Monogamiegebots und beim Prinzip der Vertragssexualität ein. Auch auf Anthony Giddens' Konzeption der Reinen Beziehung wird verwiesen. Noch stammen die publizierten Studien aus der Fe-der von Aktivisten der Idee.

Der polyamoristische Diskurs dreht sich um Liebe, Freundschaft und Intimi-tät. Wieweit Begehren und Lust fokussiert werden, darüber streitet man sich (Klesse 2006: 578f.). Beschworen wird eine Haltung, die sich gegen Konkur-renz- und Besitzdenken wendet und das Genießen der Freude anderer propagiert. Verwiesen wird auf Eva Illouz (2009) und ihre Diskussion zum Teilen (sharing), daraus ableitbar ein neuer emotionaler Stil: die Mitfreude (d.h. für die Erlebnisse der Anderen). Dies erlaube die Entstehung mehrerer, unabhängiger und sich überschneidender Intimsphären. Cardoso (2012) beschreibt Polyamorie als eine neue Identität, aufgebaut auf ethischen Vorstellungen der Aufrichtigkeit und Kommunikation. Polyamoröse Subjekte wollen sich verbessern und autonomer werden, indem sie ihre Gefühle besser kontrollieren. (Hier könnte man eine Par-allele zur Zivilisationsthese von Norbert Elias sehen.) Ideengeschichtlich wird eine Linie gezogen von den utopischen Gemeinschaften des 19. Jahrhunderts über die ›Zweite Sexuelle Revolution‹ der 1970er Jahre zur Gründung der neuen Bewegung in den 1990ern (Anapol 2010: 45-64).

Im deutschsprachigen Raum etabliert sich das Thema zögernd. Wissen-schaftlich beschäftigt es einige Abschlussarbeiten, aber kein Forschungsprojekt.

SEXUELLE VIELFALT ODER EIN ENDE DER KLASSIFIKATIONEN? | 39

Allerdings muss sich das Thema einer gewissen massenmedialen Neugier erwehren. Daraus entstehen ironische Artikel und werbende Sachbücher, deren Seriosität nicht immer von vornherein feststeht. Allerlei Aufreizendes mischt sich dann ein: offene Beziehung, Seitensprung, freie Liebe, Promiskuität – oder auch bloß die Enttäuschungen mit der Überforderung durch das Modell der romantischen Liebe.

Bisexuelle Frauen waren unter den frühesten Polyamorie-Aktiven (in den USA) und sind hier bis heute stark präsent (Anapol 2010: 61). Ansonsten hat Polyamorie ihren Schwerpunkt im heterosexuellen Bereich, was sich schon deswegen leicht erklärt, weil in der männlichen und weiblichen Homosexualität, in der eine Ehe bislang nie infrage kam, schon früh mit der Offenheit von Beziehungen experimentiert wurde, ohne dass dies ein Mehrfachlieben bedeutet hätte. In einer aktuellen Befragung bezeichneten sich die meisten Befragten als heterosexuell, ein knappes Drittel als bisexuell (Friedwagner 2011: 77).

Programm und Begründung der Polyamorie passen nahtlos in den Ideenkreis der Sexuellen Vielfalt. Dies ist offenbar bewirkt durch deren Absagen an eine Heteronormativität und an den Binarismus des Geschlechts. Allen Teilgruppen ist der Wunsch gemeinsam, sich nach einer neuen Heimat umzusehen, welche Freiheit in Verantwortung auf ihre Fahnen schreibt. So könnten sich Trans*-Menschen überproportional oft für Polyamorie interessieren, wie das auch für die Anhängerschaft des Selbstverständnisses Queer der Fall zu sein scheint (Anapol 2010: 61f.). Auch die feministische Seite hat die Bewegung beschickt. Interessierte Frauen bezeichnen sich als ›Schlampe‹ (slut), veredelt zu The ethical slut, wie der erfolgreiche Buchtitel von Dossie Easton und Janet W. Hardy lautete (1997, erweitert 2009). Das Moralelement tritt als konstitutiv deswegen hinzu, weil allseitige Einvernehmlichkeit, Rücksichtnahme und sogar Gemeinsamkeit der Empfindungen gefordert werden.

Wer Polyamorie nicht recht ernstnehmen will, schilt sie einen ›life style‹. Möglicherweise wird das weitere Schicksal der Polyamorie-Bewegung dem der Bisexuellen ähneln: Eine gewisse Aufmerksamkeit wird erregt, die Gruppen und Treffen aber bleiben klein. Falls man meint, die Polyamorie bilde eine Station in der sich entwickelnden Trivialisierung von Sexualität, dann ist zu vermerken, dass für polyamore Personen das Sexuelle einen besonderen Stellenwert besitzt (Friedwagner 2011: 14). Allerdings wäre das die individuelle Ebene; gesamtgesellschaftlich könnte die Sexualität gleichwohl an Bedeutung verlieren bzw. diese nur in Teilpopulationen behalten.

ZWISCHENBETRACHTUNG: ZUM VERHÄLTNIS
VON GESCHLECHT UND SEXUALITÄT

Die bisher betrachteten Facetten im Kaleidoskop der Vielfalt fokussieren sich auf Sexuelles – LSB. Aber unbezweifelt gehören auch die geschlechtlichen Varianten hinein – TTI. Das Zusammengehen ist alles andere als selbstverständlich, bezieht sich das eine doch auf die Varianten des Begehrens, das andere hingegen auf Fragen der anatomischen Beschaffenheit des Körpers. Am Anfang standen fragwürdige Bezeichnungen, die sämtlich auf ›sexuell‹ lauteten. Das neuzeitliche Denken startete um 1800 einen Diskurs zum Komplex Geschlechterverhältnis, Fortpflanzung und Geschlechtslust; hier wurde undifferenziert mit dem S-Wort operiert. Um 1900 war man soweit, die Varianten ins Auge zu fassen, und wiederum wurde das Wort eingesetzt. So erhielt der Geschlechtswechsel sinnwidrig den Namen Transsexualität, und die Geschlechtsmischung hieß Intersexualität. Die Äquivokationen verwirren bis heute.

Hinzu kam die Unklarheit, wie das Sexuelle (im engeren Sinne) primär aufzufassen sei: als etwas Physiologisches oder als etwas Mentales. Woran entzündet sich denn sexuelles Begehren? Allem Anschein nach (für unsere Weltgegend und in dieser Zeit) zunächst an der Geschlechtszugehörigkeit des Gegenübers. Die Metapher einer ›Geschlechter-Spannung‹ (Reiche 1990) mit ihrem energetischen Klang und der Reifizierung des Binarismus dürfte allerdings zur Erklärung wenig beitragen; dies aber steht auf einem anderen Blatt. Auch andere zweipolige Dimensionen entflammen: jung/alt, attraktiv/hässlich, gerade/krumm, stark/schwach. Wie viel und was genau die Geschlechtsklassifikation zu einer sich sexualisierenden Begegnung beiträgt, das ist bislang merkwürdigerweise ungeklärt. Die einen unterstellen das Regiment von Gender als etwas Selbstverständliches (was es nicht ist, ungeachtet des durchaus möglichen Gelingens arrangierter Paarungen). Andere glauben auf die Genderisierung der sexuellen Interaktion verzichten zu können. Gesagt wird dann: ›Ich liebe eine Person und nicht das Geschlecht‹ (so bei Diamond 2008). Volkmar Sigusch meint, endzeitlich gestimmt, es drohe der Sexualwissenschaft der Verlust des Geschlechts als Gegenstand (2013: 534). Ein weites Feld und wahrscheinlich keines, auf dem politische Herrschaftskritik allzu viel zu entschlüsseln vermöchte.

Die Tendenz geht heute dahin, die Dimensionen zusammenzubringen. Das Begehren und seine Befriedigung schaffen einen kräftigen Anker für die Geschlechterordnung. Eines der erfolgreichsten Argumente von Judith Butler (1991) lautet: Über die normative heterosexuelle Praxis wird das System der Zweigeschlechtlichkeit hergestellt und aufrechterhalten. Untermauert wird die Übersteigerung des Geschlechterdimorphismus durch die gesellschaftliche Antihomosexualität, mit den Annahmen zur Normalität, Natürlichkeit, Schöpfungsordnung und wie die Stützkonzeptionen weiter lauten. Die Soziologie kann hierzu viel sagen. In der sozialen Konstruktion ist ›Körper‹ das theoretisch verbindende Element zwischen Geschlecht und Sexualität. Die Genitalien sind als »kulturelles Ereignis« zu würdigen (Garfinkel 1967/1984: 123). ›Geschlecht‹ im Sinne von Geschlecht haben wir nicht, wir tun es (West/Zimmerman 1987). Bereits Erving Goffman hat beschrieben, wie wir (interaktiv) handelnd zu Frauen bzw. Männern werden (1977/1994). Goffman fasst Geschlecht »als eine Eigenschaft von Organismen, nicht als eine ihrer Klassen« (1977/1994: 112). Das verschlungene Verhältnis zwischen Natur-, Geistes- und Sozialwissenschaften steht zur Debatte. Die Anlehnung an ein lebenswissenschaftliches Denken, i.e. an die Biologie, garantiert keineswegs eine Wertneutralität. Garfinkel hob ganz richtig hervor, ›Sexualität als Naturtatsache des Lebens‹ meine stets, Sexualität sei eine natürliche und moralische Tatsache – also verbunden mit Verhaltensvorschriften (Garfinkel 1984: 124).

TRANSGENDER

Die diversen Vorgänge des Geschlechtswechsels haben kulturwissenschaftliche Köpfe stark beschäftigt. Zudem ist es die einzige ›Blume‹ aus dem bunten LSBTTI-Strauß, die in der Soziologie gute Aufmerksamkeit erzielen konnte; zu nennen sind insbesondere die Studien von Harold Garfinkel, Gesa Lindemann und Stefan Hirschauer. Insgesamt scheint es, als zögen die Phänomene um Transgender heute das meiste theoretische Interesse auf sich.

Die Trans*-Phänomene mussten erst einmal aus der (gedanklichen) Bindung an die sexuelle Perversion befreit werden, mit der sie ja nichts zu tun haben. Für die Paarungen zweier homosexueller Frauen bzw. Männer wurde (und wird gelegentlich noch heute) vermutet, dass jeweils das Geschlechterverhältnis aktiv-passiv oder auch dominant-submissiv abgebildet würde (was vermutlich auch früher schon nicht zutraf), wonach jeweils ein Teil ›im falschen Körper‹ sein müsste. Ferner glaubten vor wenigen Jahrzehnten weite Teile der Sexualwissenschaft, der Wechsel resultiere aus einer sozial oder individuell unterdrückten Homosexualität. Tatsächlich ließen sich Männer chirurgisch feminisieren, um mit einem Mann zusammenleben zu können bzw. um die Fassade einer Heterosexualität zu wahren. Der Fassbinder-Film ›In einem Jahr mit 13 Monden‹ (1978) zeigte einen solchen Fall. In etlichen nichtwestlichen Ländern sind derart motivierte Geschlechtswechsel sogar institutionalisiert (z.B. die Hjiras in Indien). Die Stonewall-Riots (1969 in New York City) – das Gründungsereignis der neueren Schwulenemanzipation – wurden bemerkenswerterweise von Transgendermenschen angezettelt.

Hierzulande haben sich die Dimensionen Wunschgeschlecht und Begehrensrichtung mittlerweile vollständig voneinander differenziert. Für den historischen (von konstruktivistischem Denken regierten) Moment scheint das gelungen zu sein. Aber ob es auch zukunftssicher ist, steht dahin. Denn schon werden Zweifel angemeldet, ob eine vollständige Trennung der Bedeutungsfelder Geschlecht und Sexualität ontologisch dauerhaft hält: Das ignoriere die Komplexität der gelebten Erfahrung und transformiere eine analytische Unterscheidung in ein epochen- und kulturübergreifendes Faktum (Valentine 2007: 62).

Auch ein zur Zeit oft genannter Vorgang scheint gegen die Trennung von Geschlecht und Sexualität zu arbeiten. Auf Schulhöfen und in Fußballstadien grassiert das Schimpfwort ›schwul‹ oder ›Schwuchtel‹; damit wird dem so Adressierten aber weniger eine Homosexualität unterstellt, als dass ihm mangelnde Maskulinität (oder fußballerische Härte) vorgeworfen wird. Im Alltagsbewusstsein gehen diese Bedeutungsschichten zusammen, was ja auch die Homophobiestimmung teilweise durchaus erklärt. So könnte sich die Vermischung von Geschlechts- und Sexualkategorien als etwas Reales erweisen, im Sinne von Herbert Blumers Prinzip, dass Dinge (nur) die Bedeutung haben, die ihnen im sozialen Handeln zugewiesen wird.

Auf den Fahnen der Sexuellen Vielfalt erhalten die Phänomene der Überschreitung von Geschlechtsgrenzen zu Recht mehrere T; denn es gibt sie in verschiedener Form. Klassische Transsexuelle (T) verlassen das ihnen bei Geburt zugewiesene Geschlecht so vollständig wie möglich zum Gegengeschlecht hin (Name, Körper, Identität); im Idealfall können sie sowohl den Ursprung als auch die Transformation vergessen machen. Transgender (als zusammenfassender Oberbegriff: T*) variieren die nach ihrer Anatomie benannte Zugehörigkeit in vielfacher und phantasievoller Weise. Zu nennen sind die folgenden Spielarten, die sich geschwind zu vermehren scheinen: Transsexuelle ohne Operation oder Hormongaben, Transvestitismus und Cross-Dressing (die Bekleidung eines anderen Geschlechts tragen), Travestie und Drag (das Gegengeschlecht künstlerisch oder in einer überzeichnenden Weise darstellen), Damenwäscheträger (eine Form des sexuellen Fetischismus), Transe (eine unspezifisch-saloppe, etwas abschätzige Bezeichnung für alle Personen im T-Bereich). Hiervon beeinflussten Vorführungen der Sparte Travestie/Drag/Camp in den letzten drei Jahrzehnten erheblich die Populärkultur und die Alltagsvorstellungen zur Varianz und Performanz der Geschlechtskategorie. Was vordem als Kitsch abgetan worden war, avancierte zu guter Unterhaltung, jedenfalls eine Zeit lang. Auch Mode und Werbung operieren heute ständig mit der Uneindeutigkeit.

Gehört nicht die übertriebene Darstellung des ›eigenen‹ Geschlechts ebenfalls in diese Reihe hinein? Auch die Überzeichnung von Weiblichkeit durch Frauen selbst unterwandert die herkömmliche Geschlechterkonstruktion. Auf der Männerseite ist es der Leistungssport – Boxen, Fußball, Wrestling –, in dessen Rahmen ihr Geschlechtsklischee aufgebauscht wird. Eines Tages könnten solche Performanzen der Lächerlichkeit preisgegeben sein.

Die kulturelle Produktivität dieses Sektors der Sexuellen Vielfalt dürfte demnächst die Einheit von Trans* endgültig sprengen. Inzwischen wird das Wort nicht mehr als Sammelbezeichnung akzeptiert. Als neuer Name wird vorgeschlagen: ›Sexuell und/oder geschlechtlich divers‹ (Sex and/or Gender Diverse People, vgl. O'Keefe 2010). Die Überschneidungen, auch mit Inter, machen das erforderlich. So spricht Judith Halberstam von einer neuen Kategorie: Personen, die an der Grenze zwischen Mann und Frau leben, in einem Selbstverständnis der Transitivität, aber ohne den letzten Schritt der chirurgischen Umwandlung zum anderen Geschlecht zu unternehmen. Diese nennt sie Transgender (Halberstam 1998: 161). Intention eines Transgender-Diskurses ist es, ein universelles Modell von Geschlechtsidentität herzustellen, das alle – und nicht nur deviante – Geschlechtsidentitäten untersucht (ebd.: 162).

Soziologisch interessant sind Frequenz und Tendenz von Transgender in Deutschland. Hier wächst nämlich die Trans*-Population seit einiger Zeit kontinuierlich an. Diese Bevölkerungsgruppe ist inzwischen aus der quantitativen Minimalität herausgetreten, die sie früher als quantité négligeable hat erscheinen lassen. Seit 1981 haben sich die Anträge auf Umwandlung des Personenstandes verzehnfacht, bei anhaltend steigender Tendenz (Zapf 2013; für weitere Länder: Olyslager/Conway 2007). Woher dieses Wachstum? Selbst wenn ein Teil davon auf einen Nachholbedarf zurückgeht, bleibt die Frage, wie es zur Ermutigung und zum Entschluss des Aufbruchs kommt. Offenbar entsteht bzw. offenbart sich das Unbehagen mit dem bislang gelebten Geschlecht in immer früherem Alter. Die Zuweisungen bei der Geburt werden bald infrage gestellt. Viele Jungen wollen nicht mehr männlich-privilegiert sein – und Mädchen nicht mehr auf Häuslichkeit reduziert werden. Soviel steht fest: Eine messbar vorhandene und sichtbare Personenkategorie, gekennzeichnet nach einer Variante von Geschlecht (das seinerseits als zentrale Strukturvariable der Gesellschaft gilt), wird kaum weiterhin am Rande von genderbezogener Forschung und Politik verharren, sondern in den Vordergrund rücken.

INTERGESCHLECHT

Diversitätspolitisch ist Intersexualität das Thema der Stunde, und zwar durch die Beratungen, Erhebungen, Beschlüsse und Veröffentlichungen des Deutschen Ethikrats (2012), der vom Gesundheitsministerium damit beauftragt war. Durch Bundesgesetz muss neuerdings bei einer Inter-Diagnose der Geschlechtseintrag offengelassen werden; Betroffenenverbände kritisieren dies als unzureichend, weil eine Reihe von Problemsituationen nicht erfasst ist. Diversitätstheoretisch bildet die Unerbittlichkeit des geschlechtlichen Binarismus die Ursuppe aller festgestellten Probleme.

Die Nomenklatur ist bislang wenig geläufig; das wird sich erst mit der öffentlichen Diskussion ändern. Die älteren Bezeichnungen lauten Zwittrigkeit und Hermaphroditismus – auch dies einstweilen noch Zungenbrecher. Und schon gar nichts weiß der durchschnittliche Diversitätsmensch über die genitalen, korporalen Spielarten der Intersexualität. Obwohl am Anfang eine Diagnose zur körperlichen Beschaffenheit steht, kann das Phänomen in den Kreis der sexuellen Vielfalt einbezogen werden. Denn sexuelle Identität bildet den Oberbegriff zur Geschlechtsidentität und sexuellen Orientierung (Plett 2010: 57, Susanne Baehr zitierend).

Die Arbeitskreise der Intersexuellen fordern, dass Personen mit uneindeutigen Genitalien, also ›zwischen den Geschlechtern‹, so anerkannt werden, wie sie nun einmal sind, und zwar als Bestandteil eines morphologischen Kontinuums. Die bislang hier tonangebende Medizin hat die Betroffenen als gestört angesehen (disorder of sex development, DSD) und mit operativen Eingriffen traktiert. Befragungen zeigen ein gewisses Maß an Unzufriedenheit mit der partnerschaftlichen und sexuellen Lebensqualität (Deutscher Ethikrat 2012: 74-77; Bora 2012). Insgesamt gilt ihre »Lage immer noch in starkem Maße durch Leiderfahrungen, Missachtung seitens der Medizin, mangelnde Sensibilität des gesellschaftlichen Umfeldes, administrative und bürokratische Hemmnisse und verbreitete gesellschaftliche Unkenntnis der Lebenswirklichkeit von DSD-Betroffenen gekennzeichnet« (Deutscher Ethikrat 2012: 94).

Immerhin wurde für die Intersexuellen eine durchschnittlich gute Lebenszufriedenheit ermittelt; die Probleme dieser Gruppe liegen im gesellschaftlichen Umgang mit der Geschlechtseindeutigkeit (Bora 2012). Ansonsten ist soziologische Expertise an diesen Beratungen zu wenig beteiligt. Es dominieren Medizin und Jurisprudenz. Einen dunklen Punkt enthält die Geschichte der chirurgischen Misshandlungen; denn damals stützte man sich auf die aus der Sozialisationstheorie abgeleitete und durch die klinische Psychologie transportierte Annahme, die Geschlechtspersönlichkeit sei ein reines Erziehungsprodukt. Das war ein körperferner Soziologismus. John Money führte aus genau diesem Anlass 1955 den Begriff gender ein. Die operative Einpassung in eines der nur zwei Geschlechter (meist in das weibliche) erschien als gute Tat.

Den Irritationen – was die Medizin unternommen hat versus wie die Intersexuellen sich heute sehen – ist am ehesten wissenssoziologisch beizukommen, und zwar mit der konstruktionistischen Theorie Sozialer Probleme. Ulrike Klöppel, von der eine sehr ausführliche Studie zur Denkgeschichte der Intersexualität stammt, stützt sich auf Foucaults Konzept der Problematisierung und beschreibt, wie – d.h. mittels welcher Praktiken und unter welchen inner- und außerwissenschaftlichen Bedingungen – Intersexualität zu einem medizinischen und psychologischen Problem gemacht wurde, welches Expertenlösungen erfordert. So werde das medizinisch-psychologische Feld als flexibles Macht-Wissensgefüge dechiffrierbar; die sozialregulative Problematisierungsweise sei in den Grundzügen bis heute konstitutiv (2010: 16f.). Antworten auf die aufgeworfenen theoretischen und praktischen Fragen stehen noch aus. Es geht nicht darum, aus zwei Geschlechtern nun mehrere zu machen – die dann als Verfeinerung des Zweiermodells gelten. Die bloße Zahl angenommener Geschlechter beseitigt nicht die Hierarchie zwischen ihnen.

DER GESCHLECHTER-BINARISMUS IN DER SOZIOLOGIE

Die schulsoziologische Forschung geht meist unhinterfragt von der Dichotomie F/M aus und zementiert dieses Axiom geradezu. Die wichtigsten und meistzitierten Texte haben so geschrieben (vgl. Honegger 1991). Nicht ohne Stolz präsentierte diese Forschungslinie ihre entbiologisierende Entdeckung des soziokulturellen Geschlechts. Sie konnte sich dafür auf Erving Goffman berufen, der entsprechende Überlegungen früher als andere in den Geisteswissenschaften formuliert hatte, nämlich bereits 1977.

Dabei wurde allerdings ein Gedanke des genialen Klassikers übersehen, der bereits weiter gedacht hatte als die nachfolgenden Scharen in der Frauen- und Geschlechterforschung: Goffman hielt die anatomischen Unterschiede für einen vernachlässigbaren Faktor. Und zwar sowohl innerhalb eines Geschlechts als auch zwischen den beiden, bezogen auf Gewicht, Muskelbestand, Gebär- und Nährfähigkeit. Nur etwas »organisatorischer Aufwand wäre nötig, wenn auch unter modernen Bedingungen nicht allzu viel, wollte man spürbare soziale Folgen dieser körperlichen Gegebenheiten verhindern« (Goffman 1977/1994: 106). Die »– im Vergleich zu allen anderen – geringen biologischen Unterschiede« können nicht als Ursache der Hierarchie angesehen werden. Diese ergibt sich für

Goffman als Folge »eines umfassenden Bündels sozialer Glaubensvorstellungen und Praktiken« (ebd.). Er macht jedoch nicht die bloße Klassifikation in Mädchen/Jungen verantwortlich. Die Zuordnung geschehe nach der Geburt, »durch das Ansehen des nackten Kinderkörpers, insbesondere der sichtlich dimorphen Genitalien«. Goffman geißelt die Primitivität dieser sozial so folgenreichen Weichenstellung; sie sei »eine Zuordnungspraxis, die derjenigen ähnelt, die bei Haustieren vorgenommen wird« (ebd.). Mit all diesen Bemerkungen bestreitet Goffman die Denknotwendigkeit eines Binarismus, den er durch den allgemeinen Wissensbestand sowie durch die Wissenschaften hervorgebracht sieht – als »den Prototyp einer sozialen Klassifikation« (ebd.: 107). Sarkastisch lobt er, dass in diesem Fall das Verständnis der einfachen Leute mit den Erkenntnissen aus Forschungslaboratorien übereinstimme. Und es wird klar, dass sowohl das Alltagsverständnis wie auch die Biowissenschaften auf die hierarchische Sortierung hinarbeiten.

In der Soziologie wurde lange geglaubt, mit der Geschlechterdifferenzierung über ein stabiles Merkmal zu verfügen, das so in die Theorien zur Sozialstruktur eingehen kann. Dabei hatte es in der Geschichte des Geschlechterdenkens immer schon Erwägungen gegeben, den ontologischen Unterschied zu verneinen; nur wurden solche Stimmen vom Hauptstrom marginalisiert. Das Modell der Zwei-und-nur-zwei-Geschlechter ist historisch variabel (Laqueur 1992; weiterführend jetzt: Voß 2010). Es gibt den Wechsel vom ›Ein-Geschlecht-Modell‹ – der »Konstruktion eines eingeschlechtlichen Leibes mit seinen verschiedenen Versionen, die mindestens zwei politisch-sozialen Geschlechtern zugeschrieben wurden« (Laqueur 1992: 33) – zum ›Zwei-Geschlechter-Modell‹. Wo zuvor nur graduelle Unterschiede gesehen worden waren, behauptete man nunmehr eine Grundverschiedenheit und suchte diese an allerlei physiologischen Merkmalen zu belegen. Die soziale Institution des Binarismus (einige würden sagen: des Patriarchats) hat jede Infragestellung des Entweder-Mann-oder-Frau mit scharfen Sanktionen verfolgt (Strafen, Skandalisierung, Auslachen, Banalisierung).

Die Biologie, von der man sich eine Grundlegung durch solide Fakten erhofft, zeigt das gleiche Muster: Scheinbar einmütig propagiert sie die Geschlechterzweiheit, obwohl in Wirklichkeit nur eine Stimmenmehrheit sich dafür ausspricht und andere Stimmen ignoriert oder zum Schweigen gebracht werden (dazu Voß 2010: 89-236). – Prototheoretisch relevant sind die Aussagen der christlichen Religionslehre. In der Jahwe-Erzählung schafft Gott einen Mann und eine Frau (Genesis 1). Die Theologie versteht das in binärem Sinne und etabliert ein Denkgebot. Dabei sind andere Interpretationen denkbar, ohne die Aussage der Schrift anzweifeln zu müssen (z.B. Schmelzer 2013: 196-202).

In der Soziologie herrscht eine ebenso bemerkenswerte wie fragwürdige Vorliebe für die Zweiteilung. Zumal in der empirischen Sozialforschung ist die Zweiwertigkeit der Variable Geschlecht eine vermeintlich sichere Bank – sie muss meist nicht einmal erfragt werden. Da lässt sich dann mit schönen Tabellen billig punkten – und die Dichotomie schreibt sich in den Köpfen fest. Sie wird auch sozialtheoretisch begründet. Karl Lenz und Marina Adler (2010: 78) stellen rhetorisch die Frage, warum »Gesellschaften offensichtlich ohne die Unterscheidung von Frauen und Männern nicht auskommen?« (Auch Gesellschaften mit einem dritten, vierten usw. Geschlecht machen ja eine klare Unterscheidung zwischen Frau und Mann.) Die möglichen Antworten formuliert das Autorenduo wiederum in Frageform, was wohl die Verunsicherung anzeigt. Sie sagen, die binaristische Differenzierung mache Gesellschaften überlebensfähig, sei ein Organisations- und Anpassungsvorteil, sie stehe mit Familie (die mit besserer Evidenz ausgestattet ist) in enger, unauflösbarer Koppelung. Das klingt evolutionstheoretisch. Hartmut Tyrell, als Nachfahre von Talcott Parsons, ist der Vater solcher Gedanken (1989). Ihm zufolge bietet die binäre Klassifikation die Vorteile an, dass sie an der Anatomie meist erkennbar sei, lebenslang erhalten bleibe, zwei etwa gleich große Bevölkerungsgruppen produziere, als Klassifikation über die Generationen erhalten bleibe und weitere Plausibilitäten enthalte (wie dass Frauen gebären und stillen). Das klang einstmals durchaus einleuchtend. Aber Tyrell wie das ganze Fach hatten nur nach den evolutionären Vorteilen gesucht. Freilich könnte man aber auch einmal die Nachteile ins Auge fassen oder nach den Vorteilen einer mehrwertigen oder einer ganz anders verlaufenden Differenzierung suchen.

Der Antipluralismus gehört zum Denkstil des Westens. Er folgt den Regularien von Rationalisierung und Sparsamkeit. Auch der Monotheismus der religiösen Sphäre grundiert das Denken. So haben sich die vereinfachenden Bilder zur Geschlechtlichkeit ergeben: Je näher an eins (Sexualität) oder zwei (Geschlechter), desto besser. Erfunden wurden Typologien im niedrigen einstelligen Bereich. Das ökonomisierende Vorgehen folgte der positivistischen Begriffslehre, wo Sparsamkeit anempfohlen wurde. Die Bevölkerung wurde also in Rassen, Körperbau- und Charakterformen taxonomisiert, um menschliches Verhalten in Naturgesetze zu packen, um es vorhersehbar und planbar zu machen. So entstanden Begründungen für ein antiplurales Denken. Es grassierte der Irrglaube, Gefühle technisieren und so beherrschen zu können, angeleitet von der Annahme, Geschlecht und Sexualität seien vor allem konstitutionelle Tatsachen statt emotional basiert.

Eine Wissenschaft namens Anthropologie entstand und florierte in der ersten Hälfte des vorigen Jahrhunderts. Sie war naturwissenschaftlich angelegt und wollte ›den‹ Menschen erklären. Ihre Blüte dürfte diese Art von Anthropologie in NS-Deutschland erlebt haben; in der Bundesrepublik überlebten einige Lehrstühle. Noch heute gehört hier die Zweiheit der Geschlechter zu den fraglos gegebenen ›Basisdaten‹ (beispielsweise bei Grupe u.a. 2012: 100, 104f.). Nicht zu verwechseln ist dies mit der Philosophischen Anthropologie, die den soziokulturellen Hintergrund der Geschlechterpolarität erkennt (vgl. Lautmann 2002: 475-488). Schon Helmut Schelsky – ein Großvater der deutschen Sexualsoziologie – drückte das deutlich aus. Zwar ernennt er die biologische Gegebenheit der Zweigeschlechtlichkeit zum fundamentalen Gestaltungsprinzip aller Bereiche des sozialen Lebens. Doch an die Natürlichkeit des Prinzips werde bloß geglaubt; die wirklich vorhandenen biologischen Differenzen zwischen den Geschlechtern seien verhältnismäßig belanglos. Der Geschlechtsunterschied werde »über seine biologische Festgelegtheit hinaus sozial fixiert und mit allen Mitteln der sozialen Sanktionierung und Tabuierung absolut gesetzt, um damit aus dem Bereich der verfügbaren Verhaltensänderungen ausgeblendet zu werden« (Schelsky 1955: 16).

Die Aufteilung der Menschen in genau zwei geschlechtliche Arten ist jedoch nicht nur Ideologie, nicht nur ›falsches Bewusstsein‹; sie hat sich faktisch in Körperlichkeiten, Handlungsweisen und Institutionen niedergeschlagen. Diese sozial gegebenen Realitäten sind in Rechnung zu stellen, wenn es um die Überwindung des Binarismus geht. Der Dimension Geschlecht das ihr zukommende Maß an Kontingenz zurückzugeben – das erfordert mehr als utopische Szenarien einer jederzeit freigestellten und voraussetzungslosen Wählbarkeit.

Wenn das Zweiermodell verabschiedet wird, dann würde damit keineswegs das Ende der Frauen- und Geschlechterforschung eingeläutet. Denn ungleichheitskritische Thesen werden überhaupt nicht berührt. Was sich ändern würde, sind einige protosoziologische Grundannahmen. Aus der Gegebenheit von Mann, Frau und einigen kleinen Nebenklassen werden die Idealtypen weiblich und männlich, mit denen die gegenwärtige Geschlechtsorganisation analysiert wird. Es sind zwei Idealtypen, die nicht auf ein Kontinuum zu reduzieren sind. Die Inhalte der beiden Idealtypen variieren historisch, interkulturell und milieuspezifisch. Und vor allem: sie erschöpfen nicht das geschlechtertheoretische Inventar.

DIE MACHT DER KLASSIFIKATIONEN

Binarismus gilt vielen als ausschlaggebende kognitive Basis für die Hierarchie von Männern über Frauen sowie von Heterosexualität über SLB. In feministischen Diskursen besteht derzeit geradezu das Vorverständnis, wonach von der Geschlechtsklassifikation wesentliche Herrschaftseffekte ausgehen, die im Kontext von und in Ähnlichkeit zu anderen Klassifikationen sozialer Differenz entstehen. Die hierarchisierende Klassifikation ›Geschlecht‹ werde eingesetzt, um ungleiche soziale Positionierungen konkret zu leben.

Von der ›Macht der Klassifikation‹ sprach Pierre Bourdieu bereits in seinen ›feinen Unterschieden‹ (1979/1982: 741-755) und illustrierte es u.a. an den Homosexuellen. Die Geschlechtseinteilung verbirgt diesen Effekt, denn sie trägt ihre abwertenden Züge nicht offen im Gesicht. Hingegen sind einige Sexualitätssorten unmittelbar negativ (indem sie pathologisieren und kriminalisieren). Später ließ Bourdieu sich von der Lektüre feministischer Literatur beeindrucken und titelte daraufhin »Die männliche Herrschaft« (2005). In durchaus ähnlicher Weise bezeichnete Michel Foucault (1977: 127-138) Sexualität als ein »Dispositiv der Macht« und das Geschlechterverhältnis als Hierarchie. Das verlockte die Studierenden scharenweise zur Einforderung von Gender-Gleichheit. Selbst ›horizontale Disparitäten‹ werden nicht geduldet und ›Asymmetrien‹ von vornherein als verwerflich angesehen.

Geschlechtsklassifikationen naturalisieren soziale Setzungen. Was gesellschaftlich erzeugt ist, erhält den Anschein des biologisch Gegebenen, indem sozialer Sinn auf den Körper projiziert wird. Bei der Geburt wird dem Menschen eine Geschlechtszugehörigkeit angeheftet, und diese erhält den Rang des Selbstverständlichen, ja Unhinterfragbaren. Die Zuweisung geschieht anhand der Genitalien, den Ort sexueller Lust. So verknüpfen sich Geschlecht und Sexualität, ebenfalls scheinbar unauflöslich und naturgewollt. (Und wem Natur zu vage vorkommt, nennt es gottgewollt.) Die körperliche Erfahrung sanktioniert die Geschlechtsdifferenzierung.

Klassifikationen, wenn sie gesellschaftliche Wirkungsmacht erlangen, prägen die Wahrnehmungs- und Deutungsweisen. Weil dies subtil und nicht physisch geschieht, nennt Bourdieu das ›Symbolische Gewalt‹. (Den Ausdruck ›Gewalt‹ halte ich hier zwar für fehlplatziert; doch erhellt er den ungeheuren Einfluss bestimmter sozio-kultureller Formgebungen.) Die Geschlechtszuweisung schlägt sich im Habitus nieder, wird dauerhaft inkorporiert und lenkt den praktischen Sinn.

Um die binäre Geschlechtseinteilung zu überwinden, wurden erhebliche konzeptionelle Anstrengungen unternommen. Zugrunde liegt oft eine Art feministischer (nicht unumstrittener) Erkenntnistheorie, welche die Standortgebundenheit des Wissens betont und daraus eine ethische Bindung ableitet. »Positionierung impliziert Verantwortlichkeit für die Praktiken, die uns Macht verleihen. Politik und Ethik sind folglich die Grundlage für Auseinandersetzungen darüber, was als rationales Wissen gelten darf« (Haraway 1995: 87). Und gezielt auf den Genderdualismus: »Feministische Verantwortlichkeit erfordert ein Wissen, das auf Resonanz und nicht auf Dichotomie eingestellt ist« (ebd.: 88).

Aktuelle Forschungen setzen voraus, dass Geschlecht »als Prozess und produktives Geschehen begriffen wird, das die Möglichkeit einer Umarbeitung beinhaltet« (Wagels 2013: 12). Die Autorin zeigt an Fallstudien – Interviews mit Personen, die ihr Erwerbsleben als Transmann, Lesbe usw. in ›queerer‹ Existenz zubringen –, welchen Beitrag der Körper in der geschlechtlichen Selbstwahrnehmung leistet. Durch die vorgegebene Binarität werden sie eingeschränkt – und zu kreativer Performanz herausgefordert.

Einer der Wege, auf denen ›die Macht der Klassifikation‹ gebrochen werden kann, scheint der Abbau orthodoxer Männlichkeit zu sein, wie er sich bei prekär Beschäftigten im Ansatz zeigt (so eine der empirischen Studien von Völker 2013). Tatsächlich könnten sich in sozialen Krisen einige Grundorientierungen neu sortieren – allerdings nicht in der steuerbaren Richtung, wie sie bei Völkers ›praxeologischem‹ Ansatz anklingt. Denn die männlich-hegemoniale Anmaßung passte noch nie zu den Haushalten von Arbeitern, wo eher ein ›pragmatisches Arrangement‹ geübt wird (vgl. Meuser 2010: 260-275).

Antiklassifikatorisches Denken fällt der Soziologie schwer. Wissenschaft will ordnen, einordnen (auch wenn sie für die Fabrikation solcher Schubladen dann verachtet wird). Die theoretischen Kategorien müssen sich empirisch bewähren. Sie dürfen nicht umstandslos aus der Alltagssprache entnommen sein, sondern sich in ein Theoriegebäude einfügen. Dessen Umbau wird von dem Unternehmen geschlechtlich-sexuelle Vielfalt nachhaltig betrieben.

KRITIK DER HETERONORMATIVITÄT

Sexuelle Vielfalt lässt sich nicht kleinreden, indem sie auf eine ›Koalition der Zukurzgekommenen‹ reduziert würde. Gewiss sind die ›Betroffenen‹ durch ihre gesellschaftliche Abseitsstellung zum Nachdenken angeregt worden. Die Vitalität der Geschlechter- und Sexualthematik seit 1970 brachte in vielen Branchen intellektuelle Dissidenten hervor, deren Ideen sich allmählich zu einem Alternativkonzept verdichteten, das vom Hauptstrom nicht mehr belächelt wird. Die Überschriften lauten: diversity, queer theory, Intersektionalität und Kritik der Heteronormativität. Das ist die transdisziplinäre Theoriebasis aller Programme zur Etablierung einer sexuellen Vielfalt.

Die Sicht auf Geschlecht und Sexualität hat sich aus den überkommenen Uniformitäten herausgelöst und immer neue ›Masken des Begehrens‹ erzeugt. Um aus dem Gedankenkäfig auszubrechen und das Übel des Kategorienzwangs an der Wurzel zu packen, wurde die ›Kritik an der Heteronormativität‹ zum neuen Richtpunkt. Die Wissenssoziologie hätte längst darauf kommen können, hatte aber die geschlechtlichen Themen kaum im Blick. So blieb es dem Professor für ›die Geschichte der Denksysteme‹ Michel Foucault überlassen, den Wandel der Sexualfiguration zu analysieren und äußerst folgenreiche Thesen zu formulieren. Die Soziologie rezipierte das langsam und widerstrebend (wenn überhaupt), bis die Philosophieprofessorin Judith Butler mit ihrem ›Unbehagen der Geschlechter‹ erschien und die Begrifflichkeiten aufwirbelte. Hatte die Sexualtheorie sich gerade an die Unterscheidung von physischem und kulturellem Geschlecht (sex/gender) gewöhnt und sich demzufolge dem soziokulturellen Überbau gewidmet, wurde ihr nunmehr gesagt: Aus der Konstruktion der Heterosexualität begründet sich überhaupt erst die Differenzierung zweier Geschlechter. Die Genderkonstrukte ergeben sich nicht aus Ideen und Beobachtungen, sondern aus performativen Akten, die historisch und interkulturell höchst unterschiedlich ausfallen. Hiermit war das ontologische Primat des Körpergeschlechts aufgegeben, auch die Idee der Homosexualität – zwei physische Männer bzw. Frauen – entfiel. Die neuen Theorieentwürfe orientieren sich an Mischformen und Übergängen (Cross-dressing, Trans, Inter) und an der Kreuzung der Exklusionskriterien (Intersektionalität).

Über das folgenreiche Ereignis ›Stonewall‹ kursieren mehrere Versionen, je nach dem Markierungswunsch (vgl. Voß/Wolter 2013: 28-32). Vielleicht kommt es nicht so sehr darauf an, wer den größten Mut zeigte, wer in vorderster Reihe stand, welche Unterstützer* hinzukamen usw. Das Geschehen auf der Christopher Street stand nicht allein. Zuvor hatte sich in San Francisco schon einmal der Widerstand artikuliert. Hieran interessiert soziologisch und bewegungshistorisch, welche Verhältnisse und Strömungen jene Massenmobilisierung ermöglicht haben. In den großstädtischen Subkulturen zündeten ›nur‹ verschiedene Funken, welche die Ungeduld der Exkludierten detonieren ließen. Hautfarbe, sexuelle Identität, Geschlechtsstatus und Klassenlage bilden einige der Indikatoren für die soziale Struktur der Rebellion.

Das alles ist auch für die Soziologie von höchstem Belang. Denn Geschlecht gilt inzwischen als Strukturvariable der Gesellschaft(sanalyse), und Sexualität bildet einen zentralen Handlungsbereich. Nun ist aber die neue Theorieströmung hauptsächlich in weiblichen und nichtheterosexuell gestimmten Hirnen entstanden, zudem außerhalb der Sozialwissenschaften. Das mag das Zögern und den Widerstand der soziologischen Hauptmeinung erklären, die ja bis heute anhalten. Hier verbeißt man sich weithin und unreflektiert in die inzwischen doch als allzu schlicht anmutenden Dichotomien wie Frau/Mann und konform/deviant. Unverdrossen finden Erhebungen statt, die solche Schablonen abfragen und interpretieren. Die Soziologie nimmt im Bereich Geschlecht-und-Sexualität einen etwas muffigen Geruch an, weil sie im Denkstand ihrer Blütezeit der 1970er Jahre verharrt. Die Abnehmer soziologischer Erkenntnis – Medien, Politik, Alltagswissen – protestieren (noch) nicht, wohl aber die Studierenden und die Avantgarden in den Nachbarwissenschaften, die sich früher von Soziologie haben inspirieren lassen.

Noch ist nicht ausgemacht, wer den Kampf alt-gegen-neu gewinnen wird. Gar zu fest steht im Alltags- wie Bildungsbewusstsein die Überzeugung, bei ›Geschlecht‹ handele es sich um eine Naturtatsache (wenngleich soziokulturell überformt) und bei ›homo/hetero‹ um eine Grundkategorie. Geschlecht und Sexualität als rein performative Akte – das wird weithin nicht verstanden, ja ist als These kaum bekannt und nur schwer vermittelbar.

Dass die heutigen identitätsbezogenen Figuren des Schwulen, der Lesbe, Bisexuellen usw. sich auflösen und in einer queeren Alternativfigur restlos aufgehen – das wird zwar propagiert, ist aber nicht zu erwarten. Dafür sind die auf die Kritik an der Heteronormativität bezogenen Lebensentwürfe zu gering verbreitet. Vor allem beschränken sie sich bislang auf enge Milieus und haben die Zugehörigkeit zu einigen Subkulturen nicht abgestreift. Das mag sich ändern. Bislang indessen sind alle Verständnisse – binaristische, identitäre, queere – nebeneinander vorhanden. Es sind Idealtypen einer geschlechtlich-sexuellen Existenzweise, an denen die Individuen sich orientieren, um sie selbständig in Näherungs- und Mischformen zu verwirklichen. Damit komplizieren sich Analysen zur Lebenswelt der LSBTTI-Menschen (und wie erhofft auch der Normalbevölkerung) – eine lohnende Aufgabe für die Feldforschung.

Queer und Intersektionalität sind Prototheorien, d.h. sie geben Perspektiven vor, aus denen sich Theorien der geläufigen Art entwickeln können. Solche Perspektiven unterliegen nicht dem Schema wahr/unwahr; vielmehr richtet sich ihr Erkenntniswert nach der Qualität der Theorien, die unter ihrem Dach entwickelt werden. Vor allem entscheidet sich ihr Erfolg danach, ob sie Gefolgschaft finden und ihre Axiome unanfechtbar werden. Die Perspektiven sind auf keinen Gegenstandsbereich festgelegt; sie wollen das Bisherige beiseitelassen und die alten Themen neu ›lesen‹. Queere Methodologie heißt auch: es anders machen. Dahinter steht die Enttäuschung, dass die überkommenen Erkenntnisse die Welt nicht verbessert, sondern bloß interpretiert haben.

Die Vereinigung der Queer- und Intersektionalitätsansätze hat einen äußerst breiten Einzugsbereich geschaffen, der weite Teile des herkömmlichen Soziologiefeldes abdeckt: Ungleichheit, Politik und Kultur, Privatheit und Öffentlichkeit, National- und Globalgesellschaft. Queer und Intersektionalität tendieren ohnehin zur Ausdehnung. Die Geschlechterbeziehungen standen hier einmal am Anfang der Denkrichtung, rückten dann aber zur Seite; vollends wurde die Sexualität zum Randthema, als ›Obsession‹ westlicher Kultur, wofür sich postcolonial studies weniger interessieren müssen.

Ein (wenn nicht der) Auslöser zum Queering lag bei den Homosexualitäten – doch dies nur, um deren Konzeptualisierung zu überwinden. Das Verschrägen (dt. für queering) gelingt für all jenes im geschlechtlich-sexuellen Feld, das sich nicht dem Normalstereotyp fügt. Selbst die immer noch so genannte Heterosexualität bleibt explizit nicht ausgeschlossen, insofern sie besondere Züge aufweist. Das gilt für die vormals als pervers markierten Abweichungen wie Transvestismus, BDSM, Fetischszenen und viele andere, an denen die Queer-Perspektive ihre wichtigste Leistung demonstriert: sie unaufgeregt anzuerkennen, ohne angestrengt zu legitimieren. Insoweit behält Queer für die Sexualsoziologie eine Bedeutung – anregend oder bedrohlich, wie man will –, weil sie die sexuellen Phänomene und Interaktionsformen umfassend thematisiert.

SEXUELLE VIELFALT ALS SOZIALER PROZESS

Vielfalt soziologisch zu erfassen bedeutet: das vom geläufig-majoritären Blick bislang Verdeckte sichtbar zu machen. Das war immer schon eine genuin sozialwissenschaftliche Leistung. Der Wandel unserer Sexualformation, wie ihn Diversity schlaglichtartig beleuchtet, korrespondiert mit zahlreichen soziologischen Theorieansätzen. Bereits Georg Simmel konstatierte, dass »der Mensch, sobald er nur Freiheit hat, sie benutzt, um […] die ganze Verschiedenheit der individuellen Kräfte zu entfalten«, was eine »Sprengung« überkommener Lebensformen bedeute (1908/1992: 811f.).

Vielfalt ergibt sich als unmittelbare Folge einer Kontingenzsteigerung in der Moderne, deren zahlreiche Ursachen sich über längere Zeiträume einstellen. Jede davon wirkt auch auf die Verhältnisse von Geschlecht und Sexualität ein. In Stichworten seien genannt (nach Holzinger 2011: 9f.): Industrialisierung und Marktvergesellschaftung (auf dem Wege von der Haushaltsökonomie zur Marktökonomie löst sich das Individuum aus familialen Bindungen); ein Wohlfahrtsstaat, der auch das Überleben von Einzelnen absichert; die moderne Wissenschaft, die den Geschlechtsbewegungen die Argumentationen liefert; Säkularisierung (weil die monotheistischen Weltreligionen das Sexuelle als Regulationsmedium usurpiert haben und besetzt halten); ein neues Zeitbewusstsein (Werte und Normen verlieren ihren Charakter des Ein-für-Allemal, des Ewiggültigen); Mensch und Kultur schließen sich dem Neuen auf, suchen das Geradeerst-Aufgetretene, auch das Vorübergehende; ›Lebensabschnitte‹ ersetzen das ›Lebenslang‹ einer Ehe; schließlich: Rationalisierung (die Entzauberung des Geheimnisvollen bringt uns das fremd Erscheinende näher).

Neu sind weder diese Erklärungen noch das zu Erklärende. Das von Simmel eingeleitete Denken zur Individualisierung begleitet die Entwicklung der Vielfaltsstruktur, für die der Begriff Optionensteigerung eigentlich nur eine andere Formulierung darstellt. Aus der soziologischen Tradition winkt auch das Konzept der sozialen Differenzierung (herangezogen z.B. von Lenz/Adler 2010: 79).

Handlungstheoretisch ist nach einem doing sexual diversity zu fragen. Der Ansatz wurde bereits bei Trans* erwähnt, aber er ist bislang nur für einzelne Varianten ausgeführt worden. Selbst das vielgenannte doing gender bezieht sich auf die Darstellung eines bestimmten Geschlechts wie Männlichkeit, Trans-Weiblichkeit usw. Schon seine Herkunft aus der Ethnomethodologie reserviert den Ansatz für alltagsweltlich fassbare Handlungsweisen. Wie könnte er auf theoretische Konzepte angewandt werden, wie also geht ein doing diversity? Vielfalt ist nicht einfach da – von Natur oder Sozialisation her –, sondern wird hergestellt. Sie wird gegen das herrschende Alltagsverständnis vorgegebener Eindeutigkeit behauptet.

Sexuelle Vielfalt wird zunächst von denjenigen hervorgebracht, die von Normalität abweichen, und sodann wird sie von den anderen anerkannt. Erst beides zusammen erzeugt ein neues Arrangement der Geschlechter und Sexualitäten.

Da es meist an Hintergrundwissen fehlt, hakt und rumpelt der Prozess. Nicht selten kommt es zu Zwischenfällen mit hohen Kosten. Doing diversity darf mit Höchstrelevanz rechnen; d.h. die Aufmerksamkeit wird sich fast stets auf solche Akteure und Aktionen richten, die den Bruch mit der Einheit repräsentieren oder gutheißen. (Beim doing gender gab es ja die Diskussion, dass Geschlecht auch einmal in den Hintergrund trete und nicht dauerrelevant gesetzt ist, vgl. Hirschauer 2001.) Dass diversity auch einmal irrelevant würde (undoing), das lässt sich heute für kaum eine Situation vorstellen. Selbst dann nicht, wenn sämtliche Diversen sich zu einem Kongress versammelten – es bliebe eine Freakshow.

Die Sichtweise eines doing diversity wird bislang offenbar kaum zur sozialwissenschaftlichen Analyse benutzt. Sie taucht vor allem in geschlechterpolitischen Kontexten auf: zur Selbstverständigung, politischen Mobilisierung, Organisationsberatung, im Bereich der Hochschullehre und im Training. Um das Konzept soziologisch weiterzuentwickeln, empfiehlt sich ein Schulterschluss mit verwandten Denkansätzen: Performanz (für Geschlecht dargelegt von Butler 2009), Körpertheorie (zum Verhältnis der Kategorien ›sexuelle Orientierung‹ und ›Körper‹ vgl. Ahmed 2006) sowie Praxistheorie.

Ein soziologischer Blick vermag die mit dem oft dunkel gebrauchten Konzept der Performativität formulierten Thesen durchaus fruchtbar einzusetzen, dann nämlich, wenn versucht wird, den produktiven Eigensinn von Kultur und sozialer Praxis empirisch zu greifen und gesellschaftstheoretisch einzuordnen (vgl. dazu Volbers 2014). Implizites Wissen und körperliche Fähigkeiten bringen Handlungsweisen hervor, die sich als Geschlechtspraxen erfassen lassen, aber den sprachabhängigen Erhebungsinstrumenten rationalen Handelns (wie dem Interview) entgehen. Was sich in den empirisch vorfindlichen Szenen des Geschlechtlichen abspielt – heteronormativ, homonormal, queer-subversiv usw. –, wäre zueinander in Relation zu setzen. Dann entstünde ein reales Gesamtbild statt der vielen ideologieverdächtigen oder strategischen Gemälde, die zur Zeit das Gelände beherrschen.

DIE GESELLSCHAFTLICHEN REAKTIONEN AUF SEXUELLE VIELFALT

Das leicht hingesagte Wort ›Sexuelle Vielfalt‹ zielt auf eine Fülle an gesellschaftlichen Maßnahmen, die es in sich haben – von fiskalischen, pädagogischen, therapeutischen, sozialarbeiterischen, massenmedialen Einzelhilfen bis hin zu legislativen Eingriffen. Nicht Lippenbekenntnisse und symbolische Politik sind gemeint, sondern reale Veränderungen in den Lebensverhältnissen. Davon berührt werden nicht allein die berüchtigten ›Betroffenen‹, sondern auch deren Interaktionspartner in den Bereichen des privaten, beruflichen und öffentlichen Lebens. Letztlich geht es um einen nachhaltigen Wandel der Sozialstruktur. Wenn die Kritik an der Heteronormativität die Diskursszene verlassen und gesellschaftlich wirksam werden sollte, dann werden sich Geschlecht und Sexualität als die Querschnittsaufgaben enthüllen, die sie zwar stets waren, aber nicht recht ernst genommen wurden. Für den Teilaspekt der Frauendiskriminierung wird es seit einiger Zeit praktiziert, für die weiteren Teile steht es bevor.

Wie die Momentaufnahme vom Anfang dieses Artikels zeigt: mit dem Thema ›Sexuelle Vielfalt‹ wird Politik gemacht, Kontroversen werden ausgelöst. Das nährt den Verdacht, es gehe um eine interessengeleitete statt einer intellektuellen Frage. Wird die Soziologie sich einschalten? Kann sie das Thema in ihrer Theoriesprache aufnehmen? Wie begegnet die Gesellschaft dem Umbruch zur Sexualdiversität? Auf welchen Ebenen der Vergesellschaftung findet eine Inklusion der Vielfalt statt? Zu betrachten haben wir hierzu den Staat und sein Recht, weiterhin außerstaatliche Einrichtungen wie die Kirchen, supranationale Institutionen, die Organisation von Arbeit und Beschäftigung, Alltagsorganisationen wie Sport- und andere Vereine, schließlich Familienverhältnisse und persönliche Netzwerke. Wie kommt es hier zur Anerkennung, wer ging voran? Konkrete Beispiele liefern Entkriminalisierungen, das Gesetz über die eingetragenen Lebenspartnerschaften, das Transsexuellen-Gesetz, die jetzt anlaufende Debatte um die Rechtsstellung der Intergeschlechtlichen.

Zur Analyse des Politikfeldes ›Sexuelle Vielfalt‹ erbieten sich zahlreiche Denkfiguren, wovon jede einen eigenen Akzent setzt: Toleranz – Akzeptanz – Anerkennung – Respekt – sexuelle Demokratie – Zivilgesellschaft, citizenship, Wohlfahrt/staat – Inklusion. Die ersten drei davon davon seien kurz betrachtet; sie bieten nur zwiespältige Lösungen.

Die Kernidee einer Haltung der Toleranz ist: das Fremde auszuhalten. Diese Idee ist nicht verbraucht. Nur muss sie neu interpretiert werden. Der Streit entbrennt (nach Rainer Forst) von zwei Ausgangspositionen her: einerseits Toleranz als Respekt zwischen Gruppen trotz gravierender Unterschiede, andererseits Toleranz als herablassende Hinnahme des Anderen. Die sexuell Diversen waren im 20. Jahrhundert schon mit jedem der beiden Standpunkte zufrieden; von Akzeptanz zu träumen bestand wahrlich kein Anlass. Diese Bescheidenheit baut sich neuerdings ab. Nicht bloß ›geduldet‹ will man sein; denn darin drücke sich nur eine abgeschwächte Form vorheriger Repression aus. – Mittels der Toleranzstrategie werden Menschen in das ideelle und institutionelle Gefüge der Gesellschaft eingegliedert, bislang ›Ausgeschlossene‹ werden mit ›einbezogen‹. Das wird allgemein als ein hoheitliches Erlauben verstanden; typische Zeitungsmeldungen lauten dann so: ›Homosexuelle dürfen (sic!) jetzt heiraten‹. Erlaubnisse können jederzeit zurückgenommen werden. Die Lage der Neuaufgenommenen bleibt aber prekär; sie werden einstweilen durch Toleranz diszipliniert. Die »Macht diszipliniert durch ein strategisches Wechselspiel von Erlaubnis und Verbot« (Forst 2003: 86).

Zudem wird innerhalb der Gruppe von Normabweichenden geteilt: Die eher Akzeptablen bleiben von der bisherigen Ausschlusspraktiken verschont, die Übrigen werden weiterhin verfolgt – vielleicht sogar umso schärfer. Bei der Entkriminalisierung der Homosexualität entzündete sich das an den sogenannten Altersgrenzen (21 – 18 – 16 – 14 waren die Stufen, die nacheinander diskutiert und durchlaufen wurden); es dauerte ein geschlagenes Vierteljahrhundert, bis die

Gesetzgebung damit durch war. Und wenn es heute darum geht, ein Merkmal wie ›sexuelle Identität‹ in Antidiskriminierungskataloge aufzunehmen, dann melden sich bei vielen Kopfschmerzen, ob nun nicht etwa auch unerwünschte deviante Identitäten bzw. Sexualformen davon profitieren könnten. Einer ganzen Reihe von LSBTTI-Aktivisten ist dieser Hickhack um Abgrenzung und die erneute Ausgrenzung derart zuwider, dass sie die gesamte Reformpolitik verwerfen.

Manche entlarven Toleranz als Fortsetzung des Herrschens mit eleganteren Mitteln: als rationaler, schlanker, friedlicher, billiger. Soziale Kontrollen können abgebaut werden, Zensur, Polizei und Justiz wenden sich anderen Aufgaben zu. Gleichwohl diszipliniert die Strategie der begrenzt eingeräumten Freiheiten. Die nunmehr Geduldeten werden staatstreu. Regieren-durch-Freiheitsgewährung (Forst 2003: 442) wird dieser Zusammenhang von Liberalität und Disziplin in der Foucault-Nachfolge genannt. Die Ambivalenzen einer erlaubnisorientierten Toleranz führen zum Doppelspiel von Inklusion und Exklusion. In Teilen sind die Betroffenen ›dabei‹ – doch wer es zu weit treibt, auch alsbald wieder ›draußen‹.

Mit Akzeptanz lässt sich keine Steigerungsform zu Toleranz markieren. Denn ›Akzeptanz‹ ist kein politisch gefüllter Begriff, sondern ein sozialtheoretisches Konzept; es bezeichnet das Kontinuum von Mehr-oder-Weniger-Hinnehmen von Neuerungen. Der Begriff wird stets in einem gradualisierten Sinne gebraucht; in dem Maße, wie eine soziale Innovation (meist geht es hier um technische Erfindungen) akzeptiert wird, verliert der Begriff seinen Sinn. Die Akzeptanzforschung zielt nicht auf das Selbstverständlichwerden, sondern auf das Überwinden der Anfangsschwierigkeiten. Über diese Phase sind die (meisten) LSBTTI-Phänomene indessen bereits hinweg. Gerne wird ›volle Akzeptanz‹ gefordert, in der Emphase, mit der Parolen formuliert werden. Doch brächte dieser Grenzfall die vollständige Assimilation des Akzeptandums mit sich, mithin das Verschwinden des Besonderen – eine etwas gedankenlose Forderung also. Die ›Normalisierung des Unnormalen‹ wäre ein höchst widerspruchsvoller Vorgang. Die volle Akzeptanz wäre nicht zu unterscheiden von der Wertschätzung, die dem Anderen entgegenzubringen wäre. Diese aber lässt sich weder manipulieren noch erzwingen, ohne dabei grundlegende Freiheiten der bislang ablehnenden Majorität zu verletzen. Das Andere soll ein Lebensrecht erhalten, nicht aber das persönliche Dafürhalten von Nichtbetroffenen vergewaltigen. Statt der Akzeptanz sollte Anerkennung gefordert und betrieben werden. Doch befindet man sich damit bereits in einem anderen Diskurs.

Anerkennung. Als was könnten die neuen Kategorien und Gruppen ›anerkannt‹ werden? Vor wenigen Jahren noch wären sie damit zufrieden gewesen, wenn sie als schützenswerte ›Minderheit‹ hätten gelten dürfen. Der Minoritätsstatus kommt Volksgruppen zu (wie den Dänen und Sorben in Deutschland) und ist mit einigen besonderen Rechten ausgestattet, die neben der Staatsbürgerschaft gewährt werden. Die Entfaltung des geschlechtlichen Pluralismus führt über ein solches Anliegen hinaus. Die Diversen wollen nicht ›fremd‹ bleiben, sie gehören keiner ›fremden Nation‹ an, sie erstreben keine Sonderrechte. (Das von manchen LSBTTI-Initiativen gebrauchte Wort Queer Nation ist eine Missbildung.) Zwar erscheinen sie als ›anders‹, vor dem Hintergrund des Hergebrachten und Altgewohnten, weswegen sie von vielem ausgeschlossen waren. Nunmehr wollen sie gleiche Rechte wie alle Übrigen und dass man sich an ihre Besonderheit gewöhne. So lautete denn eine der Parolen auf den Pride-Paraden: »We are queer, we are here, get used to it«. Der Philosoph Alexander García Düttmann präparierte die Widersprüche eines solchen Texts heraus, die Ironie, die Diachronie in der Gleichzeitigkeit: »Die Forderung nach Anerkennung ist eine Forderung nach Bestätigung und Stiftung, die Parole verklammert und trennt Behauptung und Forderung durch den blinden Fleck eines paradoxen so: Gleichzeitigkeit einer Kontinuität und einer Zäsur, eines Schlusses und einer Öffnung« (1997: 111).

›Minderheit‹ können sie nicht (mehr) sein, sie leben ja innerhalb der ›Mehrheit‹, gehören der Allgemeinbevölkerung an. Ein Minoritätenstatus – womöglich für eine jede sexuelle Variante gesondert auszuhandeln – böte kein Verlass für die Zukunft. Die Rechte einer Minderheit können zurückgenommen werden, wenn es einer Stimmenmehrheit oder einer Diktatur gefällt (und kein wirksamer Schutz der Menschenrechte besteht). Diversität meint die Veränderung der bisherigen Einheitsvorstellung, die neue Varianten elastisch in sich aufnimmt. Nicht mehr die Freiheitsrechte allein können die Forderung nach Anerkennung begründen (wie es die liberalen und marktorientierten Theorien gesehen haben), sondern ein kommunitäres Element muss hinzutreten (dazu Honneth/Stahl 2012).

Gilt all dies schon für jede Pluralisierung, so erst recht für die sexuelle Vielfalt, die am emotional und institutionell tief verankerten Normalismus rüttelt. Die gesellschaftlichen Einrichtungen werden aufgefordert, ihre Ablehnungspraxen zu ändern. Sie sollen das Andere entpathologisieren, entkriminalisieren usw. Und damit nicht genug – über das Ende der Exklusionen hinaus müssen sie noch viel mehr tun: das Andere in die Lehr- und Forschungspläne aufnehmen, ihm eine Infrastruktur verschaffen, die früheren Exklusionspraxen dokumentieren, eine Erinnerungskultur etablieren und Weiteres mehr.

Sexuelle Vielfalt verlangt nicht notwendig, sich ausschließlich auf die Destabilisierung der majoritären Geschlechterkultur zu werfen, wie es in der Schule von Judith Butler geschieht. Wer da zögert, mag es mit der Schule von Anthony Giddens halten, der die strukturbildenden Aspekte hervorhebt. Oder mit der Schule von Pierre Bourdieu, die den sinnstiftenden Effekt sozialer Praxis betont. Das real angetroffene und neu entstehende Vollzugsgeschehen von Geschlechtlichkeit (doing gender) zeigt eine ganz andere Ordnung als den Binarismus des Alltagsbewusstseins. Soziologische Analysen zur Mannigfaltigkeit überwinden die Dichotomien überkommener Stützkonzeptionen – und dies nicht mit Wunschdenken, wohl aber mit Wirklichkeitswissenschaft.

AUSBLICK: ALLES SO SCHÖN BUNT HIER – ?

Dem Anschein nach ist ›Sexuelle Vielfalt‹ ein Wachstumsthema und erweitert sich über LSBTI hinaus. Zugleich vergrößern sich die genderpolitische Koalition, die theoretische Allianz und die Verständigungsschwierigkeiten untereinander. Das Verbindende-Gemeinsame ist auf programmatischer Ebene die Verabschiedung des ›Sexismus‹ (die sich indessen davor hüten muss, in eine leichtgängige Catch-all-Kategorie abzugleiten). Auf theoretischer Ebene bietet sich für die Kulturwissenschaften die queer theory an, die Soziologie hingegen kann ihren Bestand an Geschlechterforschung einbringen.

Das stärkste Potenzial, um über LSBTI hinaus zu expandieren, findet ›Sexuelle Vielfalt‹ auf den Feldern des zwischengeschlechtlichen Handelns. Die früher sozial verachteten Szenen der Sexarbeit oder der Erbauung an erregenden Bildern würden sich gern wachküssen lassen, wenn die Moralpolizei es denn zuließe. Einstweilen wird hier allerdings noch mit dem Strafgesetzbuch gedroht. Zumal gilt dies für die – mit wenigen publik werdenden Fällen, gewiss aber verbreitete – Geschwisterliebe (»aus queer-theoretischer Perspektive viel versprechend«, so Engel 2011: 118). Fast geschafft haben es Szenen wie die S/M-Subkultur und die internetgetragene Verabredungssexualität mit ihren flüchtigen Abenteuern. Da diese und andere Varianten vom gesellschaftlichen Normalismus diskriminiert werden, teilen sie die Kritik an der Heteronormativität.

Ein schönes Beispiel boten seit 2011 die Schlampen-Paraden (slutwalks), auf denen Frauen gegen die Erscheinungsformen des Sexismus und gegen sexualisierte Gewalt protestieren, insbesondere soweit diese auf staatlicher und massenmedialer Ebene auftreten. Den gedanklichen Rahmen liefert das Konzept der Intersektionalität (Mehrfachdiskriminierung). Männer können sich solidarisieren. Wer sich hier ›Schlampe‹ nennt und dementsprechend einkleidet, tut das zur Stigma-Umkehr (Coming-out all over, Kitsuse 1980). Allein schon in der Mischung der Demonstrierenden zeigte sich, dass die LSBTI-Population sympathisierende Segmente sucht (vgl. Rinne 2013: 115).

Gelernt hat die Vielfaltsbewegung dieses: Mit doing diversity und Lebenspraxis lassen die Ziele schneller und umfassender erreichen als durch ein Werben um Verständnis und Akzeptanz. Geduld gilt nicht mehr als Tugend; denn die Konflikte halten ja an, wie sich an zwei, leicht vermehrbaren Beispiele zeigt. Erstens ist die Säkularisierung als sozialstrukturelle Voraussetzung der gesamten Entwicklung zur sexuellen Diversität nur teilweise vollzogen, und zweitens konstatierte das Langfristprojekt ›Gruppenbezogene Menschenfeindlichkeit‹ einen stabilen Sockel an Homophobie; ein Bevölkerungsviertel findet es »ekelhaft, wenn Homosexuelle sich in der Öffentlichkeit küssen« (Heitmeyer 2011: 19).

Falls es, wenigstens für eine Zeit lang, geradlinig weitergeht, scheinen die folgenden Prognosen gerechtfertigt:

- Die Vielfalt von Geschlecht-und-Sexualität wird sich allmählich veralltäglichen, d.h. mit neutraler Haltung behandelt werden. Wenn eine Lesbe oder ein Transmann o.ä. auftreten, wird das vermerkt werden, und dann geht man zur Tagesordnung über; jedoch ihre völlige Unauffälligkeit, d.h. ein undoing diversity, liegt in weiter Ferne.
- Die Glaubensvorstellungen bezüglich des Geschlechts werden sich endgültig auflösen; also endet der ›Genderismus‹.
- Die lebenswissenschaftliche (eigentlich: biologische) Verankerung von Geschlechterbinarismus und Heteronormativität wird verschwinden. Die Biologie wird Orte, Stoffe, Mechanismen und Funktionen (er)finden, welche Diversität ›erklären‹. So verankert Simon LeVay (2010: 295) bereits die sexuelle Orientierung in vorgeburtlichen Vorgängen und preist den Wert solcher Varietät.
- Sexuelle Vielfalt wird sich weiter ausdehnen und neue Varianten entdecken. Ohnehin ist sie längst nicht mehr auf die früheren Devianzen von LSBTI eingeschränkt.
- Zugleich wird die Moralisierung in die vormals libertären Sexualformen eindringen. Zu beobachten ist dies aktuell an der Verdammung weiter Bereiche von Pornografie (›Nacktbilder‹) und Prostitution.

Aber geht es denn stets geradlinig weiter? Nein. Wenn alles entscheidbar, kontingent und riskant geworden ist, dann ergreift diese Unvorhersehbarkeit auch die Sexualkultur. Alles kann sich ändern. Nicht im Sinne eines Zurück, wohl aber als Anders-weiter. Das ist der Preis für die ›errungene‹ Vielfalt, die uns heute erfreuen mag, aber vielleicht vorübergeht. Die Kontingenz mag durch neue Ligaturen abgelöst werden, die dann nicht mehr westlichen Ursprungs sind und auch keine Vielfalt mehr vorsehen. Die Zukunft wird sich nicht als Fortschritt ereignen, sondern sie wird eher als Diskontinuität, als ein Bruch empfunden werden. Wo aber bleibt die Soziologie in diesem Themenfeld? Sie hat sich bislang wenig beteiligt, ihre Beiträge kamen vor allem von feministischen Soziologinnen (namentlich Andrea Bührmann, Sabine Hark, Elisabeth Tuider). Will die Soziologie warten, bis die Prominenz von Foucault und Butler sich abschwächt? Damit könnte sie sich selber aussitzen. Diversität von Geschlecht-und-Sexualität ist und bleibt ein Thema für die Politik, für einen gesamtgesellschaftlichen Wandel. Auch wenn für eine soziologische Analyse das doing von gender, sexualities, diversity im Vordergrund steht, müssen wir auf die Schnittstellen zwischen Interaktionsordnung und Sozialstruktur achten. »Der Unterschied zwischen den Geschlechtern wird also nicht nur in Interaktionen erzeugt, er wird zugleich von Institutionen geregelt« (Knoblauch 1994: 41).

Der Zusammenhalt zwischen den so verschiedenen Teilen einer LSBTI-Allianz kann anfänglich nur höchst fragil sein und wird sich erst in mehreren Stufen verfestigen. Wenn das ›Andere‹ in seiner Andersartigkeit nicht eingeordnet werden kann, wie werden dann die Kooperanden mit den Differenzen ihres Soseins umgehen? Dazu entwickelt ein neuer Projektverbund eine theoretische Perspektive (Soeffner/Kurt 2014), die auch die Bruch- bzw. Kohäsionslinien der Sexuellen Vielfalt zu verdeutlichen vermag. Die schwächste Form besteht in der ›Koexistenz‹, dem bloßen Nebeneinander der diversen Fraktionen. Die nächste Stufe wird als ›Koorientierung‹ erklommen: die Beteiligten richten sich an der Sicht ihrer Partnergruppen aus. In der höchsten Stufe, der ›Kooperation‹, wirkt man endlich zusammen. Auf jeder dieser Stufen ändern sich Perspektiven, Programme und Beteiligten, von denen manche zurückbleiben.

Das Thema Sexuelle Diversität wird sich vor seiner Trivialisierung zu hüten haben. Etwa davor, als ›Karneval der Geschlechter‹ abgetan zu werden. Oder als ein Steckenpferd für die Freizeitbeschäftigung. Als Requisit der Unterhaltungsbranche dient es seit jeher. Dass Identität durch Performativität ersetzt wurde, erleichtert den temporären Umgang mit alterierter Geschlechtlichkeit ungemein.

Die Politik der Sexuellen Vielfalt erzielt Nachhaltigkeit, solange sie mehr ist als die Summe ihrer Bestandteile. Ließe sich hingegen die LSBTI-Allianz in ihre Einzelheiten zerlegen, dann droht dem Ganzen der Exitus und der Alt-Normalismus gewinnt wieder Fahrt. Denken wir noch einmal an Lisa Diamond und ihre These vom ›Fließen‹ weiblicher Sexualpräferenz. Und überschauen die Landschaft von sexual diversity. Was hier bislang feststeht ist einzig: dass alles im Fluss ist.

Entzündet sich an der Sexuellen Vielfalt eine revolutionäre Umwälzung des Symbolischen, ohne welche (für Bourdieu und viele andere) die Geschlechterhierarchie nicht abgebaut werden kann? Zuversicht und Skepsis stehen hier gegeneinander. Aber zumindest rückt damit die gesellschaftliche Organisation des Sexuellen wieder ins Zentrum von soziologischer Betrachtung und politischer Aktion.

LITERATUR

Ahmed, Sara (2006): Queer Phenomenology. Orientations, Objects, Others. Durham: Duke University Press.

Anapol, Deborah (2010): Polyamory in the Twenty-first Century. Lanham: Rowman & Littlefield.

Bauer, J. Edgar (1998): Der Tod Adams. Geschichtsphilosophische Thesen zur Sexualemanzipation im Werk Magnus Hirschfelds. In: Herzer, Manfred (Hg.): 100 Jahre Schwulenbewegung. Dokumentation einer Vortragsreihe in der Akademie der Künste. Berlin: Verlag rosa Winkel, S. 15-45.

Bech, Henning (1999): Leisure Pursuits. Studies in modernity, masculinity, homosexuality and later modernity. Kopenhagen: Sociologisk Institut.

Bora, Alfons (2012): Zur Situation intersexueller Menschen. Berlin: Deutscher Ethikrat.

Bourdieu, Pierre (1982): Die feinen Unterschiede. Kritik der gesellschaftlichen Urteilskraft. Frz. 1979. Frankfurt a.M.: Suhrkamp.

Bourdieu, Pierre (1997): Eine sanfte Gewalt. In: Dölling, Irene und Beate Krais (Hg.): Ein alltägliches Spiel. Geschlechterkonstruktion in der sozialen Praxis. Frankfurt a.M.: Suhrkamp, S. 218-230.

Bourdieu, Pierre (2005): Die männliche Herrschaft. Frz. 1998. Frankfurt a.M.: Suhrkamp.

Butler, Judith (1991): Das Unbehagen der Geschlechter. Frankfurt a.M.: Suhrkamp.

Butler, Judith (2009): Die Macht der Geschlechternormen und die Grenzen des Menschlichen. Frankfurt a.M.: Suhrkamp.

Cardoso, Daniel (2012): ›Communicate, communicate, communicate‹. Building ethical subjectivities within polyamory. Vortrag bei der IASR-Tagung in Lissabon.

Deutscher Ethikrat (2012): Intersexualität. Stellungnahme. Berlin.

Diamond, Lisa M. (2008): Sexual Fluidity. Understanding Women's Love and Desire. Cambridge: Harvard University Press.

Düttmann, Alexander García (1997): Zwischen den Kulturen. Spannungen im Kampf um Anerkennung. Frankfurt a.M.: Suhrkamp.

Duggan, Lisa (2003): The Twilight of Equality? Neoliberalism, Cultural Politics, and the Attack on Democracy. Boston: Beacon Press.

Easton, Dossie und Janet W. Hardy (2009): The Ethical Slut. A Practical Guide to Polyamory, Open Relationships & Other Adventures. 2nd ed. Berkeley: Celestial Arts.

Elberskirchen, Johanna (1904): Revolution und Erlösung des Weibes. Was hat der Mann aus Weib, Kind und sich gemacht? Leipzig: Magazin-Verlag.

Engel, Antke (2011): Verwandtschaft durchkreuzen. Die Politik des Inzest als gewaltsame Regulierung des Sozialen. In: Schneider, Martin und Marc Diehl (Hg.): Gender, Queer und Fetisch. Konstruktionen von Identität und Begehren. Hamburg: Männerschwarm, S. 104-127.

Evangelische Kirche in Deutschland (EKD) (2013): Zwischen Autonomie und Angewiesenheit. Familie als verlässliche Gemeinschaft stärken. Gütersloh: Gütersloher Verlagshaus.

Forst, Rainer (2003): Toleranz im Konflikt. Frankfurt a.M.: Suhrkamp.

Foucault, Michel (1977): Der Wille zum Wissen. Frz. 1976. Frankfurt a.M.: Suhrkamp.

Friedwagner, Sonja (2011): Polyamory – eine Studie zur Beziehungsgestaltung polyamorer Menschen. Norderstedt: GRIN.

Garber, Marjorie (2000): Die Vielfalt des Begehrens. Bisexualität von der Antike bis heute. Frankfurt a.M.: Fischer.

Garfinkel, Harold (1984 [1967]): Studies in Ethnomethodology. Cambridge: Polity Press.

Gerhard, Ute (2013): Statement auf der Pressekonferenz anlässlich der Vorstellung der Orientierungshilfe. www.ekd.de/EKD-Texte/orientierungshilfe-familie/20130619_gerhard_orientierungshilfe_familie.html (Abruf: 25. Januar 2014).

Goffman, Erving (1994 [1977]): Interaktion und Geschlecht. Frankfurt a.M.: Campus.

Grupe, Gisela; Christiansen, Kerrin; Schröder, Inge und Ursula Wittwer-Backofen (2012): Anthropologie, 2. Aufl. Berlin: Springer.

Halberstam, Judith (1998): Female Masculinity. Durham: Duke University Press.

Haraway, Donna (1995): Die Neuerfindung der Natur. Primaten, Cyborgs und Frauen. Frankfurt a.M.: Campus.

Heitmeyer, Wilhelm (2011): Deutsche Zustände. Presseinformation zur Präsentation der Langzeituntersuchung. www.uni-bielefeld.de/ikg/Handout_Fas sung_Montag_1212.pdf (Abruf: 20. Februar 2014).

Hirschauer, Stefan (2001): Das Vergessen des Geschlechts. Zur Praxeologie einer Kategorie sozialer Ordnung. In: Kölner Zeitschrift für Soziologie und Sozialpsychologie, Sonderheft 41, S. 208-235.

Hirschfeld, Magnus (1926): Geschlechtskunde auf Grund dreißigjähriger Forschung bearbeitet. Band I: Die körperseelischen Grundlagen. Stuttgart: Püttmann.

Holzinger, Markus (2011): Die fragile Zukunft in der Kontingenzgesellschaft. In: Vorgänge 50, Nr. 3, S. 4-16.

Honegger, Claudia (1991): Die Ordnung der Geschlechter. Die Wissenschaften vom Menschen und das Weib 1750-1850. Frankfurt a.M.: Campus.

Honneth, Axel und Titus Stahl (2012): Wandel der Anerkennung. In: Axel Honneth; Lindemann, Ophelia und Stephan Voswinkel (Hg.): Strukturwandel der Anerkennung. Paradoxien sozialer Integration in der Gegenwart. Frankfurt a.M.: Campus, S. 275-300.

Illouz, Eva (2009): Die Errettung der modernen Seele. Frankfurt a.M.: Suhrkamp.

Jagose, Annamarie (2001): Queer Theory. Eine Einführung. Berlin: Querverlag.

Kitsuse, John I. (1980): Coming out all over. Deviants and the politics of social problems. In: Social Problems 28, 1-13.

Klesse, Christian (2006): Polyamory and its ›Others‹. Contesting the terms of non-monogamy. In: Sexualities 9, 565-583.

Klöppel, Ulrike (2010): XX0XY ungelöst. Hermaphroditismus, Sex und Gender in der deutschen Medizin. Eine historische Studie zur Intersexualität. Bielefeld: transcript.

Knoblauch, Hubert (1994): Erving Goffmans Reich der Interaktion. In: Goffman, Erving: Interaktion und Geschlecht. Frankfurt a.M.: Campus: S. 7-49.

Laqueur, Thomas (1992): Auf den Leib geschrieben. Die Inszenierung der Geschlechter von der Antike bis Freud. Engl. 1990. Frankfurt a.M.: Campus.

Lautmann, Rüdiger (2002): Soziologie der Sexualität. Erotischer Körper, intimes Handeln und Sexualkultur. Weinheim: Juventa.

Lautmann, Rüdiger (2010): Die soziale Dimension der Sexualität – und was die Lebenswissenschaft davon übrig lässt. In: Benkel, Thorsten und Fehmi Akalin (Hg.): Soziale Dimensionen der Sexualität. Gießen: Psychosozial-Verlag, S. 35-69.

Lenz, Karl und Marina Adler (2010): Geschlechterverhältnisse. Einführung in die sozialwissenschaftliche Geschlechterforschung. Band 1. Weinheim: Juventa.

Lenz, Karl und Marina Adler (2011): Geschlechterverhältnisse. Einführung in die sozialwissenschaftliche Geschlechterforschung. Band 2. Weinheim: Juventa.

LeVay, Simon (2010): Gay, Straight, and the Reason Why. The science of sexual orientation. Oxford: Oxford University Press.

Meuser, Michael (2010): Geschlecht und Männlichkeit. Soziologische Theorie und kulturelle Deutungsmuster. 3. Aufl. Wiesbaden: Springer.

O'Keefe, Tracie (2010): Sex and/or Gender Diverse People and the Death of Transgender as an Umbrella Term. http://tracieokeefe.com/2012/04/sex-andor-gender-diverse-people-and-the-death-of-transgender-as-an-umbrella-term/ (Abruf: 17. Februar 2014).

Olyslager, Femke und Lynn Conway (2007): On the Calculation of the Prevalence of Transsexualism. www.changelingaspects.com/PDF/Prevalence_of _Transsexualism.pdf (Abruf: 3. April 2014).

Pitman, Gayle E. (2011): Backdrop: The Politics and Personalities Behind Sexual Orientation Research. Sacramento, CA: Active Voice Press.

Plett, Konstanze (2010): Begrenzte Toleranz des Rechts gegenüber individueller sexueller Identität. In: Duttge, Gunnar; Engel, Wolfgang und Barbara Zoll (Hg.): Sexuelle Identität und gesellschaftliche Norm. Göttingen: Universitätsverlag, S. 53-67.

Reiche, Reimut (1990): Geschlechterspannung. Eine psychoanalytische Untersuchung. Frankfurt a.M.: Fischer.

Rinne, Anna (2013): Vom transformatorischen Potential der slutwalks. In: Höll, Barbara; Lederer, Klaus und Bodo Niendel (Hg.): queer. macht. politik. Hamburg: Männerschwarm, S. 107-119.

Schelsky, Helmut (1955): Soziologie der Sexualität. Über die Beziehungen zwischen Geschlecht, Moral und Gesellschaft. Reinbek: Rowohlt.

Schmelzer, Christian (2013): Partnerschaft, Sexualität und narrative Ethik. In: Schmelzer, Christian (Hg.): Gender Turn. Gesellschaft jenseits der Geschlechternorm. Bielefeld: transcript, S. 189-219.

Sigusch, Volkmar (2013): Sexualitäten. Eine kritische Theorie in 99 Fragmenten. Frankfurt a.M.: Campus.

Simmel, Georg (1992 [1908]): Soziologie. Untersuchungen über die Formen der Vergesellschaftung. Frankfurt a.M.: Suhrkamp.

Soeffner, Hans-Georg und Ronald Kurt (2014): Fragile Kooperationen. Vortrag bei der Sektion Wissenssoziologie in der DGS in Berlin am 7. März 2014.

Steinman, Erich (2011): Revisiting the Invisibility of (Male) Bisexuality. Grounding (Queer) Theory, Centering Bisexual Absences and Examining Masculinities. In: Journal of Bisexuality 11, 399-411.

Tyrell, Hartmut (1989): Überlegungen zur Universalität geschlechtlicher Differenzierung. In: Martin, J. und R. Zoepffel (Hg.): Aufgaben, Rollen und Räume von Frau und Mann. Freiburg: Alber, S. 37-78.

Valentine, David (2007): Imagining Transgender. An Ethnography of a Category. Durham: Duke University Press.

Völker, Susanne (2013): Prekäre Leben (be-)schreiben. Klassifikationen, Affekte, Interferenzen. In: Bath, Corinna; Meissner, Hanna; Trinkaus, Stephan; und Susanne Völker (Hg.): Geschlechter Interferenzen. Band 1. Verletzbarkeit, Handlungsfähigkeit und Wissen. Berlin: Lit-Verlag, S. 209-253.

Volbers, Jörg (2014): Performative Kultur. Wiesbaden: Springer.

Voß, Heinz-Jürgen (2010): Making Sex Revisited. Dekonstruktion des Geschlechts aus biologisch-medizinischer Perspektive. Bielefeld: transcript.

Voß, Heinz-Jürgen und Salih Alexander Wolter (2013): Queer und (Anti-)Kapitalismus. Stuttgart: Schmetterling.

Wagels, Karen (2013): Geschlecht als Artefakt. Regulierungsweisen in Erwerbsarbeitskontexten. Bielefeld: transcript.

West, Candace und Don H. Zimmerman (1987): Doing Gender. In: Gender & Society 1, 125-151.

Zapf, Amelie S. (2013): Zur Prävalenz von Transsexualität in Deutschland. Unveröff. Ms. Berlin.

Die Konstruktion der sexuellen Wirklichkeit

Körperwissen, Medienbilder und die Logik der Prostitution

Thorsten Benkel

>»Sie sagte sich: Mit
> ihm schlafen, ja –
> aber nur keine Intimität!«
> (Kraus 1986: 19)

Vorliegend soll ein Beitrag zur Soziologie der Sexualität anhand einer Auseinandersetzung mit Prostitution, insbesondere mit Sexarbeit in Bordellen bzw. Laufhäusern, geliefert werden. Die besonderen Rahmenbedingungen, die den Erwerb sexueller Dienstleistungen begleiten, gestatten es, von einer ›Konstruktivität‹ erotischer Lust und erotischen Begehrens zu sprechen, die keineswegs als simples ›Gegenbild‹ zu außerprostitutiven Sexualakten fungiert. Ausgehend von einer *körperorientierten Perspektive* werden zunächst allgemeine gesellschaftliche Facetten der Sexualität aufgegriffen, die eine Grundlegung für die anschließende, auf empirischer Feldarbeit[1] beruhende Auseinandersetzung mit prostitutiven Settings darstellen sollen.[2]

---

1 Das empirische Material wurde zwischen 2009 bis 2013 in folgenden Städten gesammelt: Frankfurt a.M., Amsterdam, Hamburg, Köln, Bochum und Dortmund (siehe Benkel 2010c, 2011, 2012b, 2013).

2 Die Rückführbarkeit der vorgestellten Ergebnisse auf empirisches Material macht die Bemerkung notwendig, dass das akute Problem der Unterdrückung, der sexuellen Ausbeutung, des Menschenhandels usw. nicht zum Gegenstand der Studie gemacht wurde, weil es dazu nicht gemacht werden konnte. Im zentralen Untersuchungsfeld – dem Rotlichtmilieu des Frankfurter Bahnhofsviertels – tauchen diese globalen Problemstellungen weniger stark in Erscheinung als andernorts, weil eine relativ

1. SEXUALITÄT ALS SCHLÜSSEL

»Die Sexualgeschichte eines Menschen liefert einen Schlüssel zu seinem Leben überhaupt, weil sich in der Geschlechtlichkeit des Menschen seine ganze Weise, zur Welt zu sein, projiziert, die Weise seines Verhaltens zur Zeit und zu anderen Menschen.« Diese Worte finden sich in Maurice Merleau-Pontys *Phänomenologie der Wahrnehmung* im Kapitel über den »Leib als geschlechtlich Seiendes«, genauer: in dem Abschnitt, der der Psychoanalyse gewidmet ist (1974: 190). Da Leiblichkeit für Merleau-Ponty, der sich damit eine originäre Position innerhalb der phänomenologischen Traditionslinien markiert, den Ausgangspunkt der Wahrnehmung und das Fundament des Daseins überhaupt darstellt, ist seine existenzialistische Betrachtung leiblicher Vorgänge im Zusammenhang mit der Sexualität nur konsequent. Um den Brückenschlag hin zu Freud zu bewerkstelligen, mag die Haltung, Sexualität als Schlüssel des Verständnisses sozialen Verhaltens zu begreifen, ebenfalls angebracht sein (die Details dazu haben bewusstseinsphänomenologisch interessierte Experten zu klären; vgl. Hammer 1974; Fabeck 1994).

Aus gegenwärtiger, und zumal aus soziologischer Sicht mutet diese Position jedoch überraschend an. Ist nicht Sexualität geradezu der Inbegriff eines gegen unerwünschte Blicke und grenzüberschreitende Neugierde abgeschotteten Handlungsbereichs (vgl. Benkel 2010b) – und war sie das früher, zu Merleau-Pontys Zeiten, nicht in noch weitaus stärkerem Maße als heute? Verwirklichen sich in der Intimität der Privatsphäre, zu der nur ausgewählte Menschen Zugang erhalten (meistens sogar nur für eine bestimmte Frist, unter bestimmten Bedingungen und mit spezifischen Abstufungen), nicht gerade solche Umgangsformen mit eigenen und mit fremden Körpern, die ansonsten ausdrücklich *nicht* als Ausweis der Persönlichkeit und als Indikator weltanschaulicher Standpunkte vorgebracht

---

engmaschige Kooperation zwischen der Stadt, der Polizeibehörde, Hilfsorganisationen für Sexarbeiterinnen und anderen Interessenvertretern vergleichsweise wirkungsvoll die etwa bei Schwarzer (2013) beschriebenen Straftaten einzudämmen weiß. (Dazu gehören unangekündigte Razzien in Laufhäusern, bei denen alle Anwesenden den Besitz ihrer Identifikations- bzw. Reisepapiere belegen müssen.) Gleichwohl haben sich in der Feldforschung Einsichten in Abhängigkeitsverhältnisse gewinnen lassen, die zwischen expressiv betonter ›Freiwilligkeit‹ und undurchsichtigen Nutznießerbeziehungen rangieren. Kontakte zu Ordnungskräften haben ferner den Eindruck bestätigt, dass im weiteren räumlichen Umfeld erzwungene Prostitution durchaus stattfindet, wenngleich weniger im Laufhaussetting, als vielmehr in anderen Organisationsformen der Sexarbeit.

werden? Mit anderen Worten: Ist die individuelle Sexualität nicht eher etwas, was sich – um in der Metapher zu bleiben – hinter stabilen Schlössern in den verdeckten Arealen des Alltagslebens abspielt, und wovon die Außenwelt, wenn überhaupt, nur anhand sehr bewusst eingerichteter Darstellungen und allenfalls fragmentarisch unterrichtet wird?

Bei Merleau-Ponty steht aber noch mehr. Im selben Kapitel spricht er von einer ursprünglichen Intentionalität im Geschlechtsleben, die darin zum Ausdruck komme, dass »sexuelle Bedeutung« nicht erst gedanklich mit Lustempfindungen, mit den Geschlechtsorganen usw. verbunden werden muss, sondern den Leib unmittelbar anspricht, ohne dabei automatisch zu erfolgen. »Es gibt ein ›erotisches Verstehen‹, das von anderer Art ist als das Verstehen des Verstandes; der Verstand versteht, indem er eine Erfahrung unter einer Idee erfaßt, der Begierde aber eignet ein Verstehen, das ›blindlings‹ Körper mit Körper verbindet.« (Merleau-Ponty 1974: 188) Entkleidet man diese Formulierung ein wenig ihrer phänomenologischen Ummantelung, bleibt hinsichtlich der Integration der Sexualität in Leib und Leben von Alltagsmenschen stehen, dass erotische Situationen und Konstellationen so etwas wie *Sinnangebote ohne Rätselcharakter* sind.[3] Ihre Wahrnehmbarkeit transportiert mit, worum es geht; ob daraus mehr entsteht, müssen die betroffenen Akteure aushandeln. Sie bewegen sich jedenfalls in einer sozialen Welt, in der ihre Sexualität schon deshalb buchstäblich *kein* ›Fremdkörper‹ ist, weil sie mit Leibern ausgestattet sind, die ›erotisch verstehen‹ können.[4]

Nun ist vermutlich etwas klarer zu erkennen, weshalb Merleau-Ponty auf die Idee kommen konnte, dass die persönliche »Sexualgeschichte« etwas über das individuelle Leben und zugleich über die persönliche Weltsicht aussagt. Die Welt wird laut der *Phänomenologie der Wahrnehmung* über den leiblichen Zugang zu ihr erfahren. Wie ein Mensch Sexualität er- und auslebt, sagt deshalb etwas darüber aus, wie er die Welt begreift, weil seine Sexualität seine Leiblich-

---

3 Dies gilt zumindest theoretisch – und zwar genau genommen so lange, wie sich nicht jene Komplexitäten einschleichen, die die erotische Körperbegegnung in sozialer Hinsicht häufig begleiten (vgl. Löw 2008: 431).

4 Bzw. die diese Erkenntnis erlernen (können). Dieser idealtypisch im Teenageralter in Gang tretende Prozess des »sexuellen Lernens« dürfte das wohl am wenigsten gescholtene und abgewertete Lernprogramm sein, welches der Lebenslauf hergibt. Auch hier, und gerade hier greift die Sozialisationsweisheit, wonach der Erkenntnisgewinn ein lebenslanger ist und es stets neue Erfahrungen und Eindrücke geben kann (aber nicht muss), die den bisherigen Wissensstand und das bisherige Potenzial der Theorie und Praxis versöhnenden leiblichen Wissensumsetzungen ergänzen.

keit beeinflusst und selbst von der Leiblichkeit beeinflusst wird. Erotische Körperreaktionen, seien sie nun zustimmend, ablehnend oder ambivalent, gehen auf leibliche Empfindungen zurück, die den eigenen Körper/einen selbst mit der sozialen Außenwelt verbinden. Die Umstände früherer Verbindungen legen dabei den Grundstock für künftige Erfahrungen, weil sie die Modalitäten des Erfahrungmachens verändern.

Diese zugestandenermaßen recht abstrakte Sichtweise lässt sich durchaus mittels alltagsnaher Beobachtungen untermauern. Ein Beispiel, das dem einstigen Professor für Kinderpsychologie Merleau-Ponty möglicherweise zugesagt hätte, ist die Jugendsexualität. Jugendliche, die das »erotische Verstehen« entdecken, ausprobieren und trainieren (offenbar sind nur die allerwenigsten daran *nicht* interessiert), tun dies durchaus auch deshalb, weil sie so ihr eigenes Körper(empfindungs)potenzial (er-)kennen lernen. Je souveräner sie mit ihrem Körper hinsichtlich seiner Reiz-Reaktions-Zusammenhänge umgehen können, desto selbstsicherer fällt ihr generelles »erotisches Verstehen« aus, und desto gelassener können sie sich auf Erweiterungen ihres sexuellen Horizontes einlassen oder entsprechende Vorschläge zurückweisen. Außerdem ist der von einem selbst als erotisch (an-)erkannte Körper gemäß der Alltagssemantik der westlichen Welt ein solcher Körper, der das Kindsein als Lebensphase hinter sich lässt (vgl. Sielert/Schmidt 2012). Ebenfalls im Jugendalter wird damit begonnen, die eigene ›Erotizität‹ bewusst als vorhandenes und potenziell attraktives soziales Gut darzustellen, das sich aus der Leibausstattung ›ergibt‹. Die Selbsterforschung der körperlichen Möglichkeiten führt in erotischen und sexuellen Angelegenheiten folglich zu kontext- und situationsspezifischen Außendarstellungen, die sich in der Kleidung, im Kommunikationsverhalten, und generell in der Präsentation der eigenen Körperlichkeit niederschlagen. Der Einstieg in die Welt der Sexualität ist mit all den Konsequenzen, die sich daraus ergeben, ein *habitusprägender* Schritt, der sich bald dem Körper einschreibt und bald aktiv inkorporiert wird. Auf eine einfache Formal gebracht: Die Welt sieht anders aus, wenn sie im Bewusstsein der sexuellen Möglichkeiten erfahren wird.

Entsprechende Perspektiven sind nicht schwer zu finden. Gegen gewisse dystopische Vorstellungen, die sich etwa bei Herbert Marcuse oder Wilhelm Reich finden lassen, hat der in den Sozial- und Kulturwissenschaften wohl meistzitierte Referenzautor zur Sexualität, Michel Foucault, vorgebracht, dass sie einem Trugschluss folgen, wenn sie Sexualität im Lichte ihrer Unterdrückung betrachten und direkt im Anschluss die umfassende Befreiung von den Fesseln der Repression propagieren (Foucault 1976: 90). Tatsächlich sei der Diskurs über Sexualität doch überall zu beobachten. Eine solche Feststellung baut auf der fundamentalen Selbstverständlichkeit auf, die das erotische Verstehen heutzutage in der westlichen Welt darstellt. Ist dieses Verstehen noch nicht in den Kulturkanon des sozial vermittelten Körperwissens eingearbeitet, stoßen Thematisierungen der Sexualität auf eine entsprechend geringe Nachfrage von Seiten weniger Eingeweihter (über die ›Körperrealität‹, d.h. über die tatsächliche Frequenz sexuellen Agierens ist damit aber noch nichts gesagt; vgl. Muchembled 2008). In einer sozialen Welt, in der hingegen von einem gewissen Kultivierungsniveau der erotischen Empfindungsfähigkeit ausgegangen werden kann, können die gängigen(!) sexuellen Praktiken relativ frei kursieren (und relativ unbehindert instrumentalisiert werden). Die westliche Welt hat diese Entwicklung durchlaufen – mit vielschichtigen Konsequenzen. Die Befreiung zuerst der Köpfe und dann der Körper hat die Gesellschaft nicht nur positiv beflügelt, sondern auch Schattenseiten hervor gekehrt. Damit sind nicht allein epochen- und kulturübergreifende Phänomene wie die Prostitution und die durch Diagnosen bzw. Etikettierungen festgelegten Formen sexueller Devianz (Fiedler 2004) gemeint, sondern auch paradoxale Effekte wie der breit gefächerte Zwang zur erotischen Zwanglosigkeit. Man muss keineswegs das moralische Beobachtungsschema anlegen und von einer »Gegenkultur der Obszönität« sprechen (wie Luhmann 1997: 380 es tut), weil Sexualität mittlerweile ohne Einbindung des Leitmediums »Liebe« vollzogen wird, um zu konstatieren, dass der Wald bisweilen vor lauter Bäumen nicht mehr sichtbar wird. Um nur ein Beispiel zu nennen: Die umfassende Bewusstseins- und Körperbefreiung, die für die Sozialrevolutionäre aus der Zeit um 1968 ein Herzensprojekt war, sollte unter dem Banner der sexuellen Befreiung dafür sorgen, dass erotische Handlungsweisen nahezu jedweder Couleur als legitime Option gelten und ohne Groll, Missgunst oder Eifersucht der Zeitgenossen umgesetzt werden können (vgl. Eder 2005). Als Theoriekonzept war dieser Befreiungsbewegung mehr Erfolg beschieden denn als Praxisanleitung, in ihrem Fahrwasser haben sich aber Strukturveränderungen auf Seiten der institutionellen wie auch der informellen Sexpolitik ergeben (man denke nur an die Kontexte Geschlechterverhältnisse, Homosexualität oder Sexarbeit), die heute als ebenso bedeutungsvoll wie irreversibel angesehen werden.

Obwohl die Lebenswirklichkeit wohl oft anders aussieht, haben sich die vehementen Verteidigungsreden pro amouröse Befreiung und contra sittliche Belehrung in sublimierter Form bis in die Gegenwart hinein erhalten. An die Stelle sexualfeindlicher Zensurdiktate der Vergangenheit sei, konstatiert nicht nur Foucault, dadurch schleichend eine »Tyrannei der Lust« getreten, die einem in Sachen erotische Offenheit das Bekenntnis abtrotzt, das wagemutige Abenteuer der nüchternen Selbstbeschränkung vorzuziehen (vgl. Guillebaud 1999). In der Folge tritt die soziale Welt in fiktionalen Erzählwelten und in Alltagsfloskeln glei-

chermaßen als eine Spielwiese für Befriedigungs- und Erregungssucher (zu letz-
teren: Bauman 1998) in Erscheinung, welche ebenso sehr (und ebenso gerne)
Jäger wie Beute sind. An Gelegenheiten zu augenzwinkernden Bestätigungen,
wonach das erotische Verstehen intersubjektiv reibungslos funktioniert, mangelt
es in Alltagssituationen jedenfalls üblicherweise nicht. Die Dynamik des Sexuellen scheint auf der kommunikativen Ebene vielmehr immer stärker in Richtung
Nonchalance zu drängen: Wer die Verwandlung der Sexualität in ein ›unverhoh-
lenes‹ Gesprächsthema verwundert zur Kenntnis nimmt, weil die so zur Schau
gestellten Aussagen sich zur Schlafzimmerwirklichkeit verhalten wie ein Holly-
woodspielfilm zum Arbeitsalltag, outet sich möglicherweise als leicht er-
schreckbar oder verklemmt und scheint hinsichtlich der ›normalsten Sache der
Welt‹ beinahe kommunikationsunfähig zu sein (vgl. Benkel 2010a: 27). Probleme ergeben sich angesichts offenherziger »Diskursrituale« (Foucault 1998: 79)
jedoch spätestens dann, wenn trotz aller Eindeutigkeiten Fragen aufkommen, für
die die Ermutigungen zum Lusthaben(müssen) keine Antworten bereit halten.
Etwa Fragen wie die, welche Normativitäten es aktuell einzuholen und zu über-
holen gilt, um ›up to date‹ zu sein; wie das erotische Image mit Überforderungs-
ansprüchen umgehen soll; welches Maß an Lust ›sozial verträglich‹ ist; und
wann Befriedigung überhaupt erreicht wird (vgl. Tiefer 2000: 347).

Der zeitgenössische Kulturpessimismus scheint solchen Befunden Recht zu
geben, mit dem feinen Unterschied, dass die Drehung der Schraube am erotischen Getriebe mitunter noch apokalyptischer bewertet wird. Kein Tag, keine
Nische der sozialen Welt, so geht das Klagelied vieler mehr oder minder berufe-
ner Beobachter der Gesellschaft, ohne dass man mit Sexualität auf eine Weise
konfrontiert wird, die einer Vielfalt (zumeist unklarer) Richtigkeitsmaßstäbe widerspricht. Und nicht allein mit Sexualität; angeprangert wird insbesondere das
Imago einer überbordenden, einer überwältigenden Sexualität, die in die Lebenswelten geschleust wird und einem zu viel des Guten (oder, je nachdem, wen
man fragt, zu viel des Schlechten) auftischt. Doch nicht die Angebotspalette rea-
ler erotischer Erlebnisoptionen scheint das Problem zu sein, dem sich diese Kritik widmet. Der sexuelle Möglichkeitsspielraum, der sich auftut, wenn Akteure
aus freien Stücken zueinander finden, stößt außerhalb nischenhafter ideologisch-
fundamentalistischer Diskurse selten auf Einspruch. Selbst die, im Anschluss
ausführlicher thematisierte, Verwandlung des Sex in ein Medium und Produkt
von *Sexarbeit* wird mittlerweile weitgehend toleriert, sofern das Prinzip der
Freiwilligkeit gewahrt ist und gewisse moralische Spielregeln respektiert werden. Vorwiegend beschäftigen sich medial transportierte Debatten über die sexuellen Ausmaße der Gegenwartsgesellschaft selbst mit medial transportierten
Inhalten – nämlich mit Medienformaten und -produkten, in denen Sexualität das

zentrale Sujet darstellt. Und überwiegend widmen sich diese Besorgnisbekundungen dem Schutz des Rezipientenfeldes der Jugendlichen, die, so muten manche Kassandrarufe an, vermeintlich von so viel Sex geblendet werden, dass sie überhaupt keine Zeit mehr für Drugs und Rock'n'Roll haben.[5]

Aus wenigstens zwei Gründen sind diese Befürchtungen übertrieben. Verdachtsmomente gegen die Sexualität in Massenmedien sind zum einen Verdachtsmomente gegen Sexualitäts*bilder*. Mit einem ›leiblichen Gespür‹ für den erotischen Interaktionismus der realen Welt, der sich nicht nur face-to-face, sondern vor allem body-to-body abspielt, hat die Rezeption solcher Inhalte wenig zu tun. Der Einsatz des eigenen Körpers zu sexuellen Zwecken, welche (mindestens) eine weitere Person involvieren, ist mit dem Einsatz des Körpers beispielsweise beim Pornografiekonsum schlecht zu vergleichen. Das gilt sogar für diejenigen Zuschauer, die sexuell gefärbte Medieninhalte zur eigenen Stimulanz verwenden: Ihre aktive Masturbationshandlung ist gegenüber der typischerweise auf dem Bildschirm oder Monitor dargestellten Situation – nämlich der Intimkommunikation der dargestellten Körper *miteinander* – für gewöhnlich ein passiver Vorgang, zumindest in sozialer Hinsicht. Das ist keine Überraschung, sondern der notwendige Effekt dieser Rezeptionshaltung. Zudem können sexuelle Inhalte gleich welchen medialen Zuschnitts noch mit ganz anderen Einstellungen und Erwartungen betrachtet bzw. ignoriert werden (Matthiesen/Martyniuk/Dekker 2011; Schmidt/Matthiesen 2011). Die *Medialität* sexueller ›Zudringlichkeiten‹ mutet der vorgeblichen »Generation Porno« (Gernert 2010) zudem nichts zu, was sie nicht per Maus- oder Fernbedienungsklick aus ihrer lebensweltlichen Umgebung verbannen kann, wenn sie es denn will. Anderslautende Bedrohungsszenarien werden überwiegend nicht von den Betroffenen bekundet, sondern von Beobachtern zweiter Ordnung vorgebracht, die sie in paradoxer Blickrichtung wahrgenommen haben wollen. Während ihr eigener Blick gegenüber der sexuellen Omnipräsenz überhaupt nicht neugierig ist, fängt er vorgeblich umso deutlicher die Tatsache ein, dass der Blick *anderer* Menschen davon negativ verzaubert wird. Die normative Behauptung, es lasse sich eine Grenze zwischen legitimen (Körper-)Formationen des erotischen Verstehens und illegitimen (unmoralischen) Sexualitätsbildern ziehen, impliziert eine bemerkenswerte Ausgangslage: Die Abwertung sexueller Bilder als ›obszön‹ geschieht entweder auf dem Fundament der eigenen Erregung, die einem (im Sinne Merleau-Pontys) den sexuellen Kontext gewissermaßen ›leibhaftig‹ vergegenwärtigt; oder die Erregung bleibt aus, was die Kritik auf eine spekulative Grundlage stellt, weil die gefährli-

---

5 Exemplarische Beispiele und eine überzeugende Kritik an der Kritik liefern Schetsche/Schmidt 2010.

che Erfahrung gar nicht erlebt wird, die bei anderen verhütet werden soll (vgl. Benkel 2012a: 362).

Das zweite Motiv, mit dessen Hilfe sich die weit verbreitete Skepsis gegen sexuelle Medienbilder relativieren lässt, ist der Umstand, dass sämtliche Rezipienten solcher Angebote ohnehin permanent mit einer ungleich aufdringlicheren erotischen Reizquelle konfrontiert sind. Sie sind, darauf verweist bereits Merleau-Ponty, permanent *über ihren Körper* in der Ausgangslage, erotisch empfinden und sexuell erleben zu können. Bisweilen zwingt sich ein Lustempfinden sogar auf, während gleichzeitig kein bewusster »Wille zur Lust« (vgl. Flaßpöhler 2007) vorliegt. Manches andere Mal mag die Begierde präsent sein, aber die Körpergefühle fehlen oder müssen zuerst einmal in Gang gesetzt werden. In wieder anderen Fällen, die im Kontext der Prostitution bedeutsam sind, fungiert der Körper als *Inszenierungsfläche*, bei der weder das Vorhandensein noch das Fehlen der Lust relevant sind, sondern Körperdarstellungs- und Körpereinrichtungselemente, die die Intimkommunikation zwischen den Akteuren vom Begehren unabhängig macht. Man kann den Körper nicht zuletzt deshalb als soziales Medium verstehen, weil er im sozialen Alltag als Kommunikationsadresse fungiert; niemand spricht gezielt nur die Ohren (oder gar das Gehirn) einer Person an, sondern – über ihren als materielle Repräsentation verstandenen Körper – stets *die Person selbst*. (In diesem Sinne zielt auch kein erotisches Handeln je allein auf die Geschlechtsorgane oder andere körperliche Erregungszentren ab.) In ihren intersubjektiven Ausprägungen ist Sexualität somit eine »soziale Verkörperung« (vgl. Gugutzer 2012), die genau das performativ ›verwirklicht‹, was aufgrund unterschiedlicher Wissensbestände, Erfahrungen und Einstellungen subjektspezifisch an erotischen Erlebnisfähigkeiten vorhanden ist. Mediale Bilder können dem gegenüber Vorschläge, oder Alternativen, oder andere Realisierungen des bislang Unbekannten lediglich als *sexualisierte* Offerten präsentieren. Diese Bilder sind nicht sexuell per se, sondern allenfalls Vorschläge für potenzielle Rezipienten, ihnen sexuelle Wertigkeit zuzuschreiben, sie also aktiv zu ›sexualisieren‹. (Damit wird verständlich, weshalb es einerseits einen geteilten Wissenskanon über ›typische‹ Sexualität gibt und andererseits abweichende Meinungen über die erotische Qualität devianter Sexualvorstellungen – nicht jeder Vorschlag trifft auf ›Definitionszustimmung‹.)

Die Herrschaft des »König Sex«, die Foucault (1978: 176ff.) angeprangert hat, war immer schon eine Monarchie, die auf der Mitwirkung der Beherrschten basierte. Zu Kritik gegen die permanente Präsenz dieses Herrschers (und gegen die massiv betriebene ›Kommerzaristokratie‹ des Sexuellen), und auch zu Diskursen über die – nur auf den ersten Blick widersprüchliche – Mixtur von »oversexed and underfucked« (Osswald-Rinner 2011) konnte es gesellschaftlich nur kommen, weil individuelle erotische Erlebnisinteressen auf einer überindividuellen Ebene auf Expansionen, Widersprüche und Grenzen gestoßen sind. Genauer gesagt: dazu kommt es, wenn solche Expansionen, Widersprüche und Grenzen (und damit korrespondierende Stagnationen, Widerspruchseinwände und Grenzüberschreitungsideen) sich trotz ihrer Distanz zur sozialen Wirklichkeit vieler Akteure als funktionsträchtige Elemente der sozialen Praxis festsetzen können bzw. so angesehen werden. Das ist z.b. der Fall, wenn im »Pornotopia« (Preciado 2012) Landschaften ansichtig werden, zu denen faktisch kein Zugang besteht – während aber zugleich die Prämisse ausbuchstabiert wird, dass es in der »Pornographie der Gesellschaft« (Lewandowski 2012) um grundsätzliche Begehrensstrukturen geht, die dem Körper eingeschrieben sind und die hier, in angemessen eruptiver Darstellung, aus den Fesseln der repressiven Kultur entlassen sind. Das ist der Fall, wenn die Bandbreite des körperlich und sozial Machbaren, zu dessen Auslotung die Aufwertung sexualisierter Bilder in den Rang von Populärkultur beiträgt, im Abgleich mit den persönlichen Interessen (oder Chancen) von Akteuren zeitweilig oder stets als übertrieben, bzw. zeitweilig oder stets als erstrebenswert verstanden wird (und nur mehr selten als ›wirklichkeitsadäquat‹). Und das ist, neben vielen weiteren denkbaren Konstellationen, auch dann der Fall, wenn eine Art ›Kulturindustrie‹ der Sexualität die traditionellen Möglichkeitsbedingungen des *eigenen* sexuellen Erlebens aushebelt und erotisches Geschehen initiiert, das auf gänzlich ›außererotischen‹ Investments basiert – etwa auf einer rationalen Aushandlung im Zusammenspiel mit dem Einsatz des Generalisierungsmediums Geld. Die Konstruktionshistorie der sexuellen Wirklichkeit ist auch eine Geschichte der Anreicherung (manche meinen: der Hintergehung) sozialer und/oder körperlicher Begehrensprinzipien durch die Logik der Geschäftsbeziehung. In diesem Zusammenhang stellt sich Sexualität auf besondere Weise als »Schlüssel« zum Verhalten und zur Weltperspektive heraus, wie Merleau-Ponty schreibt, denn *Prostitutionskontexte* bedingen ein besonderes »erotisches Verstehen«, das nicht der Körperausstattung entspringt, sondern einen Wissensvorsprung über spezifische Wege und Hindernisse, über außeralltägliche Krisen und Routinen abverlangt. Neben die »blindlings« erfahrenen erotischen Empfindungen treten rationale Erwägungen.

Diese vordergründige Versachlichung der Lust im Kontext der Sexarbeit stößt viele Menschen ab, aber sie zieht auch viele Menschen an: Solche, die darin einen unkomplizierten Weg sehen, um ihr ›leib-ursprüngliches‹ Interesse am erotischen Erleben realisieren zu können, und solche, die den spezifischen Rahmen der »geldgesteuerten Intimkommunikation« (Ahlemeyer 2002) dafür verwenden, im ›sexuellen Modus‹ einen außersexuellen Gewinn zu erzielen. Das Feld der Prostitution soll von nun an im Vordergrund stehen.

2. DIE PRODUKTIVKRÄFTE DER LUST

Die Ehe, schreibt Georges Bataille (1974: 106), markiert den Bereich der erlaubten Sexualität; ungünstig sei daran nur, dass sie mit Erotik so wenig zu tun habe. Für Bataille, den Theoretiker der unproduktiven Verausgabung, ist die förmliche Institutionalisierung durch die Eheschließung, oder – wie man von heute aus ergänzen kann – die auf Langfristigkeit angelegte Intimbeziehung als Experimentierstätte in sexuellen Angelegenheiten offenbar weniger gut geeignet als flüchtige Begegnungen, die mit weniger sozialen Verbindlichkeiten einher gehen. Die von Emile Durkheim eher zwiespältig betrachtete »sexuelle Anomie« (vgl. Tiryakian 1987: 24), die sich beim Fehlen verbindlicher Heiratsregeln zu verfestigen droht, stellt für Bataille offenbar ein vitalisierendes Element dar.

Der Gedanke, dass Menschen sich gewissermaßen ›freischwebend‹ begegnen und miteinander eine temporäre Sozial-/Sexualbeziehung eingehen, die möglicherweise nur bis zum »Morgen danach« (vgl. Kaufmann 2004) andauert, hat sich etabliert. Das gilt auch für diverse Alternativvorstellungen darüber, wie die komplizierten, z.t. rituellen Akte der ›Legitimierung‹ wechselseitigen sexuellen Begehrens und des gemeinsamen sexuellen Agierens abgekürzt werden können. Medial sind solche Szenarien im Vergleich zu den tatsächlichen empirischen Verhältnissen stark überrepräsentiert (vgl. Lenz 2010: 228f.). Der Grund dürfte weniger darin liegen, dass die dominierenden Lebensführungsprozeduren falsch eingeschätzt werden, als vielmehr darin, dass die ephemere Sexualität sich als Schreck- oder Idealbild, und wohl auch als Ventil und Wunschprojektionsfläche gut eignet. Rund 95 % der Sexualakte finden dem gegenüber allerdings innerhalb fester Beziehungen statt, also eingerahmt von Übereinkünften und überindividuellen sozialen Geltungsbedingungen, die sich weitgehend gar nicht auf das Sexualleben beziehen (vgl. Schmidt/Matthiesen/Meyerhof 2004). Man kann diesen Befund ebenso als Beleg für die Übersättigung und Entleerung des Alltags wie auch als Dokument der endgültigen Niederlage der sexuellen Revolution deuten (Sigusch 2010: 147; Sigusch 2005: 170). Das Zahlenmaterial ist aber noch in einer anderen Hinsicht bemerkenswert. Da es die Sexualakte im Rahmen der Prostitution nicht berücksichtigt,[6] zeichnet es das Bild einer Sexua-

---

6 Selbstverständlich sind auch Vorkommnisse sexualisierter Gewalt nicht berücksichtigt, die im Kanon sexueller Interaktionen auch keinen Platz verdienen: Es handelt sich um »sexualisierte Gewalt« (vgl. Thole et al. 2012), die auf Machtansprüche und Repressionsinteressen zurück geht und damit den Kerngedanken der sexuellen Interaktion, nämlich den bereitwilligen Handlungskonsens, zusammen eine sexuelle (als sexuell definierbare) Situation zu konstituieren, vermissen lässt.

lität, die von der reziproken Bereitschaft der Partner geprägt ist, aufgrund von Zuneigung, Anziehung, Vertrautheit, Begierde, Gelegenheit usw. eine erotische Situation zu errichten, die folglich weder zufällig, noch notwendig entsteht. Dass der Sex in der zitierten Statistik nicht vorrangig um seiner selbst willen abläuft, ist aus soziologischer Perspektive ohnehin keine Überraschung, denn die Paarsexualität – um sie geht es hier – besorgt neben aller Freude, die das erotische Miteinander erwirtschaftet, wichtige intersubjektive Leistungen. Sie kann beispielsweise Auskunft geben über die Zufriedenheit der Partner, über die Festigkeit der Beziehung, über Kompromissfähigkeit, über Versöhnungsbereitschaft, über den noch immer gegebenen Sex-Appeal, und so fort. Den sozialen Kapitaleinlagen, die dabei eingesetzt (und manchmal sicher auch auf's Spiel gesetzt) werden, geht es im besten Fall so wie den beteiligten Akteuren im folgenreichsten Fall: sie vermehren sich.

Innerhalb einer Liebesbeziehung gilt Sexualität gesellschaftlich nicht deshalb als wichtiger Stabilisierungsmechanismus, weil Beziehungen ohne Sex nicht auskommen, sondern weil die Idee verbreitet ist, dass die sexuelle Dynamik Rückschlüsse auf die Qualität der Beziehung zulässt. In den medial häufig (und interessanterweise häufig humoristisch) aufgearbeiteten Schwierigkeiten von Paaren bei der Aufrechterhaltung des gegenseitigen Lustinteresses tritt Sexualität denn auch als Chiffre für das generelle Interesse aneinander auf. Sex ist, so gesehen, in zugespitzter Form ein Indikator für all das, was an sozialen Energien zwischen Partnern ausgetauscht wird. Batailles böse Bemerkung über die Ehe geht subtil in diese Richtung. Die von Helmut Schelsky (1973: 41) als »Widerspiel« zur Sexualmonopolisierung durch das Heiraten bezeichnete Sexualität in der Prostitution weist hingegen ganz andere Konstitutionsregeln auf.[7] Sie ist nicht ›weniger sozial‹ als die Sexualität in anderen Settings; aber sie ist *auf andere Weise* sozial, in dem sie die Akteure mit bereits bestehenden ›Feldbedingungen‹ konfrontiert, die das sexuelle Geschehen vordefinieren. Eine ›strukturgebende Funktion‹ hatte für die Sexualität zwar auch das Heiratsritual lange Zeit eingenommen (vgl. Métral 1981), spätestens mit dem Aufkommen des romantischen Liebesideals begann die Symbolkraft des Heiratsvorgangs aber stärker zu

---

7   Sie steht, wie vor einhundert Jahren mit Iwan Bloch ein Pionier der Sexualwissenschaft befand, in einzelnen Aspekten dem Eheleben jedoch gar nicht so fern: »ohne die Individualehe würde das ökonomische Element in der Prostitution niemals in dem Maße sich geltend gemacht haben, wie das der Fall gewesen ist«, weil sie letztlich im Zerrbild bestätige, dass die Lustbereitschaft stets mit einer spezifischen Leistungsbereitschaft zusammen hängt (Bloch 1912: 197f.).

strahlen als die (damit ebenfalls verknüpfte) endgültige Verleihung erotischer Handlungsbefugnis.

In der Prostitution der Gegenwart sind die symbolischen Facetten gegenüber der Zu- bzw. Zurückweisung von Handlungskompetenzen eher untergeordnet und der Ritualcharakter innerhalb der üblichen Verhandlungsvorgänge scheint relativ leicht durchschaubar zu sein, weil die Semantik solcher »Verhandlungen im Zwielicht« (Grenz/Lücke 2006) eng an die faktischen Handlungsabläufe gekoppelt ist, die sie beinhalten. Das kommunikative Handeln in der Sexarbeit ist hinsichtlich der gemeinsamen Suche nach Übereinkunft in der Tat radikal vereinfacht und erlaubt selbst dann erfolgreiche ›Absprachen‹, wenn die sprachlichen Ausdrucksmöglichkeiten fehlen (Benkel 2011: 211). Auf ein vorab zementiertes Fundament sozialen Kapitals können die Akteure in der heterosexuellen Prostitution, um die es hier geht – typischerweise die männliche Handlungsfigur des Freiers und die weibliche Handlungsfigur der Hure –, im Normalfall ohnehin nicht aufbauen. Wenn sie sich bereits kennen, haben sie möglicherweise interaktionsspezifische Umgangsweisen etabliert, deren Aktualisierung die Begegnung für beide Seiten vereinfacht und ›reibungslos‹ macht. Kennen sie sich hingegen noch nicht, kommt ihnen ein kommunikativer Zweckpragmatismus zu Hilfe. Es wird auf Laufhausfluren, am Straßenrand, im Wohnungsflur oder am Telefon verhandelt, was es notwendig zu verhandeln gilt: Interessen, Vorlieben, Preisvorstellungen, Zustimmung oder Ablehnung. Im Zuge dieses mehr und mal weniger nüchternen, mehr und weniger schon erotische Aspekte einbindenden Informationsaustauschs werden Eindrücke und Einschätzungen gewonnen, die für die Bereitschaft zum sexuellen Vollzug wichtig sein können. Abgesehen von Neulingen der ›Szene‹ hegen die Beteiligten in diesem Zusammenhang üblicherweise antizipierbare Erwartungserwartungen. Im Konsensfall wird das nächste Ablaufstadium eingeläutet: dann beginnt die *Körpersprache*, die weitere Kommunikation zu tragen.

Das ›Sprechenlassen‹ der Körper ist nicht nur für die Freier die entscheidende Interaktionskomponente im prostitutiven Setting. Pierre Bourdieu (1994: 178) berichtet von einer Studie, die zeigen konnte, dass Straßenprostituierte *in actu* flüchtige Orte bevorzugen, weil diese eine »reservatio mentalis« gestatten, während der Hotelzimmeraufenthalt ihnen mehr Auseinandersetzung und mehr Austausch mit ihren Kunden abverlangt. Auch in der eigenen Feldforschung im Laufhausmilieu (Benkel 2010c) kamen subtile Strategien der Ablaufbeschleunigung immer wieder zur Sprache. Das Interesse, die Zeit mit dem Freier zu verringern, indem die ›Metakommunikation‹ verkürzt und die Intimkommunikation beschleunigt wird, geht aus Sicht der Prostituierten ebenso sehr auf zeitökonomische Motive wie auch auf den Wunsch zurück, das eigene ›Leistenmüssen‹

möglichst rasch hinter sich zu bringen. Umgekehrt darf unterstellt werden, dass die Freier die Zeitdauer, während derer sie ihre Lust mit einem fremden, ausgewählten Körper verbinden dürfen, als ›Ressource‹ auffassen, die so lange von Wert ist, wie ihre eigene subjektive Körperlust anhält.

Zwischen der ersten Begegnung und der ersten erotischen Körperreferenz vergehen – gemäß empirischer Überprüfung in der bekanntesten deutschen Laufhausszene, dem Frankfurter Bahnhofsviertel (vgl. Benkel 2010c) – mitunter nicht einmal 60 Sekunden. Ein so rascher Ablauf setzt voraus, dass die Akteure sich gegenüber stehen und beide wissen, mit welchen Typisierungen und Standards der Gegenpart rechnet. Der *short cut*, der von der ersten persönlichen Begegnung auf direktem Weg in eine sexuelle Situation überleitet, gehört neben dem Aspekt der finanziellen Entlohnung zu den zentralen Problemkreisen, die der Sexarbeit von einer alltagsmoralischen Perspektive aus angekreidet werden. Würden sich, so die Implikation dieser Kritik, die idealtypischen Akteursrollen Freier und Hure ›anders‹ begegnen und ›anders‹ als rein zweckorientiert kommunizieren, so könnten hypothetisch solche sozialen Qualitäten wie Sympathie und Ausstrahlung, oder zumindest Neugier und Abenteuerlust den weiteren Verlauf des Zusammenseins bestimmen, und die starren Rollenmuster würden obsolet. Ein solches Arrangement, das, wie gesagt, keineswegs ›sozialer‹, sondern auf andere Weise sozial wäre als die nüchtern-rationale Aushandlung einer bezahlbaren Dienstleistung, hätte ungleich höhere Chancen, als legitime Entscheidung zweier sich auf Augenhöhe begegnender Personen verstanden zu werden. Da jedoch in der Prostitution nicht die Anhäufung gemeinsamen sozialen Kapitals als tragfähige Grundlage des sexuellen Handelns fungiert, sondern die erfolgreiche Verhandlung über das Ins-Spiel-Bringen von Körpern auf der einen Seite *für*, und auf der anderen Seite *gegen* Geld, haftet ihr der Nimbus eines »Kultes des Nichts« (Benjamin 1985: 472) an. Schon das Grundgerüst der Sexarbeit verstößt schließlich gegen die sozialisatorisch vermittelte Angemessenheitslogik für den Übergang von einer außererotischen hin zu einer sexuell besetzten Situation. Diese Situation findet stattdessen in der langfristigen Liebesbeziehung ihr sozial legitimiertes, fortbestandssicherndes Medium. Geprägt von einem »Normalismuskonzept« (vgl. Link 2006), welches das ›Sexuell-Werden‹ als intime Offenbarung festschreibt, die sich zwar nicht ausschließlich, aber doch ›am besten‹ im Rahmen einer liebevollen Verbindung ereignet, verstehen viele Menschen die buchstäbliche Preisgabe des Körpers in der Prostitution als eine Art soziales Stigma. Dessen permanente Verwirklichung geht gemäß dominierender Vorstellungen auf solche Problemkontexte wie die Übermacht des Geldes, die Verrohung des Gemeinschaftssinnes, die Ausbeutung und Unterdrückung des weiblichen Geschlechts, die Skrupellosigkeit der Freier, die Parallelität von Mangel und Gier sowie auf die schon skizzierte Aufdringlichkeit sexueller Direktiven zurück.

Noch vor der näheren Auseinandersetzung mit den Praxen der Prostitution stehen häufig Befürchtungen über die Unterdrückung und Fremdbestimmung von Sexarbeiterinnen (und auch Sexarbeitern) durch einen ausbeutenden Personenkreis, für den traditionell die Sozialfigur des ›Zuhälters‹ steht. Unter Globalisierungsbedingungen hat das Geschäft des Menschenhandels mit der Absicht der räuberischen Erpressung zu Sexualdienstleistungen fraglos expandiert. Moralische Erkenntnisprobleme sind verschärft worden, die in der intimen Begegnungssituation beider ›Vertragspartner‹ nicht immer eindeutig geklärt werden können, sei es aus Verständigungs-, Verängstigungs- und anderen Gründen. (Zum Beispiel: Wie lässt sich Zwang erkennen/verorten? Was sind die Indikatoren der erzwungenen Sexarbeit, wie grenzt sich dagegen Freiwilligkeit ab? Wann ist ein prostitutiver ›Deal‹ definitiv ausbeuterisch, und wie kann es dafür in der konkreten Interaktion eine Rückversicherung geben?) Die psychologische Zerrüttung bei erzwungener Sexarbeit steht außer Frage. Parallel dazu ist die Zwangsprostitution ebenso sehr ein juristisches wie ein Verwaltungsproblem (vgl. Vorheyer 2010) mit der besonderen Facette, dass die Erosion sozialer Ordnung und persönlicher Integrität wenn, dann nahezu vollständig in einem sozialen ›Dunkelfeld‹ stattfindet. Die besondere Gefährdungslage, die der Prostitution abstrakt zukommt, wird alltagsmoralisch bisweilen allerdings jeglicher Sexarbeit als Faktizität zugesprochen – und so werden Prostituierte prima facie mit einer Opfersemantik versehen, als sei jeder Schritt auf dem ›Strich‹ (oder in äquivalenten Kontexten) immerzu ein erzwungener. Kritik an dieser realitätsfernen Etikettierung gehörte zu den häufigsten Kommentaren, die von Sexarbeiterinnen im Zuge der empirischen Arbeit zu vernehmen waren – übrigens in sämtlichen Tätigkeitssegmenten, von der Straßenprostitution bis hin zum Escort-Service.

Wenn schon so vieles, was im Schattenbereich der Gesellschaft abläuft und von hier aus die Ordnung der Dinge zu attackieren scheint, sich in einem einzigen Handlungsbereich konzentriert, nimmt es nicht Wunder, dass ›milieulastige‹ Stadtteile wie das Frankfurter Bahnhofsviertel (und vergleichbare Areale in anderen Großstädten) als Stätten der Devianz abgestempelt und gemieden werden – wodurch sich ihre Nischen- bzw. Oasenhaftigkeit noch verstärkt (vgl. Benkel 2012b). Und es überrascht ebenfalls nicht, selbst unter den Klassikern der Soziologie Positionen zu finden, die die Austreibung der Prostitution aus dem Schoß der Gesellschaft befürwortet haben, damit einem gesellschaftlichen Elend Einhalt geboten werde. Vor knapp einhundert Jahren definierte Georg Simmel Sexarbeit bezeichnenderweise in einer anonymen Veröffentlichung als »eiternde Wunde am Gesellschaftskörper«; und wer Prostitution legalisieren wolle, weil sie ohnehin stattfinde, könne dies auch für Diebstahl und Mord fordern (Simmel 2005: 251, 259). Nicht die Sexualität ist hier, wie so oft, der Auslöser für die Abschaffungsparole, sondern die Begleitumstände sind es, die die Sexualität zum Konsumgut machen. Just dieser Bruch mit der Konvention verleiht dem Prostitutionsfeld andererseits seine Faszination. Durch die zeitgleiche Geltung beider Ansprüche – Ablehnung und Nachfrage – ist die Sexarbeit im in den Anfangsjahren der Bundesrepublik gesellschaftlich in eine zwiespältige Position geraten, die zum einen von fester Verankerung, zum anderen aber von Diffamierung geprägt ist (vgl. Löw/Ruhne 2006: 189). In den Augen mancher Prostitutionsgegner ist die ›rationalisierte‹ Gestalt der Sexualität folglich auch heute noch ein Streitpunkt, während der legitimierte, weil in akzeptable Umgangsformen eingegossene Sex ganz überwiegend als Privatangelegenheit der Beteiligten anerkannt wird. Die Verteidigung solcher Standpunkte gestaltet sich jedoch schwierig, wenn zu berücksichtigen ist, dass es durchaus fließende Übergänge und Schattierungen gibt. Noch enger wird es, wenn erklärt werden soll, weshalb die »Konsensmoral« (Schmidt 2000: 269) zwischen zwei Akteuren dann als Situationsbestimmung ausreicht, wenn es um Sex geht, der *nicht* entlohnt wird, aber von einer ›höherwertigen‹ Sexualethik übertrumpft wird, sobald der Konsens unter den Bedingungen einer materiellen Zusatzleistung zustande kommt. Wer weiß: Das Plädoyer wider die Bordelle, Call-Girl-Agenturen usw. ist dort, wo es noch immer vorgebracht wird,[8] vielleicht nichts anderes als das maskierte Begehren, die sexuelle Intimsphäre für Momente zu reservieren, die außerhalb einer üblich gewordenen Verwertungslogik stehen. Fast könnte man von einer marxistisch informierten Moralromantik ausgehen, die den Körper, der ohnehin gezwungen ist, seine Produktivkraft zu veräußern, um wirtschaftlich überleben zu können, wenigstens dann von Zwängen und Fremdbestimmungen frei halten will, wenn die intimsten Gefühle im Raum stehen. Womöglich wird durch die pauschale Ablehnung der Sexarbeit das schlechte Gewissen beruhigt, dass es bislang in keiner Gesellschaft gelungen ist (was auch keineswegs immerzu angestrebt wurde), die körperliche Lust in den Binnenraum der Privatsphäre einzusperren. Es bedarf des Blicks durch eine moralunternehmerische Brille, um von hier aus eine bruchlose Verbindung zur Verwandlung der erotischen Empfin-

---

8 Damit ist ausdrücklich nicht die gerechtfertigte Kritik an Sexarbeit im Kontext von Menschenhandel, Zwangsprostitution, Zuhälterei und anderen Repressionsmaßnahmen gemeint. Sie greift nicht die Sexualität der Prostitution an, sondern prangert hintergründige Mechanismen an, die die Zustimmung der Betroffenen von vornherein aushöhlen und die Idee des autonomen Gegenübertretens der Akteure durch ein extremes Machtgefälle ersetzen (vgl. Pates/Schmidt 2009).

dungsfähigkeit des Körpers in vielfältige Inszenierungs- und Warenformen und ihre Integration in öffentliche bzw. öffentlichkeitswirksame Diskurse und Darstellungen zu erkennen.

3. REFLEXIVES TAUSCHEN

Warum gibt es überhaupt Prostitution? Reicht es aus, vom glücklichen Zusammentreffen eines ungleichen Pärchens auszugehen: des Kunden, der das Begehren und das Geld hat, und der Prostituierten, die die Bereitschaft hat, sich beider anzunehmen? Oder darf man davon ausgehen, dass biografische, somit aber auch *typologische* Gesichtspunkte entscheiden (vgl. Velten 1994)? Im Jahr 1779 hat James Millar, Verfasser eines *Historical View of the Englisch Government*, eine alternative Deutung vorgeschlagen, die ungefähr 200 Jahre später unter anderen Vorzeichen wieder prominent wurde. Männer, so Millar, seien prinzipiell dazu bereit, Frauen für ihre Zwecke zu unterdrücken; ihr Interesse sei eine »universale Prostitution«, die sie in den Stand setzt, sexuelle Wünsche ohne die komplizierte Aufwendung einer emotionalen Bindung zu verwirklichen (Kucklick 2008: 53). Von der in der Antike betonten und übrigens auch biblisch fundierten Konzeption, der Prostitution die Qualität eines »religiösen Sinn[s]« zuzuweisen (Maffesoli 1986: 47), hat das Aufklärungskalkül sich merklich distanziert. Im Sinne aufklärerischer Entdeckerfreude, die die Differenz von Kultur und Natur kennt, betrachtet die genannte Quelle Prostitution stattdessen im Lichte der ›Natürlichkeit‹ des aggressiven männlichen Sexualantriebes. Ein wenig anders liest sich dagegen der Befund Bernard Mandevilles, dessen *Bienenfabel* über die Unvermeidlichkeit von Ausfallerscheinungen innerhalb der sozialen Ordnung ihn für die Nachwelt namhaft gemacht hat. 1724 legte er einen *Essay upon Whoring* vor, in dem sinngemäß die Alltagssituation der Huren als verbesserungswürdig beschrieben wird, da sie es seien, die zugunsten der weiblichen Restbevölkerung ein ›Opfer‹ aufbringen, in dessen Folge die Bedrängnisse durch männliche Wollust nicht überhand nehmen (vgl. Mandeville 2001; Vorbilder dieser Position diskutiert Stumpp 2001). Der »zivilisatorische Wert der Prostitution« (Ellis 1911: 56) liegt demnach also im ›Ausgleichen‹ unzivilisierbarer Triebkraft – und die Vorderbühne der bürgerlichen Gesellschaft profitiert von dem, was im Hintergrund abläuft (vgl. Schulte 1994). Auch bei Mandeville taucht das Szenario der ungebändigten Lust auf, die im Namen der Gesellschaft Ventile oder Kontrollmaßnahmen benötigt, und auch hier ist – indes in anderer Schlagrichtung als bei Millar – unterschwellig die Annahme greifbar, dass »whoring« einzig in der Abhängigkeit von männlicher Befriedigungssucht, sei sie nun offen misogyn gefärbt oder nicht, ein Existenzrecht hat. ›Gefallenen Mädchen‹ beugen sich demnach passiv der Macht der fremden Lust, wenn und weil sie keine Wahl haben, als sich einer substanziellen Außensteuerung zu unterwerfen, die ihnen allenfalls (und auch dies selten genug) das Recht zur ökonomischen Selbstverwaltung verleiht. Die selbstbewusste Hure, die zu wählen weiß zwischen verschiedenen lebensweltlichen Optionen und sich bewusst auf eine extrem polarisierende Aufgabe einlässt, ist zumindest in den akademischen Diskursen der frühen Neuzeit noch kaum vorstellbar.[9]

In universalgeschichtlicher Betrachtung (Ringdal 2006) hat sich die Prostitution aber nicht erst in der Gegenwart als ein Berufsfeld etablieren können, das auch für Frauen jenseits des Verwahrlosungsimages und jenseits existenzbedrohlicher Notlagen attraktiv ist. Hinter der Entscheidung, sich ›zu verkaufen‹, wie es umgangssprachlich grob vereinfacht heißt, steht zweifellos häufig ein Gefühl der Ausweg- bzw. Alternativlosigkeit. Ordnungspolitische Parolen, die solche Umstände automatisch mit Zerrüttungs- und gar Deformationsmerkmalen verknüpft sehen wollen (vgl. Hohmann 1985: 195ff.), sind in den Zeiten sexueller Autonomie und individualisierter Lebensführung aber nicht mehr ernsthaft vertretbar. Die Erkenntnis, dass sich Körper und ihre Fähigkeit des Lustempfindens und Lustbereitens kommerzialisieren lassen, ist tatsächlich eine uralte, die von wechselhaften kulturellen Richtigkeitsbestimmungen und von hoher Diskontinuität begleitet worden ist. Laut des Eingangszitats von Merleau-Ponty wird das Verhältnis zu der Welt, die einen umgibt, unter Einsatz der »Geschlechtlichkeit« ausgelotet; und dazu zählt, auf Seiten der Freier wie der Prostituierten, nun einmal die Möglichkeit, dieses Verhältnis im Sinne einer *wirtschaftlichen Codierung* anzusehen und auszuleben. Erotische Begierde und erotisch ›justierte‹ Körper bugsieren sich heute auf vielfältigen (auch medialen) Wegen in Situationen, bei denen *nicht* die implizite Frage zählt: ›Wollen wir zusammen Intimkommunikation betreiben und die dafür etablierten sozialen Spielregeln unausgesprochen befolgen?‹, sondern bei denen der – alles Weitere anleitende – Umstand entscheidet, ob »bei einem bestimmten Preis gezahlt oder nicht gezahlt

---

9 In den historisch nicht weit entfernten Fiktionsschriften des Marquis de Sade taucht diese Akteursfigur durchaus auf. Sie ist im Kostüm der »grausamen Frau« (Treut 1984) sogar ein entscheidendes Element für die provokative (und für manche Leser erotisierende) Qualität seiner Texte. Allerdings ist ihre Grausamkeit bei de Sade das Produkt sozialer Lenkung und/oder gerissener Profilierungsgier, die sich in tatsächlichem Lustempfinden verdichtet. Dadurch wird sie umso deutlicher zum Gegenstück der ›reinen Unschuld‹ stilisiert, die als Ausgangsbedingung weiblichen Gesellschaftslebens vorgeführt wird und der Verderbnis denkbar fern steht.

[wird]« (Luhmann 1988: 118). Nicht nur Prostitution, sondern auch Swinger-Clubs, Cybersexkontexte, Pornografieproduktionen und viele weitere Facetten von *sex work* gestatten es, die vermeintlich ›grundsätzliche‹ Fahndung nach dem Vorliegen von Lust oder Unlust durch Recherchen zur Zahlungsbereitschaft (und möglicherweise zu weiteren Teilnahmebedingungen) zu ersetzen. Aus dieser Versachlichung erotischer Begegnungen ergibt sich nun aber kein Verblassen, sondern im Gegenteil eine eigenwillige *Ökonomie der Lust*. Sie floriert dank der Einschaltung des Generalisierungsmediums Geld. Der Einsatz des Geldes als Überbrückungsinstrument für fehlende soziale Leistungen, welche in der idealtypischen Sexualvorstellung der vorrangige Motor der Lust sind, ›strafft‹ die Beziehung der Sozialpartner zueinander. »Sobald Geld eine Rolle spielt, werden Tauschverhältnisse reflexiv« (Luhmann 1984: 615), d.h. man tauscht Tauschmöglichkeiten ein. Zwar lässt sich Sexualität, zumal beim Blick durch die feministische Brille, immerzu als Tauschgeschäft verstehen, das nach eingeschliffenen Verfahren verläuft und en passant die polit-ökonomische Dimension nutzt, um z.B. Geschlechteridentitäten festzuschreiben.[10] Sexarbeit stellt der Subtilität solcher Wirtschaftspakte ›zwischen den Zeilen‹ indes eine eingestandene, ja zwingend erforderliche Anerkennung des Tauschverfahrens gegenüber. Der prostitutive Tauschakt verläuft primär nicht über den abstrakten Umweg von – oft unausgesprochenen und für künftige Verwendung relativ unsicheren – sozialen Leistungen, die zwischen Partnern changieren, sondern auf der Grundlage quantitativer Berechenbarkeit und im Angesicht der unbestechlichen zukünftigen Verwertbarkeit des Zahlungsbetrages. Dass diese Perspektive bisweilen ausreicht, ›solide‹ Frauen in Sexarbeiterinnen zu verwandeln, ist ein weiterer paradox ›kapitalismuskritischer‹ Baustein der anhaltenden Ächtung des Prostituiertenberufs.[11] Gleichwohl hat immerhin Max Weber hinter dem beschriebenen

---

10 Diese Überlegung hat Gayle Rubin im Anschluss an Claude Lévi-Strauss zu der später für die Geschlechterforschung so elementaren Unterscheidung von sex und gender geführt (vgl. Rubin 1975; das Begriffspaar stammt ursprünglich von John Money). Prostitution versteht Rubin, hierin stärker an Foucault orientiert, übrigens als eine in ihrem Anderssein legitime sexuelle Option, die wegen ihrer ›Abweichungsqualität‹ abgewertet werde (vgl. Grenz 2007: 15f.).

11 Sexarbeiterinnen verdienen ihr Einkommen de facto jedoch selbstbestimmter als Frauen, die unter dem Deckmantel geordneter Verhältnisse Erotik und Sexualität (oder schlichtweg ihre eigene Repression) instrumentalisieren müssen, um weiter zu kommen, schreibt Volkmar Sigusch. »Wie sollte entschieden werden, wer entwürdigter ist: die Prostituierten oder die Journalistinnen, Krankenschwestern, Psychologinnen, die wegen einiger kurzweiliger Vorteile ihrem Chef zu Diensten sind? Die Call-

Anschlusskalkül das Wirken von »Wertideen« identifiziert, die dafür sorgen, dass der Prostitution tatsächlich nicht mehr und nicht weniger »Kulturinteresse« zukommt »wie [der] Religion oder [dem] Geld« (Weber 1988: 181).

Die Freier scheinen sich hinsichtlich der ›Produktionsleistung‹ ihrer subjektiven Lust von der Anforderung, zahlen zu müssen, statt ›lieben‹ zu dürfen, nicht sonderlich stören zu lassen. Ganz gleich, ob die Zahl derer, die wenigstens einmal im Leben für sexuelle Dienstleistungen zahlen, nun genau bei 18 Prozent liegt oder doch zwischen den Angaben zehn Prozent und 88 Prozent schwankt (Kleiber/Velten 1994: 17): die Chance, sexuelle Lust und Befriedigung allein auf der Basis einer finanziellen Investition erleben zu können, liefert offenbar vielen Männern einen Anreiz. Dieser wird durch mögliche weitere Begleitumstände (das Auswählen einer Frau unter mehreren; ein alltagstranzendierendes Ambiente; die einfache Initialisierung spezifischer Wunschumsetzungen usf.) noch zusätzlich verstärkt, und auch das Geflecht der beteiligten Machtstrukturen (Gerheim 2012) wirkt sich bisweilen unverblümt, oft aber unterschwellig auf die sozialen Praxen der Sexarbeit aus. Hinzu kommen Binnenregularien der Sexarbeit wie etwa die Begrenzung auf ein feststehendes Handlungs- und Zeitkontingent und weitere Besonderheiten prostitutiver Settings (vgl. Benkel 2010c; Ahlemeyer 2002). Die Sexualität in der Sexarbeit ist aufgrund des Zusammenwirkens dieser und anderer Faktoren von einer artifiziellen Ordnung eingefasst, die (auf der Anbieterseite) auf außersexuellen Motiven aufbaut, im Ergebnis aber dennoch zur Verwirklichung sexuellen Geschehens führt. Diese Ordnung der Lust weist im Bereich der Aushandlungskommunikation ein hohes Maß an Stringenz auf, das sich im Ablauf des sexuellen Kontaktes nicht wiederholen muss, aber wiederholen kann. Üblicherweise ist der Geschlechtsakt in der Prostitution eine Bausteinkonstruktion, deren einzelne Elemente in unterschiedlicher Reihenfolge und mit verschiedenartiger Intensität und Zeitaufwendung angeordnet werden, ansonsten aber einer situationsunabhängigen ›Verlaufsplanung‹ entsprechen. Davon abweichende Interessen gelten als ›Sonderwünsche‹, die nicht oder nur mittels Nachzahlung integriert werden können.

Dieses Grundgerüst scheint in den Augen der Konsumenten weniger ein *defizitäres*, als vielmehr ein *funktionales* Angebot zu sein. Seit Beginn soziologischer Prostitutionsforschungen ist jedenfalls kein Bruch in der Nachfrage zu verzeichnen, was den Schluss zulässt, dass diese Ordnung der Lust als komplexi-

---

girls oder die Frauen am Fließband, auf den Toiletten, bei Latscha an der Kasse, auf dem Laufsteg, vor der Linse, an den Sichtgeräten? Die Peepshow-Frauen oder all die anderen, die sich auch verkaufen müssen, allerdings für weit weniger als 3000,- Mark netto im Monat[?]« (Sigusch 1984: 174).

tätsreduzierende Rahmung von Sexual-/Sozialkontakten akzeptiert wird. Dieses Wissen versetzt Soziologen in die Lage, sich beispielweise auf ethnografischen Wegen den expandierenden Räumen der Sexarbeit anzunähern (Benkel 2013; schon beinahe klassisch: Girtler 1987). Und es deutet an, dass Prostitution, ganz gleich, ob sie nun im Bordell, auf der Straße, im Apartment, im Saunaclub, als Teil eines Begleitservices oder beim Hausbesuch erfolgt, eine Funktion erfüllt, die andere soziale Institutionen, zumal die Ehe und die feste Partnerschaft, nicht kompensieren können.[12] Trotzdem gehört es zum Standardrepertoire alltagssemantischer Ansichten zur Sexarbeit, dass zum Freier vor allem diejenigen werden, die ›es nötig haben‹, weil sie in den Möglichkeiten ihrer ›Triebabfuhr‹ eingeschränkt sind. Es ist dies eine These, die die Geburt der Prostitution aus dem Geist einer sexuellen Tragödie erklärt: Weil X. sich, weshalb auch immer, nicht auf sozial anerkannten Wegen sexuell betätigen kann (und weil überdies Masturbation als Kompensationsmittel nicht ausreicht), muss er das ›Hurenhaus‹ aufsuchen. Rationalisierung und zwischenmenschliches Verständnis vermischen sich, wenn es noch dazu heißt: was soll er auch anderes tun, als nachzugeben... Wieder tritt die Sexualität als Bemächtigungsmoment auf, das sich über den Verstand stülpt und ihn lähmt, sodass früher oder später der Widerstand kollabiert – aber nur der männliche. In unterhaltsamen Aufklärungsgeschichten wie der pädagogischen Warnung von 1894, dass in »ungelüfteten Kneipen« der Sexualtrieb gesteigert werde und irgendwann droht, sich Bahn zu brechen (Putz 2011: 107), wird mit anderen Worten etwas sehr Ähnliches umschrieben. Körperliche Lust ist gemäß populärer Deutungsmuster im Ensemble des Alltäglichen offenkundig anerkannt, solange sie sich den (sehr wandelbaren) normativen Vorstellungen verpflichtet. Schießt sie über das Maß des Gestatteten hinaus, wird sie als Gefahr bzw. als subjektives Leiden dechiffriert, und die Sexarbeit betritt, von Anerkennung und Abwertung gleichermaßen betroffen, als letzter Ausweg zur Beseitigung angestauter *männlicher* Sexualenergien die gesell-

---

12 Sigmund Freud hat sogar die Ansicht vertreten, dass die sexuelle Lust von Männern zur vollen Entfaltung die Grenzziehung zum »geachteten Weibe« braucht und Erfüllung in einem »erniedrigten Sexualobjekt« findet – einer Person, die sozial nicht geachtet werden muss (Freud 1996: 85). Man kann diese Auffassung mit Michel Foucaults Überlegung verbinden (1991: 71), wonach das Bordell ein »heterotopischer« Illusionsraum sei, der das Leben »noch illusorischer« zu gestalten hilft, als es bereit abläuft. Der Konstruktion der ›soliden Frau‹ steht im Heterotop Bordell die gleichsam ›illusionistische‹ Konstruktion der ›verruchten Frau‹ gegenüber, und beide Bilder bedingen einander, wenn sie durch männliche Akteure performativ verwirklicht werden.

schaftliche Bühne. In diesem Image steckt ebenso viel Potenzial zur Auf-, wie zur Abwertung der Prostitution.

Die Freier-Perspektive ist eine andere. Männer begreifen den Gang ins Bordell, trotz aller begleitenden Heimlichkeiten und Unsicherheiten, durchaus als Chance, sich selbst oder anderen – z.b. Freunden oder Kollegen, die als Komplizen des kontrollierten Alltagsausbruchs mit dabei sind – die eigene Maskulinität zu demonstrieren (Grenz 2007: 115ff.). Während die anderen anwesenden Männer, so sehr sie auch als ›Gleichgesinnte‹ wahrnehmbar sind, zugleich als ›Fremde‹ eher ignoriert werden, üben befreundete ›Eingeweihte‹ eine Verstärkungsfunktion aus. Das Durchstreifen eines ›Etablissements‹ in ihrem Kreise kann genug Potenzial entfalten, damit sich die Beteiligten Mut und Abenteuerlust zusprechen. Die Kleingruppen junger Männer beispielsweise, die in Großstädten vor allem am Wochenende diversen Laufhausbetriebe durchströmen, sind, wie die Sexarbeiterinnen gelernt haben und berichten können, mitunter aber nicht so sehr auf der Suche nach dem sexuellen Erleben als vielmehr daran interessiert, sich der Örtlichkeit und ihren Ritualen auszusetzen, ohne mehr zu investieren als ihre Aufmerksamkeit (vgl. Benkel 2010c: 46). Wenn zu diesem Eventcharakter dann doch die Suche nach körperlicher Befriedigung tritt, darf davon ausgegangen werden, dass die Mitwisser den ›Druck‹ verstehen (und vermutlich selbst spüren), den der verführerisch barrierefreie Zugang zur Lust ausübt. Das ›Absolvieren‹ des Prostituiertenbesuchs ist somit Männlichkeitsbestätigung auf Basis eines impliziten Kontrakts, der alle Freier verbindet, weil sie alle das gleiche Begehren verspüren, sich einer »verheimlichte[n], tabuisierte[n] und aus dem Alltagsleben verdrängte[n] Grauzone« (Löw/Ruhne 2011: 41) auszusetzen und die *Lustbesetzungsoptionen* zu aktivieren, die dieser verfemte Ort bereit hält. Sie können sich temporär als der aktive Antrieb verstehen, der aus der Bereitschaftserklärung der Frauen erst ein erotisches Miteinander macht – denn genau so hat Sexualität aus traditioneller androzentrischer Sicht zu verlaufen.

Die weibliche Lust ist bei all dem ausgeklammert; sie kommt als Facette der Sexarbeit so gut wie nicht vor. Allenfalls als ›Leerstelle‹ hat das erotische Begehren der Prostituierten (k)einen Platz. Derartiges wird unter der Überschrift »Normative Ausschließungen« (Ahlemeyer 2002: 129ff.) behandelt. Von Ausnahmen darf jedoch ausgegangen werden, nicht zuletzt deshalb, weil die körperliche Reaktionsfähigkeit bekanntlich nicht vollautomatisch an das bewusste Wollen gekoppelt ist. Dennoch ist es ein fester Bestandteil der Hinterbühne der Prostitution, dass die Frauen ein erotisches Interesse an ihrem erotischen Agieren von sich weisen, wenn sie nicht mit Kundenüberzeugungs-, sondern mit Reflexions-, und damit wohl oft auch mit *Distanzierungsabsicht* über ihre Arbeit sprechen. Die informelle Norm der Huren, keine Lust zu empfinden (empfinden zu wollen, empfinden zu können?), geht mit der Bereitschaft einher, diese Lust gleichwohl zu inszenieren und mit dem Körper wie mit einem Requisit zu verfahren, das gemäß der ›Auftragslage‹ drapiert wird. Manche Prostituierten spielen Lust vor, um das Begehren des Kunden anzufeuern und damit das Ende des Aktes herbei zu führen, andere spielen Lust vor, weil der Freier das Schauspiel der Erregung (und nicht einmal zwingend die ›echte‹ Erregung) wünscht oder erwartet, und wieder andere machen den naiven Besucher, der an seinen Befriedigungsfähigkeiten unumstößlich festhält, durch eine geschickte Maskerade zum Stammgast. Einmal abgesehen vom intersubjektiven Deutungsgeschick, das dabei aufgewendet werden muss, kommen dabei zwei sehr unterschiedlich ›sinnbesetzte‹ *Prostitutionskörper* auf Gleichklang: Der Mann, der zahlt, kann sein erotisches Erleben unabhängig davon machen, ob die Frau, die bezahlt wird, ebenfalls erotische Gefühle entwickelt. Die Frau, die bezahlt wird, kann ihr Dienstleistungshandeln aber gleichsam davon unabhängig machen, ob der Mann, der zahlt, zufrieden ist. Die starre Aushandlungsstruktur, die die Choreografie der Körper vordefiniert und dafür einen fixen Preis benennt, verspricht für gewöhnlich nämlich keineswegs, dass der Kunde (und schon gar nicht die Hure) am Ende voll und ganz befriedigt sein wird. Der Kommunikationsrahmen der Sexarbeit steckt ab, was an *Handlungen* erfolgen soll; er beinhaltet nicht die hochgradig unzuverlässige Ebene des subjektiven Bewusstseins. Inszenierungselemente wie die vorgespielte Lust können, mit nuancierten Unterschieden, von beiden Seiten in Spiel gebracht werden, um diese ›Sinnlücke‹ zu füllen. In der Konsequenz ist die Lust, die vorgezeigt wird, und die durch den Einsatz von Rüstzeug (Lubrikationsmittel, ›Soft-Tampons‹, Viagra) auch auf beiden Seiten forciert werden kann, eine vermeintlich physische, tatsächlich aber soziale Konstruktionsleistung, die der reibungslosen Bewältigung der Situation dienlich ist. In ihren Ausgangsmotiven handeln Freier und Prostituierte zwar ›aneinander vorbei‹; in sozialer Hinsicht ziehen sie aber doch an einem Strang.

4. GRENZFORMEN DER SINNLICHKEIT?

Der Untertitel von Peter Gorsens anregendem Buch über *Sexualästhetik* spricht von »Grenzformen der Sinnlichkeit« (Gorsen 1987). Mit dem Begriff lässt sich auch der soziale Status der Prostitution umschreiben: Sie ist, nolens volens, etabliert; und sie gilt, nolens volens, als gesellschaftliches Problem. Sie umkreist in doppeldeutiger Hinsicht das Thema *Sinnlichkeit*, da sie die Körpersinne anspricht und aktiviert, aber auch *Sinnzuschreibungen* hervorbringt und provoziert. Sexarbeit anzubieten oder anzukaufen ist, der institutionellen Anerkennung des

Tätigkeitsfeldes zum Trotz (vgl. Galen 2004; Kavemann 2010), eine Grenzüberschreitung, die zum sozialen Ausschluss führen kann. Stigmatisierungsängste gehören daher zum Prostitutionsgeschäft dazu, was nicht zuletzt aufgrund des Wunsches vieler Sexarbeiterinnen verständlich ist, das ›Milieu‹ und die dort erforderlichen Inszenierungsspiele irgendwann hinter sich zu lassen. Sie wissen, dass ihre Betätigung als Hure ihre soziale Desintegration ungeachtet aller anderen lebensweltlichen Elemente festzuschreiben droht. Freier haben andere Beweggründe, ihre ›Enttarnung‹ zu fürchten; sie gehen zwar keinem »Inszenierungsauftrag« nach (Löw/Ruhne 2011: 190) und können meist rasch und aufwandlos zwischen Rotlichtaufenthalten und anderen Freizeitbeschäftigungen wechseln. Da sie ihr sexuelles Empfinden jedoch durch das Eingehen auf die Tauschaktlogik der Sexarbeit (vgl. Grenz 2010) um den positiv konnotierten Vorrang des sozialen Kapitals beschneiden, machen sie sich anfechtbar. Die Abwertung von Freiern und Huren ist also gleichermaßen nicht legitimationsbedürftig – eine affirmative Einstellung ist es dagegen schon.[13]

Im sexuellen Miteinander der in sie verstrickten Körper geht die Prostitution zwar definitorisch nicht auf. Dennoch gilt Sexualität in der Sexarbeit als zentrales Moment, welches die tatsächlichen Spezifika – etwa die Aushandlungslogistik, die individuellen Motivlagen der Beteiligung und die polit-moralische Bewertung des prostitutiven Geschehens –, nahezu nebensächlich macht. Dabei weiß in Sachen Sex doch eigentlich jeder Bescheid – oder gibt es zumindest vor. Vermeintliche Expertenkenntnis der erotischen Sachlagen, und zwar sowohl der strukturlosen wie auch der förmlichen Elemente des Sexuellen (Lautmann 2002: 171), sind so etwas wie ein Kennzeichen für die zeitgenössische Kultur der umfangreichen Besprechung sexueller Inhalte. Dieser Nimbus der Informiertheit gilt im Hinblick auf Prostitution erst recht. Für die Diskrepanz zwischen den Alltagsperspektiven auf die ›käufliche Liebe‹ (die vielleicht kurioseste Bezeichnung der Sexarbeit) und ihren tatsächlichen Ausgestaltungen ist vermutlich die Unterstellung verantwortlich, dass die Bordellfassaden in den »finsteren Straßen« (Bauer 1965: 147) öffentlichen Blicken lediglich vorenthalten, dass zum sexuellen Akt noch das Bezahlen hinzukommt. In der »bordelloiden« (Hitzler 1982: 161) Atmosphäre wird Sexualität, ebenso wie Körperlichkeit, in Wahrheit zur

---

13 Offenbar nehmen jedoch nur die Frauen die permanente Exklusionsbedrohung zum Anlass für den »Kampf um Respekt« (Schuster 2003). Ein Organisationsinteresse von Freiern ist nicht sichtbar, vermutlich auch deshalb, weil der Freier als Handlungstypus meist ohnehin nur unter klandestinen Bedingungen in Erscheinung tritt und die »Subsinnwelt« (Berger/Luckmann 1992: 90ff.) der Prostitution nach kurzem Aufenthalt wieder verlässt.

formbaren ›Ausgangsmaterie‹ einer sozialen Konfrontation gemacht. Die *Körpertechnikmanagementstrategien* von Huren und von Freiern sind innerhalb der abgeschotteten Raumanordnung des Settings flexibilisiert. Damit ist gemeint, dass dank der Verhandelbarkeit erotischer Begierden Körpererfahrungen erotisch recodiert werden können, die in der »obersten Wirklichkeit« des Alltags (Berger/Luckmann 1992: 28) sonst nicht vorkommen, weil sie nicht vorkommen sollen. Und nicht nur Körpererfahrungen im engeren Sinne: Von der ausgefeilten Rollenspieldramaturgie und der exzessiven Orgie bis hin zur lebensweltorientierten Beratungsstunde und zur berührungsfreien Unterhaltung lässt die Prostitution viele Spielarten zu, die sich an die Rahmenkonstellation des ›mit Geldwert erworbenen Miteinanders‹ anpassen. Scheinbare Nischen wie die als *deviant innerhalb der Devianz* in Erscheinung tretende sadomasochistische Sexarbeit sind dementsprechend nichts weiter als Figurationen, die die Bandbreite der Prostitution ausloten (vgl. Meitzler 2010). Ihre Existenz verdeutlicht, dass es in der Prostitution auch um einen den ›traditionellen‹ Sexualbetrieb transzendierenden ›Gestaltungsmehrwert‹ geht. Befremdliche Gedankenexperimente wie die Überlegung, ob eine Legalisierung sexueller Gewalt gegen Prostituierte die Zahl der Vergewaltigungen in einer Gesellschaft sinken ließe oder nicht (Hoerster 2002: 60)[14], verkennen, dass die physischen Komponenten in der Sexarbeit den physischen Komponenten ›außerprostitutiver‹ Sexualität in vielerlei Hinsicht *nicht* ähneln, weil sie sie *nicht* ersetzen sollen. Die gesellschaftliche Kultivierung der Sexualität hat vielmehr in einem lang anhaltenden Prozess dazu geführt, dass bestimmte Einsatzvarianten des Körpers und der zwischenmenschlichen Interaktion sinnvoll institutionalisiert und dadurch typisiert und ›normalisiert‹ werden konnten. Dass sie in der Prostitution folglich ebenfalls auftauchen und eine bedeutende Rolle spielen, bestätigt keineswegs die falsche Annahme, *sex work* sei die Fortsetzung partnerschaftlichen Beischlafs mit anderen, randständigen Mitteln. Etablierte Körper- und Erotikkonzepte sind vielmehr der Ausgangspunkt einer darüber hinaus reichenden sozialen Leistung durch die Prostitution.

---

14 Die Brandmarkung der Hure als ›moralisch gerechtfertigtes‹ Opfer von Repressionen ist historisch bekannt. Bis in die frühe Neuzeit und partiell noch darüber hinaus war die Auffassung verbreitet, dass Prostituierte keine Vergewaltigungsopfer sein können, weil sie ohnehin ehrlos sind, derweil die Ahndung eines Sexualverbrechens nur bei ehrbaren Frauen angebracht sei. Auch der Ahnvater der modernen Strafrechtslehre, Anselm von Feuerbach, ging davon aus, dass eine Prostituierte per definitionem nicht »genotzüchtigt« werden könne (Loetz 2012: 135).

Auch die nach dem Scheitern der sexuellen Revolution (vgl. Bänzinger et al. i.e.) noch dann und wann ausgegrabene Utopie einer ›freien Liebe‹, welche von keiner anderen sexualethischen Prämisse mehr eingezwängt wird als von der Regel, dass es keine Regeln mehr gibt, brächte die Prostitution nicht zum Verschwinden – denn auch diese Fantasievorstellung übergeht die Eigendynamik ihrer sozialen Konstruktionskraft. Die ›Prostitutionsbeteiligten‹ begegnen sich im Zeichen einer nüchternen Offenheit in sozialen Situationen, die beinahe als die eigentlichen Refugien erotischer Freiheit gelten könnten, würde diese Unbeschwertheit – und ihr Ausbruch aus dem Möglichkeitsspielraum der bürgerlichen Alltagswelt – nicht aufgrund asymmetrischer Motivlagen hervorgerufen. Zu den bereits genannten Variablen, die das gesellschaftliche *standing* der Sexarbeit evozieren, kommt hinzu, dass im Gegensatz zur sozial legitimierten Sexualität hinter den Bordell- und Apartmenttüren vermeintlich ein promiskuitives Geschehen abläuft, bei dem sich aus einem Konsumverhalten eine ›Körperaneignung‹ ergibt. Abgesehen davon, dass Konsumhandlungen in anderen Lebensbereichen durchaus eine positive ›sinnliche Qualität‹ zugesprochen wird (Hellmann 2011), ist an dieser Vorstellung strittig, ob das auf Konsens basierte Einlassen zweier Körper(besitzer) in eine erotische Interaktion überhaupt als Aneignung im Sinn eines ›Erkaufens‹ definiert werden kann. Die Körper selber benötigen die Differenz zwischen ›authentischer‹ und ›ungewollter‹ Lust nicht; sie funktionieren als Körper auch jenseits der Geltungsansprüche, die sich um diese Begriffe ranken, wenn sie entsprechend justiert (erregt, manipuliert) werden. Strategien der Körperdisziplinierung (oder Körperdistanzierung) können diese Impulse eingrenzen, aber sie können sie ebenso sehr verstärken. Grenzüberschreitend ist in der Prostitution nicht das, was Körper miteinander tun, sondern der *Sinn(lichkeits)transfer*, der das Idealbild der legitimen, von aufrichtiger Zuneigung geprägten erotischen Anziehung hinter sich lässt und ein alternatives Konzept des Lust›erwerbs‹ in den Vordergrund rückt. Lust und Begehren sind tatsächlich auch außerhalb der Sexarbeit immerzu erworben – sei es im Zuge der knisternden Atmosphäre, die spontan zwischen Akteuren entstehen kann, oder dank eines stabilisierten Sozialverhältnisses, das schon länger Bestand hat. Das körperliche Agieren in diesen und in anderen Ausgangslagen forciert unter den Beteiligten Erregung und bezieht das Lustvolle und Begehrenswerte des Lusthabens und Begehrens mit ein (Luhmann spricht vom »Begehren als Begehren des Begehrens«; 1995: 196f.). In der Prostitution sehen die Verlaufslinien anders aus, weil dort das Erwerben von Lust und Begehren einseitig zu verlaufen scheint und vom ›Gegenerwerb‹ des Geldes vermeintlich konterkariert wird. Selbst unter diesen Bedingungen werden jedoch offenkundig sexuelle Konstellationen errichtet, in die sich die Beteiligten integrieren lassen. Der »Konnex Körper-Sexualität« tritt in der Sexarbeit als *reale* Verknüpfung von »Geschlechtslust und Körper« auf (so Lautmann 2012: 350 wider moralische und pathologisierende Standpunkte). Körper können sich hier, wie Merleau-Ponty sagt, »blindlings« verbinden, weil auch der Prostitution die Idee des erotischen Verstehens vorausgeht; und sie bestätigt, dass Körper keine *bestimmten* sozialen Rahmenhandlungen benötigen, um sexuell aktiv zu sein. Es liegen nicht lediglich Körper vor, die sich in mehr oder minder akrobatischen Figuren zueinander positionieren, sondern es ereignen sich Handlungsweisen, die unterschiedliche Beweggründe haben, die aber eben nicht in unterschiedliche ›Zielpunkte‹ münden. Die Beteiligten teilen das Interesse, das prostitutive ›Aktionsschema‹ störungsfrei zu absolvieren, so verschieden ihre Motive auch sind. Wodurch das konkrete sexuelle Koagieren entstanden ist, kann aus der Beobachtersicht thematisiert werden (z.b. wenn es um Moral geht), oder kann ignoriert werden (etwa dann, wenn die biologischen Aspekte des Aktes im Vordergrund stehen). Aus soziologischer Sicht ist daran, neben vielem anderem, bedeutsam, dass Sexualität kein nach Kausalschablonen ablaufendes Naturgeschehen darstellt, sondern die Körperfacette mit Kulturkonventionen bezüglich des Lustempfindens und des Lustausübens unter Bedingungen verbindet, die umstritten sein mögen, und die dennoch – oder gerade deshalb – eine gesellschaftliche Funktion erfüllen.

Es gibt nicht bloß prostitutive, sondern verschiedenartige Tauschlogiken, bei denen erotisches Körperbegehren dank sozialer ›Ausgleichshandlungen‹ realisiert wird. Welche davon mehr, und welche weniger öffentlich gebrandmarkt werden, scheint seit jeher zeit- und kulturabhängig zu sein (Dufour 2000). Soziologen sollte das Kunststück gelingen, allzu fragwürdige Zusammenhänge durch Rhetorik abzumildern; zumindest legt dies eine historische Begegnung nahe (vgl. Hartwig 2012: 58). Sie ist als Anekdote erhalten geblieben, was bedeutet, dass sie zumindest gut erfunden ist. 1968, als draußen die sexuelle Revolution ihre Geschütze auffuhr, vertraute Theodor W. Adorno seinem jüngeren Kollegen Niklas Luhmann in einem Frankfurter Weinlokal bei ihrem einzigen persönlichen Aufeinandertreffen an, dass seine Geliebte, eine junge Schauspielerin, ihn verlassen wolle. Luhmann wusste Rat: Adorno solle ihr eine »Apanage« zahlen; dadurch sollten spätere Besuche jederzeit möglich sein. Das sei natürlich nicht im Sinne von Leistung und Gegenleistung gemeint, sondern sei nichts anderes als ein Symbol wechselseitiger Generosität.

Literatur

Ahlemeyer, Heinrich W. (2002): Geldgesteuerte Intimkommunikation. Zur Mikrosoziologie heterosexueller Prostitution. Gießen: Psychosozial-Verlag.

Bänzinger, Peter-Paul et al. (Hg., i.E.): Sexuelle Revolution? Zur Geschichte der Sexualität im deutschsprachigen Raum seit den 1960er Jahren. Bielefeld: transcript.

Bataille, Georges (1974): Der heilige Eros. Frankfurt a.m./Berlin/Wien: Ullstein.

Bauer, Willi (1965): Geschichte und Wesen der Prostitution. Stuttgart: Weltspiegel-Verlag.

Bauman, Zygmunt (1998): Über den postmodernen Gebrauch der Sexualität. In: Zeitschrift für Sexualforschung 11, S. 1-16.

Benjamin, Walter (1985): Berliner Chronik. In: Benjamin, Walter: Gesammelte Schriften, Bd. 6. Frankfurt a.m.: Suhrkamp, S. 465-519.

Benkel, Thorsten (2010a): Die Lust am Bekennen und der gezähmte Eros. In: Benkel, Thorsten und Fehmi Akalin (Hg.): Soziale Dimensionen der Sexualität. Gießen: Psychosozial-Verlag, S. 21-32.

Benkel, Thorsten (2010b): Der intime Augenzeuge. Elemente einer Soziologie des Voyeurismus. In: Benkel, Thorsten und Fehmi Akalin (Hg.): Soziale Dimensionen der Sexualität. Gießen: Psychosozial-Verlag, S. 361-389.

Benkel, Thorsten (2010c): Die Sichtbarkeiten des Frankfurter Bahnhofsviertels. Ein soziologischer Rundgang. In: Benkel, Thorsten (Hg.): Das Frankfurter Bahnhofsviertel. Devianz im öffentlichen Raum. Wiesbaden: VS Verlag für Sozialwissenschaften, S. 15-100.

Benkel, Thorsten (2011): Interaktionsgeheimnisse. Mythen des Alltags in der Laufhausprostitution. In: Lentes, Jürgen und Jürgen Roth (Hg.): Im Bahnhofsviertel. Expeditionen in einen legendären Stadtteil. Frankfurt a.M.: B3 Verlag, S. 205-213.

Benkel, Thorsten (2012a): Elemente einer Sexualtheorie der Praxis. In: Zeitschrift für Sexualforschung 25, S. 356-372.

Benkel, Thorsten (2012b): Devianz und Lebenswelt. Der Kreislauf von Wissen, Erfahrung und Subjektivität. In: Schröer, Norbert et al. (Hg.): Ethnographie und Lebenswelt. Essen: Oldib, S. 243-256.

Benkel, Thorsten (2013): Fremdes im Schatten der eigenen Kultur. Das Rotlichtmilieu und der Blick der Ethnografie. In: Kriminologisches Journal 45, S. 85-102.

Berger, Peter L. und Thomas Luckmann (1992): Die gesellschaftliche Konstruktion der Wirklichkeit. Eine Theorie der Wissenssoziologie. Frankfurt a.M.: Fischer.

Bloch, Iwan (1912): Die Prostitution, Bd. 1. Berlin: Marcus Vlg.-Buchh.

Bourdieu, Pierre (1994): Praktische Vernunft. Zur Theorie des Handelns. Frankfurt a.m.: Suhrkamp.

Dufour, Pierre et al. (2000): Weltgeschichte der Prostitution von den Anfängen bis zum Beginn des 20. Jahrhunderts. Frankfurt a.m.: Eichborn.

Eder, Franz X. (2005): Die ›sexuelle Revolution‹ – Befreiung und/oder Repression?. In: Bauer, Ingrid; Hämmerle, Christa und Gabriella Hauch (Hg.): Liebe und Widerstand. Ambivalenzen historischer Geschlechterbeziehungen. Köln/Weimar/Wien: Böhlau, S. 397-414.

Ellis, Havelock (1911): Geschlecht und Gesellschaft. Grundzüge der Soziologie des Geschlechtslebens. Würzburg: Kabitzsch.

Fabeck, Hans von (1994): An den Grenzen der Phänomenologie. Eros und Sexualität im Werk Maurice Merleau-Pontys. München: Wilhelm Fink Verlag.

Fiedler, Peter (2004): Sexuelle Orientierung und sexuelle Abweichung. Weinheim/Basel: Beltz Verlag.

Flaßpöhler, Svenja (2007): Der Wille zur Lust. Pornographie und das moderne Subjekt. Frankfurt a.m./New York: Campus.

Foucault, Michel (1976): Mikrophysik der Macht. Berlin: Merve Verlag.

Foucault, Michel (1978): Dispositive der Macht. Berlin: Merve Verlag.

Foucault, Michel (1991): Andere Räume. In: Wentz, Martin (Hg.): Stadt-Räume. Frankfurt a.m./New York: Campus, S. 65-72.

Foucault, Michel (1998): Sexualität und Wahrheit, Bd. 1: Der Wille zum Wissen. Frankfurt a.m.: Suhrkamp.

Freud, Sigmund (1996): Über die allgemeinste Erniedrigung des Liebeslebens. In: Freud, Sigmund: Gesammelte Werke, Bd. 8, Frankfurt a.m.: Fischer, S. 78-91.

Galen, Margarete von (2004): Rechtsfragen der Prostitution. Das Prostitutionsgesetz und seine Auswirkungen. München: C. H. Beck.

Gerheim, Udo (2012): Die Produktion des Freiers. Macht im Feld der Prostitution. Bielefeld: trancript.

Gernert, Johannes (2010): Generation Porno. Jugend, Sex, Internet. Köln: Fackelträger Verlag.

Girtler, Roland (1987): Der Strich. Sexualität als Geschäft. München: Heyne.

Gorsen, Peter (1987): Sexualästhetik. Grenzformen der Sinnlichkeit im 20. Jahrhundert. Reinbek: Rowohlt.

Grenz, Sabine (2007): (Un)heimliche Lust. Über den Konsum sexueller Dienstleistungen. Wiesbaden: VS Verlag für Sozialwissenschaften.

Grenz, Sabine (2010): Geld und die ›Natürlichkeit‹ der Sexualität. Über die Bedeutungsvielfalt des Geldes in der Prostitution. In: Benkel, Thorsten und

Fehmi Akalin (Hg.): Soziale Dimensionen der Sexualität. Gießen: Psychosozial-Verlag, S. 291-317.

Grenz, Sabine und Martin Lücke (Hg., 2006): Verhandlungen im Zwielicht. Momente der Prostitution in Geschichte und Gegenwart. Bielefeld: transcript.

Gugutzer, Robert (2012): Verkörperungen des Sozialen. Neophänomenologische Grundlagen und soziologische Analysen. Bielefeld: transcript.

Guillebaud, Jean-Claude (1999): Die Tyrannei der Lust. Sexualität und Gesellschaft. München: Luchterhand Literaturverlag.

Hammer, Felix (1974): Leib und Geschlecht. Philosophische Perspektiven von Nietzsche bis Merleau-Ponty. Bonn: Bouvier.

Hartwig, Ina (2012): Arlette und ihr Adorno. In: Die Zeit, Nr. 41, S. 58-59.

Hellmann, Kai-Uwe (2011): Fetische des Konsums. Studien zur Soziologie der Marke. Wiesbaden: VS Verlag für Sozialwissenschaften.

Hitzler, Ronald (1982): Zwischen-Spiele. Hommage a JPS. In: Konkursbuch 8. Tübingen: Konkursbuchverlag, S. 161-164.

Hoerster, Norbert (2002): Ethik des Embryonenschutzes. Ein rechtsphilosophischer Essay. Stuttgart: Reclam.

Hohmann, Joachim S. (1985): Sexualforschung und -aufklärung in der Weimarer Republik. Berlin/Frankfurt a.M.: Foerster.

Kaufmann, Jean-Claude (2004): Der Morgen danach. Wie eine Liebesgeschichte beginnt. Konstanz: UVK.

Kavemann, Barbara (2010): Die praktischen Auswirkungen des deutschen Prostitutionsgesetzes. In: Benkel, Thorsten (Hg.): Das Frankfurter Bahnhofsviertel. Devianz im öffentlichen Raum. Wiesbaden: VS Verlag für Sozialwissenschaften, S. 211-227.

Kleiber, Dieter und Doris Velten (1994): Prostitutionskunden. Eine Untersuchung über soziale und psychologische Charakteristika von Besuchern weiblicher Prostituierter in den Zeiten von AIDS. Baden-Baden: Nomos.

Kraus, Karl (1986): Sprüche und Widersprüche. In: Kraus, Karl: Schriften, Bd. 8. Aphorismen. Frankfurt a.M.: Suhrkamp, S. 7-178.

Kucklick, Christoph (2008): Das unmoralische Geschlecht. Zur Geburt der Negativen Andrologie. Frankfurt a.M.: Suhrkamp.

Lautmann, Rüdiger (2002): Soziologie der Sexualität. Erotische Körper, intimes Handeln und Sexualkultur. Weinheim und München: Juventa.

Lautmann, Rüdiger (2012): Körper – Praxis – Sexualität. Soziologische Positionen. In: Zeitschrift für Sexualforschung 25, S. 339-355.

Lenz, Karl (2010): Sexuelle Interaktion von Paaren. In: Benkel, Thorsten und Fehmi Akalin (Hg.): Soziale Dimensionen der Sexualität. Gießen: Psychosozial-Verlag, S. 219-249.

Lewandowski, Sven (2012): Die Pornographie der Gesellschaft. Beobachtungen eines populärkulturellen Phänomens. Bielefeld: transcript.

Link, Jürgen (2006): Versuch über den Normalismus. Wie Normalität produziert wird. Göttingen: Vandenhoeck & Ruprecht.

Loetz, Francisca (2012): Sexualisierte Gewalt 1500-1850. Plädoyer für eine historische Gewaltforschung. Frankfurt a.M./New York: Campus.

Löw, Martina (2008): Sexualität. In: Baur, Nina et al. (Hg.): Handbuch Soziologie. Wiesbaden: VS Verlag für Sozialwissenschaften, S. 413-443.

Löw, Martina und Renate Ruhne (2006): »Eine umfangreiche Konzeption, die Dirnen von der Straße zu holen«. Zur Verhäuslichung der Prostitution in Frankfurt a.M.. In: Grenz, Sabine und Martin Lücke (Hg.): Verhandlungen im Zwielicht. Momente der Prostitution in Geschichte und Gegenwart. Bielefeld: transcript, S. 177-207.

Löw, Martina und Renate Ruhne (2011): Prostitution. Herstellungsweisen einer anderen Welt. Berlin: Suhrkamp.

Luhmann, Niklas (1984): Soziale Systeme. Grundriß einer allgemeinen Theorie. Frankfurt a.M.: Suhrkamp.

Luhmann, Niklas (1988): Die Wirtschaft der Gesellschaft. Frankfurt a.M.: Suhrkamp.

Luhmann, Niklas (1995): Wahrnehmung und Kommunikation sexueller Interessen. In: Luhmann, Niklas: Soziologische Aufklärung, Bd. 6. Die Soziologie und der Mensch. Opladen: Westdeutscher Verlag, S. 189-203.

Luhmann, Niklas (1997): Die Gesellschaft der Gesellschaft. Frankfurt a.M.: Suhrkamp.

Maffesoli, Michel (1986): Der Schatten des Dionysos. Zu einer Soziologie des Orgiasmus. Frankfurt a.M.: Syndikat Verlag.

Mandeville, Bernard (2001): Eine bescheidende Streitschrift für öffentliche Freudenhäuser oder ein Versuch über die Hurerei. München/Wien: Hanser.

Matthiesen, Silja; Martyniuk, Urszula und Arne Dekker (2011): What do girls do with porn?. In: Zeitschrift für Sexualforschung 24, S. 326-352.

Meitzler, Matthias (2010): Die Wahl der Qual. Schmerz als sexuelle Dienstleistung. In: Benkel, Thorsten (Hg.): Das Frankfurter Bahnhofsviertel. Devianz im öffentlichen Raum. Wiesbaden: VS Verlag für Sozialwissenschaften, S. 277-305.

Merleau-Ponty, Maurice (1974): Phänomenologie der Wahrnehmung. Berlin: de Gruyter.

Métral, Marie-Odile (1981): Die Ehe. Analyse einer Institution. Frankfurt a.m.: Suhrkamp.

Muchembled, Robert (2008): Die Verwandlung der Lust. München: DVA.

Pates, Rebecca und Daniel Schmidt (2009): Die Verwaltung der Prostitution. Eine vergleichende Studie am Beispiel deutscher, polnischer und tschechischer Kommunen. Bielefeld: transcript.

Preciado, Beatriz (2012): Pornotopia. Architektur, Sexualität und Multimedia im ›Playboy‹. Berlin: Wagenbach.

Putz, Christa (2011): Verordnete Lust. Sexualmedizin, Psychoanalyse und die ›Krise der Ehe‹ 1870-1930. Bielefeld: transcript.

Ringdal, Nils Johan (2006): Die neue Weltgeschichte der Prostitution. München: Piper Verlag.

Rubin, Gayle (1975): The Traffic in Women. Notes on the ›Political Economy‹ of Sex. In: Reiter, Rayna R. (Hg.): Toward an Anthropology of Women. New York: Monthly Review Press, 157-210.

Schelsky, Helmut (1973): Soziologie der Sexualität. Reinbek: Rowohlt.

Schetsche, Michael und Renate Berenike Schmidt (Hg., 2010): Sexuelle Verwahrlosung. Empirische Befunde, gesellschaftliche Diskurse, sozialethische Reflexionen. Wiesbaden: Springer VS.

Schmidt, Gunter (2000): Spätmoderne Sexualverhältnisse. In: Schmerl, Christiane et al. (Hg.): Sexuelle Szenen. Inszenierungen von Geschlecht und Sexualität in modernen Gesellschaften. Opladen: Leske und Budrich, S. 268-279.

Schmidt, Gunter und Silja Matthiesen (2011): What do boys do with porn?. In: Zeitschrift für Sexualforschung 24, S. 353-378.

Schmidt, Gunter; Matthiesen, Silja und Ute Meyerhof (2004): Alter, Beziehungsform und Beziehungsdauer als Faktoren sexueller Aktivität in heterosexuellen Beziehungen. Eine empirische Studie an drei Generationen. In: Zeitschrift für Sexualforschung 17, S. 116-133.

Schulte, Renate (1994): Sperrbezirke. Tugendhaftigkeit und Prostitution in der bürgerlichen Welt. Hamburg: Syndikat/EVA.

Schuster, Martina (2003): Kampf um Respekt. Eine ethnografische Studie über Sexarbeiterinnen. Tübingen: TVV.

Schwarzer, Alice (Hg., 2013): Prostitution. Ein deutscher Skandal. Köln: Kiepenheuer & Witsch.

Sielert, Uwe und Renate-Berenike Schmidt (2012): Körperkontakte in pädagogischen Kontexten. In: Schmidt, Renate-Berenike und Michael Schetsche (Hg.): Körperkontakt. Interdisziplinäre Erkundungen. Gießen: Psychosozial-Verlag, S. 141-160.

Sigusch, Volkmar (1984): Vom Trieb und von der Liebe. Frankfurt a.m./New York: Campus.

Sigusch, Volkmar (2005): Neosexualitäten. Über den kulturellen Wandel von Liebe und Perversion. Frankfurt a.M./New York: Campus.

Sigusch, Volkmar (2010): Die Soziologie und der Strukturwandel der Sexualität. In: Benkel, Thorsten und Fehmi Akalin (Hg.): Soziale Dimensionen der Sexualität. Gießen: Psychosozial-Verlag, S. 135-151.

Simmel, Georg (2005): Ex malis minima! Reflexionen zur Prostitutionsfrage. In: Simmel, Georg: Gesamtausgabe, Bd. 17. Frankfurt a.m.: Suhrkamp, S. 251-260.

Stumpp, Bettina Eva (2001): Prostitution in der römischen Antike. Berlin: Akademie Verlag.

Thole, Werner; Baader, Meike; Helsper, Werner et al. (Hg., 2012): Sexualisierte Gewalt, Macht und Pädagogik. Opladen: Budrich.

Tiefer, Leonore (2000):»Sex is open-ended like music«. In: Zeitschrift für Sexualforschung 13, S. 346-357.

Tiryakian, Edward A. (1987): Sexuelle Anomie und sozialer Wandel. In: Schuller, Alexander und Nikolaus Heim (Hg.): Vermessene Sexualität. Berlin: Springer, S. 23-39.

Treut, Monika (1984): Die grausame Frau. Zum Frauenbild bei de Sade und Sacher-Masoch. Basel/Frankfurt a.m.: Stroemfeld.

Velten, Doris (1994): Aspekte der sexuellen Sozialisation. Eine Analyse qualitativer Daten zu biographischen Entwicklungsmustern von Prostitutionskunden. Dissertation. FU Berlin.

Vorheyer, Claudia (2010): Prostitution und Menschenhandel als Verwaltungsproblem. Eine qualitative Untersuchung über den beruflichen Habitus. Bielefeld: transcript.

Weber, Max (1988): Die ›Objektivität‹ sozialwissenschaftlicher und sozialpolitischer Erkenntnis. In: Weber, Max: Gesammelte Aufsätze zur Wissenschaftslehre. Tübingen: J. C. B. Mohr (Paul Siebeck), S. 146-214.

Die Macht des Blicks

Sexualisierung des Körpers und symbolische Gewalt

OTTO PENZ

»Less than 4 % of the artists in the
Modern Art section are women,
but 76 % of the nudes are female.«
(GUERILLA GIRLS, 1989)

1. EINLEITUNG

Blicke sind Herrschaftsinstrumente zwischen den Geschlechtern. Unter dieser Prämisse beschäftigt sich der Aufsatz mit der Visualisierung männlicher Herrschaft, wie sie aus der Bilderwelt der westlichen Konsumgesellschaften, etwa in der Werbung und in Lifestyle-Magazinen,[1] ablesbar ist. Dieser Bilderwelt liegen kommerzielle Interessen zugrunde, die dazu führen, Frauen, aber zusehends auch Männer möglichst so in Szene zu setzen, dass sie das Begehren bei den Betrachtenden wachrufen, es diesen (virtuellen) Personen gleichzutun. Es handelt sich also um »manifestations of interest« im Sinne Allan Sekulas (1988: 453), um eine eigene Rhetorik der Schönheitsfotografie, die sowohl Konzeptionen von

---

1 Das empirische Material meiner Analyse bildet eine lange Reihe stichprobenartiger Vergleiche von Fotografien aus populären Frauen- und Männermagazinen wie Cosmopolitan, Harper's Bazaar, InStyle, Muscle & Fitness Hers, Wienerin, Women's Health bzw. Esquire, FHM, GQ, Men's Health, Muscle & Fitness, Wiener, die in meinen Seminaren an der University of Calgary und an der Wirtschaftsuniversität Wien seit den 1990er Jahren stattgefunden haben. Vgl. zudem das historische Bildmaterial, das in Penz (2001) angeführt ist.

Weiblichkeit und Männlichkeit für ökonomische Zwecke herstellt und nutzt als auch mit allen Mitteln der Verführung um Aufmerksamkeit bemüht ist.

Um massentauglich zu sein, folgt die Bildgestaltung der kommerziellen Fotografie den vertrauten Sehgewohnheiten und tradiert damit z.t. geschlechtsspezifische Stereotype. Hinzu kommt allerdings allemal die Anreicherung der Bilder mit symbolischen Werten, die über das Gewohnte und Alltägliche hinausweisen und die Fotografien zu Sehenswürdigkeiten machen – und damit zu einer steten Rekonfiguration geschlechtsspezifischer Darstellungs- und Anschauungsweisen beitragen. Auf diese Art zeigen sich in den Werbe-, Mode- und Lifestylefotos die zeitgenössischen Auffassungen von Weiblichkeit und Männlichkeit, während die Bilder gleichzeitig an der Rekonstruktion und Neubestimmung der Geschlechterverhältnisse mitwirken und die Sehgewohnheiten verändern können.

Meine Ausführungen beschränken sich in weiterer Folge auf die Diskussion des hegemonialen binären Codes Männlichkeit/Weiblichkeit der westlichen Konsumgesellschaften bzw. auf die Analyse der dominanten heterosexuellen Matrix, die dem kommerziellen Bildmaterial zugrunde liegt. Zu fragen wird also sein, wie die Fotografien zur Konstituierung des heterosexuellen Begehrens und damit auch zum Fortbestehen jener »Zwangsheterosexualität« beitragen, die Judith Butler (1991: 46) zufolge die modernen Geschlechteridentitäten legitimiert. Insbesondere die Normierung von Körperhaltungen, die als weiblich und sexuell attraktiv erachtet werden, steht dabei zur Diskussion, also Fragen der Biopolitik und der Fremd- und Selbstregierung aus Michel Foucaults (2009) Blickwinkel oder, aus Pierre Bourdieus (2005) praxeologischer Perspektive, das Problem der Somatisierung und Verkörperung der Geschlechterordnung sowie der Aufrechterhaltung männlicher Herrschaft durch symbolische Mittel.

Die folgenden beiden Kapitel 2 und 3 des Aufsatzes werden sich mit der Theoretisierung und historischen Etablierung der Blickkultur, die von der männlichen Wahrnehmung dominiert wird, und mit der Sexualisierung des weiblichen Körpers für den männlichen Blick befassen.[2] Daran anschließend wird Kapitel 4 von der zunehmenden Sexualisierung des Männerkörpers seit den 1970er Jahren handeln – im Kontext einer Neuordnung der Geschlechterverhältnisse, die durch die wachsende Autonomie von Frauen und die Erosion der geschichtlichen Trennung von (männlicher) Öffentlichkeit und (weiblicher) Privatheit gekennzeichnet ist. Abschließend wird in Kapitel 5 der Frage eines möglichen Degen-

---

2 Eine Sexualisierung des weiblichen Körpers für den männlichen Blick findet paradoxerweise auch dann statt, wenn sich die Fotos bzw. die Werbebotschaften an Frauen richten.

dering in der Visualisierung von Frauen- und Männerkörpern nachgegangen. Damit wird nochmals vom heterosexuellen Begehren die Rede sein sowie von der Macht des Blicks und den männlichen Herrschaftsverhältnissen in der gegenwärtigen Konsumgesellschaft.

2. DIE HISTORISCHE KONSTELLATION DES BLICKS

»Die Leute, die ich sehe, lasse ich zu Gegenständen erstarren, ich bin ihnen gegenüber wie Andere mir gegenüber; indem ich sie anblicke, ermesse ich meine Macht« (Sartre 1993: 479). Jean-Paul Sartre geht davon aus, dass das Subjekt im Blick des Anderen seine Souveränität verliert, zu einem Objekt wird, dass der oder die Erblickte einem Prozess der Verdinglichung und Unterwerfung ausgesetzt ist. Gefühle wie die Scham zeigen die »Anerkennung der Tatsache an, vom anderen seiner Autonomie erfolgreich beraubt worden zu sein« (Neckel 1993: 273f.), und sie verdeutlichen auf körperliche Weise, dass es sich beim Wahrgenommenwerden um eine Form der Bemächtigung handelt, etwa in Form der Beschämung, »die uns zu Boden blicken, den Blick des anderen vermeiden lässt«, wie Georg Simmel (1993: 281) schreibt.

Nun ist der Blick jedoch kein allgemeines und abstraktes Objektivierungsvermögen, kritisiert Pierre Bourdieu die phänomenologische Ontologie Sartres, sondern ein »symbolisches Vermögen, dessen Wirksamkeit abhängt von der relativen Position dessen, der wahrnimmt, und dessen, der wahrgenommen wird« (Bourdieu 2005: 115). Nicht alle Subjekte verfügen gleichermaßen über die Macht, andere durch ihren Blick zu unterwerfen; dieses Vermögen beruht vielmehr auf einer (von anderen) anerkannten sozialen Autorität, die jeweils nur bestimmte Personen oder auch Gruppen im Verlauf der Geschichte genießen. Dieses Machtverhältnis ist immer instabil, verändert sich fortwährend und muss laufend neu etabliert werden, worauf übereinstimmend die sonst so unterschiedlichen Theoretiker Simmel und Sartre hinweisen, wenn sie von einer Wechselbeziehung der Individuen bzw. von einem Prozess der wechselseitigen Verdinglichung ausgehen, welcher der Wahrnehmung eigen ist. »Man kann nicht durch das Auge nehmen, ohne zugleich zu geben«, schreibt beispielsweise Simmel (1993, 280): »Mit demselben Akt, in dem das Subjekt sein Objekt zu erkennen sucht, gibt es sich hier dem Objekt preis.«[3] Diese Wechselwirkungen zwischen

---

3 Sartre (1993, 464) verweist in diesem Zusammenhang auf die »permanente Möglichkeit für ein Subjekt, das mich sieht, sich an die Stelle des von mir gesehenen Objekts zu setzen.«

den Individuen implizieren auch Möglichkeiten des Widerstands gegen die Bemächtigung des Wahrgenommenwerdens und Formen der Selbstermächtigung durch die Kraft der Wahrnehmung, wie im Geschlechterverhältnis noch zu zeigen sein wird.

In unserem Fall und im Hinblick auf das heterosexuelle Begehren geht es um die Analyse der Machtverhältnisse zwischen den Geschlechtern, die sich in der bürgerlichen Gesellschaft des 19. Jahrhunderts herausbilden und die bis heute die Blickkultur – im alltäglichen Leben wie in den medialen Darstellungsweisen – strukturieren, d.h. sich in einer anhaltenden Verdinglichung der weiblichen Körperlichkeit und des weiblichen »Seins« manifestieren. Historisch geprägt sind die Geschlechterbeziehungen in der industrialisierten Welt durch eine komplementäre Aufgabenteilung und ein bürgerliches Familienideal, wonach Frauen für Heim und Kind zuständig sind, während sich Männer dem öffentlichen Leben (in Politik, Ökonomie und Kultur) widmen: einen Beruf erlernen, die materielle Versorgung der Familie sicherstellen, dem Staat dienen oder ihn auch lenken. Diese Trennung von Öffentlichkeit und Privatheit, zwischen Sphären der (männlichen) Produktion und (weiblichen) Reproduktion, führt nicht nur zu einer uneingeschränkten männlichen Dominanz sowohl im öffentlichen Raum wie in der Familie (mit dem Ehegatten als deren Oberhaupt), sondern prägt auch ganz entschieden die Vorstellungen von Männlichkeit und Weiblichkeit. Weibliche Haus- und Sorgearbeit und männliche Erwerbsarbeit konstituieren die Geschlechterverhältnisse – nicht zuletzt aufgrund einer ganzen Reihe von gesellschaftlichen Zuschreibungen, also sozialen, diskursiven Konstruktionen, die mit diesen Aufgaben assoziiert werden.

Anhand dichotomer Unterscheidungen, die auf die geschlechtliche Arbeitsteilung und ungleiche Machtverteilung verweisen, wie rational/emotional, aktiv/passiv, fordernd/ergeben, erfolgt die Konstruktion männlicher und weiblicher Geschlechteridentitäten; und die Herrschaftsverhältnisse prägen sich in den Körper ein, erzeugen den athletischen Männerkörper und die schlanke Linie von Frauen, die den Geschlechtern je eigene Art zu gehen und zu sitzen, zu sprechen oder Gefühle zu empfinden und zu zeigen. »Der Gegensatz zwischen dem Männlichen und dem Weiblichen realisiert sich darin, wie man *sich hält*, in der Körperhaltung, im Verhalten, und zwar in Gestalt des Gegensatzes zwischen […] Festigkeit, Geradheit, Freimut […] einerseits und Bescheidenheit, Zurückhaltung, Nachgiebigkeit andererseits«, resümiert beispielsweise Pierre Bourdieu (1993: 129). Das System der wichtigsten Adjektive, von denen ein guter Teil auch Positionen oder Dispositionen des Körpers bezeichnet, wie oben/unten, hart/weich, starr/biegsam, enthält unsere ganze Ethik bzw. *zwei unterschiedliche Wertsysteme*, heißt es bei Bourdieu (ebd.) weiter. In diesen geschlechtsspezifi-

schen Verhältnissen zum Körper sind zwei (wiewohl komplementäre) Verhältnisse zu den anderen und unterschiedliche Tugenden und Gemütsverfassungen
mitenthalten, etwa die weibliche Fürsorglichkeit auf der einen Seite und die
männliche Aggressivität auf der anderen Seite.

Zu den auffälligsten Aspekten der körperlichen Realisierung von Ge-
schlechterunterschieden gehört die Verbindung von Weiblichkeit mit Schönheit.
In der Positionierung als »schönes Geschlecht« (vis-à-vis dem »starken Geschlecht«) drückt sich die weitgehende Machtlosigkeit von Frauen in der Geschichte der bürgerlichen Gesellschaft aus, nämlich die Aufgabe der Ehefrau in
der Mittel- und Oberschicht, die soziale Stellung des berufstätigen Mannes zu
veranschaulichen. Die Schönheit von Frauen lässt sich als körperlich-feminines
Kapital begreifen,[4] mit dem (im Zuge der Etablierung der Ehe- als Liebesge-
meinschaft im 19. Jahrhundert) auf dem Heiratsmarkt Erfolge zu erzielen sind
oder, wie man so sagt, eine »gute Partie« zu machen ist. Körperliche Attribute
werden damit Teil der Ökonomie von Liebesbeziehungen, indem die finanzielle
Versorgung durch den Ehemann und sein sozialer Status gegen häusliche Tugenden, Mutterschaft und nicht zuletzt Schönheit eingetauscht werden. Die
(mehr oder weniger) attraktive Ehefrau, auf die sich die Blicke in der Öffentlichkeit richten, verkörpert buchstäblich die soziale Position der Familie, die sich
aus der beruflichen und ökonomischen Stellung des Ehemannes ergibt, und sie
trägt nicht zuletzt auf diese körperliche Art und Weise, durch ihre Haltung und
modische Aufmachung, zum öffentlichen Ansehen der Ehegemeinschaft bei.

»Die männliche Herrschaft konstituiert die Frauen als symbolische Objekte,
deren Sein ein Wahrgenommenwerden ist. Das hat zur Folge, dass die Frauen in
einen andauernden Zustand körperlicher Verunsicherung oder, besser, symbolischer Abhängigkeit versetzt werden: Sie existieren zuallererst für und durch die
Blicke der anderen, d.h. als liebenswürdige, attraktive, verfügbare *Objekte*. Man
erwartet von ihnen, dass sie ›weiblich‹, d.h. freundlich, sympathisch, aufmerksam, ergeben [...] sind« (Bourdieu 2005: 117). Ein wesentliches Moment dieser
Herrschaftsbeziehung bildet die Visualisierung der weiblichen Unterordnung,
die visuelle Unterwerfung der Frauen in den Bildmedien der jeweiligen Zeit –
die Verdinglichung des Frauenkörpers, in der die zeitgenössischen Vorstellungen von Weiblichkeit ihren Ausdruck finden und diese auf anschauliche Weise
vor- wie auch hergestellt werden. Nicht zuletzt tragen solche Darstellungsweisen
zur Konstituierung des sexuellen Begehrens bei, genauer: zur »heterosexuellen

---

4   Im Sinne von Kate Huppatz (2009: 50): »Feminine capital is the gender advantage
    that is derived [...] from simply being hailed as feminine (this occurs when one's
    body is recognized as feminine)«.

Fixierung des Begehrens« (Butler 1991: 38). Die institutionalisierte Heterosexualität, argumentiert Judith Butler (ebd.), »erfordert und instituiert die Produktion von diskreten, asymmetrischen Gegensätzen zwischen ›weiblich‹ und
›männlich‹, die als expressive Attribute des biologischen ›Männchen‹ (male)
und ›Weibchen‹ (female) verstanden werden.« Die Abbildungen nackter Weiblichkeit liefern scheinbar schlagende Beweise für die unterschiedliche »Natur«
der Geschlechter – wird doch nichts so sehr wie die Körperlichkeit als natürlicher Ausdruck der (weiblichen oder männlichen) Person verstanden –, und sie
prägen solcherart ein Blickregime, das von der heterosexuellen männlichen
Wahrnehmung dominiert wird.

Ohne die zentrale Position eines Dispositivs der Sexualität und der darin entstehenden Zweigeschlechtlichkeit lässt sich die geschlechtsspezifische Individualisierung und damit die Hervorbringung des weiblichen Geschlechts nicht
verstehen, argumentiert Isabell Lorey (2013). Die Machtverhältnisse, die in den
alltäglichen Praktiken der Verschönerung eingelagert sind und im vergegen-
ständlichten heterosexuellen männlichen Begehren ihren Ausdruck finden, »gehen in das Innere der Körper über«, wie es Michel Foucault (2003) formuliert,
sie materialisieren sich als Körper und bringen eine heterosexuelle weibliche
Körperlichkeit hervor. Weiblichkeit wird in Machtbeziehungen hergestellt, in
den Relationen zwischen Männern und Frauen, wobei nicht der einzelne Mann
die Macht *hat*, sondern die ganze Gesellschaft von den Machtverhältnissen
durchzogen ist. Die Familie in ihrer Verquickung von ökonomischen Interessen,
(geschlechtsspezifischer) Arbeit und (Hetero-)Sexualität bildet einen Kristalli-
sationspunkt dieser vergeschlechtlichten Machtverhältnisse und einen gesell-
schaftspolitischen Ort, der zur Verfestigung der männlichen Herrschaft, zu stabilen Unterdrückungsverhältnissen führt.

Im Rahmen der familiären Abhängigkeitsverhältnisse ist der Blick ein wirksames Mittel oder, besser, eine »*traditionelle, wirksame* Handlung«, eine Tech-
nik im Sinne von Marcel Mauss (1989: 205), die die Frauen zur Ästhetisierung
ihres Erscheinungsbildes fürs männliche Auge verpflichtet und damit auf symbolischer Ebene zur Stabilisierung der männlichen Macht und geschlechtsspezifischen Herrschaftsbeziehung beiträgt. Wenn, wie Michel Foucault (2005, 256)
schreibt, Machtausübung ein »auf Handeln gerichtetes Handeln« ist, dann stellt
der männliche Blick ein eindringliches Beispiel dafür dar, wie Weiblichkeit und
weibliche Individualisierung durch ein symbolisches männliches Vermögen, das
stillschweigend Anerkennung erfährt, erzeugt wird, wie männliche Sehgewohnheiten letztlich zur Normierung heterosexueller Weiblichkeit und zur Sexualisierung der weiblichen Körperlichkeit führen.

3. Visualisierungen der weiblichen Schönheit und Sexualität

3.1 Der Standspiegel als Medium der Macht in der Privatsphäre

Die Ausbreitung großflächiger Spiegel in den bürgerlichen Haushalten, von Spiegeln, welche die Betrachtung des ganzen Körpers gestatten, fällt genau in jene Zeit, in der die Nacktheit zur individuellen Angelegenheit wird, Toiletten und Badezimmer mit Riegeln versehen werden, und das eheliche Schlafzimmer für die Kinder zur verbotenen Zone wird. In der zweiten Hälfte des 19. Jahrhunderts entsteht eine neue Intimsphäre, aus der die anderen Familienmitglieder und Bediensteten zusehends verdrängt und durch den Standspiegel, ein visuelles Medium, ersetzt werden. Der große Spiegel, noch im 18. Jahrhundert wie die Grotte oder das Labyrinth Symbol höfischer Macht,[5] transportiert einen Hauch von aristokratischem Luxus in das bürgerliche Schlafgemach, so wie er aus seiner zweiten Heimat, dem Bordell der feinen Gesellschaft, sexuelle Komponenten in das familiäre Leben einbringt.[6] Spiegelschrank und Standspiegel ermöglichen die ungestörte Selbstinspektion des nackten Körpers, Frauen beginnen, sich ein (luxuriös umrahmtes) Bild von sich selbst zu machen, und sein Gebrauch bewirkt eine Verlagerung der Schönheitskonkurrenz in das Individuum. Erste Instanz bei der Beurteilung der Erscheinung ist nicht mehr der Ehepartner oder die Kammerzofe, sondern das sich spiegelnde Individuum. Aber anders als man glaubt, »ist der Spiegel nicht dazu da, sich zu sehen, vielmehr versucht man im Spiegel zu sehen, wie man gesehen wird« (Bourdieu 1997: 229). Mithilfe des neuen Mediums erhöht sich die Selbstkontrolle der Frauen, eine innere Instanz für öffentliche Auftritte und ein attraktives Erscheinungsbild prägt sich aus. Der Spiegel trägt zur Ausdifferenzierung des »inneren« Gefühls[7] bei und stärkt dabei das Bewusstsein von der geschlechtsspezifischen körperlichen Identität. Die Ausbreitung des Mediums bewirkt also eine Demokratisierung der Selbstbeobachtung, eine Normalisierung des prüfenden Blicks und zugleich eine Individualisierung und Normierung des weiblichen Geschlechts (im Bürgertum).

Bemerkenswert in der zweiten Hälfte des 19. Jahrhunderts ist zudem die enorme Zunahme an Abbildungen für das männliche Auge durch die Ausbrei-

---

5   Vgl. die ausführliche kulturgeschichtliche Arbeit von Rolf Haubl (1991: 653ff.).

6   Den »heiklen« Charakter des Möbelstückes belegen auch die zahlreichen erotischen Abbildungen, insb. Fotografien, mit Spiegelthemen; vgl. etwa die Abbildungen in Curt Moreck (1928).

7   Vgl. zu dieser Argumentation Richard Sennett (1993).

tung der Fotografie. Mit der Erfindung der »Kalotypie« durch Fox Talbot und ähnlichen technologischen Innovationen wird die Herstellung von Fotoabzügen möglich. Diese Herstellungsverfahren sind rasch ausgereift und billig, zusehends auch für den Amateur leicht zugänglich und führen damit zu einem raschen Ausstoß an Bildern. Unter diesen Voraussetzungen kommt es zu einer ungeheuren Vervielfältigung des männlichen Anblicks entblößter Weiblichkeit. Durch die billige Massenware Fotografie findet eine Art »Industrialisierung des erotischen Blicks« im 19. Jahrhundert statt (Koetzle 1994: 24),[8] wobei das Geschäft mit »pikanten« Bildern, die großteils auch im juristischen Sinn als sittenwidrig gelten, vor allem im Verborgenen blüht.[9] In diesen Aktfotografien findet zudem jene Tradition eine Fortsetzung, die für die Geschichte der bildenden Kunst über Jahrhunderte hinweg bezeichnend ist. In ihnen drückt sich der herrschaftliche Blick des männlichen Subjekts/Künstlers auf weibliche Nacktheit als Objekt der Betrachtung und des Begehrens aus. Es setzt sich in der Fotografie mit anderen technischen Mitteln jene künstlerische Tradition fort, die den nackten Frauenkörper zum Ausstellungsstück eines männlichen Voyeurismus macht, den es umgekehrt so nicht gibt.[10]

---

8 Michael Koetzle (1994: 26) illustriert die Entwicklung folgendermaßen: »Gerade 60 beschlagnahmte Bilder meldete ein Polizeibericht aus den fünfziger Jahren des 19. Jahrhunderts. Zehn Jahre später wurden bereits Tausende von Stereokarten konfisziert. Und 1875 sollen der Londoner Polizei mehr als 130.000 Aufnahmen mit ›unzüchtigen‹ Motiven sowie 5.000 Negative in die Hände gefallen sein«.

9 »Ganze Industrien, die heute durch die Vernatürlichung der Sitten längst zugrunde gegangen sind, standen in heimlicher Blüte«, berichtet Stefan Zweig (1999: 96) über die Zeit der Jahrhundertwende in Wien, »vor allem die jener Akt- und Nacktphotographien, die in jedem Wirtshaus Hausierer unter dem Tisch den halbwüchsigen Burschen anboten«.

10 Ein kurzer Überblick über die kunstgeschichtliche Debatte dieses Voyeurismus anhand der Unterscheidung zwischen »Nude« und »Naked« (Akt vs. Nackt) findet sich in Nead (1992: 12ff.). Eine gute Übersicht über die Darstellungen von Frauen in der bildenden Kunst vom Altertum bis in das 20. Jahrhundert bieten Duby/Perrot (1995). Noch heute dominiert der männliche Blick, der auf die Frau fällt, in den visuellen Medien, schreibt Georges Duby, und »bei den bildlichen Darstellungen, die es ermöglichen, die Geschichte der Frauen zu vertiefen, handelt es sich in Wirklichkeit fast ausschließlich um Bilder, die Männer sich von der Weiblichkeit gemacht haben« (ebd.: 17).

Abb. 1: Weiblicher Sex-Appeal (c. 1910)

Die Fotografien sind Teil einer diskursiven Formation und Praxis, die nicht bloß die vorherrschende Ästhetik und damit das Schönheitshandeln der Frauen formt, sondern auch Körperhaltungen prägt, die Weiblichkeit und weibliche Erotik für den männlichen Betrachter zum Ausdruck bringen (siehe *Abb. 1*). Die Fotos vermitteln zudem, wie schon angesprochen, den Eindruck, dass die weiblichen Haltungen und Attribute dem biologischen Körper innewohnen und somit Teil des »Wesens« von Frauen seien. So lässt sich nicht nur an der Nacktheit, sondern auch an der Passivität von Nacktmodellen, an der Art, wie der Körper dargeboten wird, an ihrer ergebenen Haltung oder auch am verführerischen Gesichtsausdruck die soziale Unterwerfung der Frauen ablesen, zu deren Legitimation die visuellen Kodes beitragen, veranschaulichen sie doch scheinbar wesenhafte Züge des weiblichen Geschlechts. »Photographic ›literacy‹ is learned. And yet, in the real world, the image itself appears ›natural‹ and appropriate«, macht Allan Sekula (1988: 454) aufmerksam. Weiblichkeit zeigt sich mithin in einer umfassenden körperlichen Akrobatik, die so erlernt sein will, dass sie unbewusst oder vorreflexiv in Szene gesetzt werden kann und der weiblichen »Natur« zu entspringen scheint, wozu die Bilder Anschauungsmaterial liefern, das zur Nachahmung animiert.

Mit der Geburt der Konsumgesellschaft werden Frauen zusehends auch im öffentlichen Raum mit den männlichen Schönheitsprojektionen und der Sexualisierung weiblicher Körperlichkeit konfrontiert, insbesondere in Form von Werbeannoncen und -plakaten, die direkt die Frauen in ihrer Verantwortung fürs familiäre Leben und den Reproduktionsbereich ansprechen.

3.2 Die Popularisierung sexueller Weiblichkeit im öffentlichen Leben

Frauen der Ober- und Mittelklasse werden in der zweiten Hälfte des 19. Jahrhunderts über den Konsum in die ökonomische Welt integriert, indem die großen Warenhäuser und die moderne Werbung die Kommerzialisierung der Haushaltsführung und der familiären Aufgaben vorantreiben. Zugleich eröffnen sich aus dieser Logik neue öffentliche Räume für Frauen. Die Einkaufspaläste stellen Orte dar, an denen Frauen legitimerweise, nämlich aufgrund der familiären Arbeitsteilung, ohne männliche Begleitung verweilen können. Das spektakuläre Warenangebot, dessen Sichtung Zeit benötigt, *window shopping* oder Attraktionen wie Modeschauen laden zu längeren Aufenthalten ein und tragen dazu bei, die alte Ordnung außer Kraft zu setzen, in der die wohlgesittete Frau einzig an der Seite des Ehegatten am öffentlichen Leben teilhat. Das große Warenhaus »provided a spectacular environment in which to stroll aimlessly, to be a *flâneuse*, to observe people, to admire and parade new fashions. This was a context which legitimized the desire of women to look as well as to be looked at«, schreibt die Kulturwissenschaftlerin Mica Nava (1997: 72).[11] Diese Beobachtung verweist darauf, dass der Schönheitsdiskurs durch die Warenhäuser belebt wird und die Sensibilität der Frauen für den richtigen Geschmack und die modische Inszenierung zunimmt. Diese Reflexivität und die daraus resultierende Praxis stehen im doppelten Sinn im Zeichen der männlichen Macht: des Sich-schön-Machens für den männlichen Blick und der Symbolisierung des männlich codierten sozialen Ranges. Die Einkaufsparadiese wirken solcherart mit an einer Verdichtung der patriarchalischen Blickkultur, die durch die Werbung direkt forciert wird und sich darin äußert, dass sich Frauen selbst beobachten, und zwar durch die Augen des Mannes. Diese Selbstbeobachtung liegt wiederum dem prü-

---

11 Neben den Einkaufspalästen nennt Nava (1997: 61) »great exhibitions, galleries, libraries, restaurants, tearooms and hotels« als angemessene Plätze für Frauen ohne Begleitung im ausklingenden 19. Jahrhundert.

fenden Blick zugrunde, den die Frauen des Bürgertums vor dem Standspiegel im eigenen Haushalt an sich anlegen. »Die Konsumkultur machte das Begehren zum Zentrum der Subjektivität, während sich die Sexualität in eine Art allgemeine Metapher des Begehrens verwandelte«, schreibt Eva Illouz (2011: 84) über das beginnende 20. Jahrhundert, um über die Verbreitung von weiblichem Sex-Appeal hinzuzufügen: »Filmstudios, Frauenzeitschriften, Werbefachleute und Plakatwerbung machten die neuen Möglichkeiten, den Körper zu propagieren und zu erotisieren sowie das Gesicht zu betonen, populär […] Frauen wurden durch das Ideal der sexualisierten Schönheit als triebhafte und sexuelle Akteurinnen in die Konsumkultur integriert, ein Ideal, das verschiedene Branchen gemeinsam aggressiv bewarben: Mode, Film, Werbung, Musik und Kosmetik« (ebd.: 85f.). Frauen beginnen im Alltag, Make-up und Lippenstift zu verwenden, erstmals Diät um der Schönheit willen zu halten, die Bekleidung wird zudem schlichter, die Röcke kürzer, und das Korsett kommt aus der Mode, sodass der tatsächlichen Figur der Frauen eine größere Bedeutung zukommt. Entscheidend in diesem Zusammenhang erscheint die Aufladung der Warenwelt mit symbolischen Werten, sowohl durch die ästhetische Zurschaustellung der Konsumgüter im Kaufhaus als auch durch die Werbung – durch die Techniken der Verführung und Werbeversprechen, die das weibliche Begehren stimulieren. Die Sexualisierung des Frauenkörpers – das Versprechen, durch den Konsum von Waren begehrenswerter fürs andere Geschlecht zu werden – spielt dabei von Beginn an eine zentrale Rolle.

Die Bedeutung der Frau als Konsumentin wird daraus ersichtlich, dass sich die anfängliche Werbung in erster Linie an sie wendet. Im Geburtsland des modernen Produktmarketings, den Vereinigten Staaten, sind es vor allem drei Warenbereiche, deren Ausdifferenzierung in der zweiten Hälfte des 19. Jahrhunderts Hand in Hand mit der Entwicklung moderner Werbetechniken erfolgt: *Patent Medicine*, darunter sind Elixiere zur Steigerung des körperlichen Wohlbefindens zu verstehen,[12] *Cereals* und Seifen (Goodrum/Dalrymple 1990: 24ff., 49ff.). Es handelt sich also um Konsumgüter, welche die Frau in ihrer Funktion als Verwalterin des Haushalts ansprechen und die zugleich allesamt dem Körper zugute kommen. Die Propagierung und steigende Nachfrage nach *Quaker Oatmeal*, *Kellogg's Cornflakes* oder *Ivory*-Seife lässt ein neuartiges Gesundheits-, Ernährungs- und Hygienebewusstsein entstehen, das auch die Schönheitsvorstellungen beeinflusst.

---

12 Coca-Cola z.B. beginnt seinen kommerziellen Siegeszug als Patent Medicine gegen Erschöpfungszustände.

Bedeutsamer für unsere Analyse ist, dass die Werbung gegen Ende des 19. Jahrhunderts im wachsenden Ausmaß mithilfe weiblicher Reize zu verführen trachtet, etwa in Form koketter Modellkonsumentinnen wie die (für den Werbestil in Europa und Nordamerika maßgebliche) *Cherette*,[13] die zur Nachahmung im Konsumverhalten einladen und das Schönheitshandeln beflügeln.»In the late 1860s patent medicine ads expanded from women's heads into full torsos and bodies, and [...] emphasized exposed bosoms and deep cleavage« (Goodrum/ Dalrymple 1990: 71).[14] Die US-amerikanische Werbung stellt für eine kurze zeitliche Periode weibliche Schönheitsikonen relativ unverhüllt zur Schau, danach fallen in den Vereinigten Staaten die Rocksäume in der Werbung und große Brustausschnitte verschwinden von der Bildfläche, während in Europa um die Jahrhundertwende allemal allegorische Darstellungen halbnackter Frauengestalten zu bewundern sind, die es der Frau des Bürgertums ermöglichen, Schönheitsvergleiche auch von entblößten Details anzustellen.[15] Maxfield Perrisch und Coles Phillips importieren diese gezeichneten Frauengestalten in die US-Werbung der 1920er Jahre, wobei alle mehr oder weniger nackten Werbe-Schönheiten und *Girl*-Typen eine modisch-schlanke, sportliche und sexy Figur à la Phillips haben (ebd.: 157ff.). Mit der wachsenden Verwendung von Fotos in Anzeigen tauchen in den 1930er Jahren auch erstmals fotografierte nackte Frauenkörper für Werbezwecke auf, etwa für Anton von Waldheims *Diätetischen Entfettungs-Tee* (1932) in Europa oder für *Woodbury's Facial Soap* (1936) in Nordamerika.

Die von Männern entworfenen Vorbilder sexualisierter Weiblichkeit im öffentlichen Raum – in den Schaufenstern der großen Kaufhäuser, auf Plakatflächen und Litfaßsäulen, aber auch in Mode- und Gesellschaftsmagazinen –, die zur Nachahmung im Schönheitshandeln auffordern, finden in den städtischen Ballungsräumen zunehmend Verbreitung. Vorbildliche weibliche Schönheit für die Konsumentin der Ober- und Mittelschicht wird damit erstmals in der Geschichte westlicher Gesellschaften vorwiegend in medialisierter Form erzeugt und popularisiert, und dies führt zur Ausbreitung einer Blickkultur, die John

---

13 Dieser Frauentypus des 19. Jahrhunderts ist nach ihrem französischen Erfinder, Jules Cheret, einem innovativen Gestalter von Wirtschaftsplakaten, benannt.

14 Die Werbung bewegt sich damit – damals wie heute – an der Grenze des guten Geschmacks. Die Sujets sind teils anrüchig. Eine ähnlich zweifelhafte Note haftet um die Jahrhundertwende dem sich mit der sexualisierenden Werbung entwickelnden Model-Beruf an.

15 Zur Geschichte der Werbung in Deutschland vgl. Kriegeskorte (1995), zur Entwicklung in Österreich vgl. Denscher (1985).

Berger (1972: 47) in einer oft zitierten Redewendung so auf den Punkt bringt: »Men act and women appear. Men look at women. Women watch themselves being looked at [...] The surveyor of woman in herself is male: the surveyed female. Thus she turns herself into an object – and most particularly an object of vision: a sight.«

Die Sehenswürdigkeiten, welche die erotischen Fotografien und die Werbung ausstellen, verfügen nicht nur über die richtige Figur, sondern auch über eine angemessene körperliche Haltung, wie Bergers Begriff *appear* andeutet, sie verkörpern ein *management of appearance* (Miller/Penz 1991: 150), das sie als weiblich, verführerisch und sexy und damit dem herrschaftlichen Blick der Männer Unterworfene kennzeichnet. Nicht zuletzt am Blick der Abgebildeten selbst lässt sich deren soziale Stellung ablesen. So symbolisiert beispielsweise der vom Betrachter abgewandte, zu Boden gesenkte Blick weiblicher Models oder deren Blick von unten herauf, die beide zum gängigen Zeichenrepertoire der zeitgenössischen Lifestyle-Werbung gehören, die soziale Unterordnung der Frau, während sich am Blick männlicher Ikonen von oben herab oder in deren starrem Blick (direkt und offen ins Auge des Betrachters und der Betrachterin) die soziale Macht der Männer ablesen lässt (siehe *Abb. 2*). Als Zeichen der Unterwerfung (oder Scham) werden die Augen niedergeschlagen, oder aber man trägt den Kopf hoch, sieht den Dingen ins Gesicht und bietet den Ereignissen die Stirn (Bourdieu 1993: 133).

»Der Blick ist [...] eine gesellschaftliche Machtinstanz, deren Wirksamkeit zum Teil daher rührt, dass für denjenigen, der ihrem Einfluss unterliegt, genau die Wahrnehmungs- und Wertungskategorien verbindlich sind, die sie selbst ihm gegenüber anlegt«, schreibt Bourdieu (1984: 330) und benennt damit den zentralen Mechanismus, der den Machtverhältnissen zwischen den Geschlechtern Stabilität und Legitimation verleiht. Die Beherrschten übernehmen und verinnerlichen die Wahrnehmungs- und Beurteilungsweisen der Herrschenden, jene Denk- und Handlungsmuster also, in denen sie gefangen sind und die der Herrschaft bzw. ihrer Unterwerfung zugrunde liegen. Bourdieu nennt diese Herrschaftsform »symbolische Gewalt«, die nicht auf physischem Zwang basiert, sondern aus der symbolischen Ordnung, aus der praktischen Anerkennung der männlichen Dominanz resultiert. »Symbolische Gewalt ist jene sanfte, für ihre Opfer unmerkliche Gewalt, die im wesentlichen über die rein symbolischen Wege der Kommunikation [...] ausgeübt wird« (Bourdieu 2005: 8). Die Visualisierungen von Weiblichkeit und weiblicher Schönheit tragen dazu bei, diese symbolischen Machtverhältnisse unablässig zu reproduzieren, indem sie eine weibliche Körperlichkeit in Szene setzen, die durch den männlichen Blick und das männliche heterosexuelle Begehren geprägt ist. »Die symbolische Gewalt richtet sich mit-

tels der Zustimmung ein, die dem Herrschenden (folglich der Herrschaft) zu geben der Beherrschte gar nicht umhinkann, da er, um ihn und sich selbst, oder
besser, seine Beziehung zu ihm zu erfassen, nur über Erkenntnismittel verfügt,
die er mit ihm gemein hat, und die, da sie nur die verkörperte Form des Herr-
schaftsverhältnisses sind, dieses Verhältnis als natürlich erscheinen lassen«
(ebd.: 66).

Abb. 2: Männliche Stärke (c. 1910)

Fotografien erweisen sich in diesem Zusammenhang als besonders wirksam, insofern ihre Wirklichkeitsnähe den Anschein von »Natürlichkeit« – das Gefühl,
einer getreuen Wiedergabe des Lebens beizuwohnen[16] – verstärkt, d.h. die Inszenierung von Weiblichkeit den Anschein natürlichen Verhaltens erweckt.

---

16 »Indem sie der Photographie Realismus bescheinigt, bestärkt die Gesellschaft sich
selbst in der tautologischen Gewissheit, dass ein Bild der Wirklichkeit, das der
Vorstellung entspricht, die man sich von der Objektivität macht, tatsächlich objektiv
ist«, analysiert Bourdieu (1983: 89) dieses Wahrnehmungsmuster.

»The claim for the intrinsic significance of the photograph […] lies at the center of the established myth of photographic truth«, argumentiert Allen Sekula (1988: 454):»Put simply, the photograph is seen as a re-presentation of nature itself, as an unmediated copy of the real world.«[17] Vordergründig nichts anderes als die Darstellung schöner Frauen mit Sex-Appeal, naturalisieren die »realistischen« Schönheitsbilder von einst und jetzt die sozialen Beziehungen zwischen den Geschlechtern und steuern solcherart zu einer Mythologisierung von Weiblichkeit und der Frauenrolle als »schönes Geschlecht«, mithin zur Mythologisierung der männlichen Herrschaft bei.

Während die popularkulturelle und kommerzielle Sexualisierung des Frauenkörpers bis weit ins 19. Jahrhundert zurückreicht, dauert es bis in die sechziger Jahre des 20. Jahrhunderts bis die Werbung den Männerkörper als Quelle des Begehrens entdeckt und seine sexuelle Attraktivität zur Disposition steht (wiewohl Vorformen sexualisierter Männlichkeit selbstverständlich bereits in den 1920er und 1930er Jahren existieren, beispielsweise in der amerikanischen Filmindustrie mit Sexikonen wie Rudolph Valentino oder Errol Flynn). Diese bis in die Gegenwart reichende sexuelle Inszenierung des männlichen Körpers wird im folgenden Abschnitt beleuchtet.

4. VERSCHIEBUNGEN DER BLICKKULTUR

Dem Wandel der gesellschaftlichen Sehgewohnheiten und der Sexualisierung des Männerkörpers liegen Veränderungen der geschlechtlichen Arbeitsteilung und neue Modelle der partnerschaftlichen Beziehung zugrunde. Frauen beginnen in der wirtschaftlichen Hochkonjunktur der 1960er Jahre vermehrt ihr eigenes Geld zu verdienen, und zwar vor allem im stark expandierenden Dienstleistungsbereich. Mit der Erwerbstätigkeit leitet sich der soziale Status von Frauen weniger vom Ehepartner her, sondern die eigene berufliche Position wird ausschlaggebend. Die Ausbildungssituation von Frauen verbessert sich markant, sodass sie in den 1990er Jahren die Männer im oberen Bildungssegment einholen, und damit erhöhen sich auch die beruflichen Möglichkeiten und Karrierechancen (wenngleich sich die deutliche horizontale Segregation der Bildungsabschlüsse fortsetzt, Frauen also beispielsweise weiterhin die als weiblich geltenden Studiengänge bevorzugen und umgekehrt Männer die männlichen). Die Ein-

---

17 »But if we accept the fundamental premise that information is the outcome of a culturally determined relationship, then we can no longer ascribe an intrinsic or universal meaning to the photographic image«, heißt es bei Sekula (1988: 454) weiter.

führung der Pille Anfang der 1960er Jahre befreit die Frauen zudem von der Angst vor ungewollter Schwangerschaft – mit dem Effekt, dass voreheliche Sexualkontakte zur Norm werden (Eder 2009: 234). Insgesamt wächst also die (ökonomische, soziale und sexuelle) Autonomie der Frauen, wobei dieser Zugewinn an Freiheit in der Regel mit einer steigenden Arbeitsbelastung verbunden ist: Zu den traditionellen Pflichten der Haus- und Fürsorgearbeit tritt die Erwerbsarbeit noch hinzu.

Die Machtbeziehungen in Ehe und Familie verändern sich in diesem Prozess deutlich, die Frauen lösen sich aus den quasi-feudalen Abhängigkeitsverhältnissen der Versorgungsehe (Beck 1986: 126), und damit weicht auch das herkömmliche Modell der ehelichen Lebensgemeinschaft flexibleren, seriellen Partnerschaften, die wohl wie die Ehegemeinschaften der 1950er Jahre auf Liebe basieren, deren Ausgestaltung aber zwischen den beiden »autonomen Ichs« jeweils zu verhandeln ist und in denen die Sexualität eine ganz wesentliche Rolle zu spielen beginnt (Illouz 2011: 82ff.). Mit dem Ideal der Partnerschaftlichkeit und auf der Grundlage eines beiderseitigen sexuellen Begehrens vollzieht sich eine Abkehr von den einseitigen Machtverhältnissen und der komplementären Aufgabenverteilung des bürgerlichen Familienmodells (die nicht zuletzt im Austausch von Familieneinkommen gegen eheliche Sexualität zum Ausdruck kamen). Zumindest der Idee nach basieren die partnerschaftlichen Verhältnisse nunmehr auf kontraktuellen Vereinbarungen selbständiger Individuen,[18] die dem freien Willen der Vertragsparteien unterliegen und somit auch jederzeit aufkündbar sind.

Freilich ändert dies wenig an der sozialen Tatsache, dass die Liebenden in der Regel weiterhin aus ein- und demselben Milieu stammen, sie normalerweise über ähnliches kulturelles Kapital verfügen und sich durch ähnliche Interessen auszeichnen, mit anderen Worten, dass die Bildungshomogamie unter Ehepartnern fortwährend hoch bleibt und sich bis heute eher die Frauen bei der Auswahl des Partners nach oben orientieren (Appelt/Reiterer 2009). Sehr wohl aber setzt dieser Prozess neuartige Körpertechniken der Männer in Gang, etwa intensive Investitionen in die Fitness, um die sexuelle Attraktivität zu steigern, nachdem die ehemals zentralen männlichen Qualifikationsmerkmale für Partnerschaften, insbesondere der berufliche Status und die ökonomischen Ressourcen, bei deutlich egalitäreren Ausgangsbedingungen einen guten Teil ihrer Anziehungskraft verloren haben.

Neue Anforderungen des Berufslebens bewirken ebenfalls eine wachsende Bedeutung der körperlichen Attraktivität und verstärken den Aufschwung der männlichen Schönheitspflege. Der Wandel von Industriegesellschaften zu Wis-

---

18 Im Sinne von Anthony Giddens' (1993: 69) »reiner Beziehung«.

sens- und Dienstleistungsgesellschaften und damit die Verschiebungen von industrieller zu immaterieller und affektiver Arbeit (Hardt/Negri 2003: 300ff.) bringen neue ästhetische Normierungen mit sich. Während bei der (männlich kodierten) Fabrikarbeit die körperliche Attraktivität kaum eine Rolle spielt, hängt der Erfolg von interaktiven, personen- und konsumbezogenen Dienstleistungen zu einem guten Teil von einem einnehmenden Äußeren ab, das Kompetenz und Vertrauenswürdigkeit signalisiert. Veränderungen der Arbeitsorganisation hin zu Team- und Projektarbeit verstärken diese Tendenz noch, spielt doch in der direkten beruflichen Interaktion die Körperlichkeit, etwa in der Frage, ob »man sich riechen kann«, also Sympathie füreinander empfindet, eine wesentliche Rolle. Die Inszenierung von Geschäftstüchtigkeit und Seriosität, durch die sich Führungskräfte bis heute besonders auszeichnen (Penz 2010: 103ff.), hat breite Schichten der männlichen Erwerbsbevölkerung erfasst, wenn auch der Anzug weitgehend aus dem Berufsleben verschwunden ist und die Aufmerksamkeit der Männer mehr den Markennamen der informellen Bekleidung und der Ästhetisierung des Körpers gilt.

Im Kontext dieser Dienstleistungskultur bekommen die körperliche Attraktivität und der Sex-Appeal von Frauen und Männern, die körperliche Zuneigung der Individuen und der Gewinn, der aus dem physischen Kapital gezogen werden kann, zusätzliches Gewicht. Bei personenbezogenen Dienstleistungen, von der Sexarbeit bis zur Maklertätigkeit, stellt von jeher das attraktive Erscheinungsbild einen maßgeblichen Wettbewerbsvorteil dar.[19] Neuartig im postindustriellen Transformationsprozess ist hingegen, dass die körperliche Ausstrahlung und die Affekte, d.h. Sympathie und Antipathie, persönliche Wertschätzung, ob man jemandem vertrauen und mit jemandem kooperieren kann, zu zentralen Kriterien der ökonomischen Wertschöpfung sowie des beruflichen Erfolgs in netzwerkartig strukturierten Arbeitszusammenhängen werden.

Sowohl bei affektiver Arbeit als auch bei Körperarbeit im Sinne von *management of appearance* handelt es sich um traditionell weibliche Kompetenzen, die die längste Zeit vor allem für den Reproduktionsbereich als wichtig erachtet werden und die erst mit dem erwähnten Aufschwung von Dienstleistungsberufen in den 1960er Jahre die Erwerbschancen von Frauen verbessern. Bei Büroberufen, im Verkauf oder in der Gastronomie findet beispielsweise frühzeitig eine Feminisierung der Erwerbsarbeit im Zeichen der sexuellen Attraktivität statt. Die weiblich konnotierten Fähigkeiten dieser Tätigkeitsbereiche, also soziale und kommunikative Kompetenzen wie Einfühlungsvermögen, Geduld und Kon-

---

19 Vgl. die bahnbrechende Studie über Emotionsarbeit von Flugbegleiterinnen durch Arlie Hochschild (1983).

taktfreudigkeit sowie die Ästhetisierung des eigenen Erscheinungsbildes, gehören nunmehr als wesentlicher Teil der immateriellen Arbeit auch zum Anforderungsprofil der männlichen Professionen und bewirken auf diese Art Verschiebungen in den Geschlechterverhältnissen.

Für Cristina Morini zeigt sich in der postindustriellen Neuformierung von produktiver und reproduktiver Arbeit u.a. eine Tendenz der Feminisierung herkömmlicher männlicher Erwerbsarbeit, insofern diese den raum-zeitlichen Erfahrungen von Frauen verwandt erscheint. »Work can claim to be a living body that constantly needs care, word and action«, lautet eine ihrer Schlussfolgerungen (Morini 2007: 47). Das Zitat weist darauf hin, dass die traditionelle Trennung von (männlicher) Öffentlichkeit und (weiblicher) Privatheit im Zeitalter der immateriellen Produktion nicht mehr aufrecht zu erhalten ist. Durch die räumliche Entgrenzung von Arbeit können beispielsweise Arbeitsplatz und Wohnort in eins fallen, Internet und Mobiltelefone ermöglichen eine zeitliche Entgrenzung der Arbeit, und durch deren Subjektivierung (Penz/Sauer 2012: 121ff.) werden die erwähnten weiblichen Kompetenzen des Reproduktionsbereichs zu allgemeinen Schlüsselkompetenzen, *soft skills*, in der vormals männlich kodierten ökonomischen Sphäre.

Pierre Bourdieus Studien legen nahe, dass der zu erwartende ökonomische und symbolische Profit eine wichtige Rolle für die Schönheitspraxis und die Verkörperung von Sex-Appeal spielt. »Welchen Stellenwert und welche Interessen die Angehörigen der verschiedenen Klassen der Selbstdarstellung einräumen […] richtet sich nach den Chancen der davon vernünftigerweise zu erwartenden materiellen und symbolischen Vorteile, hängt genauer also ab vom Bestand eines Arbeitsmarktes, auf dem entsprechende kosmetische Merkmale im Rahmen der Berufstätigkeit […] Wert erhalten« (Bourdieu 1984: 328). Die Entfaltung der Dienstleistungskultur begünstigt über Klassen- und Geschlechtergrenzen hinweg »kosmetische Merkmale« und ein attraktives Aussehen und leitet damit zu einer umfassenden Ästhetisierung der Körperlichkeit und einer Art Selbstökonomisierung der sexuellen Attraktivität an, die nunmehr auch das männliche Geschlecht umfasst.

Anregungen dazu sind der Konsumkultur, insbesondere der Werbung zu entnehmen, wo die Sexualisierung des männlichen Körpers spätestens in den 1980er Jahre unübersehbar wird – wo also in der Werbung eine Rekonfiguration der männlichen Geschlechteridentität einsetzt –, nachdem multinationale Unternehmen wie Calvin Klein (oder auch Palmers im deutschsprachigen Raum) höchst erfolgreich mit nackter Männlichkeit für Unterwäsche oder Parfums zu werben beginnen. Über die Entwicklung seither resümiert der Journalist Guy Trebay in der *New York Times* (vom 1. August 2004): »What began modestly enough in the early 80's, when Calvin Klein first photographed men in ways that made it acceptable to use sex to sell Y-fronts [...] has expanded to an almost comically lurid degree[...] It is no exaggeration to say that there are underwear boxes out there that make a man's crotch look as monumental as an Ansel Adams picture of El Capitan.«[20] Der *New York Times*-Artikel kommt zum Schluss, dass sich die jugendlichen Männer seit den 1980er Jahren in »objects of an erotic gaze« verwandelt hätten, die Blickkultur also weniger einseitig strukturiert ist als in den Jahrzehnten davor.

Verstärkt wird die Tendenz zur männlichen Schönheitspflege und zur Sexualisierung des männlichen Körpers in den 1990er Jahren durch die Diskurse über Metrosexualität, die einen konsumorientierten Lebensstil für heterosexuelle Männer propagieren, der um Markenprodukte und die Ästhetisierung der eigenen Person kreist. »Metrosexuals are the creation of capitalism's voracious appetite for new markets«, schreibt Mark Simpson (2013), der Erfinder des Begriffs Metrosexualität,[21] um darauf hinzuweisen, dass in den mode- und stilverliebten 1980er Jahren der »gay lifestyle« – »the single man living in the metropolis and taking himself as his own love-object« – zunehmend auch von Heterosexuellen praktiziert wird (ebd.). Zur überragenden Ikone dieses Lebensstils entwickelt sich der englische Fußballstar David Beckham, der sowohl ein ausgeprägtes Mode- und Schönheitsbewusstsein als auch eine neue, liebevolle Väterlichkeit zur Schau stellt und damit ein Männerbild propagiert, das äußerst widersprüchliche Komponenten, nämlich vorgeblich weibliche Eigenschaften und Interessen sowie Männlichkeitsvorstellungen der unteren Klassen, miteinander verbindet. Werbebilder mit David Beckham in Unterhosen[22] bestätigen die Beobachtungen der *New York Times*, die auch Mark Simpson zum Schluss kommen lassen: »The metrosexual man contradicts the basic premise of traditional heterosexuality – that only women are looked at and only men do the looking« (ebd.).[23]

---

20 Der Vergleich bezieht sich auf die berühmten Fotografien eines Felsmassivs im Yosemite National Park (Kalifornien) von Ansel E. Adams.

21 In einem Artikel Mark Simpsons in The Independent vom 15. November 1994 taucht die Bezeichnung zum ersten Mal auf.

22 Zum Beispiel für Boxershorts von H&M oder Briefs von Emporio Armani.

23 Im Jahr 2012 wird der nackte Mann schließlich zum Ausstellungsstück von Sonderschauen in Museen, etwa in Wien (Leopold Museum: nackte männer. von 1800 bis heute) und Linz (Lentos Kunstmuseum: Der nackte Mann), und die Männer beginnen damit jenen Platz zu erobern, von dem sich die Frauen im 21. Jahrhundert ein Stück weit emanzipiert haben.

Dennoch bleiben bis heute wesentliche Unterschiede in den Darstellungen der Geschlechter bestehen.[24] »In a society which has defined masculinity as strong, active, in possession of the gaze, and femininity as weak, passive and to be looked at, it is of course utterly problematic […] for the male body to submit itself to the control of the gaze« (van Zoonen 1994: 98). Noch am wenigsten problematisch erscheint die Zurschaustellung und Entblößung des männlichen Körpers in der Sportfotografie, bildet der Sport doch von jeher einen männlichen und heterosexuell kodierten Kontext, in dem die physische Präsenz eine zentrale Rolle spielt und ein expressives körperliches Verhalten – man denke an die Jubelszenen nach einem Torerfolg im Fußball – den allgemeinen Erwartungen entspricht und legitim ist. Die Präsentation des (weitgehend entkleideten) männlichen Körpers in der sportlichen Bewegung stellt darüber hinaus einen Kompromiss dar zwischen der Objektivierung des Körpers für den weiblichen Blick und männlich konnotierter Aktivität oder, besser, der Konzeption von Männlichkeit als aktives Geschlecht. »The male body tolerates the transformation into an object of visual desire only when it is in motion«, konstatiert beispielsweise Ien Ang (zit.n. van Zoonen 1994: 99) und verweist dabei in der Hauptsache auf Sportbilder.

Bis in die Gegenwart erweisen sich Richard Dyers Kategorien, die er in den frühen 1980er Jahren am Beginn der starken kommerziellen Sexualisierung des Männerkörpers entwickelt hat (Dyer 1982), als aufschlussreich und beredt, um die unterschiedliche Bildgestaltung von weiblicher und männlicher Nacktheit zu analysieren und im Kontext der Geschlechterbeziehungen verständlich zu machen. »Images of men aimed at women«, schreibt Richard Dyer (1992: 104), »(do) violence to the codes of who looks and who is looked at (and how), and some attempt is instinctively made to counteract this violation. Much of this centres on the model or star's own ›look‹ – where and how he is looking in relation to the women looking at him.« So verhindert z.B. der schon erwähnte starre, offene Blick der männlichen Models – indem sie die Betrachterin oder den Betrachter anstarren und damit ihre Subjektposition nicht völlig preisgeben – einen ungestörten weiblichen Voyeurismus. Im Unterschied zu weiblichen Models tendieren die Männer auch dazu, durch die Richtung ihres Blicks Interesse an anderen Dingen als der Kamera und der Betrachterin zu suggerieren, um sich dadurch dem sexuellen Begehren teilweise zu entziehen.

---

24 Ganz abgesehen davon, dass die äußerst populäre Zurschaustellung weiblicher Brüste, eines sekundären Geschlechtsmerkmals, bis heute wesentlich stärker sexuell konnotiert ist als die Darstellung des entblößten männlichen Oberkörpers.

»The idea of looking (staring) as power and being looked at as powerlessness overlaps with the ideas of activity/passivity«, fährt Dyer (1992: 109f.) fort: »Thus to look at is thought as active; whereas to be looked at is passive[...] It remains the case that images of men must disavow this element of passivity if they are to be kept in line with dominant ideas of masculinity-as-active. For this reason images of men are often images of men doing something.« Und wenn die männlichen Models nicht gerade offensichtlich etwas tun, dann nehmen sie doch zumindest eine angespannte Haltung ein: wie auf dem Sprung dazu, aktiv zu werden (siehe *Abb. 2*). Visuelle und narrative Codes, die Aktivität und Kontrolle durch das männliche Pin-up signalisieren, verhindern, Liesbet van Zoonen zufolge, einen »maskulinen« Voyeurismus von Frauen. »It shows that within patriarchy a simple reversal of the masculine structure of looking [...] does not produce an equivalent female voyeurism«, schließt Liesbet van Zoonen (1994: 104) aus den unterschiedlichen Inszenierungen von Männlichkeit und Weiblichkeit.

5. SCHLUSS

»A photographic discourse is a system within which the culture harnesses photographs to various representational tasks« (Sekula 1988: 455). In der Konsumgesellschaft erfüllt die kommerzielle Fotografie u.a. die Aufgabe, das Begehren nach Waren zu wecken. Diesem Zweck dient die (Hetero-)Sexualisierung und Verdinglichung der Frauen- und Männerkörper (insbesonders und auf direkte Weise in der Werbung). Schönheit und Sexualität stellen herausragende symbolische Werte dar, die sich mit dem Erwerb von Konsumgütern und dem Konsum von Unterhaltung in Verbindung bringen lassen. In ihrer Omnipräsenz prägen diese Bilder auch die Geschlechteridentitäten und Vorstellungen von weiblicher und männlicher Körperlichkeit. Diese Geschlechterbeziehungen werden durch Machtverhältnisse hervorgebracht, die auch dem Bildmaterial innewohnen oder, besser, die Komposition der Bilder und ihre Wahrnehmung strukturieren. Die Macht liegt dabei allemal und bis heute auf Seiten der Männer, indem der männliche Blick konstitutives Moment des weiblichen heterosexuellen »Seins« – der weiblichen Körperlichkeit und Schönheitspflege – ist. Allerdings verändern sich die Geschlechterverhältnisse in der postindustriellen Gesellschaft doch maßgeblich. Anschaulich wird dies anhand der zunehmenden Sexualisierung des männlichen Körpers und in einer fallweisen Verkehrung des traditionellen Blickregimes in Richtung eines (nicht-»maskulinen«) weiblichen Voyeurismus.

Aus dem Bildmaterial, das die männliche Körperlichkeit ausstellt, wird ersichtlich, dass eine Art widerständige Selbstermächtigung gegen die sexuelle

Verdinglichung möglich ist. Der Widerstand gegen einen bedrohlichen »maskulinen« Voyeurismus von Frauen zeigt sich in residualen Körperhaltungen und Blicken der männlichen Models, die sich aus der langen Geschichte hegemonialer männlicher Sehgewohnheiten erklären.[25] Zu den markantesten Veränderungen auf der Frauenseite in den letzten Jahren gehört das zunehmende Maß an Aktivität in den Inszenierungen von Weiblichkeit, die Zurschaustellung einer neuen, emergenten Art aktiver Körperlichkeit, in der sich die wachsende Beteiligung von Frauen im sportlichen Feld, bei Fitness- und Sportaktivitäten, zeigt. Allerdings beziehen wiederum selbst herausragende Athletinnen soziale Anerkennung und ökonomischen Gewinn zu einem guten Teil aus ihrem Sex-Appeal und ihrer Nacktheit: aus einer Sexualisierung der Körperlichkeit, die es so für männliche Sportstars nicht gibt und die z.T. – ganz im Sinne von Pierre Bourdieus symbolischer Gewalt – von den Athletinnen selbst forciert wird.[26] »Stereotyping female athletes as attractive and feminine shifts attention from their physical prowess to their looks and minimizes the symbolic threat sportswomen pose to male hegemony«, argumentieren Margaret Duncan und Michael Messner (1998: 182), um uns nochmals daran zu erinnern, dass die Konstruktion von Geschlechtlichkeit, im Sport wie in der Fotografie und Werbung, in Machtbeziehungen vonstatten geht.

Der weibliche Voyeurismus und die Neuformatierung des sexuellen Begehrens, die in der medialen Sexualisierung des männlichen Körpers zum Ausdruck kommen, stehen für den Wandel der Geschlechterbeziehungen in postindustriellen Gesellschaften insgesamt und zeugen damit auf einprägsame Weise von der *Instabilität* der Machtverhältnisse zwischen den Geschlechtern und der männlichen Herrschaft. Die Machtbeziehungen müssen laufend neu hergestellt und zudem anerkannt werden, und in diesem Prozess erfahren die Wahrnehmungs- und Beurteilungsweisen von Weiblichkeit und Männlichkeit geschichtliche Veränderungen. Aus der bis dato widerständigen Darstellungsweise männlicher Nacktheit lässt sich schließen, dass die Techniken der männlichen symbolischen Gewalt nichts an Wirkung eingebüßt haben, aber subtiler werden, indem sich die Männer wohl einem heterosexuell geprägten Voyeurismus aussetzen, dabei aber kaum dem Blick der Betrachterin unterwerfen. Liesbet van Zoonen kommt auf-

---

25 Womit nicht gesagt ist, dass sich beispielsweise der direkte, offene Blick von Modellen nicht auch vereinzelt in der Geschichte weiblicher Aktdarstellungen findet – in Gefolge von Édouard Manets Gemälde Olympia (1863).

26 Ein bezeichnendes Beispiel aus der jüngsten Vergangenheit stellen die Nacktfotos von Mitgliedern des deutschen Frauenfußball-Nationalteams anlässlich der bevorstehenden Weltmeisterschaft in der Juli-Ausgabe 2011 des Playboy dar.

grund der Verschiebungen in der Inszenierung von Geschlechtlichkeit, eines Degendering vor allem in der Werbung zum optimistischen Schluss: »Images of women and men in popular culture are increasingly hard to interpret in traditional object/subject–active/passive–masculine/feminine dichotomies; a promising prospect for female voyeuristic pleasure« (van Zoonen 1994: 103).

LITERATUR

Appelt, Erna und Albert F. Reiterer (2009): Wer heiratet wen? Bildungshomogamie und soziale Mobilität in Österreich. In: Österreichische Zeitschrift für Soziologie 34(1), S. 45-64.

Beck, Ulrich (1986): Risikogesellschaft. Auf dem Weg in eine andere Moderne. Frankfurt a.M.: Suhrkamp.

Berger, John (1972): Ways of Seeing. London: Penguin Books.

Bourdieu, Pierre (2005): Die männliche Herrschaft. Frankfurt a.M.: Suhrkamp.

Bourdieu, Pierre (1997): Eine sanfte Gewalt. Pierre Bourdieu im Gespräch mit Irene Dölling und Margareta Steinrücke. In: Dölling, Irene und Beate Krais (Hg.): Ein alltägliches Spiel. Geschlechterkonstruktion in der sozialen Praxis. Frankfurt a.M.: Suhrkamp, S. 218-230.

Bourdieu, Pierre (1993): Sozialer Sinn. Kritik der theoretischen Vernunft. Frankfurt a.M.: Suhrkamp.

Bourdieu, Pierre (1984): Die feinen Unterschiede. Kritik der gesellschaftlichen Urteilskraft. Frankfurt a.M.: Suhrkamp.

Bourdieu, Pierre; Boltanski, Luc u.a. (1983): Eine illegitime Kunst. Die sozialen Gebrauchsweisen der Fotografie. Frankfurt a.M.: Suhrkamp.

Butler, Judith (1991): Das Unbehagen der Geschlechter. Frankfurt a.M.: Suhrkamp.

Denscher, Bernhard (1985): Österreichische Plakatkunst 1898-1938. Wien: Brandstätter.

Duby, Georges und Michelle Perrot (Hg., 1995): Geschichte der Frauen im Bild. Frankfurt a.M./New York: Campus.

Duncan, Margaret C. und Michael A. Messner (1998): The Media Image of Sport and Gender. In: Wenner, Lawrence A. (Hg.): MediaSport, London/New York: Routledge, 170-185.

Dyer, Richard (1992 [1982]): Don't look now. The instabilities of the male pinup. In: Dyer, Richard: Only Entertainment. London/New York: Routledge, 103-119.

Dyer, Richard (1982): Don't look now. The instabilities of the male pin-up. In: Screen 23 (3-4), 61-73.

Eder, Franz X. (2009): Kultur der Begierde. Eine Geschichte der Sexualität. München: C. H. Beck.

Foucault, Michel (2009): Die Regierung des Selbst und der anderen. Frankfurt a.m.: Suhrkamp.

Foucault, Michel (2005): Analytik der Macht. Frankfurt a.M.: Suhrkamp.

Foucault, Michel (2003): Die Machtverhältnisse gehen in das Innere der Körper über. In: Focault, Michel: Dits et Ècrits. Schriften. Bd. III. Frankfurt a.M.: Suhrkamp, S. 298-309.

Giddens, Anthony (1993): Wandel der Intimität. Sexualität, Liebe und Erotik in modernen Gesellschaften. Frankfurt a.m.: Fischer.

Goodrum, Charles und Helen Dalrymple (1990): Advertising in America. The First 200 Years. New York: Harry N. Abrams.

Hardt, Michael und Antonio Negri (2003): Empire. Die neue Weltordnung. Frankfurt a.M./New York: Campus.

Haubl, Rolf (1991): »Unter lauter Spiegelbildern...« Zur Kulturgeschichte des Spiegels. Bd. 2. Frankfurt a.m.: Nexus.

Hochschild, Arlie R. (1983): The Managed Heart. Commercialization of Human Feeling. Berkeley: University of California Press.

Huppatz, Kate (2009): Reworking Bourdieu's ›Capital‹: Feminine and Female Capitals in the Field of Paid Caring Work. In: Sociology 43(1), 45-66.

Illouz, Eva (2011): Warum Liebe weh tut. Eine soziologische Erklärung. Berlin: Suhrkamp.

Koetzle, Michael (1994): 1000 Nudes. Uwe Scheid Collection. Köln: Benedikt Taschen Verlag.

Kriegeskorte, Michael (1995): 100 Jahre Werbung im Wandel. Eine Reise durch die deutsche Vergangenheit. Köln: DuMont.

Lorey, Isabell (2013): Das Gefüge der Macht. In: Bargetz, Brigitte; Ludwig, Gundula und Birgit Sauer (Hg.): Gouvernementalität und Geschlecht. Politische Theorie im Anschluss an Michel Foucault. Frankfurt a.M./New York: Campus, in Druck.

Mauss, Marcel (1989): Die Techniken des Körpers. In: Mauss, Marcel: Soziologie und Anthropologie 2. Frankfurt a.M.: Fischer, S. 197-220.

Miller, Leslie und Otto Penz (1991): Talking Bodies: Female Bodybuilders Colonize a Male Preserve. In: Quest 43(2), 148-163.

Moreck, Curt (1928): Kultur- und Sittengeschichte der Neusten Zeit. Dresden: Paul Aretz Verlag.

Morini, Cristina (2007): The Feminization of Labour in Cognitive Capitalism. In: Feminist Review 87, 40-59.

Nava, Mica (1997): Women, the City and Department Stores. In: Falk, Pasi und Colin Campbell (Hg.): The Shopping Experience. London: Sage, 56-91.

Nead, Lynda (1992): The Female Nude. Art, Obscenity and Sexuality. London/New York: Routledge.

Neckel, Sighard (1993): Soziale Scham. Unterlegenheitsgefühle in der Konkurrenz von Lebensstilen. In: Gebauer, Gunter und Christoph Wulf (Hg.): Praxis und Ästhetik. Neue Perspektiven im Denken Pierre Bourdieus. Frankfurt a.M.: Suhrkamp, S. 270-291.

Penz, Otto (2010): Schönheit als Praxis. Über klassen- und geschlechtsspezifische Körperlichkeit. Frankfurt a.M./New York: Campus.

Penz, Otto (2001): Metamorphosen der Schönheit. Eine Kulturgeschichte moderner Körperlichkeit. Wien: Turia + Kant.

Penz, Otto und Birgit Sauer (2012): Arbeit der Subjektivierung: Männlichkeit und Emotionen. In: Mixa, Elisabeth und Partrick Vogl (Hg.): E-Motions. Transformationsprozesse in der Gegenwartskultur. Wien/Berlin: Turia + Kant, S. 117-127.

Sartre, Jean-Paul (1993): Das Sein und das Nichts. Versuch einer phänomenologischen Ontologie. Reinbek: Rowohlt.

Sekula, Allan (1988): On the Invention of Photographic Meaning. In: Goldberg, Vicki (Hg.): Photography in Print. Writings from 1816 to the Present. Albuquerque: University of New Mexiko Press, 452-473.

Sennett, Richard (1993): Verfall und Ende des öffentlichen Lebens. Die Tyrannei der Intimität. Frankfurt a.M.: Fischer.

Simmel, Georg (1993): Soziologie der Sinne. In: Simmel, Georg: Aufsätze und Abhandlungen 1901-1908. Band II (Gesamtausgabe Band 8). Frankfurt a.M.: Suhrkamp.

Simpson, Mark (2013): www.marksimpson.com/here-come-the-mirror-men/ (Abruf: 4. Juli 2013).

Zoonen, Lisbet van (1994): Feminist Media Studies. London: Sage.

Zweig, Stefan (1999): Die Welt von Gestern. Erinnerungen eines Europäers. Frankfurt a.M.: Fischer.

Jenseits der Verknüpfung von Sexualität und binärer Geschlechterordnung?

Über die (Nicht-)Zusammengehörigkeit von Geschlecht, sexuellen Praktiken und Begehren

KIM SCHEUNEMANN

EINLEITUNG

Trotz jahrelanger Kritik gerade durch queertheoretische Positionen wird auch in der Gegenwartsgesellschaft (noch immer) davon ausgegangen, dass Sex, Gender und Begehren sich gegenseitig konstituieren würden und müssten. Entsprechend wird gemeinhin angenommen, es bestehe eine wechselseitige Verweisstruktur zwischen dem Geschlecht, dem sexuellen Verhalten und dem Begehren einer Person. Hierbei wird Geschlecht zumeist binär gedacht, obgleich die Praxis und aktuellere Studien aus den Bereichen der Gender- und Queertheorien verdeutlichen, dass eine Vielzahl lebbarer Geschlechterwirklichkeiten existiert und dass Geschlecht, sexuelles Verhalten und Begehren auch getrennt voneinander gelebt und gedacht werden können. Gerade von Expert_innen[1] des Geschlechts – therapeutisch und/oder aktivistisch tätigen Personen aus dem Inter*- und Trans*bereich[2] – könnte aufgrund des ihnen zugeschriebenen Expert_innen-

---

1 Mit der Schreibweise des Gender Gap sollen verschiedene im hegemonialen Sprachgebrauch unsichtbar gemachte Geschlechter sichtbar gemacht werden (vgl. Herrmann 2003).

2 »In der Schreibweise ›trans*‹ oder ›Trans*‹, die sich seit Mitte der 1990er Jahre in transgeschlechtlichen Selbsthilfe- und Szenekontexten zu etablieren begann, steht der Asterisk als Platzhalter für verschiedene mögliche Wortendungen. Der Begriff schließt dadurch unterschiedliche (Selbst-)Bezeichnungen und Verortungen, etwa als Transsexuelle/r, Transvestit, Transgender, transidentisch etc. ein« (Schirmer 2010:

wissens, angenommen werden, dass sie diese Zusammenhänge und geschlechtlichen binären Vorannahmen hinterfragten. Ob und wie dies geschieht, soll im Folgenden untersucht werden. Das Wissen von Expert_innen ist, da ihnen maßgebliche Deutungsmacht zugesprochen wird, bezüglich der (Re-)Produktion von Geschlechter-, Sexualitäts- und Begehrensnormen als besonders gewichtig anzusehen.

Der Beitrag gliedert sich in drei Teile: Er beginnt mit einer theoretischen Skizze des Verhältnisses von Geschlecht, Sexualität, Begehren und Expert_innen(wissen), gefolgt von einer Analyse von Interviews mit Expert_innen des Geschlechts und schließt mit einem Ausblick ab.

DEKONSTRUKTION DER ZUSAMMENGEHÖRIGKEIT VON GESCHLECHT(SKÖRPERN), SEXUELLEN PRAKTIKEN UND BEGEHREN

Konstruktivistische und dekonstruktivistische Theorien weisen darauf hin, dass Geschlecht, sexuelle Praxen und Begehren sich gegenseitig konstituierende Deutungssysteme sind (vgl. Butler 1997; Stein-Hilbers/Soine/Wrede 2000). Judith Butler (1991: 38) drückt diese Zusammenhänge explizit aus, indem sie erklärt: »›Intelligible‹ Geschlechtsidentitäten sind solche, die in bestimmtem Sinne Beziehungen der Kohärenz und Kontinuität zwischen dem anatomischen Geschlecht (sex), der Geschlechtsidentität (gender), der sexuellen Praxis und dem Begehren stiften und aufrechterhalten.« Die Intelligibilität, im Sinne der Lesbarkeit als reale kohärente Subjekte, wird als notwendige Voraussetzung beschrieben, um als Person anerkannt zu werden und handlungsfähig zu sein (vgl. Benjamin 2004; Butler 2006; Foucault 1994). Bezüglich des Geschlechts lässt sich dies etwa in Claudia Langs (2006) Darstellung der gesellschaftlichen Nicht-Existenz von Intersexuellen oder Stefan Hirschauers (1993) und Gesa Lindemanns (1993) Ausführungen über die Notwendigkeit der binärgeschlechtlichen

---

62). Für Inter* wird der Asterisk ebenfalls als Platzhalter für z.b. intersexuell, intergeschlechtlich und intersex verwendet. Zwitter, Hermaphrodit oder zwischengeschlechtliche Person sind damit jedoch nicht bzw. nur begrenzt erfasst. Es wird daher davon ausgegangen, dass diese Schreibweise auch als Ausdruck der Frage »ob einer der Begriffe als Oberbegriff gelten könne, bzw. ob ein Oberbegriff überhaupt sinnvoll ist« (Homowiki 2012) verwendet wird. Diese Verwendung des Asterisk ist eine Praxis, für welche es meines Wissens (noch) keine theoretische Referenz gibt, außer die hier verwendete und nicht wissenschaftlichen Kriterien entsprechende des Homowikis.

(Selbst-)Verortung von Transsexuellen nachlesen.[3] Aufgrund gesellschaftlicher Strukturen, hegemonialer Deutungsmuster und kultureller Normen wird (bislang) lediglich eine (Selbst-)Verortung als Mann oder Frau für möglich angesehen und folglich wird eine sexuelle (Selbst-)Verortung als notwendigerweise binär vorstrukturiert verstanden. Stein-Hilbers u.a. (2000: 13) erklären etwa:»Das Begehren der Geschlechter ist um die als Männlichkeit und Weiblichkeit festgeschriebenen Geschlechterdifferenzen zentriert«. Entsprechend wird zumeist davon ausgegangen, Begehren und sexuelle (Selbst-)Verortung stünden im Zusammenhang und orientierten sich an einer binären geschlechtlichen (Selbst-)Verortung, sodass nur homo- oder heterosexuelle (Selbst-)Verortungen möglich seien. Kritisiert wird in diesem Zusammenhang vor allem, dass es sich um Begehrensvorschriften handle, welche einer »heterosexuellen Logik« (Butler 1997: 328) entsprächen. Diese seien, der traditionellen Logik folgend, an Geschlecht(-skörper)[4] geknüpft. Personen mit weiblichem Geschlecht(-skörper) – sei dies(er) nun operativ hervorgebracht oder nicht – müssten entsprechend, wenn sie ebensolche Personen begehren würden, von anderen wie von sich selbst als homosexuell definiert werden und mit diesen homosexuell interagieren. Wenngleich eine Kritik an der heterosexuellen Logik und binären Geschlechterlogik formuliert wird, wird die scheinbare Zusammengehörigkeit von Geschlecht, sexuellem Verhalten und Begehren nur selten hinterfragt und eine binäre geschlechtliche (Selbst-)Verortung häufig noch immer als notwendige Voraussetzung beschrieben. In den letzten Jahren mehren sich allerdings Studien, die verdeutlichen, dass auch andere geschlechtliche (Selbst-)Verortungen lebbar sind. Die Soziologin Uta Schirmer (2010) etwa zeigt am Beispiel des

---

3   In diesem Zusammenhang werden bewusst die Formulierungen »intersexuell« und »transsexuell« genutzt, da genannte Studien sich auf ebendiese Phänomenbeschreibungen bezogen. Entsprechend wurde sich, aufgrund der gesellschaftlichen Situation, in welcher diese Studien entstanden, weitestgehend an einem binären Geschlechterverständnis orientiert (vgl. auch Fußnote 18). Der Begriff Phänomen wird verwendet für etwas sich den Sinnen Zeigendes (Hillmann 1994: 665), nicht als Beschreibung von etwas Außergewöhnlichem, wie es in herkömmlichen Nachschlagewerken häufig zu finden ist.

4   Der Begriff des Geschlechtskörpers wird hier in Anlehnung an Gesa Lindemann (1993) verwendet und verdeutlicht die konstruktionstheoretische, phänomenologische Perspektive. Hiermit ist eine Abgrenzung zur sexualtheoretischen Perspektive vorgenommen und explizit wird nicht von »Körpergeschlecht« (Sigusch 1992: 122) gesprochen. Körper werden hier hingegen als interaktiv konstruierte geschlechtliche Träger begriffen; Körper nehmen wahr und werden wahrgenommen.

Drag Kinging auf, dass es Räume gibt, in denen auch Zwischengeschlechtlich-keiten gelebt werden können. Sie macht damit deutlich, dass die Möglichkeiten, Geschlechterwirklichkeiten zu (er-)leben, nicht (mehr) ausschließlich dual orien-tiert sind.[5] Begrenzungen auf zwei und nur zwei Geschlechter, um ein lebens- bzw. handlungsfähiges Subjekt zu sein, scheinen dementsprechend überholt.

Uli Meyer (2007) zeigt darüber hinaus anhand der Phänomene schwuler Frauen und lesbischer Männer auf, dass der Geschlechtskörper und das Begeh-ren und z.T. auch sexuelle Verhalten einer Person nicht zwangsläufig der o.g. Logik folgen müssen. Als schwule Frauen sind etwa Personen zu verstehen, die der (Selbst-)Verortung als Frau entsprechen, zumeist auch medizinisch bei der Geburt als solche klassifiziert wurden und sich als schwul identifizieren. Diese Identifizierung beinhaltet zumeist ein Zugehörigkeitsempfinden zur schwulen Subkultur und nach Möglichkeit eine schwule Partnerwahl, häufig auch einher-gehend mit einem antizipierten oder/und praktizierten sexuellen Verhalten.

Außerdem wird über die Bezugnahme auf asexuelle Bewegungen deutlich, dass Begehren und sexuelles Verhalten nicht notwendigerweise als zusammen-gehörig gedacht und erlebt werden müssen. Demgemäß gibt es Personen, die sich als asexuell und homo- oder hetero(-sexuell) verorten, entsprechend u.U. ein homo- oder hetero(-sexuelles) Begehren empfinden, ohne dieses im Rahmen sexueller Praktiken ausdrücken zu wollen (vgl. Profus 2011; 2013).

Aus den bisherigen Ausführungen resultieren die folgenden Fragen: Wie hängen Geschlecht, Sexualität und Begehren zusammen, wenn sie nicht der he-terosexuellen Logik entsprechen? Oder vielmehr: Besteht überhaupt (noch) ein Zusammenhang zwischen dem (selbst-)verorteten Geschlecht einer Person, ihrem Begehren oder/und sexuellen Verhalten?

Besonders aufschlussreich ist in diesem Zusammenhang die Perspektive von Expert_innen des Geschlechts, denn gerade hier zeig(t)en sich die potenziellen Folgen der Annahme eines vermeintlichen Zusammenhangs von Geschlecht, Begehren und sexuelle Praktiken besonders plastisch. Deutlich wird dies u.a. an-hand der Phänomene Trans* und Inter* bzw. am damit einhergehenden Diskurs. Kontrovers wird diskutiert, ob es möglich ist, jenseits oder zwischen den zwei im hegemonialen Verständnis existierenden Geschlechtern zu leben, und welche

---

5   Um noch zwei weitere Beispiele zu nennen sei etwa auf das Sammelwerk: »(K)ein
     Geschlecht oder viele? Transgender in politischer Perspektive.« (Polymorph 2002)
     hingewiesen. Auch von Sexualforscher_innen wird vermehrt betont, dass geschlecht-
     liches (Er-)Leben nicht ausschließlich binär strukturiert ist, wie sich etwa in der
     »Debatte zum Reformbedarf des Transsexuellengesetzes (TSG)« (Schweizer/Strauß
     2013) nachlesen lässt.

Rolle in diesem Zusammenhang die Sexualität oder/und das Begehren spielt. Kritisiert wird, dass im professionellen Geschlechterwissen häufig angenommen wird, Sexualität und Begehren stünden im Zusammenhang mit der geschlechtlichen (Selbst-)Verortung einer Person (vgl. u.a. Eckert 2013; Groneberg/Zehnder 2008; Güldenring 2009; Hirschauer 1993; Klöppel 2010; Richter-Appelt 2012 Schirmer 2010; Zehnder 2010). Dieser angenommene Zusammenhang von Geschlecht, Begehren und sexuellen Praktiken spiegelt sich etwa darin wieder, dass im Sammelwerk »Sexualitäten« (Springer/Münch/Munz 2008) ein Teil der »Intersexualität, Transsexualität und Forensik« gewidmet wurde. Friedemann Pfäfflin (2008) betont dabei allerdings, dass es kein spezifisches »transsexuelles Begehren« gebe, gerade weil es verschiedenste Möglichkeiten gebe, Trans*-Sein zu leben. Herta Richter-Appelt (2008) erklärt jedoch in ihrem Beitrag »Intersexualität und Begehren«, dass sich aufgrund der spezifischen Erfahrungen häufig in Form von Ablehnung des Geschlechts(körpers) intersexueller Personen schon in der frühen Kindheit ein spezifisches Begehren und sexuelles Verhalten entwickle, obwohl sie zugleich bemerkt: »Keine definitiven Aussagen lassen die bisherigen Ergebnisse bezüglich der Beziehungsqualität, dem Ausmaß sexueller Erfahrungen, der sexuellen Aktivität und des sexuellen Interesses zu (Schönbucher et al. 2008). Sexuelles Begehren müsste aber umfassender betrachtet werden.« (Richter-Appelt 2008: 344) Die Deutungsmacht und die damit einhergehende Reproduktion von Geschlechter- und Begehrensnormen durch Expert_innen wird daran ersichtlich, dass der unterstellte Zusammenhang von sexuellem Verhalten und geschlechtlichen Zugehörigkeiten bislang auch für Trans*- und Inter*personen angenommen wurde und sich in der Beurteilungspraxis zeigt(e). So erhielten zum Beispiel Trans*personen nur dann das zur Angleichung des Geschlechts notwendige Gutachten, wenn sie sich als heterosexuelle Personen präsentierten.[6] Bei Inter*personen wurde gleichermaßen von einer heteronormativen Ordnung ausgegangen, was sich in den Begründungen für operative Eingriffe zeigt: Inter*kinder wurden/werden operativen Maßnahmen unterzogen u.a. mit dem Argument, nur so heterosexuelle Praktiken im Erwachsenenalter ausführen zu können (vgl. Lang 2006: 122; Richter-Appelt 2008). Gerade durch politisch aktive Inter*- und Trans*personen werden diese heteronormen Zusammenhänge jedoch in den letzten Jahren hinterfragt und vermehrt auch verändert. Argumentiert wird, dass es bei Trans*- und Inter*personen in erster

---

6   Vgl. die »Symptomdiagnose Transsexualität«, die als einen Punkt der Diagnosekriterien die »Abwehr und Ablehnung der Homosexualität« (Sigusch/Meyenburg/ Reiche 1979: 250ff.) anführte. Beide Aspekte wurden mittlerweile revidiert (vgl. u.a. Sigusch 2013).

Linie ums Geschlecht, nicht die Sexualität gehe. Dieses Verständnis setzt sich sukzessive auch in therapeutischen und rechtlichen Richtlinien der Begutachtung durch.[7] Hierbei ist allerdings anzumerken, dass bei Trans*personen scheinbar eine größere Flexibilität betreffs des angenommenen Zusammenhangs von Geschlecht(skörper), Begehren und sexuellem Verhalten auszumachen ist als in Hinsicht auf Inter*personen. In Bezug auf Inter*personen wird zumeist von einem abweichenden bzw. problematischen Begehren und einer ebensolchen Sexualität gesprochen. Argumentiert wird dabei, dass die geschlechtliche und sexuelle (Selbst-)Verortung und das Praktizieren von Sexualität zur Lebensqualität und -zufriedenheit gehöre und diese bei Inter*personen weniger gegeben seien (vgl. Deutscher Ethikrat 2012: 73ff.). Operative Eingriffe bei Inter*kindern, um heterosexuelle Praktiken im Erwachsenenalter ausführen zu können, werden jedoch gegenwärtig als offizielle Argumentationsgrundlage abgelehnt (Richter-Appelt 2008: 336ff.).

Diese Veränderungen deuten darauf hin, dass Aktivist_innen aus dem Trans*- und Inter*bereich in der Gegenwartsgesellschaft über ein gewisses Maß an »Deutungsmacht« (Meuser/Nagel 2009: 38) bezüglich des Geschlechts, Begehrens und der Sexualität verfügen. Als Expert_innen lassen sich nach Pfadenhauer (2003) Personen verstehen, denen eine Problemdefinitions- und Problemlösungskompetenz zugesprochen wird. Im Folgenden begreife ich daher Aktivist_innen aus dem Trans*- und Inter*bereich genauso wie Therapeut_innen von Trans*- und Inter*personen als Expert_innen und differenziere *nicht* zwischen *Betroffenen* und Expert_innen. Die Ablehnung einer solchen Differenzierung begründet sich dadurch, dass alle Expert_innen des Geschlechts von Geschlechts-, Sexualitäts- und Begehrensnormen betroffen zu sein scheinen und entsprechend argumentieren und handeln. Üblicherweise wird eine Differenzierung über die körperliche Betroffenheit von Trans*- oder Inter*personen im Gegensatz zu Nicht-Inter*- oder Trans*- Personen konstruiert, wobei angenommen wird, diese würden ein anderes Geschlechterwissen hervorbringen. Allerdings gibt es zum einen Personen, die sowohl aktivistisch als auch therapeutisch

---

7   In neueren Richtlinien zur Begutachtung von Transsexualität heißt es etwa: »Im Bereich der Geschlechtsidentitätsstörungen besteht eine ausgeprägte Vielfalt an Verlaufsformen, Persönlichkeitsstrukturen, assoziierten psychosozialen Merkmalen und sexuellen Partnerpräferenzen« (Becker u.a. 1997). Begutachtungsrichtlinien haben sich entsprechend zugunsten einer veränderten Kausalbeziehung von Sexualität und Geschlecht gewandelt. Eine Kritik an der Begutachtungspraxis geschlechtlich abweichender Personen durch professionelle Personen besteht jedoch fort (vgl. Bundesweiter Arbeitskreis TSG-Reform 2012; TransInterQueer e.V. 2013).

tätig sind, und zum anderen ist es m.E. notwendig, diese Konstruktion – so sie von Gewicht ist – in einer empirischen Rekonstruktion nachvollziehen zu können und nicht von Beginn an als ontologisch zu setzen. Die Position, von der aus als aktivistische_r oder therapeutische_r Expert_in gesprochen wird, wird daher nur mit in die Analyse einbezogen, wenn diese Kontextinformation bezüglich des vorgetragenen Wissens relevant ist.[8]

Im Folgenden soll nun zum einen das spezifische Expert_innenwissen veranschaulicht werden und zum anderen aufgezeigt werden, welche Rolle und Bedeutung sexuelle Praktiken und Begehren für die Deutung und Bewertung von Geschlechtern in der Gegenwartsgesellschaft weiterhin haben.

Die folgenden Ausführungen gehen von der Prämisse aus, dass die Vielfalt der Verständnisse von Geschlechtern solange eingeschränkt bleibt, solange sexuelle Praxen und Begehrensäußerungen zur Klassifikation von Geschlechtern führen. Solange also Geschlecht, Begehren und Sexualität sich gegenseitig konstituierende Deutungssysteme sind, bleiben sie beschränkt. Zur Veranschaulichung und Begründung dieser These greife ich auf Interviewmaterial zurück, das im Rahmen meines Dissertationsvorhabens erhoben wurde.[9] Im Folgenden stütze ich mich auf zwei Interviews, in denen die Zusammenhänge zwischen sexuellen Praktiken, Verortungen und Geschlecht manifest werden: Expert_in A[10] und

---

8   Angemerkt sei an dieser Stelle, dass trotz der beschriebenen höheren Wertschätzung verschiedener Expert_innenpositionen noch immer professionellen Expert_innen eine höhere Deutungsmacht zugesprochen wird. Deutlich wird dies beispielsweise anhand der Gewichtungen in der Stellungnahme des Deutschen Ethikrats »zur Situation intersexueller Menschen in Deutschland« (Deutscher Ethikrat 2012).

9   Die Dissertation trägt den Titel »Gefühltes Geschlecht(erwissen) von Expert_innen für Inter*- und/oder Trans*themen«. In dieser wird nach (implizit) thematisierten Gefühlen im Hinblick auf das Geschlechterwissen von Expert_innen des Geschlechts gefragt, um deutlich zu machen, wie Gefühle, Geschlecht, (Geschlechter-)Wissen und Expert_innenpositionen im genannten Feld konstruiert und ausgehandelt werden. Hierfür wurden leitfadengestützte Expert_inneninterviews mit Trans*- und Inter*aktivist_innen sowie Therapeut_innen aus diesem Bereich geführt. Alle Interviews wurden Ende 2010 bis Anfang 2011 durchgeführt und mithilfe der dokumentarischen Methode ausgewertet. Das Forschungsprojekt begann im Jahr 2010 und soll Mitte 2015 abgeschlossen sein.

10 Alle folgenden Zitate von Expert_in A werden auf Wunsch dieser Person in Schriftsprache dargestellt.

Expert_in B.[11] Die Aussagen beider Expert_innen können als typisch für dieses Feld angesehen werden, da sich ähnliche Deutungsmuster sowohl in weiterer Interviews zeigten, als auch durch teilnehmende Beobachtung offenbar wurden.

Zunächst wird die Veränderung des Expert_innenwissens von Geschlecht (-skörpern) und sexuellen Praktiken und Verortungen skizziert. Anschließend werden noch immer existierende Begrenzungen des Verständnisses aufgrund traditioneller Vorstellungen aufgezeigt.

BEWERTUNGSVERSCHIEBUNGEN VON GESCHLECHTSKÖRPERN, SEXUELLEN PRAKTIKEN UND BEGEHREN

Das Expert_innenwissen hat sich, wie sich sowohl anhand vorangegangener theoretischer Ausführungen als auch der Interviews zeigt, zugunsten einer weniger traditionellen Verknüpfung von Geschlecht(skörpern), sexuellen Praxen und Begehren verändert. Diese Veränderung, welche auch als Erweiterung gefasst werden kann, ist an Kontexte und Interaktionspartner_innen geknüpft: Je privilegierter die Informationszugänge, desto stärker wird eine Veränderung des Wissens betont. In den Interviews wird zumeist zwischen drei Formen des Geschlechterwissens unterschieden, die sich unter Rückgriff auf die von Schütz entwickelten drei Idealtypen analysieren lassen, die häufig im Zusammenhang mit dem Geschlechterwissen genutzt werden: »Das Wissen des wohl informierten Bürgers, der ein früher Vorläufer der Experten und Wissensarbeiter ist [...], das Laienwissen des Mannes auf der Strasse [sic!], aus dem seit Berger und Luckmann (1969) das Alltagswissen der normalen Gesellschaftsmitglieder geworden ist; und das systematische Wissen der wissenschaftlichen Spezialisten« (Wetterer 2008: 49f.). Modifiziert man diese Unterscheidung geringfügig, so lässt sich eine ähnliche Dreiteilung in den Interviews wiederfinden. Die Modifikation betrifft den ersten Typ (»der wohlinformierte Bürger«) insofern, als unter ihm nun Personen gefasst werden, die aufgrund wissenschaftlicher Auseinandersetzungen oder/und des Zugangs zu bestimmten Räumen oder der Interaktion mit bestimmten Personen, etwa Inter*- oder/und Trans*personen über ein Geschlechtersonderwissen verfügen, ohne jedoch »Experten und Wissensarbeiter« zu sein. Ihnen wird lediglich aufgrund einer intensiveren Auseinandersetzung mit dem Thema »Geschlecht« häufig ein etwas verändertes Wissen zugeschrie-

---

11 Um ein binäres Geschlechterverständnis nicht zu reproduzieren, wird im Folgenden auf die Verwendung von Namen und geschlechtlichen Pronomen verzichtet.

ben. Auch Spezialist_innen oder Expert_innen, werden in den Interviews nicht primär aufgrund des wissenschaftlichen Wissens als solche begriffen, sondern aufgrund einer im Gegensatz zu den wohl informierten Bürger_innen wesentlich intensiveren Auseinandersetzung mit den Themengebieten Trans* oder/und Inter*. Die folgenden Ausführungen richten sich lediglich auf die betonten Differenzierungen und Veränderungen des Sonder- und Expert_innenwissens, wie sie etwa in der folgenden Passage deutlich werden:

»[N]eulich bei einem Vortrag [welchen ich gehalten habe], da hat jemand gesagt: ›Da komme ich nicht mehr mit.‹ Ich wollte denen erklären, dass die ganze Welt bisexueller wird, jedenfalls die westliche und habe gesagt: ›Das eine ist, dass meine Transfrauen heute viel besser Partner finden, und das andere ist, dass ich vor zwanzig Jahren einen schwulen Transmann kannte. Heute kenne ich jede Menge und ich kenne sogar‹ – und da kommen die Leute nicht mehr mit – ›*schwule* Transmänner, die keinen Penis haben, die einen *schwulen* Freund haben und mit dem vielleicht sogar vaginalen Verkehr haben und beide empfinden das als schwul.‹ Da hört es auf für Leute, die sich nicht damit beschäftigt haben.« (Expert_in A)

Im vorliegenden Gesprächsausschnitt wird eine Differenz zwischen dem Verständnis der »Leute« und dem von Expert_innen betont. Die Leute, so scheint es, sind im Hinblick auf das Phänomen Trans* lediglich als gut informierte Bürger_innen anzusehen. Ohne Interesse würden sie, so kann angenommen werden, nicht einen thematisch einschlägigen Vortrag besuchen, doch das von Expert_in A hervorgehobene Expert_innenwissen und die besonderen Kontakte zu vielen schwulen Transmännern hätten sie nicht. Sie hätten also nicht den Expert_innenstatus und das damit einhergehende Expert_innenwissen bezüglich Trans*personen. Das Verständnis der Leute von Geschlecht und Begehren und sexuellen Praktiken wird hier so beschrieben, dass sie sich vorstellen können, dass es Trans*frauen gibt, die Partner finden. Sowohl der Umstand, dass sie Partner finden, als auch das Verständnis des Publikums bzw. der »Leute« sprechen somit dafür, dass diese Form, Geschlecht zu leben, Teil des Sonderwissens ist. Es scheint also akzeptiert zu sein, dass etwa eine Frau nicht zwangsläufig schon immer körperlich eine Frau sein musste. Sie könne trotzdem – »heute viel besser« als früher – einen Partner finden. Die Beschreibung der schwulen Trans*männer, die Expert_in A kenne, setzt ein, bevor die Leute nicht mehr mitkommen. Bis zu diesem Punkt scheinen sie also noch mitzukommen. Auch die Erklärung, dass Expert_in A mittlerweile »jede Menge« schwuler Trans*männer kenne, spricht dafür, dass dieses Phänomen mittlerweile bekannter ist, dass es entsprechend mehr schwule Trans*männer gebe, die sich als solche präsentieren (können). Das Sonderwissen, so wie es hier vorgestellt wird, hätte sich folglich dahingehend entwickelt, dass Geschlechtskörper sich wandeln können und dass heterosexuelles Begehren nicht notwendigerweise mit zwei von Geburt an unterschiedlich verorteten Geschlechtskörpern zusammenhinge, genauso wie homosexuelles Begehren nicht zwangsläufig zwei von Geburt an als männlich oder weiblich zugeschriebene Geschlechtskörper zur Voraussetzung hätte.

Unvorstellbar sei es jedoch für die Leute, heterosexuelle und homosexuelle Praktiken von den ihnen zugehörigen Geschlechtskörpern zu lösen. Denn bei schwulen Trans*männern, die vaginalen Verkehr hätten, wird formuliert:»Da hört es auf für Leute, die sich nicht damit beschäftigt haben.« Diese Annahme von Expert_in A lässt sich darüber erklären, dass der in dieser Beschreibung angedeutete Sexualkontakt bedeutet, nicht nur Geschlecht anders zu denken, sondern darüber hinaus auch eine üblicherweise als heterosexuell konnotierte sexuelle Praktik als schwul zu bewerten. Der Sexualakt, der von Expert_in A geschildert wird, widerspricht zunächst den zwei zentralen Regeln des schwulen Sexualverhaltens: Erstens wird der schwule Sex mit einem als weiblich klassifizierten Körper praktiziert und zweitens werden im angedeuteten Sexualakt Praktiken vollzogen, die klassischerweise einem heterosexuellen Modell zugeschrieben werden.

Selbst bei Personen mit einem Geschlechtersonderwissen scheint daher sexuelles Verhalten an passende Geschlechtskörper gebunden zu sein, um intelligibel zu sein. Ob diese operativ oder durch Hilfsmittel hergestellt werden oder angeboren sind, erscheint dabei in der Gegenwartsgesellschaft nebensächlich, wie es im vorliegenden Interviewausschnitt nur ansatzweise ersichtlich ist und im Folgenden anhand einer weiteren Passage deutlicher werden wird. Im Unterschied dazu ist die Grenze der Lesbarkeit schwuler sexueller Praxen von Expert_in A weder an männliche Geschlechtskörper noch an spezifische Praxen gebunden.

SCHWULE SEXUALPRAKTIKEN OHNE PENIS

Expert_in A beschreibt heterosexuelle Trans*frauen und schwule Trans*männer als wenig außergewöhnlich. Darüber hinaus wird auch die skizzierte sexuelle Praxis des vaginalen Verkehrs als schwul definiert. Wie aber gelingt es Expert_in A im Gegensatz zu den gängigen Sexualnormen das Verhalten als schwul zu deuten? Auf welche Vorstellungen und Bewertungen wird sich hier bezogen, um diese Bedeutungsverschiebung sinnhaft zu machen? Zur Erklärung sollen die von Expert_in A gemachten Aussagen theoretisch untermauert werden, um die modifizierte Perspektive plausibilisieren zu können. Die Umdeutung des skizzierten Sexualakts als schwul gelingt darüber, dass der andere, der schwule Freund, das Verhalten ebenfalls als schwul deutet. Simon und Gagnon (2000: 74) beschreiben das Ausprobieren und ggf. Modifizieren von Sexualnormen als »interpersonelle Skripte«. Der andere, in diesem Fall der schwule Sexualpartner, fungiert hierbei somit als Spiegel des Verhaltens und Geschlechts des schwulen Trans*mannes. Das praktizierte sexuelle Verhalten kann also nur dann als schwul erfahren werden, wenn es von beiden als solches erlebt wird: »beide empfinden das als schwul«.

Doch auch für Expert_in A wirkt sich die modifizierte Perspektive auf sexuelles Verhalten auf die eigenen Vorstellungen aus, denn dieses Phänomen wird als wirklich akzeptiert. Besonders wird in diesem Zusammenhang der Kontakt mit vielen schwulen Trans*männern betont. Expert_in A muss diese sexuelle Praktik also nicht selbst erlebt haben, um ihr Sinn zuzusprechen. Das berichtete Verhalten kann sinnhaft als homosexuell verstanden werden, obgleich es im Alltagsverständnis als heterosexuell konstruiert gewesen wäre. Trotz des vaginalen Verkehrs kann also der schwule Trans*mann sowohl von seinem Partner als auch von Expert_in A als Mann wahrgenommen werden.

Sexuelle Praktiken, die klassischerweise heterosexuell gedeutet werden, können demgemäß von allen beteiligten Interaktionspartner_innen auch als schwul empfunden werden. Wird *dieses* Wissen an außerhalb des Sexualakts stehende Personen verbal kommuniziert, kann auf diese Weise eine Anerkennung des männlichen Geschlechts erfolgen. Diese Anerkennung wird möglich, obgleich Sexualverhalten *und* Geschlecht(-skörper) im Alltagsverständnis als weiblich gedeutet würden.

Dieses Verständnis ist Expert_in A zufolge jedoch nur dann möglich, wenn ein Sonderwissen im Bezug auf Geschlecht(-skörper) und sexuelles Verhalten und Begehren bereits vorhanden ist.

Nicht-Expert_innen, so wurde es im vorangegangenen Beispiel deutlich, sei dieses Verstehen aufgrund ihrer Annahme, dass ein zur Sexualpraxis passender Geschlechtskörper notwendig sei, nicht möglich. In der folgenden Aussage einer anderen interviewten Person wird diese angebliche Kausalbeziehung von Geschlecht(-skörper) und sexuellen Praxen im Verständnis von Nicht-Expert_innen ebenfalls als modifiziert vorgestellt:

»also schwulen Männern vor zehn Jahren oder so zu erklären, dass man ein Mann sein kann ohne einen Penis oder sonst was, das war eigentlich so fast aussichtslos, so. ((lacht))

[...] äh zum Beispiel, dass, das man Sexualität mit einem Umschnall- äh (Interviewer_in: hmh) Schwanz sach ich jetzt mal, äh so haben kann« (Expert_in B)

Der Vergleich zur früheren Situation macht deutlich, dass auch »schwule Männer« – die hier ähnlich wie »die Leute« als gut informierte Bürger zu begreifen sind – ihre Vorstellungen von Geschlechtskörpern und den damit einhergehenden Möglichkeiten von Sexualkontakten verändert haben.

Ähnlich wie Expert_in A betont auch Expert_in B, dass es Nicht-Expert_innen schwer fällt, einen Mann »ohne einen Penis« als Mann wahrzunehmen. Expert_in B erklärt, es sei »fast aussichtslos« gewesen, »schwulen Männern vor zehn Jahren oder so zu erklären, dass man ein Mann sein kann ohne einen Penis«. Die Veränderung der geschlechtlichen Wahrnehmung von Nicht-Expert_innen wird entsprechend als erfolgreich vorgestellt. Hierfür wird, folgt man der Darstellung, auf bekannte sexuelle Praxen des schwulen Sexualkontakts zurückgegriffen: Um schwulen Sex praktizieren zu können, müssten beide Interaktionspartner einen Penis besitzen. Expert_in B erreicht eine Verschiebung der Normvorstellung in dem Sinne, dass um schwul zu sein, kein biologischer Penis notwendig sei, sondern ein Penis auch umgeschnallt werden könne.

Hier zeigt sich eine Form des Sonderwissens über Geschlecht, die direkt auf der Erfahrung sexueller Praktiken gründet. Es scheint also möglich zu sein, Vorstellungen von Geschlecht(-skörpern) durch neue, andere sexuelle Erfahrungen zu erweitern.

GRENZEN DER BEWERTUNGSVERSCHIEBUNGEN

Da das Sprechen über schwule Sexualpraktiken mit vermeintlich unpassenden Geschlechtskörpern kontextabhängig ist, werden im Folgenden die Positionen der jeweiligen Sprecher_innen in die Analyse einbezogen.

Expert_in B berichtet von möglichen schwulen sexuellen Praktiken, um eine Akzeptanz für Männer ohne Penis in einer schwulen Community zu erreichen, nur deshalb werden sexuelle Praktiken in die Kommunikation eingeführt. Expert_in B führt das Sonderwissen, dass Mann-Sein nicht zwangsläufig mit einem männlichen Geschlechtskörper zusammenhängt, mit dem Ziel ein, eine gesellschaftliche Veränderung – nämlich die Anerkennung von Trans*männern in der schwulen Szene – zu bewirken. Expert_in A hingegen möchte die These einer bisexueller werdenden Welt untermauern und greift deshalb auch auf schwule Sexualpraktiken zurück.

Die Beispiele zeigen, dass im Rahmen von Aushandlungsprozessen des Zugangs zur Community wie auch im Rahmen wissenschaftlicher Veranstaltungen Expert_innenwissen zu Geschlechts(-körpern), Sexualitäts- und Begehrens*um*deutungen entfaltet werden kann. Beide Beispiele machen jedoch auch deutlich, dass es Grenzen dieser Umdeutungsmöglichkeiten gibt. Expert_in B muss sich auf das Hilfsmittel des Umschnallpenis stützen, Expert_in A auf die Überkategorie einer bisexuellen Welt.

Können also nur durch die Bezugnahme auf sozial akzeptierte sexuelle Normen abweichende sexuelle Praktiken und Verortungen eingeführt werden, wenn sie etwa durch einen abweichenden Umgang mit Geschlechtskörpern zustande kommen? Beide Beispiele scheinen dies zu suggerieren. Bereits hier werden also Grenzen der Verschiebung von Sexual- und Begehrensnormen und damit einhergehend der Interpretation von Geschlecht(-skörpern) deutlich, welche im Folgenden noch präzisiert werden.

Expert_in A versteht Menschen sowohl als Männer, wenn sie penetrieren, als auch wenn sie vaginal bzw. anal penetriert werden. Das folgende Zitat zeigt, dass Expert_in A Menschen *nicht* als Frauen ansieht, wenn sie mit einem als männlich klassifizierten Geschlechtsorgan in einem als schwul lesbaren Sexualakt penetrieren:

»ich hatte neulich eine Frau, die sah sehr gut aus, und erzählte mir, wie toll es war als sie die Hormone abgesetzt hat. Weil sie einen neuen Job angefangen hat, nämlich als transsexuelle Prostituierte und dass sie jeden Tag anal Männer penetriert. Da habe ich gesagt ›Ich kann sie nicht, ich kann es nicht schreiben das Gutachten.‹« (Expert_in A)

Expert_in A berichtet davon, als Psycholog_in ein Gutachten schreiben zu sollen, sodass die beschriebene Frau gesetzlich als Frau anerkannt werden kann. Sie wird von Expert_in A als Frau wahrgenommen, denn sie wird als sehr gut aussehend in die Erzählung eingeführt, ein Attribut, welches ausschließlich im Zusammenhang mit Weiblichkeit in den Gesprächen verwendet wurde. Das äußere Erscheinungsbild wird also als Frau gedeutet. Expert_in A verweigert allerdings die Verantwortung zu übernehmen, um dieses Geschlecht auch rechtlich zu legitimieren, aufgrund des Wissens um das sexuelle Verhalten dieser Frau.

Das hier beschriebene sexuelle Verhalten entspricht ansatzweise dem, welches zuvor bei den schwulen Trans*männern bereits vorgestellt wurde: Ein Geschlechtsorgan wird in klassischer Weise genutzt und dennoch scheinbar innerhalb der interpersonellen Skripte der Interaktionspartner_innen modifiziert. Das Geschlechtsteil scheint also nicht der Norm entsprechend als Symbol für Männlichkeit bzw. Weiblichkeit von den Interaktionspartner_innen gedeutet zu werden: Die »transsexuelle Prostituierte« scheint als Frau, oder doch zumindest nicht ausschließlich bzw. primär als Mann wahrgenommen zu werden, wenngleich sie penetriert; ähnlich wie die schwulen Trans*männer trotz vaginalem Verkehr als Männer wahrgenommen werden. Obgleich also auch in diesem Beispiel das Geschlecht durch das sexuelle Verhalten der beschriebenen Person, und sogar darüber hinaus im Rahmen eines beruflichen Settings bestätigt zu werden scheint, sieht sich Expert_in A nicht in der Lage, das Gutachten zu schreiben. Das Bild einer Frau, die mit einem männlichen Genital penetriert, scheint auszureichen, um die Beurteilung dieser Frau als Frau für Expert_in A zu verunmöglichen: »Ich kann sie nicht, ich kann es nicht schreiben das Gutachten.«. Der Anfang dieses Satzes »Ich kann sie nicht« ist Zeichen für das Unvermögen von Expert_in A, eine flexible Perspektive auf das sexuelle Verhalten und die damit einhergehende Beurteilung des Geschlechts zu gestatten.

Weder der Geschlechtskörper einer Frau mit Penis, noch ihre sexuellen Kontakte mit männlichen Personen widerspricht aus der Sicht von Expert_in A, wie sich anhand ihrer Einschätzung von Trans*frauen mit männlichem Partner zeigte, der Klassifikation dieser Person als Frau. Es scheint viel mehr das als männlich lesbare sexuelle Verhalten zu sein, welches die Beurteilung als Frau unmöglich macht, denn es wird formuliert: »dass sie jeden Tag anal Männer penetriert.« Erst nach dieser Beschreibung folgt die Erklärung, das Gutachten nicht schreiben zu können. Es ist entsprechend davon auszugehen, dass entweder bereits der erigierte Penis oder die Praxis der Penetration als ein Zeichen eines männlichen Erregungszustandes interpretiert wird, welcher die Beurteilung des Geschlechts der Person als Frau ausschließt.

Doch nicht allein die sexuelle Praxis oder der Geschlechtskörper einer Person ist ausschlaggebend für die Beurteilung des Geschlechts einer Person, sondern darüber hinaus die Beurteilung des sexuellen Begehrens einer Person. Dieser Zusammenhang wurde im ersten Beispiel bereits angedeutet. Ähnlich zeigt es sich auch im folgenden Beispiel, wobei jedoch über die sexuelle Praxis und Attraktivität hinaus noch das sexuelle Begehrt-Werden herangezogen wird, um die geschlechtliche Beurteilung einer Person entsprechend der eigenen Expert_innenperspektive zu unterstreichen.

Der folgende Gesprächsausschnitt ist eingebettet in die Erzählung einer Person, die als »Frau« behandelt wird, obgleich sie davon überzeugt gewesen sei, dass sie für andere Personen je nach Wissenstand »ein Mann ist«:

»Diese Frau kam zu mir, (.) nachdem sie, glaube ich, achtzehn Jahre von ihrem Mann getrennt war. (.)Nicht weil sie nicht attraktiv war, er hat sie noch viele Jahre besucht und mit ihr geschlafen und ist dann wieder weg. Er hat dann aber eine andere Frau genommen. Er wusste das nicht, sie hat es ihm viel später gesagt. Die war in ihrem Kopf wirklich fast unverrückbar davon überzeugt, dass wenn jemand weiß, dass sie XY ist, sie für diese Person ein Mann ist. Und ich habe sie zwei oder drei Jahre in Psychotherapie gehabt. Ich hab ein paar Sachen verändern können, aber es gab einen Punkt, wo ich auch nicht weiter gekommen bin. (Expert_in A)

Die hier beschriebene Trennung könnte darauf hindeuten, dass die Person auch von »ihrem Mann« nicht als Frau wahrgenommen worden wäre, weshalb sie verlassen worden sei. Allerdings werden zwei Kriterien eingeschoben, die die Beurteilung als Frau legitimieren und eine andere Lesart als abwegig erscheinen lassen: Erstens sei diese Frau »attraktiv« sowohl aus der Perspektive von Expert_in A und als auch aus der des Mannes gewesen – ein Attribut, das, wie anhand der Erzählung über die Trans*frau deutlich wurde, für Frau-Sein zu stehen scheint. Und zweitens habe der Mann mit ihr noch Jahre nach der Trennung Sexualkontakt gehabt.

Da keine weiteren Ausführungen zu dem Sexualkontakt gemacht werden, kann davon ausgegangen werden, dass er entsprechend dem hegemonialen Verständnis von Expert_in A als heterosexueller Kontakt gedeutet wird. Diese Vermutung wird nicht nur über die Unmarkiertheit des Sexualkontakts suggeriert, sondern auch über die Perspektive, aus der hier gesprochen wird. Expert_in A formuliert aus der Perspektive des Ex-Mannes, er habe sie besucht und mit ihr geschlafen und habe sich später eine andere Frau »genommen«. Diese Darstellung suggeriert einen Mann, der nach eigenem Bedarf aktiv sexuelles Verhalten praktiziert, wohingegen die Person, mit der gesprochen worden sei, in keiner Weise als aktiv am Sexualkontakt partizipierend beschrieben wird. Diese Darstellung deutet auf ein stereotypes Bild des Frau-Seins hin, welche passiv im sexuellen Verhalten sei. Der Sexualkontakt wird somit als Beweis der Frau als Frau angeführt. Diese Lesart lässt sich unter Bezug auf die Attraktivität noch bestärken. Sie wird vor dem Sexualkontakt genannt und lässt sich somit als Zugang zum sexuellen Verhalten als heterosexuelle Frau lesen, wie in obiger Passage ersichtlich: »Nicht weil sie nicht attraktiv war, er hat sie noch viele Jahre besucht und mit ihr geschlafen«. Die doppelte Verneinung betont die Relevanz in besonderem Maße, welche der Attraktivität zugeschrieben wird, um als Frau wahrgenommen zu werden. Es wird angedeutet, dass wenn die Person nicht attraktiv gewesen sei, von der gesprochen wird, ein Verlassen-Werden durch den Mann u.U. habe stattfinden können, bzw. dass ich – als zuhörende Person – mutmaßen könnte, diese Person habe aufgrund des XY-Chromosomensatzes nicht attraktiv ausgesehen und daher habe ihr Mann sie verlassen.

Sowohl sexuelles Verhalten als auch Aussehen würden der Darstellung folgend, bei dieser Person mit der Norm für Frau-Sein übereinstimmen. Dennoch fühle sie sich nicht als Frau wahrgenommen, wenn Interaktionspartner_innen das Wissen um die XY-Chromosomen hätten. Dieser scheinbare Widerspruch erzeugt bei Expert_in A eine Fassungslosigkeit:»aber es gab einen Punkt, wo ich auch nicht weiter gekommen bin.« Die eigene Professionalität der angemessenen Beurteilung des Geschlechts der geschilderten Person wird von dieser in Frage gestellt, denn sie sei»unverrückbar davon überzeugt« für andere Personen ein Mann zu sein. Das Wissen um das chromosomale Geschlecht sei bei dieser Person als relevanter bei der Beurteilung ihres Geschlechts angesehen worden als beispielsweise das Aussehen oder/und sexuelle Verhalten bzw. als Frau von einem Mann sexuell begehrt zu werden.

Dieses Beispiel verdeutlicht Probleme konkurrierender Wissenssysteme der Beurteilung von Geschlecht. Expert_in A geht von einer interaktionstischen Perspektive aus, die sexuelle Praktiken und sexuelles Begehren bzw. Begehrt-Werden als ein wesentliches Standbein hat. Die Frau, von der Expert_in A berichtet, orientiert sich hingegen an einem medizinisch-technologischen Wissenssystem zur Beurteilung des Geschlechts. Es zeigt sich, dass sexuelle Praxen und sexuelles Begehren nur begrenzt Aufschluss über Geschlechtszugehörigkeiten geben können. Expert_in A konstruiert eine spezifische geschlechtliche Wahrnehmung anhand des sexuellen Verhaltens und des damit einhergehenden Begehrt-Werdens der von ihr geschilderten Person. Von der Person scheint diese Kausalbeziehung jedoch nicht hergestellt zu werden.

VON DER (UN-)MÖGLICHKEIT, GESCHLECHT, SEXUELLES VERHALTEN UND BEGEHREN UNABHÄNGIG VONEINANDER ZU DENKEN

Die im vorliegenden Beitrag behandelte Frage, ob Geschlecht(-skörper), sexuelle Praxen und Begehren auch in der heutigen Gesellschaft noch immer als unabdingbar zusammenhängend angesehen werden, kann dahingehend beantwortet werden, dass sich zwar die Unabdingbarkeit ihres Zusammenhangs gelockert haben mag, sie aber noch immer als aufeinander bezogene Deutungssysteme verstanden werden.

Sowohl das Sonder- als auch das Expert_innenwissen von Geschlecht(-skörpern), sexuellen Praxen und sexuellem Begehren hat sich verändert. Von Expert_innen sowie von gut informierten Bürger_innen wird homosexuelles und heterosexuelles Verhalten und Begehren auch von Trans*Personen akzeptiert.

Um sexuelles Verhalten als schwul zu lesen, muss der Geschlechtskörper für gut informierte Bürger_innen in der Regel entweder operativ oder durch Hilfsmittel, wie den Umschnallpenis, den zu den Praxen eindeutigen Körper besitzen.[12] In den vorgestellten Interviewausschnitten wurde erklärt, dass diese Deutungsveränderung bezüglich des Geschlechts(-körpers) z.t. durch Erzählungen von Trans*personen hervorgerufen worden sei. Häufig wurde in den Interviews zur Erklärung dieser Veränderung auch auf gewandelte Darstellungen in den Massenmedien Bezug genommen. So ist in fast jeder Fernsehserie mittlerweile mindestens eine homosexuelle Person zu sehen, in Dokumentationen wird über Trans- und Intersexualität[13] berichtet. Massenmedien, so haben Simon und Gagnon (2000: 72) deutlich gemacht, vermitteln kulturelle Szenarien des Sexuellen und Geschlechts(-körpers), sie können somit als Spiegel des Alltagswissens gelesen werden. Das hier vorgestellte Wissen scheint entsprechend noch einen Schritt weiter als das Alltagswissen zu sein, doch auch in diesem wird bereits von Veränderungen berichtet.

Im Expert_innenverständnis können hingegen der Geschlechtskörper und die sexuelle Praxis von klassischen schwulen sexuellen Praktiken und zugehörigen Geschlechtskörpern abweichen *und dennoch als schwul gelesen werden*. Umdeutungsmöglichkeiten sexueller Praktiken sind offensichtlich auf einen exklusiven Personenkreis begrenzt: Nur Personen mit einem Geschlechtsexpert_innenwissen können heterosexuelle Praktiken auch als schwul deuten. Der Geschlechtskörper scheint in Expert_innenkreisen also nur eine vergleichsweise geringe Bedeutung

---

12 Dass es auch Ausnahmen von dieser Regel gibt, zeigte sich anhand des ersten Interviewausschnitts. In diesem wurde von schwulen Trans*männern erzählt, die z.t. mit ihrem Freund vaginalen Verkehr hätten und diesen als schwule Sexualpraxis erlebten. Diese können als gut informierte Bürger gedeutet werden, die diese Sexualpraxis als schwul deuten trotz eines als weiblich klassifizierbaren, also zur Sexualpraxis uneindeutigen Geschlechtskörpers.

13 An dieser Stelle wird bewusst die Vokabel Trans- und Intersexualität verwendet, da in den meisten Dokumentationen lediglich Phänomene behandelt werden, die entsprechend zu klassifizieren sind. So werden transsexuellen Personen als Personen mit einem hohen Leidensdruck dargestellt, die ihr Geschlecht wechseln wollten usw. Als intersexuell werden zumeist Personen vorgestellt, die medizinisch eindeutig definiert wurden. Trans*- oder Inter*personen, welche nicht unter ihrem Geschlecht(-skörper) leiden oder/und sich nicht eindeutig geschlechtlich klassifizieren (lassen), werden hingegen selten dargestellt und Darstellungen ohne Hinzuziehung einer professionellen Perspektive sind nur vereinzelt zu finden. Es kommen also zumeist professionelle Expert_innen zu Wort, die eine Problemdefinition und -lösung präsentieren.

als Indikator für die Geschlechtsbeurteilung zu haben. Diese Annahme ist jedoch zu relativieren, da sich gerade anhand der Begrenzung des Expert_innenwissens zeigt, dass Geschlechtskörper unter bestimmten Bedingungen noch immer eine maßgebliche Rolle bei der Beurteilung des Geschlechts spielen.

Noch immer wird also – selbst von Expert_innen des Geschlechts – die sexuelle Verwendung »signifikanter Körperformen« (Lindemann 1993: 199) häufig für die Geschlechtszuordnung genutzt.[14] Signifikante Körperformen, wie etwa Penis oder Vagina, werden also zumeist nicht umgedeutet. Sie werden im Allgemeinen herkömmlich gedeutet und bleiben somit als Symbol eines bestimmten Geschlechts erhalten. So wird eine Vagina nicht als Zeichen von Männlichkeit gelesen, sondern lediglich desymbolisiert und somit nicht länger als Zeichen von Frau-Sein gelesen. Gleichermaßen wird ein penetrierender Penis zumeist noch immer als Zeichen einer männlichen Sexualpraxis gesehen. Die aktive Penetration mit einem biologischen Penis scheint häufig noch immer der Beurteilung als Frau entgegen zu stehen. Geschlechtskörper bzw. ihr sexuelles Verhalten werden somit weiterhin binär strukturiert: »Von der männlichen Position aus kontradiktorisch und von der weiblichen Position aus polar.« (Lindemann 1993: 261) Als polar versteht Lindemann eine Position, die nicht klar markiert ist. Somit kann ein weiblicher Geschlechtskörper auch als männlicher gelesen werden, obgleich er in klassischer Weise weiblich sexuell agiert; ein männlicher jedoch nicht als weiblicher, wenn dieser in klassischer Weise männlich sexuell agiert. Wird ein weiblicher Geschlechtskörper beispielsweise penetriert, wird – wie die obige Analyse gezeigt hat – diese Praxis nicht unbedingt als heterosexuell gedeutet. Ein männlicher Geschlechtskörper, der in klassisch männlicher Weise sexuell agiert, wird hingegen in der Regel nicht als weiblich gedeutet. Wird also ein Penis zur Penetration eingesetzt, wird diese Praxis von der Mehrheit der Expert_innen des Geschlechts als männliches sexuelles Verhalten gedeutet. Eine Frau mit einem geschlechtskörperlich existenten Penis kann nach diesem Verständnis der vorgestellten Expert_innen sich nicht selbst als begehrend markieren, den Penis sexuell einsetzen und dabei als Frau gelesen werden. Ein weiblicher Geschlechtskörper hingegen kann mittels eines »Umschnallschwanzes« zu einem männlichen gemacht werden. Weibliche Geschlechtskörper erscheinen entsprechend weniger klar markiert zu sein und daher flexibler gedeutet zu werden. Des Weiteren zeigt gerade die Logik im letzten Gesprächsausschnitt, dass Frau-Sein zumindest teilweise auch auf das Begehrt-Werden durch Andere zurückgeführt wird. Sexuelle Praktiken und sexuelles Begehren

14 Die teilnehmende Beobachtung zeigte auch andere Deutungen, doch sind diese nur vereinzelt zu finden.

bzw. Begehrt-Werden werden also angerufen, um die Beurteilung des Geschlechts (für andere) nachvollziehbar zu machen. Hierbei können Deutungen sich verschieben. Im Wesentlichen werden allerdings noch immer Geschlechtszugehörigkeiten über sexuelle Praxen, Begehren bzw. Begehrt-Werden gedeutet, sie stellen somit häufig einen Pfeiler zur Beurteilung des Geschlechts dar. Daraus resultiert, dass nur dann eine Veränderung von Geschlechts- und Sexualitäts- und Begehrensnormen stattfinden kann, wenn sexuelle Praxen, Begehren bzw. Begehrt-Werden einerseits und Geschlecht andererseits unabhängig voneinander gedeutet werden.[15] In ihrem Aufsatz »Queer Belongings« argumentiert Elisabeth Probyn (1995), dass sexuelles Begehren auch losgelöst von ganzheitlichen Objekten gedacht werden könne. Begehren würde sich nicht auf eine Person oder ein Individuum beziehen, sondern auf verschiedene Körperteile oder auf andere Zugehörigkeiten, wie etwa Erfolg. Für das Begehren spiele das Geschlecht bzw. der Geschlechtskörper einer Person nicht zwangsläufig eine Rolle, sondern es richte sich beispielsweise auf die Formung bestimmter Körperteile oder auf die soziale Gruppenzugehörigkeit einer Person. Es gehe also um eine Verknüpfung von Repräsentationen und einer Sache. Begehren sei entsprechend einem Ensemble von Imaginationen, welche sich z.T. in einer Person manifestierten. Folgt man diesem Ansatz, so wäre die im oben analysierten Interview vorgenommene Deutung der Frau als »attraktiv« genauer zu analysieren und zu fragen, warum diese Person seitens des Mannes als attraktiv wahrgenommen wurde: Rührte die Attraktivität – beispielsweise – vom muskulösen Nacken oder von den zarten Händen her? Entsprechend könnte, so meine These, Begehren bzw. Begehrt-Werden losgelöst von Geschlechtsbeurteilungen als aus dem Begehren auf bestimmte Teile von Körpern und Zugehörigkeiten resultierend betrachtet werden.

Auch die Zuschreibung von sexuellem Verhalten und damit einhergehender (geschlechtlicher) Identität wird bereits seit vielen Jahren kritisiert (vgl. Weeks 2000; Queen/Schimel 1997 u.v.a.). Dennoch scheint sich diese angebliche Kausalbeziehung hartnäckig im Alltags-, Sonder- und Expert_innenwissen zu halten. Entsprechend wird, wie sich in der Analyse zeigte, davon ausgegangen, eine Person müsse sich als Frau verorten können, lediglich weil sie von einer anderen Person als Frau im sexuellen Kontakt wahrgenommen worden sei. Die obige Kritik an dieser scheinbaren Kausalbeziehung ermöglicht hingegen die Frage,

---

15 Im vorliegenden Artikel kann keine Analyse einer möglichen Unabhängigkeit von Sexualität und Begehren vorgenommen werden, da die Interviewpartner_innen eine solche nicht thematisierten. Entsprechende Möglichkeiten der Umdeutung scheinen jedoch auf, wenn man Personen in Betracht zieht, die sich als asexuell und gleichzeitig als hetero- oder homosexuell definieren.

warum diese Person sich konstant als Frau fühlen solle. Denkbar wäre beispielsweise, dass eine Person sich je nach Gegenüber und erlebtem Interaktionszusammenhang unterschiedlich geschlechtlich erlebe. Insgesamt zeigt sich, dass im Expert_innen-, Sonder- und Alltagswissen zwar eine Modifikation der angenommenen Kausalbeziehung von sexuellen Praxen, Begehren und Geschlecht auszumachen ist, diese jedoch zumeist noch immer als sich gegenseitig konstituierende Deutungssysteme begriffen werden, obgleich die entsprechenden Annahmen bereits seit vielen Jahren kritisiert und in nicht wenigen Fällen durch konkrete Praxen infrage gestellt werden. Um diesem Umstand auch in der Forschung Rechnung zu tragen und nicht lediglich tradierte Wissensbestände zu reproduzieren, müssen Geschlecht, sexuelle Praxen und Begehren zunächst unabhängig voneinander untersucht werden, da sich nur auf diese Weise ihr Verhältnis zueinander analysieren lässt. Mit Peter Fuchs (2010) kann argumentiert werden, dass es notwendig ist, etwas zu deontologisieren, um es im vollen Umfang begreifen zu können. Sollten also diese drei – oder zwei dieser – Deutungssysteme miteinander in konkreten Fällen verwoben sein, müsste diese Zusammengehörigkeit sich erst beispielsweise in empirischen Rekonstruktionen zeigen. Wird jedoch eine ontologische Setzung dieser Zusammengehörigkeit vorgenommen, entstehen bisweilen verzerrte Bilder davon, als was Geschlecht, sexuelle Praxen oder Begehren verstanden werden können. Die zu Beginn des Beitrags skizzierten (de-)konstruktivistischen Analysen der engen Verwobenheit von Geschlecht, sexuellen Praxen und Begehren sind folglich zu erweitern: Ein hegemoniales Verständnis ist nicht lediglich aufzuzeigen und dadurch teilweise zu reproduzieren, sondern ihm ist ein auf empirischen Erkenntnissen gegründetes kritisches Wissen entgegenzuhalten.

LITERATUR

Becker, Sophinette; Bosinski, Hartmut A. G.; Clement, Ulrich; Eicher, Wolfgang; Goerlich, Thomas M.; Hartmann, Uwe; Kockott, Götz; Langer, Dieter; Preuss, Wilhelm F.; Schmidt, Gunter; Springer, Alfred und Reinhard Wille (1997): Standards der Behandlung und Begutachtung von Transsexuellen der Deutschen Gesellschaft für Sexualforschung, der Akademie für Sexualmedizin und der Gesellschaft für Sexualwissenschaft. In: Zeitschrift für Sexualforschung 10 (2), S. 147-156.
Benjamin, Jessica (2004 [1990]): Die Fesseln der Liebe. Psychoanalyse, Feminismus und das Problem der Macht. Frankfurt a.M./Basel: Stroemfeld/Roter Stern.

Bundesverfassungsgericht 2011: 1 BvR 3295/07 vom 11.1.2011, Absatz-Nr. (1 – 77). Leitsatz zum Beschluss des Ersten Senats vom 11. Januar 2011 – 1 BvR 3295/07 – [Online Dokument]. Verfügbar unter: www.bundesverfassungs gericht.de/entscheidungen/rs20110111_1bvr329507.html [Zuletzt geprüft am: 25.10.2013].

Bundeweiter Arbeitskreis TSG-Reform 2012 [Online Dokument]. Verfügbar unter: www.tsgreform.de/ [Zuletzt geprüft am: 11.03.2013].

Butler, Judith (1991 [1990]): Das Unbehagen der Geschlechter. Frankfurt a.M.: Suhrkamp.

Butler, Judith (1997 [1993]): Körper von Gewicht. Frankfurt a.M.: Suhrkamp.

Butler, Judith (2006 [2001]): Doing Justice to Someone. Sex Reassingment and Allegories of Transsexuality. In: Stryker, Susan und Stephen Whittle (Hg.): The transgender studies reader. New York u.a.: Routledge, 183-193.

Deutscher Ethikrat (2012): Stellungnahme zur Situation intersexueller Menschen in Deutschland. [Online Dokument]. Verfügbar unter www.ethikrat.org/ dateien/pdf/stellungnahme-intersexualitaet.pdf. [Zuletzt geprüft am: 20.03. 2013].

Eckert, Lena (2013): Inter*sexualisierung – Klitorektomie und das Konzept der angeborenen Bisexualität. In: GENDER Zeitschrift für Geschlecht, Kultur und Gesellschaft 5 (1), S. 24-38.

Foucault, Michel (1994): Nachwort: Das Subjekt und die Macht. In: Dreyfus, Hubert und Paul Rabinow (Hg.): Foucault, Michel: Jenseits von Strukturalismus und Hermeneutik. Weinheim: Beltz, S. 241-261.

Fuchs, Peter (2010): Sexualität und Sozialität. Überlegungen zur Form moderner Sexualität. In: Benkel, Thorsten und Fehmi Akalin (Hg.): Soziale Dimensionen der Sexualität. Gießen: Psychosozial-Verlag, S. 117-131.

Groneberg, Michael und Kathrin Zehnder (Hg., 2008):»Intersex«, Geschlechtsanpassung zum Wohl des Kindes? Erfahrungen und Analysen. Fribourg: Academic Press Fribourg.

Güldenring, Annette (2009 [2006]): Eine andere Sicht des Transsexuellen. In: Rauchfleisch, Udo (Hg.): Transsexualität – Transidentität. Begutachtung, Begleitung, Therapie. Göttingen: Vandenhoeck & Ruprecht Verlag, S. 131-168.

Herrmann, Steffen Kitty (aka S_he) (2003): Performing the Gap. Queere Gestalten und geschlechtliche Aneignung. In: Arranca! (28), S. 22-26.

Hillmann, Karl-Heinz (1994): Phänomenologische Soziologie In: Hillmann, Karl-Heinz (Hg.): Wörterbuch der Soziologie. Stuttgart: Kröner, S. 665.

Hirschauer, Stefan (1993): Die soziale Konstruktion der Transsexualität. Über die Medizin und den Geschlechtswechsel. Frankfurt a.M.: Suhrkamp.

Homowiki (2012): Trans* [Online Dokument]. Verfügbar unter: www.homo wiki.de/Trans* [Zuletzt geprüft 25.10.12.].

Lang, Claudia (2006): Intersexualität. Menschen zwischen den Geschlechtern. Frankfurt a.m.: Campus.

Lindemann, Gesa (1993): Das paradoxe Geschlecht. Transsexualität im Spannungsfeld von Körper, Leib und Gefühl. Frankfurt a.m.: Fischer.

Meuser, Michael und Ulrike Nagel (2009): Experteninterviews und der Wandel der Wissensproduktion. In: Bogner, Alexander; Littig, Beate und Wolfgang Menz (Hg.): Experteninterviews. Theorien, Methoden, Anwendungsfelder. 3. Auflage. Wiesbaden: VS Verlag für Sozialwissenschaften, S. 35-60.

Meyer, Uli (2007): »Almost homsexual«. Schwule Frauen/Schwule Transgender (GirlFags/Trans*Fags). In: Liminalis (1), S. 59-82.

Pfadenhauer, Michaela (2003): Professionalität. Eine wissenssoziologische Rekonstruktion institutionalisierter Kompetenzdarstellungskompetenz. Opladen: Leske und Budrich.

Pfäfflin, Friedmann (2008): Transsexuelles Begehren. In: Springer, Anne; Münch, Karsten und Dietrich Munz (Hg.): Sexualitäten. Gießen: Psychsozial-Verlag, S. 311-330.

Polymorph (2002): (K)ein Geschlecht oder viele? Transgender in politischer Perspektive. In: Polymorph (Hg.): (K)ein Geschlecht oder viele? Transgender in politischer Perspektive. Berlin: Querverlag, S. 9-12.

Probyn, Elsbeth (1995): Queer Belongings: The Politics of Departure. In: Grosz, Elizabeth und Elsbeth Probyn (Hg.): Sexy Bodies. The Strange Carnalities of Feminism. London: Routledge, 1-18.

Profus, Andrzej (2011): Wer ›A‹ sagt muss nicht ›B‹ sagen. Ein sexpositives Zine über A_sexualität. Berlin.

Profus, Andrzej (2013): Wer ›A‹ sagt muss nicht ›B‹ sagen #2. Ein sexpositives Zine über A_sexualität. Berlin.

Queen, Carol und Lawrence Schimel (Hg., 1997): PoMoSexuals. San Francisco: Cleis Press.

Richter-Appelt, Hertha (2008): Intersexualität und Begehren. Sexuelle Wünsche und Fantasien bei nicht eindeutigem Geschlecht. In: Springer, Anne; Münch, Karsten und Dietrich Munz (Hg.): Sexualitäten. Gießen: Psychosozial-Verlag, S. 331-346.

Richter-Appelt, Hertha (2012): Irritationen des Geschlechtswechsels im Wandel. Beiträge in 25 Jahren Zeitschrift für Sexualforschung. In: Zeitschrift für Sexualforschung 25 (3), S. 252-272.

Schirmer, Uta (2010): Geschlecht anderes gestalten. Drag Kinging, geschlechtliche Selbstverhältnisse und Wirklichkeiten. Bielefeld: transcript.

Schweizer, Katinka und Bernhard Strauß (2013): Debatte zum Reformbedarf des Transsexuellengesetzes (TSG). Abschaffen, ändern oder pragmatisch anwenden? Eine Einführung. In: Zeitschrift für Sexualforschung 26 (2), S. 143-144.

Sigusch, Volkmar (1992): Geschlechtswechsel. Hamburg: Klein.

Sigusch, Volkmar; Meyenburg, Bernd und Reimut Reiche (1979): Transsexualität. In: Sigusch, Volkmar (Hg.): Sexualität und Medizin. Köln: Kiepenheuer & Witsch, S. 249-311.

Sigusch, Volkmar (2013): Liquid Gender. In: Zeitschrift für Sexualforschung 26 (2), S. 185-187.

Simon, William und John H. Gagnon (2000): Wie funktionieren sexuelle Skripte? In: Schmerl, Christiane; Soine, Stefanie; Stein-Hilbers, Marlene und Birgitta Wrede (Hg.): Sexuelle Szenen. Inszenierungen von Geschlecht und Sexualität in modernen Gesellschaften. Opladen: Leske und Budrich, S. 70-95.

Springer, Anne; Münch, Karsten und Dietrich Munz (Hg., 2008): Sexualitäten. Gießen: Psychosozial-Verlag.

Stein-Hilbers, Marlene; Soine, Stefanie und Brigitta Wrede (2000): Einleitung: Sexualität, Identität und Begehren im Kontext kultureller Zweigeschlechtlichkeit. In: Schmerl, Christiane; Soine, Stefanie; Stein-Hilbers, Marlene und Birgitta Wrede (Hg.): Sexuelle Szenen. Inszenierungen von Geschlecht und Sexualität in modernen Gesellschaften. Opladen: Leske und Budrich, S. 9-22.

TransInterQueer e.V. 2013: [Online Dokument]. Verfügbar unter: www.trans interqueer.org/aktuell/pm-der-ivimoii-deutschland-zum-offenen-geschlechts eintrag/[Zuletzt geprüft 11.03.2013].

Weeks, Jeffery (2000): Fragen der Identität. In: Schmerl, Christiane; Soine, Stefanie; Stein-Hilbers, Marlene und Birgitta Wrede (Hg.): Sexuelle Szenen. Inszenierungen von Geschlecht und Sexualität in modernen Gesellschaften. Opladen: Leske und Budrich, S. 163-182.

Wetterer, Angelika (2008): Geschlechterwissen & soziale Praxis. Grundzüge einer wissensoziologischen Typologie des Geschlechterwissens. In: Wetter, Angelika (Hg.): Geschlechterwissen und soziale Praxis. Theoretische Zugänge – empirische Erträge. Königstein/Taunus: Helmer, S. 39-63.

Zehnder, Kathrin (2010): Zwitter beim Namen nennen. Intersexualität zwischen Pathologie, Selbstbestimmung und leiblicher Erfahrung. Bielefeld: transcript.

Das Geschlecht der Heterosexualität oder Wie heterosexuell ist die Heterosexualität?

SVEN LEWANDOWSKI

> »Man kann davon ausgehen, dass Homosexuelle gemeinhin das Ausmaß ihrer Homosexualität und Heterosexuelle das Ausmaß ihrer Heterosexualität überschätzen.«
> (SCHMIDT 2005: 150)

EINLEITUNG

Der vorliegende Aufsatz expliziert die These, dass sich hinter manifester Heterosexualität eine bislang unerkannte Vielfalt geschlechtlich uneindeutiger Praktiken verbergen könnte. Um diesen nachzuspüren wird eine Differenzierung zwischen Geschlecht und Sexualität vorgeschlagen, die die kausale Verbindung zwischen *Hetero*sexualität und Hetero*sexualität* kappt und es so ermöglicht, sexuelle Praktiken in den Mittelpunkt der Analyse zu rücken. Dabei fällt auf, dass dem sozialen Verhältnis ›Heterosexualität‹ *keine* spezifischen *sexuellen* Praktiken korrespondieren, so dass Heterosexualität sexuell einerseits als eigentümlich leer erscheint, aber anderseits aufgrund dieser Leere offen für paradoxe und nicht eindeutig heterosexuelle Sexualformen ist.

Vor diesem Hintergrund wird auch die weit verbreitete Annahme in Zweifel gezogen, dass heterosexueller Geschlechtsverkehr ebenso wesentlich wie zwangsläufig zur sozialen und psychischen Reproduktion der binären Geschlechterordnung beitrage. Vielmehr scheint die Möglichkeit auf, dass gerade (hetero-)sexuelle Praktiken ein ›undoing gender‹ erlauben, das damit auch ein ›undoing heterosexuality‹ wäre.

Da im Zuge soziosexueller Wandlungsprozesse Heterosexualität zugleich weniger denn je als sexuelle Praktik verstanden werden kann, so muss die Frage nach dem *Sexuellen* wie dem *Hetero*sexuellen der Heterosexualität neu gestellt werden.

Die Bezeichnung ›Heterosexualität‹ scheint freilich alles zu sagen. Sieht man jedoch genauer hin, so fällt auf, dass dieses ›alles‹ recht wenig ist. Der folgende Essay löst das Problem der Heterosexualität nicht, argumentiert aber, indem er das oft vernachlässigte Sexuelle der Heterosexualität thematisiert, dass sich hinter der unifizierenden Bezeichnung erstaunlich polymorphe heterosexuelle Formen zu verbergen vermögen.

Nichts scheint so sehr zur Konstruktion des Geschlechts bzw. der Geschlechterdifferenz beizutragen wie Heterosexualität, so dass über ›ihr‹ Geschlecht kaum etwas zu sagen ist. So wird Heterosexualität üblicherweise mit der Geschlechtsdifferenz verbunden, ja oftmals gleichgesetzt, und auf ein wechselseitiges Bedingungsverhältnis beider verwiesen. Wird Heterosexualität überhaupt ›theoretisiert‹, so wird zum einen darauf abgehoben, dass sie der Aufrechterhaltung der zweigeschlechtlichen Ordnung diene und zum anderen wird ihre soziale Konstruiertheit hervorgehoben.[1] Ähnlich ergeht es der Hetero*sexualität*, wenn man sie als *sexuelles* Verhalten versteht. Auch hier scheint – mehr als 100 Jahre nach Freuds *Drei Abhandlungen zur Sexualtheorie* (1905) – weitgehend unhinterfragt zu gelten, dass mit der Bezeichnung ›Heterosexualität‹ bzw. mit der Klassifikation einer (sexuellen) Verhaltensweise als ›heterosexuell‹ bereits alles Wesentliche gesagt ist. Der vorliegende Text bezweifelt diese Annahme und rückt stattdessen das Sexuelle der Heterosexualität in den Mittelpunkt des Interesses. Heterosexualität und Heteronormativität stellen sich in dieser Perspektive möglicherweise als eine Art ›optische Täuschung‹ dar. Je näher man herangeht, je genauer man dem Hetero*sexuellen* nachspürt, desto mehr verflüchtigt sich das Heterogeschlechtliche hinter einer möglichen Heterogenität des Sexuellen. Um sich dieser Perspektive anzunähern sind Fragen zu stellen, die sich offensichtlich nicht von selbst verstehen bzw. deren Antworten wohl allgemein als bekannt vorausgesetzt werden. Solche Fragen sind etwa die folgenden: Wie *sexuell* ist die Heterosexualität? Gibt es *die* Heterosexualität überhaupt, und, wenn ja, wo und auf welchen Ebenen? Ist Heterosexualität überhaupt eine *sexuelle* Kategorie und, wenn ja, gibt es heterosexuelle (Sexual-)Praktiken? Und wie stellt sich der Zusammenhang mit (sowohl biologischem als auch sozialem) Geschlecht dar? Ent-

---

1 Die ›Theoretisierung‹ der Heterosexualität bezieht sich im wesentlichen auf die Institution Heterosexualität, jedoch gerade nicht auf das Sexuelle der Heterosexualität. Dieses bleibt weitgehend ›untheoretisiert‹.

lang dieser und ähnlicher bzw. anknüpfender Fragen plädiert der vorliegende Text dafür, Geschlecht und Sexualität schärfer als allgemein üblich zu differenzieren und den heterosexuellen Bereich nicht länger von derartigen Differenzierungen auszunehmen.[2]

Es geht dabei nicht so sehr um ein ›queering‹ der Heterosexualität, sondern darum, ihr ebenso zu Leibe zu rücken, wie man es seit jeher mit den abweichenden Sexualitäten getan hat.

›Heterosexualität‹ wird als Begriff ebenso undifferenziert wie vielfältig verwandt: als Abgrenzungsmuster wie als Identitätskategorie, als Klassifikationsmuster wie als Beschreibung sexueller Praktiken, als Objektpräferenz ebenso wie als normativer Begriff oder gar als ›politische‹ Institution. Vor allem unterstellt der Begriff jedoch fragwürdige Kausalverknüpfungen. Indem der folgende Text die Frage nach dem Sexuellen der Hetero*sexualität* in den Mittelpunkt rückt, entfaltet er die These, dass die Dichotomie heterosexuell/homosexuell gerade sexuell unterlaufen werden kann und so ein sexuelles Vergessen der Heterosexualität möglich wird. Heterosexualität stellt sich, da sich das Repertoire an heterosexuellen Praktiken pluralisiert hat, als paradox dar: Der Kategorie ›Heterosexualität‹ korrespondieren keine spezifischen hetero*sexuellen* Praktiken, so dass die Unterscheidung von heterosexuell und homosexuell (sexual-)praxeologisch von Bedeutungslosigkeit bedroht ist bzw. gegen eine solche Bedrohung künstlich stabilisiert werden muss.

Allgemein wird angenommen, dass Personen, die sich vom anderen Geschlecht angezogen fühlen, heterosexuell *sind* und heterosexuelle Sexualpraktiken *ausüben*. Unabhängig von der Frage, was hetero*sexuelle* Praktiken ausmacht, ist nach dem Bedingungsverhältnis von *Hetero*sexualität und Heterose*xualität* zu fragen: Üben Heterosexuelle wirklich heterosexuelle Praktiken aus oder sind diese Praktiken heterosexuell, weil sie von Heterosexuellen ausgeübt werden? Oder üben sie diese Praktiken aus, weil *sie* heterosexuell sind? Und bleibt Heterosexuellen gar nichts anderes übrig als heterosexuell zu verkehren, da sie unterschiedlichen Geschlechts sind? Damit stellt sich nicht nur die Frage nach dem Verhältnis von sexueller Identität und sexueller Praxis, sondern vor allem auch die Frage, was Heterosexuelle eigentlich sexuell machen und, weitergehend, ob das, was sie machen, zwingend heterosexuell ist, weil sowohl männliche als auch weibliche Körper im Spiel sind. Die Frage lässt sich zuspitzen:

---

2 Der vorliegende Text fügt sich mithin in meinen Versuch ein, eine Soziologie der Sexualität jenseits der Geschlechtersoziologie zu konzipieren (vgl. programmatisch zuletzt: Lewandowski 2012b).

Können Heterosexuelle nicht-heterosexuell oder gar homosexuell verkehren?[3]
Und tun sie das – zumindest hin und wieder?

Zunächst fällt auf, dass die zeitgenössische Gesellschaft *drei* sexuelle (Identitäts-)Kategorien (Schwule, Lesben und Heteros), aber nur *zwei* Geschlechter kennt. Erstere können also nur um den Preis eines blinden Flecks aus der ›Kreuzung‹ zweiterer destilliert werden: Während zwischen männlicher und weiblicher Homosexualität unterschieden wird, wird Heterosexualität als unifizierender Begriff verwendet.

Die Bezeichnung ›Heterosexualität‹ verdeckt also zunächst eine (mögliche) Differenz zwischen weiblicher und männlicher Heterosexualität. Sie unterstellt, dass Heterosexualität für Männer wie für Frauen ähnliches bedeutet und von beiden in ähnlicher Weise erlebt und begehrt wird.[4]

Lässt sich Heterosexualität aber geschlechtlich differenzieren, so liegt es auch nahe, nach sexuellen Differenzierungen zu fragen. Dies kann zunächst entlang der Geschlechterdifferenz geschehen, indem man etwa zwischen begehrendem Subjekt und begehrtem Objekt unterscheidet: Eine Frau, die Männer begehrt, begehrt offensichtlich andere Objekte, als ein Mann, der Frauen begehrt.[5] Man kann aber auch sexuelle Praktiken betrachten und über diese eine Differenz männlicher und weiblicher Heterosexualität einzufangen versuchen, also über die Frage: Wer tut was mit wem im heterosexuellen Sexualkontakt?

Die Frage nach sexuellen Praktiken und mithin danach, wie Körper zum Einsatz gebracht werden, setzt jedoch die geschlechtliche Differenzierung der Hete-

---

3 Analoge Fragen ließen sich – wie für alles folgende – auch für homosexuelle Verhältnisse aufwerfen.

4 Möglicherweise besteht jedoch die einzige Ähnlichkeit zwischen heterosexuellen Männern und heterosexuellen Frauen darin, dass beide jeweils ein Geschlecht begehren, dessen Begehren sie nicht verstehen (vgl. auch Hirschauer 2001: 224, Fn. 21). Vielleicht erfolgt gerade deswegen der Rückgriff auf (die kulturelle Annahme der) ›Natürlichkeit‹ (wechselseitigen) heterosexuellen Begehrens. Hinter solchen Überlegungen verbirgt sich nicht zuletzt die Frage, inwieweit männliche und weibliche Heterosexualität überhaupt miteinander kompatibel sind (insofern mag es auch kein Wunder sein, dass ebendiese Differenzierung durch die Bezeichnung ›Heterosexualität‹ üblicherweise verdeckt wird). Eventuell verhält es sich ähnlich wie im Falle von Sadisten und Masochisten, von denen ja auch allgemein (und fälschlicherweise) angenommen wird, dass das, was der eine geben will, der andere bekommen möchte.

5 Von daher hätte eine heterosexuelle Frau mit einem homosexuellen Mann mehr gemeinsam als mit einer homosexuellen Frau – nämlich das Geschlecht der begehrten Objekte.

rosexualität und möglicherweise auch die Geschlechterdifferenz mehr oder weniger voluntaristischem Verhalten aus. Geboten scheint somit eine Differenzierung zwischen Geschlecht und Sexualität, die zugleich kausale Verbindungen zwischen *Hetero*sexualität und Hetero*sexualität* kappt.

Mit dieser (nicht nur analytischen) Trennung erschließt sich auf allen drei Ebenen sexueller Skripte[6] eine Formenvielfalt heterosexuellen (Er-)Lebens, die hinter der unifizierenden Bezeichnung ›Heterosexualität‹ verborgen bleibt. Mögliche Widersprüchlichkeiten zwischen den verschiedenen Ebenen lenken den Blick auf die Frage, wie heterosexuell die Heterosexualität ist. Ähnliches gilt auch für die gebräuchlichen, gleichwohl aber kontingenten Kongruenzsetzungen der Dichotomien aktiv/passiv, oben/unten, begehrend/begehrt, Subjekt/Objekt mit der Dichotomie männlich/weiblich: Sie ermöglichen – paradoxerweise – Ansatzpunkte einer hetero*sexuellen* Dekonstruktion der Dichotomie männlich/weiblich und folglich einer Dekonstruktion der Heterosexualität. Die alltäglichen Identifikationen von passiv, unten, begehrt, Objekt mit weiblich und von männlich mit aktiv, oben, begehrend, Subjekt bieten Möglichkeiten, diese Dichotomien gegeneinander auszuspielen und so Geschlechtszuordnungen und heterosexuelle Verhältnisse sexuell aufzubrechen, zu verkehren und ihrer Eindeutigkeit zu berauben.

Die verborgenen Paradoxien der Heterosexualität scheinen bereits durch, wenn sich der eine oder die andere in nur einer der genannten Hinsichten nicht mehr kongruent zu seinem/ihrem (biologischen) Geschlecht verhält. Was bedeutet es, anders gefragt, für die heterosexuelle Ordnung, wenn sie aktiv und er passiv ist, sie oben liegt und er es genießt, ihr Objekt zu sein? Damit gerät freilich die heterosexuelle Ordnung nicht ins Wanken; aber welche Anstrengungen – so könnte man fragen – müssen die beiden unternehmen, um nicht selbst verwirrt zu werden, sondern an ihrem jeweiligen Geschlecht und an der Einordnung ihrer Interaktion als heterosexuell festhalten zu können?

Aufgrund des geringen Wissens über ihre sexuellen Aspekte erscheine, so Gargi Bhattacharyya, Heterosexualität als ebenso normal wie natürlich: »The trick of appearing natural relies heavily on the comparative lack of documentation about the detail of sexual conduct – for anyone, but perhaps most for all straights.« (Bhattacharyya 2002: 22). Gerade die heterosexuellen *Lebensweisen* gewidmete Aufmerksamkeit entleere sie ihrer sexuellen Aspekte. Während sexuelle Minderheiten auf ihre Sexualität reduziert würden – »so that these monstrous people are depicted as dirty, sleazy, excessive and very very sexual«– wür-

---

6   Kulturelle Szenarien, interpersonelle und intrapsychische Skripte (vgl. Simon/Gagnon 2000).

den Heterosexuelle als recht asexuell dargestellt:»straights are just straight.« An die Sexualität»– in terms of acts, feelings, meanings or anything –« der Heterosexuellen würden so wenige Gedanken ver(sch)wendet, dass »a reader could be forgiven for believing that, until recently, the life of the respectable heterosexual contained no sex at all.« (Ebd.). Der öffentliche Diskurs über Sexualität sei mithin durch eine »auffallende Desexualisierung« der Heterosexualität gekennzeichnet, die ihren Niederschlag in der mangelhaften Erforschung der Sexualität der Heterosexuellen findet.

Bevor wir uns Überlegungen zum Sex der Heterosexuellen zuwenden, widmen wir uns zunächst vier Ansätzen, die Verhältnis von Geschlecht und (Hetero-)Sexualität kritisch hinterfragen. Es handelt sich dabei um (1) einen machttheoretischen Ansatz von Sheila Jeffreys, (2) Stefan Hirschauers Thesen zum Vergessen des Geschlechts, (3) Überlegungen von Günther Burkhart und Cornelia Koppetsch zum Paar als sozialer Institution und schließlich (4) um Gunter Schmidts Thesen zum Ende der Monosexualität.

MACHT (UND UNTERWERFUNG)?

Indem Sheila Jeffreys die Dichotomien männlich/weiblich und Überordnung/Unterordnung kongruent zueinander setzt, ja erstere als Produkt zweiterer begreift, verknüpft sie in extremer Weise Heterosexualität und Macht: Männlichkeit und Weiblichkeit seien »the genders of dominance and submission« (Jeffreys 1996: 76) und Heterosexualität folglich eine machtförmige, nicht in erster Linie sexuelle Praxis. Entsprechend sei heterosexuelles Begehren nicht das Begehren des anderen Geschlechts, sondern ein Begehren, das um erotisierte Dominanz und Unterwerfung herum organisiert sei. »The hetero in heterosexual desire means other; in such a desire one participant is ›othered‹, or reduced to subordinate status through dominant/submissive objectifying sex […].« (Ebd.). Da heterosexuelles Begehren *nicht* an biologisches oder soziales Geschlecht, sondern an Macht(praktiken) geknüpft sei, sei es »not limited to opposite-sex couplings.« Fungiert Heterosexualität aber weder als Identitäts- noch als Geschlechtsrelations-, sondern als Interaktions- respektive Machtkategorie, so öffnen sich verschiedengeschlechtliche Konstellationen auch für *nicht*heterosexuelle Praktiken. Steht heterosexuelles Begehren auch gleichgeschlechtlichen Partnern offen, so gilt analoges auch für verschiedengeschlechtliche Konstellationen:

Auch Heterosexuelle könnten homosexuelles Begehren erfahren[7], welches Jeffreys (1996: 77) als »desire based on sameness instead of difference of power« begreift, als ein Begehren »which is about mutuality« und mithin als das Gegenteil heterosexuellen Begehrens.

Entscheidend ist jedoch der Gedanke, dass heterosexuelles Begehren in Jeffreys' Augen *nicht* primär auf geschlechtlicher Differenz, sondern auf der erotischen Besetzung von Ungleichheit beruht und somit Heterosexualität zu einer sexualpraktischen bzw. interaktiven Kategorie wird und folglich sowohl gleich- als auch verschiedengeschlechtlichen Beziehungen offen steht.

Jedoch ist Jeffreys' Argumentation tautologisch, da sie zunächst das ›Hetero‹ der Heterosexualität als Machtungleichgewicht definiert, die geschlechtliche Komponente des Begriffs aber beibehält und aus dieser Kombination ihre Kritik des heterosexuellen Begehrens entfaltet. In der Konsequenz ihrer Argumentation läge statt dessen eine Abkopplung der Heterosexualität vom Geschlecht und ihre Rekonstruktion in praxeologischer Hinsicht, in Jeffreys' Perspektive mithin als Praktik des Machtgebrauchs.

Der blinde Fleck in Jeffreys' Konzeption liegt freilich darin, dass sie die Machtdifferenz heterosexuellen Begehrens für unumkehrbar hält; die Macht bleibt immer männlich konnotiert, die Unterworfene immer weiblich. Zwischen Männern und Frauen ist zwar homosexuelles Begehren denkbar, nicht aber eine Form heterosexuellen Begehrens, das Frauen in eine machtvolle, Männer in eine unterworfene Position bringt. Da die Position der Unterworfenen in Jeffreys' Denken weiblich ist, wäre zu fragen, ob ein Mann, den eine Frau sexuell dominiert, weiblich wird. Geschlechterpositionen wären mithin machtrelationale Positionen und wenn ein Machtungleichgewicht vorherrscht (und erotisiert wird), handelt es sich in dieser Perspektive um Heterosexualität – gleich welchem biologischen Geschlecht die Beteiligten angehören. Denkbar wird in diesem Rahmen Heterosexualität für Homosexuelle ebenso wie Homosexualität für Heterosexuelle, *nicht* aber machtvolle heterosexuelle Positionen für Frauen oder genauer: Weibliche Macht in verschiedengeschlechtlichen Beziehungen wäre zwar heterosexuelles Begehren, aber eines, das unter dem ›Regime der Heterosexualität‹ nicht zu realisieren ist. An dieser Stelle läuft Jeffreys' Argumentation auf einen toten Punkt zu, denn »heterosexual desire requires the construction of gender difference« (ebd.: 77).

Heterosexualität und Homosexualität sind, so können wir festhalten, auch in Jeffreys' Augen keine Sache der beteiligten Genitalien, sondern eine des sozia-

---

7 Allerdings sei dies schwierig, da es ein strukturelles Machtungleichgewicht zwischen Männern und Frauen zu überwinden gelte.

len bzw. psychischen Arrangements und so werden wir wieder auf die Frage zurückgeführt, wie heterosexuell die Heterosexualität ist bzw. was das Heterosexuelle der Heterosexualität ausmacht.

UNDOING HETEROSEXUALITY?

In seinem Aufsatz *Das Vergessen des Geschlechts* (2001) stellt Stefan Hirschauer der bekannten These des ›doing gender‹ Überlegungen zu einem, die soziale
Konstruktion des Geschlecht unterbrechenden »undoing gender« entgegen (vgl.
auch Hirschauer 2004, insbes. S. 21-25). Hirschauer versucht ›(un-)doing gender‹ als eine differenztheoretische Form zu denken, in der ›doing‹ und ›undoing
gender‹ wechselseitig aufeinander verweisen. Das Geschlecht könne, so Hirschauer, *sozial* vergessen werden, wenn ›doing gender‹ unterbleibe, wenngleich das
Geschlecht psychisch präsent bleibe. ›Undoing gender‹ geht jedoch über ein einfaches Unterlassen von ›doing gender‹ hinaus und erfordert eine ebensolche Anstrengung wie dieses. Insofern ist ›undoing gender‹ ebenso wie ›doing gender‹
eine *soziale Praxis*.

Die Wahrnehmbarkeit der Geschlechterdifferenz spielt hinsichtlich ihrer *sozialen* Relevanz eine ambivalente Rolle, da das Geschlecht so offensichtlich ist,
dass jederzeit auf es rekurriert werden kann. Sie ist damit aber auch geheimnis-
los und folglich informationell redundant. »Eben dies macht die Geschlechter
sozial (interaktiv wie institutionell) *vergessbar*.« (Hirschauer 2001: 216, Herv.
im Original).[8]

Ermöglicht informationelle Redundanz soziales Vergessen, so ist zu fragen,
wie es damit in heterosexuellen Konstellationen bestellt ist und ob gar hetero*sexuelle* Praktiken ein soziales Vergessen der Heterosexualität ermöglichen. Sofern für die Beteiligten aufgrund der getroffenen Objektwahl die Klassifikation
ihrer Interaktion als heterosexuell weder an sich noch für die sexuellen Praktiken
einen weiteren Informationswert bietet, kann sie in der Interaktion sozial und
eventuell auch psychisch vergessen werden. So eröffnen möglicherweise gerade
auch hetero*sexuelle* Interaktionen Räume für ein Vergessen des Geschlechts, das
dann mit einem Vergessen der Heterosexualität gleichzusetzen wäre.

Sollte also ein ›undoing gender‹ ausgerechnet in dem Bereich möglich sein,
der gemeinhin als entscheidend für die Konstruktion und Aufrechterhaltung der

---

8   An dieser Stelle ist die Differenz von sozialem und psychischem Vergessen respek-
    tive Erinnern zu betonen: Was psychisch erinnert werden kann, kann sozial vergessen
    werden.

zweigeschlechtlichen Ordnung angesehen wird? Erweist sich die ›heterosexuelle Matrix‹ gar als (sexuell) indifferent gegenüber der Geschlechtsunterscheidung, beruht sie also auf einer Paradoxie? Zumindest ist ein ›undoing gender *and* heterosexuality‹ als hetero*sexuelle* Möglichkeit ins Auge zu fassen. Was bedeutet aber ein sexuelles ›undoing gender‹ für Heterosexualität bzw. für die Differenz von Homosexualität und Heterosexualität? Wir kommen so auf die These von Sheila Jeffreys zurück, dass homosexuelles Begehren auch in heterosexuellen Beziehungen vorkommen könne.

Zweifel daran, ob heterosexuelle Sexualität tatsächlich zur Konstruktion und Stabilisierung klarer Geschlechterdifferenzen beitrage, formuliert auch Lynne Segal (1994): »sexual relations are perhaps the most fraught and troubling of all social relations precisely because, especially when heterosexual, *they so often threaten rather than confirm gender polarity*« (zit.n. Sullivan 2003: 131, Herv. – S.L.). Möglichkeiten einer heterosexuellen Transformation der Heterosexualität böte vor allem heterosexuelle männliche Analerotik, da diese in Opposition stehe zu einem »phallic imago whose function is to vigilantly patrol the supposed boundaries and differences between the imaginary anatomies of sexual difference, and to reaffirm the social imaginaries that inform and are informed by them.« (Sullivan 2003: 132). So wird ein Unterlaufen, ein ›undoing heterosexuality‹ gerade auch in hetero*sexuellen* Interaktionen möglich und es wird, so Sullivan, fragwürdig, »whether or not heterosexuality is (always) heteronormative.« Weit entscheidender ist jedoch die Frage, ob Heterosexualität immer heterosexuell sein muss. Zu unterscheiden ist ferner zwischen homosexuellen Elementen in heterosexuellen Interaktionen und sexuellen Praktiken, die *jenseits* der Differenz von Heterosexualität und Homosexualität zu verorten sind, in denen das Geschlecht also keine oder allenfalls eine sekundäre Rolle spielt, auch nicht mit dem Geschlecht gespielt und dieses auch nicht erotisch besetzt wird.[9]

DAS GESCHLECHT, DIE SEXUALITÄT UND DAS PAAR

Ohne explizit auf sexuelle Praktiken einzugehen, fordern Günter Burkart und Cornelia Koppetsch, das Paar stärker in den Analysen des Geschlechterverhältnisses einzubeziehen, da »Geschlechterverhältnis und Geschlechtsnormen […] kontextabhängig« seien: »sie sind in Paarbeziehungen anders strukturiert und reguliert als im Kontext der öffentlichen Geschlechterordnung, weil Geschlecht in

---

9   Zu denken ist etwa an die von Sigusch (1998) so prominent behandelten Neosexualitäten.

beiden Kontexten jeweils anders verknüpft ist – mit Liebe und dyadischer Intimität anstelle von Konkurrenz und Hierarchie.« (Burkart/Koppetsch 2001: 432). Da sich folglich »Männlichkeit/Weiblichkeit im Übergang von einem zum anderen Bereich ändern« können (ebd.: 433), müsse man, um die »Interferenzen zwischen Paar und Geschlecht« zu untersuchen, »das Paar zunächst unabhängig von der Geschlechterdifferenz [...] konzipieren.« Es sei als »Institution zu betrachten, die zwar *auch* durch Geschlechternormen reguliert wird, die aber deswegen nicht von vornherein dem System der Zweigeschlechtlichkeit untergeordnet werden muss.« (ebd.: 437, Herv. im Original).

Liebe und Sexualität fungierten »als praktisches Regulativ von Paarbeziehungen [...], als körperbezogene, nichtreflexive intime Kommunikation. Mittels rückhaltlosen gegenseitigen Körperzugangs ermöglicht Sexualität das praktische Erkennen des anderen Subjekts und eine intime Form von Praxis.« (ebd.: 439). Indem sie Sexualität »*im praktischen Sinn*« von öffentlich diskursivierter Sexualisierung trennen, schlagen Burkart/Koppetsch erstere der Intimsphäre zu.[10] Ihre Betonung der Eigenlogik von Paarbeziehungen einerseits und der (sexuellen) *Praxis* andererseits erlaubt einen Anschluss an Hirschauers Thesen. Die institutionalisierte Sozialform ›Paarbeziehung‹ könnte einer derjenigen Räume sein, die ein soziales Vergessen des Geschlechts im Rahmen sexueller Praktiken ermöglichen. Diskursive Formationen, wie etwa die gesellschaftliche Konstruktion von Geschlecht wie von Heterosexualität, werden durch die Eigenlogik intimer Interaktion wenn nicht gebrochen, so doch verformt.

Da (nicht nur intime) Interaktionssysteme sich von ihrer Umwelt abgrenzen, sich im Rahmen dieser Grenzen reproduzieren und sich nur ›nach Maßgabe ihrer eigenen Begreifungskraft‹ auf ihre Umwelt beziehen, also nur in Maßen dieser gegenüber ›offen‹ sind, können sie von dieser abweichende Strukturen realisieren. Gerade im Hinblick auf Sexualität ist die Eigenlogik von Interaktionssystemen nicht zu unterschätzen. Insofern bieten (wie auch immer strukturierte) Paarbeziehungen einen Raum, in dem mitunter deutlich von heterosexuellen (Verkehrs-)Normen abgewichen werden kann.[11]

---

10 »Sexualität ist im Kern nach wie vor eine ganz und gar intime Angelegenheit.« (Burkart/Koppetsch 2001: 440).

11 Allerdings wäre zwischen der Paarbeziehung und der bzw. den konkreten sexuellen Interaktion(en) deutlich zu unterscheiden. Die obigen Ausführungen fokussieren im folgenden nicht die Paarbeziehung, sondern die sexuelle Interaktion. Sexuelle Interaktionen sind – wie alle anderen Interaktionen – auch gegenüber der sozialen Beziehung der Interagierenden hochgradig eigendynamisch.

Mag das Paar auch nach außen hin die heterosexuelle Matrix stabilisieren, so kann es sie in seinen internen sexuellen Arrangements durchaus unterlaufen. Der Kontext der Paarbeziehung wie des konkreten Interaktionstypus vermag darüber hinaus die Ausprägungen der Geschlechternormen zu modifizieren, so dass es in (hetero-)*sexuellen* Interaktionen möglicherweise mehr um Sexualität als um Geschlecht geht.

Freud paraphrasierend scheint es, dass man sich, da man zu wenig auf konkrete Interaktionssysteme schaute, die Verlötung von Sexualität und Geschlecht gemeinhin als eine zu enge vorgestellt hat. Denn gerade wenn Fragen der Geschlechtszugehörigkeit ›geklärt‹ sind oder als selbstverständlich angenommen werden können, kann man das Geschlecht sozial und möglicherweise auch die eigene Geschlechtszugehörigkeit psychisch vergessen und sich auf sexuelles Handeln und Erleben konzentrieren.[12]

MONOSEXUELLE VORURTEILE?

Indem er darauf verweist, dass das Gebot der Heterosexualität dem der Monosexualität »eindeutig nachgeordnet« sei, stellt Gunter Schmidt (1998: 132) zwar nicht die Heterosexualität, wohl aber die These der Heteronormativität in Frage. Weder Heterosexualität noch Homosexualität seien die entscheidenden Parameter der zeitgenössischen Sexualordnung, sondern gewissermaßen ihre Differenz – nämlich die Annahme, Menschen seien *entweder* heterosexuell *oder* homosexuell. Zwar sei das Denken in »monosexuellen Schubladen« eingefahren, aber zugleich sei »festzustellen, dass diese Kategorien nicht ganz so starr und vermutlich heute schon im Wanken sind und in Zukunft noch mehr ins Wanken kommen können und werden.« (ebd.: 142).

Schmidt (1998: 130ff., 2005: 135ff.) verengt jedoch (unverständlicherweise) seine Frage, ob es Heterosexualität gebe, darauf, ob sich Auflösungserscheinungen der »monosexuellen Verbissenheit«, die ohnehin »vorrangig ein Problem von Männern« sei (Schmidt 2005: 150), abzeichneten – und zwar Auflösungserscheinungen, die auf eine zunehmende Indifferenz gegenüber dem Geschlecht des Sexualpartners hinausliefen. So fügt sich seine Argumentation in einen Diskurs ein, der sich auf das Geschlecht der Sexualpartner einerseits und (homo- oder hetero-)sexuelle Identitäten andererseits richtet und sexuelle Praktiken da-

---

12 Die sich anschließende Frage lautet also: Wie wird Heterosexualität erlebt bzw. wird Heterosexualität tatsächlich als Heterosexualität und nicht beispielsweise einfach nur der sexuelle Kontakt an sich als erregend erlebt?

bei aus den Augen zu verlieren droht. Während Schmidts Frage somit letzten Endes weniger auf die Existenz von Heterosexualität als auf die Bedeutung des Geschlechts für die sexuelle Objektwahl abzielt, fragen wir: Gibt es Hetero*sexualität* in heterosexuellen Beziehungen und Interaktionen und, wenn ja, in welcher Form? So wäre auch zu vermuten, dass die Auflösung der monosexuellen Verbissenheit einen (Um-?) Weg über sexuelle Praktiken in hetero- bzw. homosexuellen Beziehungen nimmt.

Ein Wechsel des Geschlechts des begehrten Objekts läuft, so ließe sich plausibel vermuten, biografisch betrachtet wahrscheinlich über eine Art Übergangsobjekt, das geschlechtlich wohl dem Ausgangsobjekt entspricht, aber zugleich genügend Eigenschaften des anderen Geschlechts aufweist, so dass ein Unterbringen entsprechender homo- bzw. heterosexueller Wünsche möglich wird. Ein solches ›Übergangsobjekt‹ müsste also geschlechtlich in der einen oder anderen Weise ›polysem‹ sein – und aufgrund dieser Polysemie den manifesten Übergang (möglicherweise) verzichtbar machen.[13] Die Polysemie des gewählten Objekts wie des eigenen Erlebens lässt sich aber auch interaktiv herstellen. So können insbesondere sexuelle Praktiken zu einem Medium des Überschreitens der »monosexuellen Verbissenheit« (Schmidt 2005: 150) werden, was wieder auf die These zurückführt, dass sexuelle Interaktionen zwischen heterosexuellen Menschen unterschiedlichen Geschlechts nicht unbedingt heterosexuell sein müssen. Die Frage, ob es Heterosexualität gibt, ist nicht also nur im Hinblick auf sexuelle Identitäten und sexuelle Objektwahlen, sondern vor allem auch in Hinblick auf sexuelle Praktiken zu stellen.[14]

Ein entscheidendes monosexuelles Vorurteil ist es, von der Geschlechtsrelation der beteiligten Personen auf die ausgeübten sexuellen Praktiken zu schließen und somit den Gedanken auszuschließen, dass Heterosexuelle homosexuell bzw. Homosexuelle heterosexuell begehren *und verkehren* können. Insofern wä-

---

13 So wäre anzunehmen, dass Heterosexuelle, die auch homosexuelle Neigungen haben, sich PartnerInnen wählen, die Eigenschaften beider Geschlechter aufweisen.

14 Sonja Düring (1994) argumentiert, dass die Konstrukte »Heterosexualität« und »Homosexualität« die sexuelle Realität insbesondere von Frauen nicht mehr hinreichend beschreiben würden, sondern stattdessen von einem »erotischen Kontinuum« auszugehen sei. Ein solches ermöglicht beispielsweise sequenzielle Homo- bzw. Heterosexualität ohne dass der Wechsel des jeweiligen Sexualobjekts Identitätsfragen aufwirft. Schmidt (2005: 138f.) deutet die durch einen Wechsel in der sexuellen Objektwahl auftretenden Identitätsfragen als Effekt der monosexuellen Ordnung, während Jeffrey Weeks (2004) betont, dass Homosexualiät und Heterosexualität »Fiktionen« seien.

re hier zunächst ein Primat der Praxis einzufordern. Und möglicherweise bietet auch Monosexualität die Möglichkeit, *nicht* monosexuell, sondern u.U. sogar polymorph pervers zu verkehren.

(HETERO-?) SEXUELLE PRAKTIKEN

Homosexuelle Begehrensanteile lassen sich im Rahmen einer manifesten heterosexuellen Objektwahl entweder durch Wahl eines Objekts mit sowohl gegen- als auch gleichgeschlechtlichen Eigenschaften – sei es des Charakters, des Aussehens oder des Verhaltens – unterbringen oder aber durch die Ausübung homosexuell konnotierter Praktiken mit einem heterosexuellen Objekt.[15]

Trotz einer ›Sonderstellung‹ des vaginalen Geschlechtsverkehrs wird es mit einer allgemeinen Pluralisierung sexueller Praktiken zunehmend schwieriger, die Differenz zwischen heterosexuell und homosexuell an diesem festzumachen. Das heterosexuelle Standardrepertoire hat sich im Zuge diverser sexueller Revolutionen nicht nur erweitert, sondern auch sexuelle Praktiken aufgenommen, die sich jenseits der Unterscheidung heterosexuell/homosexuell bewegen oder gar traditionell homosexuell konnotiert waren. Dies gilt vor allem für oralen Sex. Und selbst eine ›Vorherrschaft‹ vaginalen Geschlechtsverkehrs in heterosexuellen Beziehungen sagt noch nichts darüber aus, wie dieser von den Beteiligten praktiziert, wahrgenommen und erlebt wird.[16] Aber selbst wenn eine sexuelle Interaktion anhand der beteiligten Genitalien und auch von den Beteiligten selbst als heterosexuell klassifiziert wird, folgt daraus nicht zwingend, dass es unmöglich wäre, in einer solchen Konstellation Heterosexualität gleichsam zu ›transzendieren‹.

Wenngleich es weder eindeutig hetero- noch eindeutig homo*sexuelle* Praktiken gibt, so existieren doch entsprechende Konnotierungen, die durch ein Kon-

---

15 Freuds Infragestellung der Natürlichkeit der Heterosexualität und seine Annahme, jeder Mensch habe zumindest im Unbewussten eine homosexuelle Objektwahl vollzogen (vgl. Freud 1905: 44, Fn. 1), gibt einen weiteren Hinweis auf mögliche Uneindeutigkeiten des Heterosexuellen.

16 Gleiches gilt mutatis mutandis auf für homosexuelle Interaktionen. Auch wenn man sich den Vorwurf einhandelt, Homosexualität wiederum zum Verschwinden bringen zu wollen, so wäre doch zu fragen, inwieweit auch bei homosexuellen Interaktionen latente heterosexuelle Phantasien und Praktiken eine Rolle spielen mögen – inwieweit etwa eine Afteröffnung eine Vagina (bewusst oder unbewusst) symbolisch vertritt oder ein Finger oder ein Dildo einen Penis.

terkarrieren geschlechtsspezifischer Kongruenzannahmen ein Unterlaufen der Differenz heterosexuell/homosexuell erlauben. So zeichnet sich *sexuell* eher ein uneindeutiges Kontinuum als eine scharfe Abgrenzung zwischen heterosexuellen und homosexuellen Praktiken und Konstellationen ab.

Die performative Herstellung von Geschlechtszugehörigkeiten entlang der Unterscheidung von Aktivität und Passivität, die traditionell männlich/weiblich codiert war, bietet eine Möglichkeit, in und durch sexuelle Interaktion Geschlechtsunterscheidungen zu verwirren. So wäre etwa in Zweifel zu ziehen, ob ein ›heterosexueller‹ Geschlechtsverkehr, bei dem *sie* sich aktiv verhält und oben liegt, während er sich als passives Objekt *ihrer* Lust überlässt, eindeutig heterosexuell ist oder als eindeutig heterosexuell *erlebt* wird. Zumindest wird die übliche Zuschreibung von Passivität und Aktivität auf die Geschlechter aufgehoben und gerade diese Aufhebung macht es problematisch von traditioneller Heterosexualität zu sprechen. Vielleicht phantasiert er ja, sie sei männlich und nehme ihn oder sie agiert ihre männliche Seite aus.[17] So bietet gerade die Dichotomisierung passiv/weiblich versus aktiv/männlich Möglichkeiten, die Geschlechtsdifferenz sexuell zu verkehren.

Jenseits der Unterscheidung von Aktivität und Passivität finden sich weitere sexuelle Praktiken, die weder eindeutig heterosexuell noch eindeutig homosexuell sind. Dies gilt vor allem für oral-genitale Praktiken, die inzwischen zu einem festen Bestandteil heterosexueller Skripte geworden sind.[18] Charakteristisch für oral-genitale Praktiken ist nun, dass sie – *als Praktik* – weder hetero- noch homosexuell sind. Im Gegensatz zu vaginalem Geschlechtsverkehr wohnt weder Fellatio noch Cunnilingus ein Hinweis auf das Geschlecht der aktiven Person und somit auch kein Hinweis auf hetero- oder homosexuelle Konstellationen inne. Während vaginaler Geschlechtsverkehr meist heterosexuell ist[19], sind orale Praktiken zwar nicht geschlechtsindifferent, wohl aber indifferent gegenüber der Unterscheidung heterosexuell/homosexuell.[20] Orale Sexualpraktiken bahnen

---

17 Phantasiert er sich als Frau, sie sich als Mann, so wäre ihre Interaktion auf paradoxe Weise wiederum heterosexuell!

18 Ob vornehmlich als Element des Vorspiels zum ›eigentlichen‹ Geschlechtsverkehr, ist eine andere Frage, die jedoch für unsere Argumentation sekundär ist.

19 Zumindest wenn er unter Verwendung eines biologischen Penis ausgeführt wird.

20 Damit ist – wohlgemerkt – nicht gesagt, dass die jeweils beteiligten Personen diese Indifferenzannahme teilen. So macht es – nicht zuletzt aufgrund homophober bzw. heterophober Vorurteile – für die meisten Männer einen Unterschied, ob sie von einer Frau oder einem Mann fellationiert werden. Worauf es hier jedoch ankommt, ist die ›nackte‹ Praktik als solche.

zwar nicht der jeweils passiven Person einen Weg, ihr Geschlecht, wohl aber die Differenz heterosexuell/homosexuell zu überschreiten. Sie kann gewissermaßen die Augen schließen und sich vorstellen, sie werde von einem Mann oder einer Frau oral stimuliert, verkehre also entweder heterosexuell, homosexuell oder aber jenseits der Differenz heterosexuell/homosexuell.

Ein drittes Beispiel Geschlechtergrenzen und mithin den Gegensatz von Heterosexualität und Homosexualität verwirrender sexueller Praktiken sind anale Praktiken. Einerseits wird analer Sex typischerweise mit männlicher Homosexualität in Verbindung gebracht und zum anderen rührt er an männliche (heterosexuelle) ›Penetrationsängste‹, mithin an männliche Identitätskonzeptionen, da Penetriertwerden mit Weiblichkeit verbunden wird.

Wie kaum eine andere sexuelle Praktik ist Analerotik, besonders analer Geschlechtsverkehr homosexuell besetzt und somit unter heterosexuellen Männern in besonderer Weise tabuisiert – zumindest, wenn sie das passive Objekt sind bzw. sein sollen. Andererseits scheint aktiver Analverkehr – nimmt man heterosexuelle Mainstream-Pornografie zum Maßstab – eine durchaus weit verbreitete männliche Phantasie zu sein. Diese Phantasie lässt sich in mehrere Richtungen aufschlüsseln (ist also mehrfach determiniert): Man kann sie einerseits als Ausdruck einer besonderen Erniedrigung des weiblichen Objekts angesehen. Sie kann aber andererseits – und darauf kommt es hier an – auch als Vermännlichung des Objekts beschrieben werden. Oder genauer: als Umcodierung einer heterosexuellen in eine homosexuelle Konstellation. Während das Objekt weiblich bleibt, ist die Praktik homosexuell, so dass die Konstellation an den Ovid zugeschriebenen Ratschlag, wer anstatt seiner Freundin lieber einen Freund hätte, sie doch einfach umdrehen solle, gemahnt. Analer Geschlechtsverkehr mit einer Frau ließe sich somit als eine Praktik entschlüsseln, die es Männern ermöglicht, homosexuelles Begehren in heterosexuellen Kontakten zu befriedigen[21] (vgl. auch meine diesbezüglichen Ausführungen zu pornografischen Inszenierungen: Lewandowski 2012a, insbes.: 59ff.).

Dies führt zu einem letzten Beispiel, der wohl ultimativen sexuellen Negierung *traditionell* männlicher Heterosexualität: der analen Penetration eines Mannes. Passive männliche Analerotik ist die wohl am stärksten homosexuell codierte Sexualpraktik und folglich die in heterosexuellen Kontexten wohl am stärksten tabuisierte. Sie markiert eine eindeutige Überschreitung bzw. Negierung der Dichotomie heterosexuell/homosexuell. Besonders deutlich wird am Beispiel männlicher Analerotik in heterosexuellen Kontexten auch ein Interagieren kultureller, interpersoneller und intrapsychischer Skripte. Gerade die Codie-

---

21 Ähnliches lässt sich bereits für vaginalen Geschlechtsverkehr a tergo vermuten.

rung männlicher Analerotik als homosexuell erlaubt es, in heterosexuellen Kontexten die Unterscheidung von homosexuell und heterosexuell aufzubrechen und so performativ ein Jenseits von Hetero- und Homosexualität zu erreichen oder mit anderen Worten einen nicht-heteronormativen heterosexuellen Geschlechtsverkehr.

Wie die angeführten Beispiele illustrieren, ist die strikte Unterscheidung von Heterosexualität und Homosexualität auf der Ebene sexueller Praktiken in eigentümlicher Weise porös, da sich diese klaren Dichotomisierungen nicht fügen. Da deutlich wird, dass Objektwahl weder alles ist, noch alles sagt, ist die Annahme, die *sexuelle* Aktivität Heterosexueller stärke deren heterosexuelle Identität – oder gar die heterosexuelle Ordnung der Gesellschaft –, zumindest zu hinterfragen: Eine sexuelle Interaktion mit einer Person anderen Geschlechts muss nicht zwangsläufig eine heterosexuelle Interaktion sein.

PHANTASIE UND POLYSEMIE

Behandelt man Menschen auch in sexueller Hinsicht nicht als Trivialmaschinen, sondern als aktiv Bedeutungsschaffende, so lässt sich die Bedeutung sexueller Phantasien und phantasmatischer (Be-)Deutungen sexueller Handlungen, also die Bedeutung intrapsychischer Skripte kaum überschätzen. Sexuelles muss folglich als polysem verstanden werden, so dass von ›objektiven‹ sexuellen Situationen, Zeichen und Darstellungen nicht umstandslos auf subjektives Erleben geschlossen werden kann.

Da sexuelle Szenen keine Bedeutung an sich haben und die Kategorien Heterosexualität und Homosexualität im konkreten Sexual*verhalten*, d.h. nach erfolgter Objektwahl, wohl von eher sekundärer Bedeutung sind, wird die Bedeutung des Geschlechts für sexuelle Praktiken möglicherweise überschätzt. Diese Überschätzung begünstigt auch das Übersehen der Tatsache, dass nicht jedes geschlechtlich passende Objekt auch ein sexuell passendes ist. Sei es, weil es unerwünschte Eigenschaften aufweist, sei es, weil es andere Praktiken präferiert.

Sexuelle Phantasien und die Polysemie des Sexuellen ermöglichen nicht nur die allgemein bekannten ›Sexualüberschätzungen‹, sondern haben auch das Potenzial, sexuelle Bedeutungen umzuschreiben respektive neue zu schaffen. Beide bilden ein wesentliches Fundament sexueller Erregung und machen sexuelle Interaktionen dadurch erst erregend bzw. ›erträglich‹, dass sie es erlauben, diese mit dem eigenen Begehren in einer Weise zu verschmelzen, die dessen Befriedigung ermöglicht. Sexuelle Befriedigung resultiert, so verstanden, aus einer Kombination von sexuellen Phantasien und realen sexuellen Handlungen, also aus interpersonellen wie intrapsychischen Kompromissbildungen. Damit aber sexuelle Phantasien in gewünschter Weise ›greifen‹ können, müssen sexuelle Inszenierungen im Sinne eines semiotischen Exzesses (interpretations-)offen sein. Abweichungsmöglichkeiten der Phantasie und die Eigenlogik intrapsychischer Skripte tragen so wohl in einem nicht unerheblichen Maße zur Ermöglichung und Stabilisierung sexueller Interaktionen bei: So sehen etwa Simon/Gagnon (2000: 74) die Funktion intrapsychischer Skripte in der »Sequenzierung von *Bedeutungen* (von Handlungen, Körperhaltungen, Gegenständen und Gesten), die sexuelle Erregung auslösen und aufrechterhalten und zuweilen den Orgasmus ermöglichen.« (Herv. – S.L.)[22]

Zwischen verschiedenen kulturellen, interpersonellen und intrapsychischen Skripten auftretende Widersprüche, die durch die Relevanz sexueller Phantasien und die Polysemie des Sexuellen noch verschärft werden, ›öffnen‹ sexuelle Szenen für die Einschreibung ›queerer‹ Bedeutungen.[23] Vor diesem Hintergrund stellt sich gelungene Sexualität als eine Kompromissbildung zwischen Phantasie und Realität dar und wäre somit in ähnlicher Weise wie der polyseme Gebrauch massenmedialer Erzeugnisse zu analysieren.

Die cultural studies zeigen, dass massenmediale Produkte nur populär sein können, wenn sie nicht nur eine hegemoniale Lesart aufdrängen, sondern auch Anknüpfungspunkte für eine Mehrzahl alternierender Lesarten bieten. Das massenmediale Produkt wird als Rohmaterial verstanden, aus dem die Rezipienten, die nicht länger als passiv gedacht werden, Bedeutungen schaffen (vgl. u.a. Göttlich/Winter 2000, Winter/Mikos 2001). Analoges lässt sich für Sexualität und sexuelle Szenen behaupten.[24] Auch ihre Bedeutung wird von den beteiligten Subjekten geschaffen und so müssen auch sie semiotische Exzesse bieten, um als erregend erlebt zu werden.[25] Die Popularität sexueller Szenen und Inszenie-

---

22 Sexualität wird möglicherweise dadurch erträglich, dass sie in der Phantasie umgedeutet bzw. ihre Unerträglichkeit im Sinne von »aber er liebt mich doch...« abgemildert werden kann. In ähnlicher Weise argumentiert auch Žižek (1999: 170), wenn er betont, dass Sex – aufgrund des ihm »inhärent Traumatische[n]« – nur durch einen »phantasmatischen Schirm« ertragen werden könne.

23 Die Unterscheidung straight/queer ist folglich keine sexuelle, sondern eine identitätsförmige.

24 Ich habe dies an anderer Stelle am Fall der Pornografie expliziert (Lewandowski 2012a, insbes.: 13-91).

25 Im Falle der Massenmedien wird die Notwendigkeit semiotischer Exzesse vornehmlich damit begründet, dass mediale Produkte ein Massenpublikum erreichen müssen, um populär zu sein. Diese Bedingung gilt zwar für kulturelle sexuelle Szenarien, aber

rungen hängt ebenso wie die Popularität massenmedialer Produkte an semiotischen Überschüssen. Solche Überschüsse wären etwa (mehr oder minder latente)
homosexuelle oder anderweitig abweichende Bedeutungselemente in heterosexuellen Interaktionen, die sich mit (psychischen) Über- bzw. Mehrfachdetermi-
nierungen verbinden und sexuelle Erregungen mit nicht-sexuellen Motiven zu
unterfüttern vermögen.[26] Ähnlich wie die Popularität massenmedialer Produkte
auf der Ermöglichung abweichender, »nicht hegemonialer« Lesarten gründet, so
vermag die Integration nicht-heterosexueller Abweichungen ›straighte‹ Sexualität als Begehrens- ebenso wie als Interaktionsform zu stabilisieren. Heterosexualität bzw. Verschiedengeschlechtlichkeit bildet einen Rahmen, der durchaus von
diesem Rahmen abweichende sexuelle Praktiken und Phantasien ermöglicht oder
doch zumindest nicht ausschließt.[27]

Der heterosexuelle Rahmen[28] ist zwar ziemlich, aber nicht grenzenlos flexibel. Er endet dort, wo der (stillschweigende) Konsens der Beteiligten über die
Heterosexualität ihres sexuellen Arrangements brüchig wird, wenn ihn also die
sexuellen Handlungen zu sprengen drohen.[29]

---

nur bedingt für sexuelle Interaktionen. Sieht man aber die Konstruktion sexueller
Erregung und Befriedigung als komplexes Geschehen und nicht zuletzt als Koordina-
tionsproblem zweier oder mehrerer Personen an, so lassen sich durchaus Parallelen zu
den Konzeptionen der cultural studies herstellen.

26 Analogien zu Mechanismen perverser Sexualitäten stechen ins Auge.

27 In diesem Sinne kann Heterosexualität manch abweichende sexuelle Arrangements
verbergen. Versteht man den sexuellen Wandel vor diesem Hintergrund als Auswie-
tung der integrativen Reichweite der Heterosexualität, so wird nicht zuletzt deren Persistenz als institutionelle Ordnung erklärlich. Erwiese sich diese hingegen auch im
Hinblick auf sexuelle Praktiken als starr, so würde die kulturelle Form bzw. Institution ›Heterosexualität‹ wohl zerbrechen oder doch erheblich unter Druck geraten.
Stattdessen scheint vielmehr eine Art ›Anpassung durch Wandel‹ im Sinne einer
(Binnen-)Differenzierung der Heterosexualität auf Ebene der Paarbeziehungen wie
der sexuellen Interaktion stattzufinden.

28 Der Begriff ›heterosexueller Rahmen‹ entspricht nicht Judith Butlers Begriff der
»heterosexuellen Matrix« (vgl. Butler 1990); es geht nicht um eine heteronormative
Struktur, sondern um – durchaus individuelle – sexuelle Handlungsrahmen.

29 Der springende bzw. sprengende Punkt dürfte erreicht sein, wenn einer der Beteiligten
aufgrund des Eindrucks, auf eine Rolle festgelegt zu werden und nur als Statist zu
fungieren, sich weigert weiterhin mitzuspielen und die Abweichung gleichsam zu
»decken«. Einen *strukturell* analog gelagerten Fall eines Übergangs einer fetischis-

Das Vergessen und Erinnern des Geschlechts spielt hierbei eine zutiefst ambivalente Rolle. Einerseits beruht die Stabilität des heterosexuellen Rahmens darauf, dass das Geschlecht der Beteiligten aufgrund seiner Offensichtlichkeit jederzeit aktualisiert werden *kann*.[30] Andererseits erforderte die Sprengung des heterosexuellen Rahmens ein aktives *Vergessen* des Geschlechts bzw. seiner Aktualisierbarkeit – allerdings in einem anderen Sinne als oben geschildert. Notwendig wäre – vereinfacht ausgedrückt – nichts anderes als eine *explizite und explizit kommunizierte* Überschreitung des Geschlechts, etwa im Sinne von »was wir hier machen ist *nicht* heterosexuell, obwohl wir unterschiedlichen Geschlechts sind«. Es wäre also in einer Weise gegen geschlechtliche Evidenz zu argumentieren, die deren sexuelle Überschreitung herausstreicht. Der Verdacht jedoch, abweichend, also nicht-heterosexuell zu begehren, lässt sich durch Verweis auf das biologische Geschlecht der Person, mit der man sexuell verkehrt, abwehren. So ergibt sich die Stabilität des heterosexuellen Rahmens allein schon dadurch, dass eine *kommunikative* (Um-)Deutung sexueller Interaktionen verschiedengeschlechtlicher Personen als nicht-heterosexuell *kontrafaktisch* gegen die Offensichtlichkeit des Körpergeschlechts behauptet und durchgesetzt werden muss bzw. müsste.[31]

Der institutionelle, geschlechtlich abgesicherte Rahmen der Heterosexualität bietet somit aufgrund eben jener Faktizität Raum für eine Vielzahl sexueller wie objektorientierter Abweichungen und stabilisiert dadurch, dass er einen großen Formenreichtum ermöglicht, heterosexuelle Ordnungen wie Orientierungen. Nähme hingegen Heterosexualität eine monolithische Form an, so wäre ihre Stabilität kaum zu erklären.[32] Die kulturellen Skripte der Heterosexualität erweisen

---

tischen Perversion über Transvestismus zur Transsexualität schildert Reiche (2001: 444f.).

30 Aus dem gleichen Grund kann es auch sozial vergessen werden (vgl. oben).

31 Die Krux liegt freilich darin, dass sich die Faktizität am Visuellen zu fixieren beliebt; hier also an den Geschlechtsorganen respektive den Geschlechtskörpern. Allerdings kann psychische Wahrnehmbarkeit bzw. Wahrnehmung durchaus folgenlos für das soziale System der Interaktion sein, da Interaktionssysteme (scheinbar) Offensichtliches durchaus ignorieren können.

32 Es sei denn über Zwang, wobei gerade diejenigen, die der These von der »Zwangsheterosexualität« (Rich 1980) anhängen, sich Heterosexualität als zu monolithisch vorstellen.

sich aber gerade auf sexueller Ebene als zunehmend flexibel und aufnahmefähig.[33]

Geboten ist mithin eine Radikalisierung der Trennung zwischen sexueller Objektwahl und der Wahl sexueller Praktiken: weder drängt eine Präferenz für bestimmte Praktiken *zwangsläufig* zu einem bestimmten geschlechtlich differenzierten Objekt, noch die Präferenz für ein bestimmtes Objekt *zwangsläufig* zu bestimmten Praktiken.[34]

Kulturelle sexuelle Szenarien bieten also einerseits einen (Schutz-)›Schirm‹, unter dem eine Pluralität sexueller Skripte und Praktiken möglich ist, und sie bieten andererseits Elemente, mit denen interpersonelle wie intrapsychische Skripte so ›spielen‹ können, dass die heterosexuelle Eindeutigkeit aufbricht. Einst als homosexuell oder pervers etikettierte Praktiken und Symbole können, werden sie in heterosexuelle Skripte integriert, als Rituale fungieren und als Requisiten dienen, die eine Art ›queering‹ des Heterosexuellen bewerkstelligen. Die Polysemie sexueller Zeichen wie Handlungen mag nicht zu polymorph perversen Paradiesen (zurück-)führen, wohl aber lockert sie den Konnex zwischen Praktiken und Objektwahl in einer Weise, die es erlaubt, die Objektwahl auf Ebene der sexuellen Praktiken gleichsam zu unterlaufen. In konkreten sexuellen Interaktionen können sexuelle Bedeutungen und Codierungen gegeneinander ausgespielt werden, also beispielsweise homosexuell codierte Praktiken mit einem verschiedengeschlechtlichen Partner ausgeübt oder heterosexuelle Praktiken mit einem gleichgeschlechtlichen Partner – und zwar jeweils im hetero- bzw. homosexuellen Rahmen.

So verbirgt sich hinter der Stabilität und Starrheit der monosexuellen Matrix möglicherweise ein sexueller Wandel eines bislang unerkannten Ausmaßes.

---

33 Offensichtlich hat man die Integrationsfähigkeit des Heterosexuellen ebenso unterschätzt wie seine Toleranzschwellen gegenüber sexuellen Abweichungen innerhalb des eigenen ›settings‹.

34 Die Frage nach der ›Heteronormativität‹ bleibt jedoch virulent, da zu erklären ist, welche Faktoren dazu führen, dass trotz eines Begehrens ›eher‹ homosexuell konnotierter Praktiken dennoch ein gegengeschlechtliches Objekt gewählt wird. Eine solche Wahl fällt freilich leichter, wenn aus ihr nicht automatisch bestimmte sexuelle Praktiken folgen. Für den umgekehrten Fall sind die ›Selbstverständigungsdiskurse‹ heterosexueller Feministinnen instruktiv, die sich um die Frage einer ›politisch‹ induzierten ›Zwangshomosexualität‹ drehen: Es geht dabei um die Frage, ob ›echte‹ bzw. radikale Feministinnen heterosexuell sein dürfen, ohne an feministischem Bewusstsein und feministischer ›credibility‹ einzubüßen (vgl. etwa die Texte in: Kitzinger/Wilkinson/Perkins 1992).

Ähnlich wie im Falle des neuen Individualisierungsschubs der 1980er und 1990er Jahre scheinen die makrosozialen Kategorien weitgehend unverändert, während sich die mikrosoziale Sinnwelt gewandelt hat. So bedeutet heute Heterosexualität gerade auch in sexueller Hinsicht etwas anderes als etwa in den 1950er Jahren – bei unveränderter Benennung. Heterosexualität als Realität der Objektwahl und als Fiktion scheint sexuelle Praktiken zunehmend weniger informieren zu können, so dass die heutige Heterosexualität aus Perspektive der Heterosexualität von einst als reichlich ›pervers‹ erscheinen mag. Der soziale Wandel der (Hetero-)Sexualität muss folglich nicht nur als Ausdifferenzierung, sondern vor allem auch als Binnendifferenzierung verstanden werden und zwar als eine Binnendifferenzierung ›im Schutze‹ (scheinbarer) äußerer Stabilität.

HETEROSEXUELLE MELANCHOLIE? – EIN PSYCHOANALYTISCH INFORMIERTER EXKURS

Judith Butler (1990) beschreibt die Verwerfung homosexueller Optionen bzw. Identität unter Rekurs auf Freuds Schrift *Trauer und Melancholie* (Freud 1917) als melancholisch strukturiert (vgl. auch Quindeau 2004). Melancholie zeichnet sich im Unterschied zu Trauer dadurch aus, dass ein eingetretener Verlust nicht betrauert wird (oder werden kann[35]) und statt dessen eine Identifizierung mit dem verlorenen Objekt eintritt, die zugleich seinen Verlust verleugnet.

Butler verknüpft die Verwerfung homosexuellen Begehrens mit geschlechtlicher Identifikation und Körperlichkeit und denkt die als »melancholische Struktur« betrachtete geschlechtlich bestimmte Identität als identifizierende Einverleibung. Die Einverleibung »erscheint so als körperliche Faktizität bzw. als das Mittel, das bewirkt, dass der Körper schließlich das Attribut ›Geschlecht‹ (*sex*) als seine literale Wahrheit trägt. Die Verortung und/oder das Verbot der Lüste und Begierden in bestimmten ›erogenen‹ Zonen ist genau jene Form der Melancholie, die die Geschlechtsidentitäten differenziert und die Oberfläche des Körpers überflutet. Der Verlust der lusterzeugenden Objekte wird durch die Einverleibung dieser Lust aufgelöst. Folglich wird die Lust durch die Zwangseffekte des Gesetzes, das die Geschlechtsidentitäten differenziert, sowohl determiniert als auch verboten.« (Butler 1990: 108f.). Butler zieht an dieser Stelle jedoch nicht die naheliegende Verknüpfung zu Freuds oder Stollers Perversionskonzepten. In seinen *Drei Abhandlungen zur Sexualtheorie* verknüpft Freud (1905) das

---

35 Aus sozialpsychologischer Sicht wäre zu fragen, ob es kulturelle Formen gibt, die ein Betrauern oder eine Bearbeitung solcher Verwerfungen erlauben (siehe unten).

Konzept der erogenen Zonen mit dem Perversionskonzept derart, dass er die erogenen Zonen als Ausgangs- bzw. Ansatzpunkt perverser Sexualitäten beschreibt und zugleich den Weg zu einer ›reifen‹ Sexualität als Prozess der Unterordnung der Lust erogener Zonen unter den Primat der Genitalität darstellt. Auch im Hinblick auf die Aufgabe erogener Zonen und polymorph perverser Sexualität ließe sich durchaus von Melancholie sprechen – allerdings (im Vergleich zur Aufgabe homosexueller Orientierungen) von einer Form unvollständiger Melancholie und zwar insofern, als die aufgegebenen erogenen Zonen sich in die normale bzw. reife Sexualität als Partialziele auf sozial legitime Weise integrieren lassen.[36] Ein Betrauern ihrer Aufgabe oder gar die Ausbildung einer melancholischen Struktur sind folglich nicht zwingend. Er handelt sich zwar um die Aufgabe von Sexualzielen; diese können aber gleichwohl als partiale Ziele beibehalten werden. Entscheidend ist die Frage, ob diese Möglichkeit nicht nur für aufgegebene Sexualziele, sondern auch für verlorene bzw. verbotene Sexual*objekte* gegeben ist.[37] Muss die Aufgabe homosexueller Objekte zwangsläufig in eine melancholische Struktur einmünden oder bieten sich andere Möglichkeiten, wie etwa ein Betrauern der aufgegebenen Objekte oder ist aber – und das dürfte der interessantere Fall sein – eine Beibehaltung aufgegebener gleichgeschlechtlicher Objekte möglich *ohne* in eine manifest bisexuelle Identität einzumünden? Die Frage zielt also auf Möglichkeiten, manifester Bisexualität ebenso zu entgehen wie einer melancholischen Struktur sexueller bzw. geschlechtlicher Identität. Einen solchen (Mittel-)Weg könnte eine Form ›performativer‹ Bisexualität bieten.[38] Gerade die erogenen Zonen, in die Butler die melancholische Struktur eingelagert sieht und die sich an ihnen festmachenden (Partial-)Lüste erlauben ein Unterlaufen strikt heterosexueller Muster und wenn nicht eine partielle Auflösung melancholischer Strukturen, so wohl doch Möglichkeiten ihrer Nutzung zum Zwecke der Generierung sexueller Lust. Auf diese Weise lässt sich wiederum Anschluss an Konzeptionen perverser Sexualitäten gewinnen, die argumentieren, dass die Umwandlung von Abwehrenergien in sexuelle Lust eine besondere Intensität letzterer ermöglicht bzw. hervorruft.

---

36 Die Frage ist, ob dies auch für verworfene Homosexualität gilt. Freud (1905: 44, Fn. 1) zumindest argumentiert, dass jeder Mensch eine gleichgeschlechtliche Objektwahl unbewusst vollzogen habe.

37 Zu betonen ist, dass hier nicht individuelle Sexualobjekte, sondern Kategorien von Sexualobjekten gemeint sind.

38 Bei Butler (wie bei vielen anderen) rächt sich, dass sie sich nicht mit (scheinbar normal hetero-)sexuellen Praktiken befasst, sondern auf sexuelle respektive geschlechtliche Identitäten fixiert bleibt.

Die besondere Lust an perversen Inszenierungen resultiert, so Stoller (1975), aus einer Umwandlung erlittener Traumata in sexuelle Triumphe. Insofern sich Verbindungen zwischen unbearbeiteten (und unbearbeitbaren) Traumata und Melancholie herstellen ließen, schlösse sich der Kreis: Die melancholische Struktur macht den Verlust eines Objekts insofern ungeschehen, als sie ihn durch Identifizierung mit dem Objekt negiert; die perverse, an erogenen Zonen, in die die melancholische Struktur eingelagert ist, sich anknüpfende Lust verspräche die Möglichkeit einer zumindest temporären Auflösung der melancholischen Struktur und eine solche Lust könnte gerade aus jenen psychischen Energien, die zur Aufrechterhaltung der melancholischen Identifizierung benötigt werden, wesentliche Verstärkung erfahren. Ein spezifisches Lustpotenzial erogener Zonen, besonders solcher, die nicht nur dem Primat genitaler Lust untergeordnet, sondern gänzlich aufgegeben und tabuisiert wurden, mag somit in spezifischer Weise der Verdrängung oder Angstbesetzungen unterworfen sein. Die Verbindung zwischen Melancholie und Verdrängung ergäbe sich insofern, als im Falle der ersteren bestimmte Lust- und Verlustformen offensichtlich nicht bewusstseinsfähig sind. Auffällig wäre auch, dass nichtgenitale, perverse Lust wesentlich von der temporären Aufhebung von Verdrängungsprozessen bzw. von freigewordener Verdrängungsenergie profitiert. Der Realisierung perverser Lust stehen somit ebenso hohe Hürden entgegen wie deren Überschreitung besondere und besonders intensive Lustmöglichkeiten eröffnet. Stoller (1975) weist in diesem Zusammenhang auf das psychische Risiko perverser Inszenierungen hin, die sich als eine Art Drahtseilakt darstellen und die aus der Gefahr des Absturzes und der Nähe zu ihr besondere Lust ziehen. Es ist die Nähe zum Trauma, das in der perversen Inszenierung immer wieder zitiert, nie aber – es sei denn im Moment des Orgasmus – aufgelöst wird, und das die besondere Lust verschafft.

Die Frage für eine Analyse heterosexueller Uneindeutigkeiten liegt darin, ob sich analoge Phänomene auch im Rahmen heterosexueller Inszenierungen beobachten lassen. Geht man in Referenz auf Freuds berühmte Fußnote (1905: 44, Fn. 1) davon aus, dass auch *Hetero*sexualität erklärungsbedürftig ist, so kann sie ebenso wie andere Sexualformen auch als perverse Inszenierung beschrieben werden und zu fragen wäre, ob sich Elemente, die für perverse Inszenierungen (im üblichen Wortsinne) typisch sind, auch in heterosexuellen Inszenierungen finden lassen. Dies gilt nicht zuletzt für die Frage einer Nähe zu und einer Bearbeitung bestimmter Traumata. So wäre etwa zu fragen, ob und wie in heterosexuellen Kontexten die angesprochene, aus der Verwerfung homosexueller Objekte resultierende Melancholie bearbeitet wird. Wir gehen davon aus, dass Heterosexualität nur insofern stabil sein kann, als sie sich dieser und ähnlicher

Verwerfungen annimmt. Der Heterosexualität ist somit die paradoxe Aufgabe gestellt, ein ›Unbehagen‹ an der Heterosexualität zu mildern, um ihre eigene Stabilität aufrecht erhalten zu können. Wir meinen, dass eine solche Milderung über die Integration nichtheterosexueller Sexualpraktiken und nichtheterosexueller phantasmatischer Skripte bewerkstelligt wird und untermauern damit – auch und gerade aus psychoanalytischer Perspektive – unsere *soziologische* These, dass Heterosexualität sexuell wesentlich flexibler ist und sein muss als man gemeinhin anzunehmen geneigt ist.

So wäre genauer zu untersuchen, ob sich kulturelle Formen auffinden lassen, die ein Betrauern verworfener homosexueller Objektwahlen ermöglichen bzw. Formen, die eine Bearbeitung solcher Verwerfungen erlauben. Uneindeutigen (hetero-)sexuellen Praktiken könnte ein solches Potenzial innewohnen. Eine nicht unwesentliche Stabilitätsbedingung der Heterosexualität als kultureller Form läge somit darin, dass sie es gestattet, uneindeutige sexuelle Praktiken in ihr Repertoire aufzunehmen und insofern ein Betrauern der verworfenen heterosexuellen Objekte vermeidbar respektive unnötig macht.

Die These, dass die kulturelle Form Heterosexualität in ihrer Erscheinungsweise als sexuelle Praktik diejenigen Verwerfungen zu bearbeiten vermag, die sie auf psychischer Ebene voraussetzt, bildet somit eine Art ›missing link‹ zwischen psychologischen und soziologischen Analysen der Heterosexualität und wäre daher genauer zu untersuchen.

DAS BEGEHREN DES GESCHLECHTS

Im Gegensatz zu unserer Argumentation vertritt Martin Dannecker (2004) die Auffassung, dass »ein geschlechtsunabhäniges Konzept von Sexualität« unfruchtbar sei und »in theoretische und praktische Sackgassen« führe. So zeige sich die Kopplung von Sexualität und Geschlecht etwa darin, dass die Aufrechterhaltung grundsätzlich fragiler heterosexueller männlicher Identität nicht nur den Besitz eines Penis, sondern auch kontinuierliche heterosexuelle Praxis erfordere. Durch heterosexuelle Kontakte und Praktiken werde nicht nur die heterosexuelle, sondern auch die männliche Identität stabilisiert.[39] ›Doing male gen-

---

39 Danneckers Argument wäre entsprechend auf homosexuelle Männer zu erweitern. Erklärungsbedürftig wäre zumindest die Tatsache, dass männliche Homosexualität offensichtlich in einem weit höheren Maße auf entsprechende sexuelle Kontakte angewiesen ist als männliche Heterosexualität. Zu überlegen wäre auch, warum dieser

der‹ komme ohne ›doing heterosexuality‹ nicht aus. Vor diesem Hintergrund versteht Dannecker die relativ geringe Fähigkeit von Männern auf sexuelle Kontakte zu verzichten nicht als Ausdruck männlicher Triebhaftigkeit, sondern als Hinweis auf die Fragilität ihrer sexuellen Identität. Der sexuelle Kontakt mit einer Frau diene somit der Abwehr einer Fragilisierung heterosexueller männlicher Identität. Allerdings, so fügt Dannecker (2004: 116) an, »muss ›Frau‹ [...] nicht unbedingt ›Frau‹ im anatomischen Sinne bedeuten.« Es geht also um die *soziale* Konstruktion heterosexueller *Szenen* bzw. Inszenierungen und mithin um Formen, die ein Vergessen oder Umdeuten des Geschlechts ermöglichen.

»Das Geschlecht des Begehrens« sieht Dannecker jedoch so sehr »in das Begehren erwachsener Subjekte [...] eingebrannt«[40], dass er in paraphrasierender Anlehnung an Foucault formuliert, dass das Geschlecht »immer schon da [ist], wo das Begehren ist; es in einer nachträglichen, möglicherweise selbstauferlegten Repression zu suchen, ist ebenso illusionär wie die Suche nach einem Begehren ohne Geschlecht. Die machtvolle Wirkung des Geschlechts ist auch in die sexuelle Orientierung eingeschlossen und das Geschlecht der Sexualpartner scheint, wenn auch auf je unterschiedliche Weise [...] konstitutiv für eine stabile Geschlechtsidentität zu sein.«[41] Sexualität und Geschlecht träten also mitnichten zunehmend auseinander, sondern das Geschlecht fungiere weiterhin als »Organisator des Begehrens«, so dass es zweifelhaft sei, ob es in dieser Rolle durch etwas anderes – etwa einen Fetisch – ersetzt werden könne (ebd.: 117ff.).[42]

Jedoch setzte sich »das Geschlecht bei der Wahl der Partner [...] nicht unbedingt als das durch, was landläufig unter Geschlecht verstanden wird.« Da sich das Begehren nicht zwangsläufig an das anatomische Geschlecht knüpfe, weise seine Determination durch dieses »gleichsam Lücken auf, die dem Begehren

---

Zusammenhang im Falle weiblicher Hetero- wie Homosexualität deutlich schwächer ausgeprägt ist.

40 Zu fragen wäre, ob dieses Begehren des Geschlechts als ein doppeltes zu verstehen ist. Bestätigt das Begehren des anderen Geschlechts die Zugehörigkeit zum eigenen Geschlecht? Begehrt man also, indem man ein anderes Geschlecht begehrt, zugleich sein eigenes bzw. seine eigene Geschlechtsidentität, die sich im Begehren des anderen bestätigt findet?

41 Daraus würde jedoch folgen, dass Bisexuelle Probleme mit ihrer Geschlechtsidentität haben müssten.

42 Zu folgern wäre also, dass das Geschlecht der zentrale Fetisch aller Sexualitäten ist.

eine gewisse Beweglichkeit dem anatomischen Geschlecht gegenüber verschaffen.« (ebd.: 119).[43]

Die Wirkung des Geschlechts auf das Begehren macht sich jedoch nicht am anatomischen, sondern am performativ erzeugten Geschlecht fest, das durchaus in Widerspruch zum ersteren stehen kann und dessen »Wirkung auf das Begehren [...] keineswegs so transitorisch ist, wie das oft geglaubt wird.« Von der »Wirkmächtigkeit der Geschlechts*zeichen*« (Herv. – S.L.) würden die meisten Menschen jedoch nichts erfahren, da sie sich in Verhältnissen bewegten, in denen anatomisches und performatives Geschlecht zusammenfielen. Diese »häufige Koinzidenz« nähre »die hartnäckig aufrechterhaltene Überzeugung, wir wüssten, was ein Mann oder eine Frau ist und unser Begehren sei im Hinblick auf das mit ihm verlötete Geschlecht nicht zu blenden. Das ist es tatsächlich nicht, denn es wird sich, wenn ein Mann das begehrte Objekt ist, an einem Mann, und, wenn eine Frau das Objekt des Begehrens ist, an eine Frau heften. Aber der Körper dieses Mannes muss nicht unbedingt männlich und der Körper dieser Frau muss nicht unbedingt weiblich sein.« (ebd.: 120f.).

Die Erkenntnis, dass sich das Begehren nicht auf das anatomische, sondern auf das sekundär konstruierte Geschlecht, also auf kulturelle Genitalien richtet, wird jedoch durch den statistisch überaus häufigen Zusammenfall von anatomischen und performativen Geschlecht, verdeckt. Das Begehren des Geschlechts ist also alles andere als eindeutig. »Diese verwirrende Möglichkeit des Begehrens wird dadurch abgewehrt, dass man sich gleich einem Rettungsanker an das anatomische Geschlecht hält, was dann zu dessen beständiger Essenzialisierung führt.« (ebd.: 121).[44]

Folgt man diesen Überlegungen Danneckers, so verschwimmen entweder die Klassifikationen ›heterosexuell‹ und ›homosexuell‹ oder sie müssen entlang der Unterscheidung anatomisch/performativ differenziert werden. Jedoch werden nicht nur Geschlechter, sondern auch sexuelle Geschlechter*relationen* performativ erzeugt.

---

43 Während Dannecker diese Beweglichkeit vor allem in Hinblick auf die Objektwahl verfolgt, interessiert sie uns eher im Hinblick darauf, was mit dem gewählten Objekt in Phantasie und Realität getan wird und inwieweit es dabei zu sexuellen Überschreitungen des Geschlechts des Objekts wie des Subjekts kommt. Die angesprochenen »Lücken« bieten gerade für ein sexuelles Überschreiten oder »Vergessen« des Geschlechts und mithin der Heterosexualität wesentliche Ansatzpunkte.

44 Freilich kann ein solcher »Rettungsanker« gerade auch dazu dienen, Nichtheterosexuelles zu ermöglichen.

Obwohl die entsprechenden performativen Akte in beiden Fällen unter »Wiederholungszwang« stehen, unterscheiden sie sich doch insofern, als die performative Erzeugung des Geschlechts kontinuierlicher erfolgt als die mittels sexueller Praktiken erfolgende Konstruktion sexueller Identität.[45] So sind gerade alltägliche Interaktionen in einem weit höheren Maße entlang der Geschlechterdifferenz organisiert als am sexuellen Begehren und an sexuellen Praktiken orientiert. Dem korrespondiert, dass das *soziale* Vergessen sexueller Identitäten wesentlich leichter fällt und öfter geschieht als ein soziales Vergessen des Geschlechts. So sind – zumindest im alltäglichen Umgang – sexuelle Identitäten geschlechtlichen Identitäten eindeutig nachgelagert.

Zwar mag – vor allem heterosexuelles – Begehren die ›korrekte‹ Identität als ›richtiger‹ Mann oder ›richtige‹ Frau bestärken. Umgekehrt reichen sexuelles Begehren und sexuelle Identität jedoch nicht zur Korrektur ›unrichtiger‹ oder uneindeutiger Geschlechtsidentitäten aus, da sie *nur ein* Baustein der alltäglichen Konstruktion des Geschlechts sind. Der Lackmustest für den Beitrag des sexuellen Begehrens zur *sozialen* Konstruktion des Geschlechts wäre die Frage, ob eine Person, deren geschlechtliche Darstellung lückenhaft oder uneindeutig ist, diesen Mangel durch die Wahl eines geschlechtlich eindeutig differenzierten Sexualobjekts zu korrigieren vermag. Obgleich bekannt ist, dass sowohl Stigmata als auch Normalität von einer Person auf eine andere abfärben können (vgl. Goffman 1963), bleibt fraglich, ob die geschlechtliche Normalität einer Person auf eine geschlechtlich ›unnormale‹ Person in der Weise abfärbt, dass aufgrund ihrer sexuellen Konstellation zueinander beiden Personen geschlechtliche Normalität, i.e. Eindeutigkeit zugebilligt wird. Kann also beispielsweise ein Mann, der sich weiblich (oder doch zumindest geschlechtlich uneindeutig) kleidet, dadurch, dass er eine eindeutig weibliche Frau begehrt und sich mit ihr öffentlich zeigt, erreichen, dass er trotz weiblicher Kleidung dennoch als ›richtiger‹ Mann – und nicht als Schwuler oder Tunte mit seiner besten Freundin – wahrgenommen wird? Oder wird nicht vielmehr *sie* im Sinne des Abfärbens von Stigmata in den Bereich des sexuell Uneindeutigen hineingezogen (ohne freilich ihre Geschlechtsidentität zu verlieren)?

Zwar kann kaum angezweifelt werden, dass die Aufrechterhaltung heterosexueller männlicher Identität sowohl auf Darstellung von Männlichkeit als auch auf sexuelle Kontakte mit Frauen angewiesen ist. Da analoges auch für homosexuelle Männlichkeit gilt, reduziert sich der Erkenntnisgewinn auf die Annahme, dass Geschlechtsidentität entsprechende performative Akte erfordert, sexuelle

---

45 Zumal sexuelle Praktiken ja typischerweise nur in einem sehr begrenzten Maße öffentlich stattfinden.

Interaktion ein derartiger performativer Akt *sein kann* und sexuelle Identitäten ohne entsprechendes Begehren und entsprechende sexuelle Akte schwer aufrecht zu erhalten sind.[46] Auch wenn sich geschlechtliche und sexuelle Identitätsbehauptungen wechselseitig zur Stützung nutzen lassen, so unterliegt diese Wechselseitigkeit doch spezifischen Einschränkungen.

Der von Dannecker postulierte Zusammenhang setzt jedoch voraus, dass sich sexuelle Handlungen der Unterscheidung von Heterosexualität und Homosexualität fügen, da nur in diesem Falle geschlechtliche Identitäten sexuell bestätigt werden können. Wohnt sexuellen Praktiken jedoch das Potenzial inne, das Geschlecht sozial vergessbar zu machen und Geschlechtszuschreibungen zu veruneindeutigen, so dienen sexuelle Akte gerade nicht immer der sexuellen Konstruktion bzw. Stabilisierung geschlechtlicher Identitäten.[47] Dies führt wieder auf die Frage zurück, ob man sich heterosexuelle Sexualität im allgemeinen nicht als zu einfach, zu eindeutig und zu ›straight‹ vorstellt.

Danneckers These, dass sich das Begehren nicht ans anatomische, sondern ans performative Geschlecht knüpfe, ist folglich dahingehend zu ergänzen, dass möglicherweise weder anatomisches noch performatives Geschlecht die sexuelle Interaktion in determinierender Weise bestimmen.

Bereits eine einfache Nichtkongruenz zwischen anatomischem und sozial dargestelltem Geschlecht lässt die klare Unterscheidung von hetero- und homosexuell paradox werden. Tragen sexuelles Begehren und sexuelle Handlungen zur Konstruktion des Geschlechts des Begehrenden bei, so wäre ein Mann, der eine Frau begehrt, die anatomisch männlich ist, so lange heterosexuell, wie er der Überzeugung ist, dass ›sie‹ weiblich ist. Er würde jedoch homosexuell, wenn er erfährt (oder weiß), dass sie anatomisch männlich ist und sein Begehren dennoch anhält. Der (angenommene) Zusammenhang zwischen sexueller und geschlechtlicher Identität beginnt in diesem Falle zu erodieren und die sexuelle, *nicht aber die geschlechtliche* Identität des Begehrenden wird vollends uneindeutig, wenn das begehrte Objekt gerade deshalb begehrt wird, weil es ge-

---

46 Häufige sexuelle Kontakte sind (im Gegensatz zu Danneckers Annahmen) eher für Männlichkeit selbst als für ihre heterosexuelle Variante bedeutsam. Im Rahmen von Danneckers Annahmen lässt sich zudem schlecht erklären, warum Sexualität im Leben von homosexuellen Männern eine weit größere Rolle zu spielen scheint als im Leben ihrer heterosexuellen Geschlechtsgenossen.

47 Erinnert sei nochmals an die bereits oben zitierte Formulierung von Lynne Segal: »sexual relations are perhaps the most fraught and troubling of all social relations precisely because, especially when heterosexual, they so oft threaten rather than confirm gender polarity« (zit.n. Sullivan 2003: 131, Herv. – S.L.).

schlechtlich uneindeutig ist. Sind sexuelle Interaktionen mit einer geschlechtlich uneindeutigen Person – beispielsweise der sexuelle Verkehr eines Mannes mit einem Transsexuellen (mit Brüsten *und* Penis)[48] – als heterosexuell oder homosexuell zu beschreiben, da der sexuelle Reiz einer solchen Konstellation gerade in dieser Vermischung oder – psychoanalytisch argumentiert – Kompromissbildung liegt?

Man mag solche Beispiele als Extremfälle abtun oder aber argumentieren, dass die Wirkmächtigkeit der Geschlechts*zeichen* nicht auffalle, da diese normalerweise mit dem anatomischen Geschlecht korrespondierten (vgl. Dannecker 2004: 120). Entscheidend ist jedoch, dass nicht nur geschlechtliche wie sexuelle Identitäten, sondern vor allem sexuelle Interaktions- und Begehrensformen *Kompromissbildungen* darstellen und sich von daher nicht eindeutig der Differenz heterosexuell/homosexuell fügen.

Auch jenseits extremer Fälle erlauben es Kompromissbildungen wie sexuelle Phantasien, sich heterosexuell zu kostümieren und im Rahmen des Unauffälligen zu verbleiben, obwohl dieser faktisch – sei es ›objektiv‹, sei es ›subjektiv‹ – überschritten wird. Versteht man sexuelle Identitäten, Präferenzen und Interaktionsmuster durchgehend als Kompromissbildungen, so wird denkbar, dass latent homosexuelle Begehrensanteile in manifestem heterosexuellen Begehren ebenso unterzubringen sind wie im umgekehrten Fall. Die Betrachtung als Kompromissbildung beraubt die manifesten Erscheinungsformen der Hetero*sexualität* aber ihrer scheinbaren Eindeutigkeit.

Die Wahl eines gegengeschlechtlichen Objekts vermag somit eine Vielzahl sexueller Begehrensformen und Verkehrsweisen ›abzudecken‹, zu kaschieren oder zu legitimieren, die für sich allein betrachtet nicht unbedingt eindeutig heterosexuell sind. Die manifeste Objektwahl kann mithin als eine Art Schutzschirm (oder aber als Plombe) fungieren, der, wenn nicht ein Vergessen des Geschlechts, so doch eine Lockerung des Zusammenhangs von Objektwahl und spezifischen Sexualpraktiken ermöglicht.[49] Das anatomische und/oder soziale Geschlecht des gewählten Objekts determiniert sexuelle Praktiken weniger, als es dadurch einen Möglichkeitsraum für atypische Praktiken eröffnet, dass es als Absicherung für diese dienen kann. Indem die manifest gegengeschlechtliche Objektwahl dem Subjekt (s)eine heterosexuelle Identität versichert, ermöglicht

---

48 Ein nicht seltener Topos der etwas abweichenden heterosexuellen Pornografie. Vgl. aber auch Kim Scheunemanns Ausführungen (in diesem Band).

49 So mag es etwa Männern leichter fallen, sich von einer Frau anal penetrieren zu lassen als von einem Mann, da die Anwesenheit einer Frau sie in ihrem Selbstbild, heterosexuell zu sein, bestärkt.

sie ihm, indem es sich auf sexuelles Erleben und nicht auf Geschlechtswahrnehmung konzentriert, nicht nur ein *soziales* (und eventuell psychisches) Vergessen des Geschlechts, sondern auch der Heterosexualität. Dadurch eröffnet sich zugleich eine Vielzahl sexueller Möglichkeiten *jenseits* geschlechtsorientierter Differenzen. Anders formuliert: Wo Heterosexualität draufsteht, muss nicht unbedingt Heterosexualität drin sein bzw. gerade dadurch, dass Heterosexualität für alle Beteiligten gut lesbar draufsteht, ergibt sich die Möglichkeit, dass auch etwas ganz anders drin sein kann. Mithin wird ein soziales Vergessen der *Hetero*sexualität gerade auch in und durch hetero*sexuelle* Interaktionen denkbar. Heterosexuell, i.e. mit einer Person eines anderen Geschlechts, sexuell zu verkehren bedeutet also nicht unbedingt, ›doing heterosexuality‹ zu betreiben.

Die weit verbreitete Annahme, die heterosexuelle Objektwahl präfiguriere sexuelle Praktiken, fällt hinter Freuds klassische Unterscheidung zwischen Sexualobjekt und Sexualziel zurück (vgl. Freud 1905). Freuds Unterscheidung ist jedoch ihrerseits latent paradox, nämlich insofern Sexualziele respektive sexuelle Praktiken die Bedeutung der Objektwahl zu unterminieren oder gar zu dementieren vermögen. Damit ist nicht gesagt, dass das Geschlecht für die Objektwahl an Bedeutung einbüßt, wohl aber, dass es – hat es einmal die Objektwahl orientiert – in der konkreten sexuellen Interaktion transzendiert oder zumindest *sozial* vergessen werden kann. Der Informationswert der Geschlechterkonstellation ist im Hinblick auf die sexuellen Praktiken recht begrenzt.[50] Die Geschlechterkonstellation legt nicht mehr fest, was sexuell (und nicht-sexuell) geschieht oder zu geschehen hat. In Zeiten sexueller Pluralisierung und funktionaler Differenzierung lässt sich das Problem der doppelten Kontingenz im sexuellen Bereich immer weniger unter respektive durch Rückgriff auf die Geschlechterkonstellation lösen. Die Folge ist aber, dass Heterosexualität weniger denn je als sexuelle Praktik verstanden werden kann und somit die Frage nach dem Sexuellen wie dem *Hetero*sexuellen der Heterosexualität neu gestellt werden muss.

---

50 Dies gilt gerade unter der Ägide der Verhandlungsmoral, die alte Selbstverständlichkeiten, Muster und Kausalketten (wie etwa: ausgehen, Briefmarkensammlung vorzeigen, sexuell verkehren…) delegitimiert und auch sexuelle Praktiken – angefangen bei der banalen Frage, wer oben liegen darf bzw. muss – zum Gegenstand von Aushandlungen macht.

SOZIOLOGISCHE KONSEQUENZEN

Die obigen Ausführungen haben u.a. unter Rekurs auf psychoanalytische Denkmodelle zeigen können, dass eine schärfere Differenzierung zwischen sexuellen Praktiken und sexuellen Identitäten einerseits und andererseits zwischen sexuellen Paar- bzw. Interaktionskonstellationen und konkreten sexuellen Praktiken bzw. Interaktionen nötig ist. Einige soziologische Konsequenzen, die sich aus der vorgeschlagenen Differenzierung zwischen *Hetero*sexualität und Hetero*sexualität* ergeben, seien abschließend kurz skizziert.

Eine erste Konsequenz liegt darin, dass sich die soziologische Erforschung (nicht nur) der Heterosexualität auf sexuelle Praktiken und Interaktionsformen konzentrieren muss, anstatt sich von der Verschiedengeschlechtlichkeit der Paar- bzw. Interaktionskonstellation blenden zu lassen und es bei der Untersuchung dieser zu belassen. Eine Soziologie der Sexualität hat also vor allem zur Kenntnis zu nehmen, dass auch Heterosexuelle Sex haben und nicht lediglich der Sex der Nicht-Homosexuellen interessant ist. Man muss – mit Bhattacharyya (2002) gesprochen – die implizite Annahme fallen lassen, dass Heterosexuelle überhaupt keinen Sex hätten oder dieser zu ›normal‹, i.e. zu heterosexuell sei, um einer genaueren Untersuchung zu bedürfen. Eine Soziologie der Sexualität erfordert also, nicht bei Geschlechtskonstellationen und auch nicht beim Paar, sondern bei der konkreten sexuellen *Interaktion* anzusetzen. Setzt man jedoch bei konkreten sexuellen Interaktionen an, so wird zu allererst die Autonomie der Interaktion selbst ins Auge fallen: Interaktionen haben, wie vor allem Goffman gezeigt hat, ihre eigenen Gesetzmäßigkeiten und zwar auch in der Hinsicht, dass es die Interaktion selbst ist, die entscheidet, an welchen Umweltgegebenheiten sie sich orientiert, welche sie ignoriert und welche sie nach eigenem Gusto umformt. Zu den Umweltbedingungen sexueller Interaktionen gehören etwa die Interaktionsgeschichte und die Paarkonstellation, aber eben auch das Geschlecht der beteiligten Personen. Inwiefern und auf welche Weise das eine oder andere aber *in der Interaktion* relevant wird, entscheidet sich in dieser selbst und nirgendwo sonst.

Was sexualsoziologisch not tut, ist also eine Konzentration auf sexuelle Interaktionen einerseits und eine präzise Ebenendifferenzierung andererseits. Man muss angeben können, was man meint, wenn man von »Heterosexualität« spricht – meint man eine gesellschaftliche Institution, eine sexuelle Identitätsform, eine spezifische Personenkonstellation, spezifische sexuelle Praktiken oder eine bestimmte Form sexueller Interaktion? Die obigen Ausführungen konnten zumindest plausibilisieren, dass es soziologisch fahrlässig ist, von einer Ebene bzw. Facette des Sexuellen umstandslos auf eine oder alle anderen zu schließen.

Die Annahme informationeller Redundanzen bezüglich der einzelnen Ebenen bzw. Facetten des Sexuellen führt folglich in die Irre: Aus der Geschlechterkonstellation der sexuell Interagierenden lässt sich weder umstandslos auf ihre interpersonellen und intrapsychischen Skripte, noch auf ihre tatsächlichen sexuellen Interaktionen oder gar ihre sexuellen Praktiken schließen.[51] Gerade in Zeiten sexueller Differenzierung und Diversifizierung werden entsprechende Redundanzen eher ab- als zunehmen und jegliche Soziologie des Sexuellen ist gut beraten, sich darauf einzustellen.

LITERATUR

Bhattacharyya, G. (2002): Sexuality and Society. An introduction. London/New York: Routledge.

Burkart,G. und C. Koppetsch (2001): Geschlecht und Liebe. Überlegungen zu einer Soziologie des Paares. In: Heintz, B. (Hg.). Geschlechtersoziologie. KZfSS-Sonderheft 41. Wiesbaden: Westdeutscher Verlag, S. 431-453.

Butler, J. (1991 [1990]): Das Unbehagen der Geschlechter. Frankfurt a.M.: Suhrkamp.

Dannecker, M. (2004): Von der Geschlechtsidentität zum sexuellen Selbst. In: Richter-Appelt, H und A. Hill (Hg.): Geschlecht zwischen Spiel und Zwang. Gießen: Psychosozial-Verlag, S. 113-128.

Düring, S. (1994). Über sequentielle Homo- und Heterosexualität. Zeitschrift für Sexualforschung, 7, S. 193-202.

Freud, S. (1999 [1905]): Drei Abhandlungen zur Sexualtheorie. In: Freud, S.: Gesammelte Werke Bd. V. Frankfurt a.M.: S. Fischer, S. 27-145.

Freud, S. (1999 [1917]): Trauer und Melancholie. In: Freud, S.: Gesammelte Werke, Bd. X. Frankfurt a.M.: S. Fischer, S. 427-446.

Goffman, E. (1967 [1963]): Stigma. Über Techniken der Bewältigung beschädigter Identität. Frankfurt a.M.: Suhrkamp.

Göttlich, U und R. Winter (Hg., 2000): Politik des Vergnügens. Zur Diskussion der Populärkultur in den Cultural Studies. Köln: Herbert von Halem Verlag.

Hirschauer, S. (2001): Das Vergessen der Geschlechts. Zur Praxeologie einer Kategorie sozialer Ordnung. In: Heintz, B (Hg.): Geschlechtersoziologie. KZfSS-Sonderheft 41. Wiesbaden: Westdeutscher Verlag, S. 208-235.

---

51 Weiterhin wäre zu fragen, wie die jeweiligen Interaktionen, Praktiken und Personenkonstellationen von den Beteiligten gedeutet werden.

Hirschauer, S. (2004): Zwischen ungeschlechtlichen Personen und geschlechtlichen Unpersonen. Geschlechterdifferenz als soziale Praxis. In: Richter-Appelt, H und A. Hill (Hg.): Geschlecht zwischen Spiel und Zwang. Gießen: Psychosozial-Verlag, S. 11-39.

Jeffreys, S. (1996): Heterosexuality and the desire for gender. In: Richardson, D. (Hrsg): Theorising Heterosexuality. Telling it straight. Buckingham/Philadelphia: Open University Press, 75-90.

Kitzinger, C.; Wilkinson, S. und R. Perkins (1992): Theorizing Heterosexuality. Editiorial Introduction. Feminism & Psychology. Special Issuse: Heterosexuality, 293-323.

Lewandowski, S. (2004): Sexualität in den Zeiten funktionaler Differenzierung. Eine systemtheoretische Analyse. Bielefeld: transcript.

Lewandowski, S. (2012a): Die Pornographie der Gesellschaft. Beobachtungen eines populärkulturellen Phänomens. Bielefeld: transcript.

Lewandowski, S. (2012b): Editorial. Schwerpunktheft »Sexualsoziologie« der Zeitschrift für Sexualforschung, 25, S. 309-313.

Quindeau, I. (2004): Melancholie und Geschlecht. Psychoanalytische Anmerkungen zur Theorie von Judith Butler. Zeitschrift für Sexualforschung, 17, S. 1-10.

Reiche, R. (1990): Geschlechterspannung. Eine psychoanalytische Untersuchung. Frankfurt a.M.: Fischer.

Reiche, R. (2001): Psychoanalytischer Therapie sexueller Perversionen. In: Sigusch, V. (Hg.): Sexuelle Störungen und ihre Behandlung. 3. überarbeitete und erweiterte Auflage. Stuttgart/New York: Thieme, S. 439-464.

Rich, A. (1991 [1980]): Zwangsheterosexualität und lesbische Existenz. In: Schulz, D. (Hg.): Macht und Sinnlichkeit. Ausgewählte Texte von Audre Lorde und Adrienne Rich. Berlin: Orlanda Frauenverlag, S. 138-168.

Richardson, D. (Hg., 1996): Theorising Heterosexuality. Telling it straight. Buckingham/Philadelphia: Open University Press.

Scheunemann, K. (2015): Über die (Nicht-)Zusammengehörigkeit von Geschlecht, sexuellen Praktiken und Begehren. In diesem Band.

Schmidt, G. (1998): Sexuelle Verhältnisse. Über das Verschwinden der Sexualmoral. Reinbek: Rowohlt.

Schmidt, G. (2005): Das neue DER DIE DAS. Über die Modernisierung des Sexuellen. Gießen: Psychosozial-Verlag.

Sigusch, V. (1998): Die neosexuelle Revolution. Über gesellschaftliche Transformationen der Sexualität in den letzten Jahrzehnten. Psyche, 52, S. 1192-1234.

Simon, W. und J. H. Gagnon (2000): Wie funktionieren sexuelle Skripte?. In: Schmerl, Ch.; Soine, S.; Stein-Hilbers, M. und B. Wrede (Hg.): Sexuelle Szenen. Inszenierungen von Geschlecht und Sexualität in modernen Gesellschaften. Opladen: Leske und Budrich, S. 70-95.

Stoller, R. J. (1979 [1975]) Perversionen. Die erotische Form von Haß. Reinbek: Rowohlt.

Sullivan, N. (2003): A Critical Introduction to Queer Theory. New York: New York University Press.

Weeks, J. (2004): »Homosexualität und Heterosexualität sind doch Fiktionen...« Gespräch mit Gunter Schmidt. Zeitschrift für Sexualforschung, 17, S. 60-69.

Weinbach, Ch. und R. Stichweh (2001): Die Geschlechterdifferenz in der funktional differenzierten Gesellschaft. In: Heintz, B. (Hg.): Geschlechtersoziologie. KZfSS-Sonderheft 41. Wiesbaden: Westdeutscher Verlag, S. 30-52.

Winter, R und L. Mikos (2001): Die Fabrikation des Populären. Der John Fiske-Reader. Bielefeld: transcript.

Žižek, S. (1999): Die Pest der Phantasmen. Die Effizienz des Phantasmatischen in den neuen Medien. Wien: Passagen Verlag.

Bisexualität als Überschuss sexueller Ordnung

Eine biografieanalytische Fallstudie
zur sexuellen Selbstwerdung

EVA KEMLER/MARTINA LÖW/KIM RITTER

ABSTRACT[1]

Aufbauend auf der Annahme einer bipolar strukturierten Ordnung des Sexuellen geht dieser Artikel der Frage nach, inwiefern bisexuell lebende Menschen diese Ordnung kreativ unterwandern und welche Verschiebungen oder Stabilisierungen der Ordnung dadurch provoziert werden. Die Beantwortung dieser Frage erfolgt durch die Rekonstruktion dreier Biografien bisexuell lebender Menschen, da es hierdurch möglich wird nachzuvollziehen, wie diese ihre Bisexualität – als Begehren, Praxis und/oder sexuelle Selbstbeschreibung – im biografischen Prozess ihrer sexuellen Selbstwerdung unter den Bedingungen einer bipolar strukturierten sexuellen Ordnung verarbeiten. Dabei zeigt sich, dass Bisexualität in allen Fällen als erweiterte ›Natur des Körpers‹ biografisiert wird. Als solche wird sie zur Herausforderung oder Chance, neben der Beibehaltung einer heterosexuellen normativen (Beziehungs-)Struktur eine Sonderzone für gleichgeschlechtliche sexuelle Kontakte zu etablieren. Somit stellt die bipolare sexuelle Ordnung

---

1 Der folgende Beitrag ist ursprünglich im von Sven Lewandowski herausgegebenen Schwerpunktheft *Sexualsoziologie* der Zeitschrift für Sexualforschung erschienen: Kemler, Eva/Löw, Martina/Ritter, Kim (2012): Bisexualität als Überschuss sexueller Ordnung. Eine biografieanalytische Fallstudie zur sexuellen Selbstwerdung. In: Zeitschrift für Sexualforschung 25: 314-338. Wir danken dem Thieme Verlag für die freundliche Abdruckgenehmigung.

die Basis einer bisexuellen Positionierung dar, wodurch sie einen gewissen Grad an Stabilisierung erfährt, gleichzeitig erweist sie sich als nicht ›ausreichend‹ und wird durch die doxische Gewissheit einer ›bisexuellen Natur‹ erweitert.

EINLEITUNG

Menschen entweder als homo- oder heterosexuell einzuordnen ist – auch in den Sozialwissenschaften – eine gängige Praxis. Zunächst erwarten wir, dass der oder die andere heterosexuell ist. Wir unterstellen – sei es in der Kindererziehung, am Bankschalter, in der Prostitution oder in der Forschungspraxis (McDowell 1995; Hubbard 2000) –, dass der oder die Andere vom jeweils anderen Geschlecht sexuell angezogen wird. Erst wenn sich der Normalitätsverdacht nicht eindeutig bewahrheitet, nehmen wir an, dass der Mensch wohl homosexuell ist. Diese Annahmen scheinen sich auszuschließen: man ist entweder das Eine oder das Andere.

Problematisiert wurde diese binäre Konstruktion sexuellen Begehrens vor allem unter dem Politikbegriff »queer«. Nur wenn man vergesse, so das Argument, dass Geschlecht aufwändige Herstellungsarbeit ist, könnten das eigene und das begehrte Geschlecht eindeutig festgelegt und in eine intelligible Begehrensrelation gebracht werden (vgl. Butler 1991; Hark 1993). Wenn die eindeutige Begehrensfestlegung auf ein Geschlecht nicht erfolgt, ist es üblich geworden, den Begriff Bisexualität zu verwenden. Dies ist nicht zuletzt auf die erfolgreichen Bemühungen bisexueller Bewegungen und Organisationen der letzten Jahrzehnte zurückzuführen (vgl. für die USA Udis-Kessler 1990; Paul 1994; Hemmings 2002; Shokeid 2002; für den deutschen Kontext Hüsers/König 1995).

Trotz der Etablierung dieses Begriffs sind die sozialwissenschaftlichen Anstrengungen der Komplexität sexueller Lebensentwürfe, wie sie in bisexuellen Lebensweisen zum Ausdruck kommen, gerecht zu werden, überschaubar. Ein Grund dafür ist, dass Bisexualität sowohl ein »theoretischer« als auch ein »empirischer Störenfried« ist (vgl. Haeberle 1994). Nimmt man die gesellschaftliche Realität von Bisexualität als Begehren, Praxis und Identität ernst,[2] untergräbt sie die Bemühungen, das Feld des Sexuellen nach dem üblichen bipolaren Schema von Hetero- und Homosexualität in eine übersichtliche, eindeutige Ordnung zu bringen. Sie zwingt dazu, in der Regel als selbstverständlich angenommene Kategorien wie Heterosexualität, Homosexualität, lesbisch oder schwul, zu hinter-

---

2 Diamond (2008) und Hemmings (2002) heben hervor, dass Bisexualität selten als eine »adult sexual identity« (ebd.: 23) thematisiert wird.

fragen. Diesen ›störenden‹ Aspekt von Bisexualität bringt Bettina Fritzsche (2007) auf den Punkt, wenn sie Bisexualität treffend als »Bestandteil und Überschuss« (ebd.: 127) heterosexueller Ordnung beschreibt und die Forderung aufstellt, diesen Doppelcharakter in die Analyse von Sexualität konsequent einzubeziehen.

Im Folgenden werden wir anhand der Rekonstruktion von Biografien bisexuell lebender Menschen der Frage nachgehen, wie Bisexualität – als Begehren, Praxis und Selbstbeschreibung – unter den Bedingungen einer bipolar strukturierten sexuellen Ordnung in den biografischen Verlauf und den mit diesem einhergehenden reflexiven Prozess der Herstellung eines sexuellen Selbst integriert werden kann.[3] Der Blick auf die jeweils »eigensinnige« (Dausien 1999) biografische Verarbeitung bipolarer sexueller Ordnung ermöglicht eine Diskussion der Frage, inwiefern diese Ordnung kreativ unterwandert wird und welche Verschiebungen und Stabilisierungen in diesem Prozess provoziert werden.

Der Aufsatz gliedert sich wie folgt: Zunächst werden Potenziale und Leerstellen bisheriger empirischer Studien zum Thema Bisexualität ausgelotet. Mit dem Konzept der sexuellen Selbstwerdung wird anschließend eine theoretische Rahmung vorgeschlagen. Auf dieser Basis ist es schließlich möglich, anhand von drei empirischen Fällen, welche alle eine vorwiegend heterosexuelle Beziehungspraxis aufweisen (feste(r) gleichgeschlechtliche(r) PartnerIn, häufig Kinder), Modi der Integration des Doppelcharakters von Bisexualität (im Sinne von Bestandteil/Überschuss) in den biografischen Prozess der Herstellung eines sexuellen Selbst herauszuarbeiten.

BISEXUALITÄT ALS EMPIRISCHER GEGENSTAND – LEERSTELLEN UND POTENZIALE

Am Anfang jeder empirischen Auseinandersetzung mit Bisexualität steht die Frage: Was ist überhaupt unter Bisexualität zu verstehen? Dass diese Frage keineswegs einfach zu beantworten ist, zeigt bereits ein Blick auf die wenigen vorhandenen Daten zu ihrer quantitativen Verteilung.

Die Zahlen von quantitativen Studien über die Verteilung von Bisexualität in den USA (Savin-Williams 2009; Rodríguez Rust 2000a; Fox 1996) und

---

3   Grundlage hierfür sind die empirischen und theoretischen Arbeiten eines seit dem Jahr 2010 an der Technischen Universität Darmstadt etablierten DFG-Forschungsprojekts zum Thema ›Die soziale Ordnung des Sexuellen. Rekonstruktion der erzählten Lebensgeschichte von Bisexuellen‹.

Deutschland (Schmidt et al. 1998, 2006) zeigen eindrücklich, dass die Verteilungen sich, je nachdem ob nach sexueller Anziehung, der Praxis oder der sexuellen Selbstbezeichnung gefragt wird und welchen Zeitraum die Erhebung umfasst, erheblich unterscheiden. Folgt man der zusammenfassenden Darstellung Savin-Williams (2009), fühlen sich etwa die Hälfte aller Frauen und ein Drittel der Männer der nordamerikanischen Gesellschaft von ihrem eigenen Geschlecht angezogen, ohne jedoch eine entsprechende Praxis auszuüben. Mit Blick auf eine bisexuelle Praxis ergibt sich ein anderes Bild. Eine solche stellt Rodríguez Rust (2000a) bei 3,3 Prozent der Frauen und 5,8 Prozent der Männer in den USA fest. In der »Hamburg-Leipzig-Studie« (Schmidt et al. 2006), die als Tendenz für eine großstädtische deutsche Bevölkerung herangezogen werden kann, berichten neun Prozent der Frauen und ca. zwölf Prozent der Männer seit dem 18. Lebensjahr schon einmal gleichgeschlechtlichen Sex praktiziert zu haben. Aufgrund der Differenz zwischen Begehren und Praxis kann die binäre Konstruktion von Homo- und Heterosexualität nicht einfach durch eine Operationalisierung der Trias von Heterosexualität, Bisexualität und Homosexualität ersetzt werden (vgl. auch Savin-Williams 2009; Rodríguez Rust 2000a; Paul 2000; MacDonald 2000; Dekker/Schäfer 1999; Klein et al. 1985). Voraussetzung für die Analyse von Sexualität und sexueller Identität ist vielmehr eine vielschichtige Annäherung, welche die Vorannahme der Kohärenz und Eindeutigkeit von Begehren, sexueller Praxis und sexueller Selbstbeschreibung stets hinterfragt.

Mehr Auskunft ist deshalb von Studien zu erhoffen, die sich nicht alleine der Frage der Verteilung widmen. Ein soziologischer Blick auf Bisexualität war in der sozialwissenschaftlichen Sexualitätsforschung lange die Ausnahme. Insbesondere seit den 1970er Jahren, also zwanzig Jahre nach den bahnbrechenden »Kinsey-Reporten« (Kinsey et al. 1948, 1953) und gerahmt durch die homosexuelle Befreiungsbewegung, begann sich die sozialwissenschaftliche Forschung in den USA mit einzelnen Untersuchungen an einer Wissensproduktion über Bisexualität zu beteiligen. Die in dieser Zeit entstandenen Studien (Bode 1976; Blumstein/Schwartz 1977; Klein 1978) sind bis heute maßgeblich für die empirische Forschung in diesem Bereich. Infolge dieser Arbeiten kam es zu einer gewissen Etablierung und Differenzierung des Forschungsgegenstandes in den USA, die sich auch in der Gründung des »Journal of Bisexuality« im Jahr 2000 unter der Leitung von Fritz Klein und der Publikation des umfassenden Sammelbandes »Bisexuality in the United States« (Rodríguez Rust 2000b) zeigt. Zentrale Themenstellungen sind: Sichtbarkeit und Differenzierung (u.a. Bode 1976; Klein 1978; Weinberg et al. 1994a, 1994b; McLean 2007; Diamond 2008), Bisexualität im Kontext sozialer Bewegungen (u.a. Udis-Kessler 1990;

Hemmings 2002; Shokeid 2002; vgl. auch die Artikelsammlung von Tucker 1995) und – für die hier verhandelte Thematik besonders wichtig – soziologische Ansätze der Rekonstruktion und Dekonstruktion von Bisexualität (u.a. Blumstein/Schwartz 1977, 1994; Gagnon et al. 1994).

Die Frage der Sichtbarkeit ist aufgrund der Marginalisierung von Bisexualität innerhalb der binären Struktur der Ordnung des Sexuellen bis heute zentral. Erste Arbeiten, wie die von Bode (1976), hatten zunächst das Ziel, Bisexualität überhaupt zu einem Thema zu machen. Andere Arbeiten, etwa Klein (1978), wollten Sichtbarkeit erzeugen und strebten dabei gleichzeitig eine Differenzierung des Modells sexueller Orientierung an (vgl. Klein et al. 1985). Studien jüngeren Datums arbeiteten an einer Sichtbarkeit und Differenzierung des Themas, indem sie den Prozess der Herausbildung einer »bisexuellen Identität« in den Blick nahmen (Weinberg et al. 1994a, 1994b), die Spezifika eines bisexuellen Coming-outs (McLean 2007) oder die Stabilität nicht-heterosexueller Orientierung über einen längeren Zeitraum (Diamond 2008) untersuchten. Einen anderen Schwerpunkt setzen Arbeiten, die sich mit der Frage bisexueller Praxis und Identität im Kontext sozialer Bewegungen auseinandersetzen. Exemplarisch herausgreifen kann man an dieser Stelle Studien, die sich die Frage stellen, weshalb Bisexuelle – insbesondere von Seiten homosexueller Organisationen – einer »Biphobie«[4] ausgesetzt sind und welche Formen diese annimmt (Udis-Kessler 1990). Auffallend bei allen diesen Studien ist jedoch, dass eine Einbettung von Bisexualität in ein soziologisch fundiertes Modell von Sexualität weitestgehend ausbleibt.

Während in den USA ein recht differenziertes Spektrum an empirischen Studien vorliegt, stellt sich die Situation in der Bundesrepublik anders dar. In der Folge der »III. Internationalen Berliner Konferenz für Sexualwissenschaft« der Deutschen Gesellschaft für sozialwissenschaftliche Sexualforschung in Berlin mit dem Thema »Bisexualität« gab es Versuche, das Thema auch in den bundesdeutschen Sozialwissenschaften zu etablieren (Altendorf 1993; Feldhorst 1993; Haeberle/Gindorf 1994; Hüsers/König 1995; Gooß 1995). Diese Entwicklung vollzog sich, ähnlich wie in den USA, im Kontext einer erhöhten Selbstorganisa-

---

4 Viele AutorInnen argumentieren, dass Bisexuelle spezifischen Formen von Diskriminierung ausgesetzt sind und fassen diese unter den Begriff der »Biphobie« (vgl. Klesse 2007: 293ff.). Formen der Biphobie sind nach Klesse die generelle Unterstellung von Promiskuität, die Abwertung tatsächlich gelebter nicht-monogamer Beziehungsformen und Diskurse, die eine Übersexualisierung bisexueller Lebensweisen vornehmen. Damit einher geht häufig der Verdacht von Unreife, Verantwortungslosigkeit und Beziehungsunfähigkeit gegenüber Bisexuellen.

tion bisexueller Gruppen, die in der Gründung des bundesweiten Vereins »Bisexuelles Netzwerk e.V.« (BiNe) im Jahr 1992 mündete, der bis heute existiert. Programmatisch war der von Haeberle/Gindorf (1994) herausgegebene Sammelband, der u.a. oben zitierte US-amerikanische Studien einem deutschen Publikum erstmals in Übersetzung präsentierte. Eine breite sozialwissenschaftliche Debatte über Bisexualität und die Durchführung empirischer Studien blieben in Deutschland jedoch weitestgehend aus.[5]

In ihrer Einschätzung des deutschen Forschungsstandes konstatiert Fritzsche (2007), dass der Diskurs bislang entweder vom Ziel einer Rehabilitierung von Bisexualität oder von der Propagierung von Bisexualität als privilegierter Position (ebd.: 118) bestimmt sei. Theoretische und empirische Arbeiten, die sich Bisexualität in ihrer ambivalenten Position als Bestandteil und Überschuss heteronormativer Ordnung nähern, fehlten weiterhin. Darüber hinaus hätten die Diskussionen im Kontext queerer Theoriebildung nicht zu einer vermehrten Auseinandersetzung mit Bisexualität beigetragen. Stattdessen sieht sie die Gefahr, dass Spezifika von Erfahrung in diesem Feld erneut »kollabieren« (ebd.: 125). Mit dieser Befürchtung stellt Fritzsche sich in den Kontext einer transnationalen bisexuellen Theoriebildung, die Bisexualität von ihrer marginalen Position lösen und sie zum Ausgangspunkt einer Theorie des Sexuellen machen will. Schon Majorie Garber sah in der Bisexualität weniger eine weitere sexuelle Identität, als die Möglichkeit der Dekonstruktion einer identitären und statischen Vorstellung von Sexualität (Garber 1995: 65f.). Einen ähnlich wichtigen Platz räumt ihr Steven Angelides (2001) ein, denn ihre Einbeziehung ermögliche erst eine kritische Analyse moderner Sexualität in ihrer binären Konstruktion (vgl. ebd.: 12). Andere schreiben der bisexuellen Position das Potenzial zu, eine neue sexuelle Ethik begründen zu können (Daumer 1992), kritisches Wissen zu produzieren (Hemmings 2002: 196) oder eine neue Form der radikalen sexuellen Koalitionspolitik zu ermöglichen (Du Plessis 1996: 23). Kontrovers diskutiert wird in Arbeiten jüngeren Datums auch die Möglichkeit der Verknüpfung bisexueller und queerer Theoriebildung (Burrill 2003; Callis 2009). Während den weiter oben vorgestellten empirischen Arbeiten häufig eine Fundierung in einer soziologischen Theorie der Sexualität fehlt, zeichnet viele dieser Arbeiten eine große Distanz zur Empirie aus. Dies wirft die Frage auf, ob nicht auch hier die Gefahr besteht »Spezifika von Erfahrung« (Fritzsche 2007: 125) bisexueller Menschen

---

5 Eine erfreuliche Ausnahme stellen die Arbeiten von Kerstin Münder (2004) und die z.T. deutschsprachigen Arbeiten zu Bisexualität, Nicht-Monogamie und Biphobie von Christian Klesse (2005, 2006, 2007) dar, der seine Studien jedoch in Großbritannien durchgeführt hat.

erneut zu marginalisieren. Zugleich deutet sich immer wieder eine Tendenz zur Idealisierung von Bisexualität an.

BISEXUALITÄT IN DEN VIER DIMENSIONEN DES SEXUELLEN

Will man den Prozess verstehen, in dem Menschen zu »sexuellen Wesen« (Blumstein/Schwartz 1994: 216) werden, bzw. – weniger essentialistisch formuliert – ein »sexuelles Selbst« (Jackson/Scott 2010, im Folgenden ausführlich dargestellt) entwickeln, dann bedarf es einer handlungstheoretischen Fassung von Sexualität. Die Grundlagen hierfür haben Simon/Gagnon (1973, 2000) in ihrem Skriptkonzept gelegt, in dem sie die Konzeption von Sexualität als biologische Tatsache (u.a. Kinsey et al. 1948, 1953) oder Ergebnis einer frühkindlichen Prägung (u.a. Freud 1961, Orig. 1905) ablehnen. Stattdessen fassen sie Sexualität als soziale Praxis, in der Akteure im Rahmen »kultureller Szenarien« interagieren, indem sie »interpersonelle sexuelle Skripte« aushandeln, die das sexuell interagierende Selbst wiederum auf der Ebene »intrapsychischer Skripte« verarbeitet (Simon/Gagnon 1973, 2000). Mit Bisexualität haben sich Simon/Gagnon jedoch wenig beschäftigt bzw. sprechen sie sich dafür aus, einen einheitlichen Begriff von Bisexualität aufzugeben, da dieser der empirischen Vielfalt der mit ihr verbundenen Praktiken den falschen Anschein von Homogenität verleihe (Gagnon et al. 1994). Der Verzicht auf jede begriffliche Fokussierung von Bisexualität zugunsten einer Vielfalt von Praktiken birgt jedoch die Gefahr in einen Empirismus zu verfallen, der die strukturellen Dimensionen des sexuellen Feldes außer Acht lässt. Unter Bezug auf ihr eigenes Konzept kann Simon/Gagnon vorgeworfen werden, in ihrer Lesart von Bisexualität »kulturelle Szenarien« zu stark zu vernachlässigen und eine Überbewertung der Ebene der »interpersonellen Skripte« vorzunehmen. Dennoch bieten sie für eine Soziologie der Sexualität eine wichtige Grundlage, die in der Ausarbeitung ihres Modells durch Jackson/Scott (2010) in unser Vorgehen mit einfließt.

Im Folgenden werden wir in Anlehnung an Jackson/Scott (2010) Bisexualität als Positionierung im multidimensionalen Feld des Sexuellen verstehen. Jackson/Scott (2010) bestimmen Sexualität in Anlehnung an Simon/Gagnon nicht als Strukturkategorie des Sozialen, sondern als ein Feld des sozialen Lebens (ebd.: 84), das sich anhand der Dimensionen Struktur, Bedeutung, Praxis und (sexuelles) soziales Selbst erschließen lässt. Strukturiert wird Sexualität in westlichen Gesellschaften u.a. durch institutionalisierte Heterosexualität und hierarchische

Zweigeschlechtlichkeit.[6] In diesen Strukturen werden über doxische Gewissheiten Körpererfahrungen normiert und hierarchische Systeme legitimer Sozialformen geschaffen. Mit Bourdieu – auf den sich die Autorinnen nicht beziehen – lässt sich dies als eine Form der symbolischen Herrschaft bezeichnen, die »des Schweigens auf der Grundlage eines objektiven wechselseitigen Einverständnisses« bedarf (Bourdieu 1976: 365). Trotz grundlegender Veränderungen in der Ordnung des Sexuellen innerhalb westlicher Gesellschaften in den letzten Jahrzehnten – Sexualität wurde verstärkt von Ehe und Reproduktion getrennt, Männer und Frauen in vielen Bereichen rechtlich gleich gestellt, das Ehe- und Sexualrecht liberalisiert und juristisch legitimierte gleichgeschlechtliche Partnerschaften ermöglicht – lassen sich zahlreiche Hinweise dafür finden, dass hierarchische Zweigeschlechtlichkeit und Heterosexualität als gesellschaftliche Institutionen fortbestehen (vgl. Jackson/Scott 2010; Seidman 2009).

Bedeutung gewinnt Sexualität in Diskursen im engen Sinne, wie sie etwa in der sexuellen Ratgeberkultur und vielen anderen kulturellen Produkten zum Ausdruck kommen. In ihnen wird Wissen über Sexualität, Männlichkeit und Weiblichkeit, Normalität und Abweichung hergestellt, verstetigt und verändert (vgl. Jackson/Scott 2010: 90f.).

Diese kulturelle Bedeutungsproduktion ist aufs engste mit der dritten Dimension der Herstellung von Sexualität und Geschlecht innerhalb alltäglicher Interaktion und Praxis verknüpft. Die Bedeutung von Sexualität und Geschlecht ist nicht gegeben, sondern muss in tagtäglichen Routinen und Interaktionen als sinnhafte Realität erst hergestellt, inszeniert werden.

Die in diese Routinen und Interaktionen eingebundenen Personen sind weder völlig frei in ihrem Handeln noch der sexuellen Ordnung ausgeliefert oder reine Effekte von Diskursen. Um diesem Umstand Rechnung zu tragen, wird das soziale (sexuelle) Selbst als vierte Dimension der Analyse des Sexuellen eingeführt. Basierend auf George Herbert Meads Arbeiten, entwerfen Jackson und Scott das Selbst als Prozess der konstanten Reflexivität. Es ist keine feste Struktur, sondern konstituiert sich in einem ständigen Dialog zwischen dem Selbst als Objekt und dem Selbst als Subjekt (Jackson/Scott 2010: 94). Reflexivität »is the capacity to engage in conversations with ourselves, see ourselves as subject and object in order to situate ourselves in relation to others« (ebd.: 124). Damit schlagen die Autorinnen ein Verständnis von Subjektivität vor, das diese uneingeschränkt als Bestandteil gesellschaftlicher Ordnung fassen kann, ohne Handlungsfähigkeit und Wandelbarkeit zu negieren. Wir übernehmen den Begriff des

6 Auch Kategorien wie Klasse, ›Rasse‹ oder ›Gesundheit‹ u.a. spielen hier eine Rolle, werden an dieser Stelle jedoch nicht weiter ausgeführt.

sexuellen Selbst als Kernbegriff der Analyse, da er bezogen auf Sexualität erstens eine Alternative zum gängigen Begriff der sexuellen Identität darstellt, der oft relativ eng und statisch verwendet wird, und zweitens das Konzept die Möglichkeit bietet, das sexuelle Selbst als Bestandteil eines hochstrukturierten Feldes zu verstehen, ohne einen Determinismus zwischen sexuellem Selbst und sexueller Ordnung anzunehmen. Mit dem Fokus auf »sexuelle Selbstwerdung« interessieren wir uns – unter Einbeziehung der erzählten Praxis, Bedeutungszuschreibung und Strukturierung – vor allem für eine Rekonstruktion der Prozesse, die Bisexualität biografisieren.

BISEXUALITÄT AUS BIOGRAFISCHER PERSPEKTIVE – METHODOLOGIE UND METHODE

Sexuelle Selbstwerdung lässt sich biografieanalytisch untersuchen. Die soziale Konstruktion Biografie ist eine Schnittstelle zwischen Individuum und Gesellschaft (Kohli 1978). Sie konstituiert sich in einem ständigen Wechselspiel zwischen lebensgeschichtlichen Erlebnissen der Subjekte und dem spezifischen gesellschaftlichen Kontext, in dem diese stattfinden (vgl. Rosenthal 1995). Die methodologischen Grundannahmen eines solchen Ansatzes korrespondieren mit dem theoretischen Entwurf des (sexuellen) Selbst:

»It is a product of socially located biographies and of ongoing interaction between self and others and is temporally located through the interpretive interplay between past and present« (Jackson/Scott 2010: 94).

Mittels Biografien werden wir Prozesse der sexuellen Selbstwerdung rekonstruieren. Unsere Frage zielt darauf zu verstehen, welche Stabilisierungen und Verschiebungen in die Konstruktion eines sexuellen Selbst, das als bisexuell verstanden wird, einfließen und ob diese Strategien mit gegenkulturellen Entwürfen zur binär kodierten Ordnung des Sexuellen einhergehen.

Als erster Feldzugang bot sich der Kontakt zu öffentlich auftretenden bisexuellen Organisationen an. Diese baten wir, unsere Interviewanfrage weiterzuleiten und in ihre Foren zu stellen. In unserer Anfrage entschieden wir uns nach Bisexuellen zu fragen, die bereit seien, uns ihre Lebensgeschichte zu erzählen. Es meldeten sich bei uns in kürzester Zeit 34 Personen, die sich zu einem Interview bereit erklärten. Während der Erhebungsphase von Dezember 2010 bis April 2011 führten wir mit 31 Personen lebensgeschichtliche Interviews. Es handelte sich dabei um 15 Frauen, zwei sich in manchen Kontexten als Transgender bezeichnende Personen und 14 Männer. Ein Großteil der InterviewpartnerInnen lebt in den Großstädten Hamburg, Berlin, Köln und München. Etwas mehr als die Hälfte (16) hat eine akademische Ausbildung. Teil unseres Samples waren nur Personen, die vor 1980 geboren wurden. Zwölf Personen sind zwischen 1979 und 1969 geboren, zwölf Personen zwischen 1968 und 1958 und sieben Personen zwischen 1957 und 1949. Uns war dabei bewusst, dass dieser Feldzugang, über bisexuelle Organisationen und die Arbeit mit der Kategorie »bisexuell«, den Personenkreis auf eine Gruppe von Personen einengte, welche sich selbst als bisexuell bezeichnet. Personen, die bisexuelle Praktiken ausüben, sich jedoch nicht als bisexuell betrachten, werden von der Anfrage nicht oder nur unzureichend erreicht.[7] Als bisexuell bezeichnen sich 26 TeilnehmerInnen der Studie, zwei Personen betrachten sich eher als schwul bzw. lesbisch und drei Personen – darunter auch Joachim Fuchs, dessen Fall vorgestellt wird – stehen einer Einordnung ihrer Sexualität in Kategorien kritisch gegenüber. Die Beziehungsformen der Teilnehmenden zeichnen sich durch eine große Vielfalt aus. Ein Blick auf die Beziehungsmodelle, welche die TeilnehmerInnen der Studie zum Interviewzeitpunkt lebten, kann einen Eindruck geben. Viele leben in heterosexuellen Ehen (10) oder festen heterosexuellen (7) oder homosexuellen Partnerschaften (5) oder haben keine feste Beziehung (9). Als monogam bezeichnen sich die wenigsten (3) und einige der Studienteilnehmenden haben feste Mehrfachbeziehungen (8). Innerhalb unseres Samples überwiegt damit die Selbstbeschreibung als bisexuell und eine nicht-monogame Beziehungspraxis. Über diese Tendenz hinaus lässt sich eine immense Vielfalt bisexueller Lebensweisen feststellen. Diese Beobachtung unterstreicht die Notwendigkeit einer vielschichtigen und prozesshaften Analyse von Sexualität, die Vorannahmen über Kohärenz und Eindeutigkeit von Begehren, sexueller Praxis und sexueller Selbstbeschreibung vermeidet. Mit den InterviewpartnerInnen führten wir biografisch-narrative Interviews (vgl. Schütze 1977; Rosenthal 1995: 186ff.), in denen eine Erzählung der gesamten Lebensgeschichte nach den Relevanzen der InterviewpartnerInnen im Mittelpunkt stand. Für die Auswertung der Interviews wurden Memos (vgl.

---

7   Andere Zugänge zum Feld sind denkbar und wünschenswert. Etwa indem nicht nach »Bisexuellen«, sondern nach Personen gefragt wird, die ein Unbehagen mit der Beschreibung als Homo- oder Heterosexuelle haben. Eine andere Möglichkeit wäre der Fokus auf die Praxis, indem Personen befragt werden, die in ihrem Leben nicht nur zufällige sexuelle/erotische/romantische Erlebnisse mit mehr als einem Geschlecht gemacht haben (diesen Zugang wählten Blumstein/Schwartz (1994)). Die jeweiligen Ein- und Ausschlüsse, die durch den gewählten Zugang produziert werden, müssen in jedem Fall reflektiert werden.

Rosenthal 2008: 92) erstellt. Diese stellen die Grundlage für die Bildung unserer zweiten theoretischen Stichprobe (vgl. Glaser/Strauss 1993; Rosenthal 2008: 85ff.) dar, also der Interviews, die wir in diesem Artikel diskutieren und die wir aus der Gesamtheit der bisher geführten Interviews auswählten. Für diesen Artikel fokussieren wir biografische Verläufe, die zumindest strukturell betrachtet Bisexualität auf dem Fundament vorwiegend heterosexueller Beziehungsmodelle leben. Bei diesem minimal kontrastiven Vergleich (vgl. Rosenthal 2008: 96f.) handelt es sich um eine bewusste methodische Engführung, die es ermöglicht unserer Fragestellung einen Rahmen zu geben, in diesem Fall den eines vorwiegend heterosexuellen Beziehungs- oder Familienmodells. Wir konzentrieren uns damit auf eine bestimmte bisexuelle Lebensweise, die von vielen Menschen, die Teil unseres Samples sind, gelebt wird, jedoch neben zahlreichen anderen existiert. Kriterien für die Auswahl der Fälle stellten die Wahl der langfristigen PartnerInnen und die Formen der Institutionalisierung von Partnerschaften (gemeinsame Wohnung, Familiengründung, Ehe) im Lebensverlauf dar. Diesen Kriterien entsprechen 16 Biografien unserer Studie, aus diesen 16 Fällen wählten wir wiederum in einem maximal kontrastivem Verfahren drei Fälle aus, die sich durch eine differente Einbettung von Bisexualität in die Lebensgeschichte auszeichnen: Die Etablierung getrennter Lebensbereiche, die mühsame Integration in das Leben und eine harmonische Kontinuität eines bisexuellen Selbstverständnis im Lebensverlauf. Die Ergebnisse der drei biografischen Fallrekonstruktionen (vgl. Rosenthal 1995: 208ff., 2008: 173ff.) – die nun vorgestellt und kontrastiv diskutiert werden – ermöglichen theoretische Verallgemeinerungen, die wiederum mit den weiteren Ergebnissen dieser und anderer Studien kritisch diskutiert werden müssen. Am Anfang jeder Falldarstellung erfolgt eine knappe Typisierung und eine Zusammenfassung des »Präsentationsinteresses«, also der das Interview bestimmenden biografischen Selbstsicht des jeweiligen Falles (vgl. Rosenthal 2008: 184ff.). Diese wird dann in einem zweiten Schritt um die Dimension des »erlebten Lebens« (Rosenthal 1995) erweitert.

DIE EHE ALS SCHUTZRAUM

Zum Zeitpunkt des Interviews ist Thomas Schmidt 57 Jahre alt, er wohnt mit seiner zweiten Ehefrau und deren Sohn in einer gemeinsamen Wohnung in einer Kleinstadt. Zusammenfassend kann man seine Lebensgeschichte charakterisieren als die eines Menschen, der aufgrund seiner erst im fortgeschrittenen Lebensverlauf »entdeckten Bisexualität« (Interview TS 2011) einen starken biografischen Bruch erlitt, von dem er sich erst durch die Aneignung von sozial vermitteltem und praktisch erfahrenem Wissen um nicht heteronormative Beziehungsformen erholte und zu einer Versöhnung gelangte.

Thomas Schmidt stellt seine Lebensgeschichte als eine Heilungsgeschichte dar. Dabei unterteilt er sein Leben – wie für eine Heilungsgeschichte nicht unüblich – in zwei Teile, er selbst spricht auch von »zwei Leben« (ebd.).

Thomas Schmidt wird 1953 bei Hamburg geboren, er wächst im elterlichen Eigenheim zusammen mit zwei größeren Brüdern auf. Nach mehreren Beziehungen mit Frauen, lernt er im Alter von 25 Jahren seine erste Ehefrau kennen, die aus ihrer ersten Ehe ein Kind mit in die Beziehung und spätere Ehe bringt. Die beiden heiraten sieben Jahre später und bekommen in den weiteren acht Jahren, in denen die Ehe hält, zwei Kinder. Aus heutiger Sicht bewertet Thomas Schmidt diese Ehe als »ganz schlimm« (Interview TS 2011), was er vor allem an den Charakterzügen seiner damaligen Frau festmacht. Diese sei sehr dominant und kontrollierend gewesen und unterstellte ihm Affären, wo er doch »in [s]einem ganzen Leben noch nie fremd gegangen« (ebd.) sei. Im Verlauf dieser Ehe – im Alter von 38 Jahren – entwickelt Thomas Schmidt ein »Verlangen« (ebd.) nach Männern. Er spricht jedoch nicht von einer Entwicklung, sondern von einem »Trieb« (ebd.). Durch diese Formulierung wird seine Begierde nach sexuellen Kontakten mit Männern nicht als ›persönliche Wahl‹ beschrieben, sondern als sein Schicksal, im Sinne einer ihm von außen auferlegten Bürde, der er nachkommen und die er gewissermaßen stillen müsse. Ohne das Wissen seiner Frau beginnt er »Schwulensaunen« (ebd.) aufzusuchen, um dort seinem sexuellen »Verlangen« (ebd.) nach Männern nachzugehen. Kontrastiert man seine Aussage, er sei niemals fremdgegangen, mit den Saunabesuchen, deutet dies darauf hin, dass die rein sexuellen, unverbindlichen Begegnungen mit Männern in seiner Logik nicht in die Kategorie ›Fremdgehen‹ fallen. In seiner Darstellung wird seine Frau des Weiteren als überaus konservativ und homophob charakterisiert. Damit wird eine Argumentationskette eingeleitet, an deren Ende er seine erste Ehefrau und *nicht sich selbst* für die jahrelange Geheimhaltung seiner Bisexualität bzw. seiner sexuellen Kontakte zu Männern und damit auch entstandene physiologische wie auch psychologische Folgebelastungen und -schäden, wie etwa erlittene Herzinfarkte und eine stationäre Psychotherapie, verantwortlich macht. Thomas Schmidt prangert damit auch das strikte Festhalten seiner Ehefrau an der Vorstellung eines heteronormativen, monogamen Beziehungsmodells an. Um eine von seiner Frau eingeleitete Scheidung und einen damit drohenden Verlust des Kontaktes zu seinen Kindern zu vermeiden, habe er – so seine Darstellung – gewissermaßen die physiologischen und psychologischen Belastungen in Kauf genommen. Er konstruiert damit eine biografische Konfliktsituation, in der sich seine Ehe bzw. Familie und sein »Verlangen«, Sexualität mit Männern auszuleben, unvereinbar gegenüber stehen. In beiden Bereichen empfindet er sich als völlig handlungsunfähig. Diese Situation bringt ihn in eine tiefe psychische und physische Krise. Um die Jahre 2003/04 kommt es zu einer Trennung und anschließenden Scheidung von seiner ersten Ehefrau. Es scheint, als habe Thomas Schmidt einen Punkt erreicht, an dem er die physiologische und psychologische Belastung nicht mehr ertragen kann. Thomas Schmidt drängt seine Frau regelrecht zu einer Trennung.

Nach einem Jahr Singledasein sehnt er sich jedoch erneut nach einer Frau, um mit ihr eine heterosexuelle Beziehung einzugehen. Gleichzeitig ist er an einem Punkt in seinem Leben angekommen, an dem er seine Bisexualität innerhalb einer Beziehung nicht mehr geheim halten kann und möchte, weshalb er nach dem erstmaligen Kennenlernen seiner nächsten Partnerin kurz zurückschreckt und sich wieder von ihr trennt. Doch ›wie es das Schicksal will‹, trifft er in einem Chat für Bisexuelle wenig später erneut auf genau diese Frau, diese erkennt ihn wieder, wodurch er vor ihr unfreiwillig als bisexuell geoutet wird und dadurch gleichzeitig auch erfährt, dass sie ebenfalls bisexuell ist.

Daraufhin geben die beiden ihrer Beziehung eine erneute Chance und handeln ein gemeinsames Beziehungsmodell aus, welches beiden PartnerInnen Raum für weitere Sexualkontakte gestattet.

Mit dieser Beziehung und späteren Ehe beginnt der zweite Lebensabschnitt Thomas Schmidts. Ihm erscheint diese Beziehung in zweierlei Hinsicht als Befreiung und dadurch als Heilung: erstmals muss er sich und sein Begehren innerhalb einer verbindlichen Beziehung mit einer Frau nicht mehr verstecken. Zudem weiß er nun, dass es neben dem heteronormativen, monogamen Beziehungsentwurf auch möglich ist, alternative und auf individuelle Wünsche ausgerichtete Beziehungsmodelle auszuhandeln (vgl. zur Verhandlungsmoral: Schmidt 2005, 2004, 1998) und diese auch im Alltag zu leben. Er lebt sein Begehren nach gleichgeschlechtlicher und verschiedengeschlechtlicher Sexualität innerhalb der Ehe mit seiner zweiten Ehefrau. Seine Heilung besteht im Ende des Schweigens gegenüber der Ehefrau. Außerhalb der Ehe, auch gegenüber den Kindern, behält er die Geheimhaltung bei. Er vermeidet Einblicke in die internen Aushandlungen und die Organisation der Partnerschaft und hält sozial weiterhin das Bild einer heterosexuellen, monogamen Ehe aufrecht. Dieses Geheimhaltungs-/Offenbarungsmanagement ermöglicht ihm, was er als ein »lebenswertes Leben« (Interview TS 2011) beschreibt: Toleranz und Freiheit in der Partnerschaft und Stigmatisierungsvermeidung in der sozialen Gemeinschaft. Durch die Hülle der institutionalisierten Ehe erfährt das ausgehandelte Beziehungsarran-

gement seine Stabilität, wodurch auch das »Ausleben« (ebd.) der Bisexualität
gewährleistet ist.

Bis er zu diesem Punkt kam, musste er viele persönliche Tiefen durchwan-
dern, vor allem deshalb, da ihm das kulturell vermittelte Wissen über die prinzipielle Möglichkeit einer Aushandlung von nicht an der Norm angelehnten Be-
ziehungsmodellen schlichtweg fehlte. Hierfür bezeichnend ist u.a. seine Äuße-
rung »ich weiß ja nicht wie das funktionieren soll« (ebd.) gegenüber seiner heutigen Ehefrau kurz nach seinem zufälligen Outing, als die beiden beginnen, sich
ein für sie als passend erachtetes Beziehungsmodell zu erarbeiten. Im geschützten, anonymen Umfeld, z.B. durch Teilnahme an dieser Studie, aber auch im
Rahmen ebenfalls anonymer Radioauftritte, zeigt sich dagegen durchaus eine
aufklärerische Haltung. Explizit formuliert er als Anliegen, anderen Männern
(und Frauen) neue Handlungs- und Beziehungsoptionen aufzeigen und ihnen dadurch Leiden ersparen zu können.

DER BERUF ALS FREIRAUM

Joachim Fuchs ist zum Zeitpunkt des Interviews 58 Jahre alt, er lebt zusammen
mit seiner Ehefrau im Rhein-Neckar-Gebiet. Zwei seiner drei Kinder sind bereits
aus dem Elternhaus ausgezogen. Die Lebensgeschichte von Joachim Fuchs steht
für einen Typus, dessen Biografie durch äußerst sorgfältige Segmentierung eines
»heterosexuellen« und eines »homosexuellen Lebens« (Interview JF 2011)
strukturiert wird.

Die Erzählung Joachim Fuchs' ist ähnlich der von Thomas Schmidt durch
die Beschreibung zweier Lebensphasen geprägt. Dabei tendiert er zu einer positiv gefärbten Hervorhebung von Erfahrungen und Erlebnissen aus einer ersten
Lebensphase, welche jedoch durch den Hinweis auf die Vergänglichkeit dieser
Phase zugleich wieder relativiert werden, während zugleich die Unmöglichkeit
eines Anknüpfens an diese Erfahrungen betont wird.

Joachim Fuchs wird 1952 im norddeutschen Raum geboren. Die Beschrei-
bung seiner Familie erinnert sehr stark an ein konservatives, kleinbürgerliches
Familienmodell der 50er Jahre (vgl. hierzu Peuckert 2008; Nave-Herz 2002;
Rolff 2001; Meyer 1985). Die Mutter war Hausfrau und für die Erziehung der
Kinder zuständig. Der Vater war für das Erwirtschaften des ökonomischen Kapi-
tals der Familie verantwortlich.

Laut der biologistisch fundierten Argumentation und Selbstbeschreibung
Joachim Fuchs' besitze er einen sehr starken »sexuelle[n] Drang« (Interview JF
2011), welcher durch sein erstes sexuelles Erlebnis mit einem älteren Jugendli-

chen im Alter von 10 Jahren freigesetzt wurde und ihn seither antreibe: »die Energien im Körper gingen so auf« (ebd.). In der Folge hat er einerseits ab der Adoleszenz immer wieder sexuelle Kontakte und auch Beziehungen mit Frauen. Andererseits taucht er ab einem Alter von 17 Jahren in die örtliche Schwulenszene ein und hat dort auch sexuelle Kontakte zu Männern. Die ersten Kontakte zu schwulen Männern sucht er laut Eigenaussage jedoch nicht aktiv, vielmehr wird Joachim Fuchs von diesen angesprochen und geht dann auf deren Angebote wohlwollend ein. Das Eingehen auf die Avancen der schwulen Männer führt er u.a. auf seine »ausgiebige Sexualität« (ebd.) zurück, da er innerhalb der Schwulenszene unkomplizierte, unverbindliche und schnelle Befriedigung finden kann. Zugleich wird das Eintauchen in die lokale Szene, so die Präsentation, durch Joachim Fuchs' Suche nach Abenteuern und seinen Wunsch des Ausbruchs aus dem farblosen, ernsten und konservativen Familienalltag der späten 1960er Jahre gespeist.

Auch er erzählt seinem (heterosexuellen) Umfeld inklusive seiner Familie nichts von seinen neuen Bekanntschaften. Ihm scheint es zwar wichtig für die sexuelle Selbstwerdung aus dem Alltag ausbrechen zu können, doch gleichzeitig ermöglicht ihm die Verheimlichung des Ausbruchs eine Linderung der Angst vor möglichen Konsequenzen einer offenen Nichtbefolgung heterosexueller Normen.[8] Sexualität ist für ihn gleichzeitig durch die (für Männer) zur Selbstfindung und Befriedigung notwendige Überschreitung der Normen sowie durch die Akzeptanz der grundsätzlichen Sinnhaftigkeit heterosexueller, auf Monogamie zielender Normen geprägt. Da er seine Suche nach meist als rein sexuell erfahrenen, unverbindlichen Kontakten zu schwulen Männern vor seinen Eltern verheimlichen und nach außen auch als heterosexuell wahrgenommen werden möchte, entwickelt er in den folgenden Jahren Strategien, die ihm diese Trennung zwischen seinem Erscheinungsbild gegenüber seinen Eltern und seinem Eintauchen in seine Gegenwelt ermöglichen bzw. diese immer weiter optimieren. Allerdings findet sich in seiner Darstellung kein Hinweis darauf, dass die Optimierung intentional und/oder auf der Basis einer expliziten Reflexion geschah. Die Trennung der hetero- und der homosexuellen Sphäre ist zum Zeitpunkt des Interviews schon so viele Jahre fest etabliert, dass diese für ihn zu einer präreflexiven Selbstverständlichkeit und einem festen Bestandteil seines Lebens wurde. Sein sexuelles Selbst teilt sich in zwei Teile. So spricht Joachim

---

8 Für diese These spricht auch, dass er in seiner späteren Rolle als Familienvater ebenfalls ein durchaus konservatives Leben führt und heterosexuelle Rollenerwartungen an seine Kinder weitergibt (wenngleich er selbst weiterhin heimlich aus der Norm ausbricht).

Fuchs während des gesamten Interviews nicht von Selbstidentifikationen als beispielsweise hetero-, homo- oder bisexuell. Identitäre Perspektiven auf das, was
er tut, vermeidet er. Eine Identifikation, die dies erfüllen würde, könnte möglicherweise die Bisexualität darstellen, doch diese reduziert Joachim Fuchs während des Interviews auf eine rein körperlich-sexuelle Praxis, um diese Möglichkeit einer Identifikation für sich selbst sofort auszuschließen, auch weil diese
seine sorgfältige Trennung der Lebenswelten unterminieren würde:

>»also auf der einen Seite habe ich ein homosexuelles Leben auf der anderen Seite hab ich
ein heterosexuelles Leben (Mhm) (…) ähm, ja bisexuell wärs wenn also man rein körperlich sagen würde OK wir machen also Gruppensex« (ebd.).

Im Anschluss an seinen Schulabschluss entzieht er sich mit 18 Jahren der elterlichen Kontrolle durch eine räumliche Distanzierung von den Eltern in Form eines
Umzugs in eine andere Stadt und erreicht dadurch einen gesteigerten Freiheits-
grad. Zudem beginnt er eine Ausbildung in einer Berufsbranche, die ihm nach
außen als unverdächtige und neutral wirkende ›Schleuse‹ zu homosexuellen Bekanntschaften dient. Die Situation wird durch zwei Umzüge nach Berlin und anschließend New York, also in jene Städte, die zu dem Zeitpunkt des Umzugs jeweils Zentren der Schwulenbewegung waren (vgl. Herrn 1999; Cohen 2008),
optimiert. Er partizipiert ausgiebig am Leben der dortigen Schwulenszenen. Er
hat auch in dieser Zeit Liebesbeziehungen zu Frauen, die ihrerseits nicht in seine
sexuellen Kontakte zu Männern eingeweiht sind. Er stellt den Eltern Freundinnen vor. Parallel dazu lebt Joachim Fuchs sein »homosexuelles Leben« in seiner
»Gegenwelt« (ebd.) heimlich aus.

Im Alter von 24 Jahren lernt Joachim Fuchs seine spätere Ehefrau kennen.
Ihr deutet er die sexuellen Kontakte zu Männern zumindest an und testet ihre
Reaktion. Dies impliziert, dass es durchaus in seinem Interesse gewesen wäre,
wenn seine Frau Kenntnis über seine sexuellen Kontakte zu Männern besessen
hätte – unter der Voraussetzung, dass sie diese gleichzeitig auch toleriert. Doch
da sie seine Andeutung und deren Reichweite nicht versteht bzw. verstehen kann
und da er eine mögliche Trennung fürchtet, verzichtet er auf Aufklärung und
spricht das Thema ihr gegenüber nie mehr an. Er verortet seine spätere Ehefrau
nun eindeutig und irreversibel in seinem »offiziellen, heterosexuellen Leben«
(ebd.).

Die beiden ziehen wenig später zusammen, wodurch sich die räumliche Organisation bzw. Trennung seiner »beiden Leben« (ebd.) verändert, da sie im
Gegensatz zu seinen Eltern, die in sicherer Entfernung wohnen, nicht nur in der
gleichen Stadt (New York) lebt, sondern sogar mit ihm eine Wohnung teilt. Zu-

gleich entwickelt er eine neue Strategie, um sich ihrer Kontrolle entziehen und weiterhin in seine »Gegenwelt« (ebd.) regelrecht flüchten zu können. Er nimmt einen Umzug zurück nach Deutschland und einen Berufswechsel in Kauf, um über diesen neuen Beruf regelmäßig und ohne jeglichen Rechtfertigungsdruck Geschäftsreisen antreten zu können. Auf diesen Reisen sucht er nach sexuellen Kontakten zu Männern. Damit lagert er seine unverbindlichen, sexuellen Kontakte zu Männern regelrecht aus seinem (heterosexuellen) Familien- und Alltagsleben aus. Er heiratet wenig später seine Freundin. Mit der finanziellen Hilfe seiner Eltern kauft er ein Eigenheim. Das Paar bekommt in den anschließenden Jahren drei Kinder.

Er übt seinen Beruf mit den vielen Dienstreisen insgesamt 30 Jahre lang aus. Umso mehr erfährt Joachim Fuchs seine Pensionierung im Jahre 2009 im Alter von 57 Jahren als enormen Einschnitt, da sich mit der Aufgabe seines Berufs auch seine bisherige »Schleuse« in seine »Gegenwelt« schließt. Er führt zwar das Prinzip der räumlichen Distanzierung und somit Trennung seiner beiden Lebenswelten fort, indem er weiterhin mehrmals im Jahr Fernreisen nach Thailand ohne seine Frau bzw. Familie unternimmt, doch da ihm die Legitimierung für diese Reisen nun fehlt, wird seine Frau misstrauisch. Bald erfährt sie von seinem jahrelang gehüteten Geheimnis der sexuellen Kontakte zu Männern und droht ihm mit einer Scheidung sowie Offenlegung des Geheimnisses gegenüber Freunden und Familie, da sie kein Verständnis für seine außerehelichen Kontakte aufbringen kann und diese nicht weiter dulden möchte.

Da er in seiner heutigen Situation sowohl ein öffentliches Outing als auch die Trennung von seiner Frau verhindern möchte, vermindert er nun die Häufigkeit seiner Reisen bzw. die Suche nach sexuellen Kontakten zu Männern und engagiert sich darüber hinaus zeitintensiv für seine Familie. Die Folge ist, dass Joachim Fuchs sich eingeengt fühlt und der Zeit hinterher trauert, in der seine Trennung der Lebenswelten noch Bestand hatte und es ihm dadurch möglich war, seine sexuellen Kontakte mit Männern auszuleben, ohne in Konflikt mit den Erwartungen an eine exklusiv monogame, heterosexuelle Praxis zu geraten.

DER KÖRPER ALS HANDLUNGSRAUM

Der folgende Fall kann als Beispiel für eine gelungene biografische Integration der Bisexualität, welche als körperlicher Zustand entworfen wird, gesehen werden. Helene Peters lebt zum Zeitpunkt des Interviews in Hamburg und ist 38 Jahre alt.

Das Interview wird strukturiert durch eine eindeutige, thematische Trennung der »Familiensachen« (Interview HP 2011) und ihrem eigenen Leben. Ihr Körper und ihre Liebesbeziehungen sind das eigene Leben und die Fokussierungsmetaphern, anhand derer sie die Auseinandersetzung mit familialen Belastungen beschreibt. Dabei steht die Thematisierung von Leib/Körper im Spannungsfeld von negativ empfundener Auseinandersetzung mit Kontrolle und Kontrollverlust im Kontext einer »Essstörung« sowie einer als positiv empfundenen Aneignung leiblicher Erfahrung über Sexualität. Über den Körper eröffnet sie ein höchst ambivalentes Feld, in dem ihre Zielstrebigkeit zunächst brüchig wird, dann aber genau die Folie dafür bietet, um sich als handlungsfähige Person, die alle Widrigkeiten meistert, zu präsentieren.

Helene Peters wird 1972 in familiale Verhältnisse geboren, die von der Erfahrung von (sexueller) Gewalt seitens der Ehemänner, Armut und Alkoholismus geprägt waren. Insbesondere ihren Vater beschreibt Helene Peters als alkoholkranke, dominante und phasenweise depressive Persönlichkeit. Im Alter von acht Jahren erlebt Helene Peters einen Suizidversuch ihres Vaters, welcher jedoch misslingt. Als sie zehn Jahre alt wird, bekommt sie ihre erste Menstruation. Zu diesem Zeitpunkt beginnt für sie eine ambivalente Auseinandersetzung mit ihrem Körper, welcher in den folgenden Jahren ihr »Handlungsfeld« wird. Die Körperpraktiken der Anorexie und des Binge Eatings (Hilbert 2000) – die sie in dieser Zeit entwickelt – können als Coping-Strategien (vgl. Lenz 2009) im Spannungsfeld von Kontrolle und Kontrollverlust verstanden werden, in welchen Helene Peters die leiblich gespeicherten Erfahrungen von Unsicherheit, Angst und Kontrollverlust über Körpertechniken bearbeitet. Während in diesen Strategien negative Leibwahrnehmung und eine rigide Machtausübung über den eigenen Körper im Mittelpunkt stehen, erschließt sich Helene Peters Sexualität als Möglichkeit der positiven Leiberfahrung sowie als Möglichkeit, Liebe, Aufmerksamkeit und Anerkennung zu erfahren. Diese Erfahrung macht sie durch ihren ersten sexuellen Kontakt zu einem Mitschüler, als sie 13 Jahre alt ist. Zudem hat sie schon in Jugendjahren die Erfahrung bisexuellen Begehrens gemacht: »so lange ich mir meiner Sexualität bewusst bin, weiß ich, dass ich bisexuell bin« (Interview HP 2011), das »war schon immer so« (ebd.).

Auch das auf das gleiche Geschlecht gerichtete Begehren ordnet sie dem positiv besetzten Erfahrungsbereich zu. Es wird von ihr von Anfang an als selbstverständlich und unproblematisch betrachtet. Nach ihrem Schulabschluss beginnt sie eine Ausbildung, für die sie nach Hamburg umzieht. Darüber hinaus sammelt sie in dieser Phase ihre ersten unverbindlichen, sexuellen Erfahrungen mit einer Frau und erfährt von der Existenz des Vereins »Bisexuelles Netzwerk e.V.«. Hier lernt sie den Begriff Bisexualität kennen und nutzt ihn fortan als

Selbstidentifikation. Bisexualität konstituiert sich in diesem Kontext keineswegs als ein ›Unbehagen‹ in Bezug auf die soziale Ordnung des Sexuellen, sondern als ein Potenzial, um die positiven Aspekte bisexueller Praxis für sich zu nutzen. Unter die positiven Aspekte fällt in diesem Zusammenhang, neben der positiven sexuell-leiblichen Erfahrung, die Einnahme einer aktiven und lustvollen Position, welche mit einer Bezugnahme auf männliche Codes einhergeht:

»ich bin das größte Chauvischwein was rumläuft, <<ja>> meine Jungs lieben es im Sommer mit mir innen Park zu gehen weil ich die nettesten Weiberärsche schon als erstes sehe <<mhmh>> und kommentiere, ähm ganz schlimm bei mir, macht aber nen Heidenspaß <<mhmh>> ((lacht))« (ebd.)

Kurz nach Beginn ihrer Ausbildung geht Helene Peters eine Beziehung zu einem Mann ein. Bestimmend für diese Lebensphase ist die Suchterkrankung und die Dominanz ihres Partners. Entgegen ihrer eigenen Deutung – welche diese Beziehung als Wiederholung der Situation in ihrem Elternhaus betrachtet – kann diese Beziehung auch als eine Reinszenierung familiärer Muster betrachtet werden, in der es ihr in einem schmerzhaften Prozess gelingt, sich Stück für Stück von diesen Mustern zu emanzipieren. Trotz der Androhungen des Partners im Falle einer Trennung Suizid zu begehen, kann sich Helene Peters nach einigen Jahren aus der Beziehung lösen.

Während ihrer einjährigen Phase ohne Beziehung nimmt sie Kontakt mit einer bisexuellen Gruppe auf und engagiert sich dort ehrenamtlich. Erneut wird diese Entscheidung als eher unspektakulär beschrieben und die Zeit betont undramatisch als »einfach nett« (ebd.) präsentiert. Dass es sich jedoch um die einzige Lebensphase handelt, die sie als schön bezeichnet, ist ein Hinweis darauf, dass sie durchaus relevant ist.

An diese Singlephase anschließend geht sie eine dreijährige Beziehung mit einem Mann ein, bei dem sich nach kurzer Zeit herausstellt, dass auch er suchtkrank ist. Statt mit ihren bisherigen Handlungsmustern zu brechen und somit neue Handlungsoptionen zu gewinnen, begleitet sie ihn auch nach Bekanntwerden der Sucht in allen Lebenslagen. Als sie sich auch aus dieser Beziehung löst, beginnt sie zur Stabilisierung und Verbesserung ihres beruflichen Werdegangs ein Studium. Während dieser Zeit lernt sie auch die einzige Frau kennen, mit der sie längere Zeit eine beziehungsähnliche Gemeinschaft bildet. Dass Helene Peters die einzige enge und längere Beziehung zu einer Frau nicht als Partnerschaft definieren will, zeigt ihre geringe Bestrebung, ihr Begehren von Frauen auf einer Beziehungsebene auszuleben:

»also ich bin heterosexuell sozialisiert und ich lebe auch, Beziehungen heterosexuell (1) (…) primär würde ich mich auch als bisexuell und nicht als biemotional beschreiben, also Frauen sind für mich, in erster Linie sexuell attraktiv ähm ähm aber ne Beziehung richtig, mit Liebe Gefühl und so neig ich nich wirklich zu« (ebd.).

In dieser Textstelle wird deutlich, dass Helene Peters Bisexualität in Bezug auf Frauen vor allem als sexuelle Praxis erlebt, sie aber keine verbindliche, längerfristige Partnerschaft eingehen möchte. Stattdessen verfolgt sie auf der Beziehungsebene eine heterosexuelle Anordnung, die sich stärker über Emotionen definiert und klar von Homosexualität als sexueller Praxis unterscheidet. Damit erschließt sie sich die Möglichkeit in Praxis und Fantasie sowohl mit Frauen als auch Männern eine Form der Sexualität zu leben, die frei ist von den Belastungen, die eine Beziehung mit sich bringt (dies ist in ihrem Fall besonders relevant, da ihre Beziehungsbiografie von der schmerzhaften Reinszenierung und Bearbeitung familialer Muster geprägt ist). Helene Peters ermöglicht sich einen Handlungsraum, in dem sie ohne Belastungen die positiven Leiberfahrungen im Zusammenhang mit Sexualität ausleben kann.

Partnerschaften hingegen geht sie vornehmlich mit Männern ein, diese sind an heteronormativen Vorstellungen orientiert. Auch wenn sie in Partnerschaften monogam leben möchte und dies bis zum Zeitpunkt des Interviews auch immer tat, will sie sich das *Potenzial* unbelasteter Sexualität mit Frauen auch während einer Beziehung mit einem Mann nicht nehmen lassen:

»für mich ist klar, dass ich keine Beziehung haben will, in der der Partner von mir verlangen würde, dass ich das kategorisch nicht ausleben darf [Sex mit Frauen, d.A.], das is nen Teil von mir selbst das gehört zu mir, wie meine Augenfarbe und auch die kann ich nich verändern, wenn ich mal das Bedürfnis habe, möchte ich mir das nicht verkneifen müssen« (ebd.).

Als eine Normalisierungsstrategie wird Bisexualität in dieser Sequenz in eine ›natürliche Ordnung‹ überführt, die ein ›höheres Gesetz‹ darstellt als die Vorgaben von serieller Monogamie. Heterosexualität und Monogamie werden von ihr als sexuelle Ordnungskategorien anerkannt, aber vor dem Hintergrund der subjektiven Ordnung, die sie sich geschaffen hat, verhandelbar. Dadurch erlangt sie eine potenzielle Handlungsmacht, die sie praktisch jedoch bisher nicht nutzte. Dies ist aus ihrer Sicht nicht nötig, da ihr allein das Wissen um die Möglichkeit, jederzeit einer gleichgeschlechtlichen sexuellen Praxis nachgehen zu können, ausreicht, um die Handlungsmacht zu verspüren. Nach den Prämissen des Wunsches einer festen heterosexuellen Partnerschaft, mit der Möglichkeit sexuelle

Kontakte zu Frauen eingehen zu können, gestaltet sie auch ihre Partnersuche zum Zeitpunkt des Interviews.

KANN BISEXUALITÄT UNORDNUNG STIFTEN? – DIE EINBETTUNG VON BISEXUALITÄT IN DAS SEXUELLE SELBST

Selbstverständlich leben nicht alle Bisexuellen in der Außendarstellung und in den primären Bindungen ein heterosexuell wirkendes Leben, aber es ist eine, keineswegs seltene, Variante. Dass Bisexualität im Rahmen dieses Modells als Prozess gedacht wird, der eine institutionalisierte und kodifizierte Praxis, nämlich Heterosexualität, sukzessive zu unterwandern vermag, lässt angesichts der in den Interviews zum Ausdruck gebrachten selbstverständlichen heterosexuellen Rahmung des Lebens Zweifel aufkommen. Hat Bisexualität das Potenzial Unordnung zu stiften?

Kontrastiert man die drei Fälle, so fällt zunächst auf, dass alle drei Interviewpartner/-innen Bisexualität als Anlage begreifen. Trotz konstanter Reflexion über das Selbst taucht weder der Verdacht auf, dass Bisexualität psychodynamisch begründet sein könnte noch dass es sich um eine gewählte Praxis handelt. Thomas Schmidt spricht explizit von einem im Alter von 38 Jahren entdeckten »Trieb«, der ihm seither vorgebe, dass er neben den bereits bestehenden sexuellen Kontakten zu Frauen auch gleichgeschlechtliche sexuelle Kontakte ausleben müsse. Diesen Trieb nimmt er (zunächst) als schicksalhaften Fluch und somit als biografischen Bruch überaus negativ wahr. Er scheint nicht in sein Leben zu passen und sogar zu physischen und psychischen Erkrankungen zu führen. Er erfährt die ›Entdeckung‹ seines bisexuellen Triebes als Zerstörung seines bis dato bestehenden sexuellen Selbst, sodass er sich sowohl identitär als auch praktisch neu orientierten bzw. justieren muss. Aufgrund der biografisch späten Realisierung eines als biologische Realität gedachten Wunsches, stiftet Bisexualität hier zumindest biografisch heftige Unruhe. Indem er Bisexualität die Bedeutung eines nun nicht mehr zu negierenden, sehr dynamischen, auf Erfüllung drängenden (eben triebhaften) Wesenszuges beimisst, scheint ihm keine andere Wahl zu bleiben als auch seine sexuelle Praxis zu verändern. Dabei kann die gleichgeschlechtliche sexuelle Praxis leicht in das eigene Handeln integriert werden, allerdings nicht in die Beziehungsdynamik der zum Zeitpunkt der Entdeckung bestehenden Ehe.

Dies ändert sich erst mit dem Kennenlernen seiner heutigen Frau. Mit dieser handelt er ein Beziehungsmodell aus, welches ihm ermöglicht, beziehungsintern offen mit seinem gleichgeschlechtlichen sexuellen Begehren und auch den daraus entstehenden sexuellen Kontakten umzugehen. Hierdurch fällt der vormals erfahrene Geheimhaltungsdruck beziehungsintern von ihm ab, was er als große Befreiung empfindet. Gleichzeitig jedoch halten er und seine Frau nach außen die Erscheinung eines ausschließlich ›heterosexuellen Paars‹ aufrecht, sodass die Beziehung keinerlei Stigmatisierung ausgesetzt ist.

Im Gegensatz zu Thomas Schmidt entdeckt Joachim Fuchs einen starken »sexuellen Drang«. Zudem fällt diese Entdeckung bereits in seine Adoleszenz. Im Unterschied zum *gleichgeschlechtlichen* Begehren kann ein *starkes* Begehren nicht verborgen bleiben. Seine sexuellen Kontakte mit Männern sind nicht Folge homoerotischer Anziehung, sondern resultieren für Joachim Fuchs, laut seiner Erzählung, aus Verfügbarkeiten und seiner Konstruktion von geschlechterdifferenter bzw. -stereotyper sexueller Praxis. Sexualität unter Männern sei im Gegensatz zu den verschiedengeschlechtlichen sexuellen Kontakten unkomplizierter und ohne größeren Aufwand zu finden. Zudem hat das gleichzeitige Ausleben von verschieden- und gleichgeschlechtlichen sexuellen Kontakten für Joachim Fuchs eine positiv konnotierte Kompensationsfunktion, da er einerseits durch seine Beziehungen mit Frauen Sicherheit und Stabilität verspüre, die für ihn unerlässlich sei, er jedoch gleichzeitig aus dieser Sicherheit ausbrechen und sich in gewisse Abenteuer stürzen müsse. Auch wenn Joachim Fuchs an einigen Stellen im Interview die Heteronormativität der Gesellschaft anprangert und als überholt darstellt, akzeptiert er doch in vielfacher Hinsicht strukturierende Ordnungsmuster. Die Geschlechterkonstruktionen sind binär angelegt: Sexuelle Zurückhaltung, Stabilität und Sicherheit auf der einen Seite, sexuelle Ausschweifung, flüchtige Begegnungen und Abenteuer auf der anderen Seite. Gleichzeitig führt auch Joachim Fuchs ein dem Anschein nach heterosexuelles Leben. Er nutzt seine Beziehungen zu Frauen, um in der Öffentlichkeit als heterosexuell wahrgenommen zu werden, seine gleichgeschlechtlichen Kontakte verortet er in seiner persönlichen, privaten Sphäre. Damit verfolgt er eine radikalere Trennung der beiden Lebenswelten als es bei Thomas Schmidt der Fall ist, da bei Joachim Fuchs die gleichgeschlechtlichen sexuellen Kontakte sogar beziehungsintern verschwiegen werden und diese beiden Lebensbereiche vor allem räumlich strikt getrennt werden. Dies führt auch dazu, dass es in diesem Fall – im Gegensatz zu den anderen – zu keiner Selbstbezeichnung als bisexuell kommt.

Auch Helene Peters charakterisiert ihre Bisexualität mittels eines biologistischen Vergleichs als natürlichen »Teil« ihrer selbst, zudem sei sie »schon immer« bisexuell gewesen. Durch diese Argumentationsweise wird deutlich, dass ihre Bisexualität für sie eine Konstante darstellt und ihre Lebensgeschichte in Bezug auf die Bisexualität und ihr sexuelles Selbst – im Gegensatz zu den anderen Fällen – keinen Bruch erfährt. Anders als die Konstruktion eines Triebes, der aggressiv auf Erfüllung drängt, selbst als handelnder Akteur erscheint und dessen Opfer der je einzelne Mensch ist, wählt Helene Peters, keineswegs geschlechtsuntypisch, eine Selbstbeschreibung, bei der Bisexualität harmonisch als natürlicher Teil erscheint. In dieser Reflexion auf das sexuelle Selbst lässt sich Bisexualität unkomplizierter integrieren. Die sexuelle Selbstbeschreibung geht mit einer Funktionszuweisung einher. Bisexualität wird zur Position im Feld des Sexuellen, welche nicht mit Beziehungserwartungen verknüpft wird. Indem sie gleichgeschlechtliche sexuelle Praxis in einer Weise mit Bedeutung versieht, durch die Sexualität und Emotion als getrennt erscheinen, gestaltet sie für sich einen Freiraum in einer Welt, in der Emotionen in Beziehungen stets als Bedrohung der Handlungsfähigkeit erlebt werden. Ihren sexuellen Körper besetzt sie positiv und stellt ihn selbstzerstörerischen und destruktiven Körperpraktiken gegenüber. War für Joachim Fuchs unkompliziertes homosexuelles Begehren Abenteuer, so ist für Helene Peters eben dieses Begehren der unbelastete Ort. Wenn die Liebesbeziehung insofern als problematisch erfahren wird, da sie den Ort der Bearbeitung ihrer Vergangenheit darstellt, wobei die Bearbeitung bis hin zur Selbstzerstörung reichen kann, kann die zum Gegensatz erklärte gleichgeschlechtliche sexuelle Praxis stabilisierend bzw. ausgleichend wirken, solange sie nicht selbst beziehungsförmig wird. Hierzu nimmt sie partiell eine aktive, männlich konnotierte Position – als »Chauvischwein« – innerhalb gleichgeschlechtlicher Arrangements ein, die sich klar von ihrer Positionierung in einem heterosexuellem Setting unterscheidet.

Im Gegensatz zu Joachim Fuchs gelingt Helene Peters die Vermeidung einer alltäglichen Trennung zwischen ihren heterosexuell konnotierten Beziehungen und der gleichzeitig existierenden bisexuellen Begierde. Bisexualität ist eine phasenweise ausgeübte Praxis, um es sich zwischendurch ›nett zu machen‹. Allein das Wissen um die Möglichkeit, das gleichgeschlechtliche sexuelle Begehren jederzeit in eine Praxis überführen zu können, führt in ihrem Falle bereits zur Ausbildung einer als sehr stark empfundenen Handlungsmacht.

Die drei hier präsentierten Fälle sind zugleich drei Typen, Bisexualität unter den Bedingungen einer bipolar strukturierten sexuellen Ordnung in die Biografie zu integrieren.

Thomas Schmidt stellt die Lust auf das gleiche Geschlecht schmerzhaft am eigenen Körper fest und interpretiert sie als *unausweichliches Schicksal*. In seiner Lesart wurde er von der Natur mit zwei Spielarten sexueller Lüste ausgestattet, die ihn nun quälend vor Herausforderungen stellen. Seine Lösung zielt auf *Integration in die heterosexuell erscheinende, institutionalisierte Lebensgemeinschaft*. Seine Frau soll von seinem ›Triebschicksal‹ wissen und dieses als Teil seiner Persönlichkeit akzeptieren. Wissend um die gesellschaftliche Abweichung seines Handelns, will er seine Bisexualität als intimen Persönlichkeitsanteil vor Veröffentlichung schützen.

Joachim Fuchs wiederum integriert Bisexualität in seine Lebenserzählung als Resultat und gelungene Lösung einer, im Vergleich zu Thomas Schmidt, völlig anders gelagerten Herausforderung, nämlich der eines *starken Sexualitätsdranges*. Für Thomas Schmidt gibt es zwei Sexualitätsformen, die er leben möchte, jene mit Männern und jene mit Frauen. Für Joachim Fuchs jedoch gibt es nur die eine Sexualität in einer Welt, die zwei unterschiedliche Geschlechter hervorgebracht hat. In der Welt der Frauen kann seine Sexualität nie vollends ausgelebt werden. Frauen erscheinen zu kompliziert in den Körperpraktiken, zu bindungsorientiert und zu kommunikativ, um jene Praxis zu ermöglichen, die er als schnelle und unkomplizierte Befriedigung denkt. Somit ist er, ohne dass dies für ihn zum Problem wird, immer auch auf die Welt der Männer verwiesen. Auf diese Differenzierung geschlechtsspezifischer Positionierungen im Feld des Sexuellen setzt Joachim Fuchs Bedeutungszuweisungen auf, die weit über sexuelle Praxis hinausreichen: Sicherheit bei Frauen und Abenteuer bei Männern. Die Spannung von ehelicher und außerehelicher Sexualität, von Vertrautheit und Fremdheit, wird in der bisexuellen Konstruktion von Joachim Fuchs vergeschlechtlicht. Bisexualität ist somit für Joachim Fuchs die Antwort auf Erwartungen an umfassende sexuelle Erfüllungen, wie sie heute selbstverständlich geworden sind (z.B. Giddens 1993; Schmidt 1998). Er setzt Bisexualität an die Stelle, an die andere Prostitution oder Geliebte stellen (vgl. Löw/Ruhne 2011).

Thomas Schmidt denkt und erfährt seine Lust auf Männer als intimen Persönlichkeitsanteil und besteht in der Logik konsequent auf dem Wissen und der Akzeptanz seitens der Ehefrau. Joachim Fuchs erlebt die homosexuellen Kontakte als eigenen und privaten Raum, den er sich neben der Ehe erhält. Auch sein gleichgeschlechtliches Begehren sowie die Praxis Homosexualität unterliegt der Konstruktion des Besonderen, allerdings im Sinne einer *abgetrotzten Freiheit*.

Im Fall Helene Peters finden sich Aspekte, die auch die anderen beiden Biografien strukturieren. Wie Thomas Schmidt denkt sie Bisexualität als Teil ihrer Persönlichkeit, die von Partnern zur Kenntnis genommen werden soll, und wie Joachim Fuchs baut sie Bisexualität zu einer eigenen Lebenssphäre aus. Entscheidend für die Integration von Bisexualität in den Lebenslauf ist jedoch, dass die Heterosexualität in der Bisexualität ein Gegenüber findet. Erfahren als weitgehend emotionsfreier Raum[9], wird Sexualität mit Frauen zur Auszeit, mit

---

9 Auch hier drängt sich der Vergleich zur Prostitution auf, die stets als emotionsfreie Sexualität konstruiert wird (vgl. Löw/Ruhne 2011: 105ff.).

einem Wellness-Urlaub vergleichbar. Für Thomas Schmidt ist Bisexualität Schicksal, für Joachim Fuchs ist sie Freiheit und ungebändigte Sexualität, für Helene Peters *Handlungsfähigkeit und Körperpotenzial.* Mit Blick auf die Verallgemeinerungen auf der Basis dieser drei Fälle ist es für eine zukünftige Auseinandersetzung[10] wichtig, diese Ergebnisse mit anders gelagerten Fällen der Studie zu kontrastieren: Wie verändert sich die Biografisierung von Bisexualität, wenn ein System von Mehrfachbeziehungen etabliert wird, die primären Beziehungen homosexuell sind, Geschlechterpositionen in Frage stehen oder sexuelle Beziehungen nicht im Mittelpunkt stehen? Es eröffnet sich ein weites Feld für eine weitergehende Bearbeitung des Themas.

FAZIT

Bisexualität ist eine Kategorie, die quer zur sozialen Ordnung des Sexuellen liegt. Ziel dieses Artikels war es, Prozesse der eigensinnigen biografischen Verarbeitung bipolarer sexueller Ordnung in den Blick zu nehmen und die Frage zu beantworten, inwiefern diese dabei kreativ unterwandert wird. Die Basis hierfür bildet der minimal kontrastive Vergleich der Ergebnisse von drei biografischen Fallrekonstruktionen von bisexuell lebenden Menschen, deren Gemeinsamkeit in der vorwiegend heterosexuellen Beziehungspraxis der Interviewten besteht. Ein Überblick über die empirischen Arbeiten zum Thema zeigt, dass Bisexualität bislang nur selten im Fokus soziologischer Studien stand. Vor allem aber mangelt es an einer Positionierung von Bisexualität in einem soziologischen Modell des Sexuellen. Dies gelingt anhand des multidimensionalen Ansatzes von Jackson/Scott (2010), der zwischen sexueller Ordnung, sexuellem Diskurs und sexueller Praxis differenziert und mit dem sich in diesen Dimensionen reflexiv konstituierenden sexuellen Selbst ein Konzept sexueller Subjektivität anbietet, das zwischen Handlungsfähigkeit und Wandelbarkeit sowie der Beharrungskraft sexueller Ordnung vermitteln kann. Das sexuelle Selbst ist ein biografisch fundierter Prozess und lässt sich daher mit den methodologischen Grundannahmen einer rekonstruktiven Biografieforschung ideal verbinden.

Man kann die Art und Weise, wie Bisexualität als Schicksal, Freiheit oder Handlungsfähigkeit in das sexuelle Selbst integriert wird, als unterschiedliche Typen der Selbstkonstruktion verstehen. Mit Blick auf diese Entwürfe des bisexuellen Selbst erscheint die These, Bisexualität könne das Potenzial aufweisen,

---

10 Dies wird in zwei Dissertationen geschehen, welche die Ergebnisse der Studie umfassender auswerten.

das starre System heteronormativer sozialer Ordnung (mit integrierter Abweichung Homosexualität) und das dieses System begründende und zugleich ihm folgende Konstrukt einer streng zweigeschlechtlich organisierten Welt kreativ unterwandern, als zu undifferenziert. Nicht nur sind in allen drei Fällen konventionelle Geschlechtervorstellungen sinnstrukturierend, vor allem bleibt Heterosexualität die normative Struktur, vor der Bisexualität zur Chance oder zur Herausforderung wird, eine sexuelle Sonderzone zu etablieren. Durch diese Sonderzone wird Bisexualität zu einer Positionierung, die ein ›Mehr‹ impliziert. Man fügt dem heterosexuellen Lebensentwurf eine gleichgeschlechtliche sexuelle Praxis hinzu, welche mal als unliebsamer Körperdruck, mal als geliebter körperlicher Freiraum verstanden wird. Immer jedoch scheint die heterosexuelle Anordnung nicht zu genügen – und ermöglicht doch zugleich die bisexuelle Positionierung. Der Ausspruch von Bettina Fritzsche, Bisexualität sei »Bestandteil und Überschuss« (2007: 127), erweist sich als durchaus zutreffend. Dabei wird der Körper naturalisiert, da dieser in Form einer doxischen Gewissheit die Heterosexualität, Homosexualität oder auch Bisexualität eines Menschen vorzugeben scheint.

Gerade jene Interviewpartner/-innen, die nicht als Folge einer subkulturellen Sozialisation die Bisexualität entdecken, sondern die in heterosexuellen Anordnungen, die sie sexuell nicht unzufrieden machen, dennoch ihren Körper als homosexuell adressiert erfahren, neigen dazu, Bisexualität zu biografisieren, indem sie sie als erweiterte Natur des Körpers integrieren.

Die von Giddens aufgestellte These, dass Sexualität in der späten Moderne eine »modellierbare Sexualität« (Giddens 1993: 10) darstelle, lässt sich auf der Grundlage unserer Diskussion differenzieren. Kreativ modelliert werden die Biografien hinsichtlich der Anforderungen, welche aus der als sozial erfahrenen Sexualität resultieren, daneben existiert stabil eine soziale Konstruktion der Naturhaftigkeit, welche Sexualität als dem handelndem Zugriff entzogen konstruiert.

Die an dieser Stelle zum Ausdruck kommende Gleichzeitigkeit einer »naturhaften«, dem Handeln entzogenen und einer »modellierbaren«, dem Handeln zugänglichen Sexualität, einer Sexualität, die als ›zerstörerische Kraft‹ auftreten kann oder als ›nette Zugabe‹ mit ›Wellness-Faktor‹, markiert Widersprüche spätmoderner sexueller Selbstwerdung, die nicht auf das Feld der Bisexualität beschränkt sind. Nicht zuletzt ist eine Auseinandersetzung mit Bisexualität jedoch dazu in der Lage, die Begrifflichkeiten einer Soziologie der Sexualität an ihre Grenzen zu bringen und damit für solche Widersprüche zu schärfen. Teil dieser empirischen Arbeit war es, diese Chance zu ergreifen und damit einen Beitrag für die zahlreichen anstehenden soziologischen Erkundungen der widersprüchlichen und komplexen Welt spätmoderner Sexualitätsverhältnisse zu leisten.

LITERATUR

Altendorf, M. (1993): Bisexualität. Zweigeschlechtliches Begehren und zweige-
teiltes Denken. Pfaffenweiler: Centaurus.

Angelides, S. (2001): A History of Bisexuality. Chicago, London: The University of Chicago Press.

Blumstein, P. und P. Schwartz (1977): Bisexuality. Some Social Psychological
IssuesJournal of Social Issues. 33 (2), 30-45.

Blumstein, P. und P. Schwartz (1994): Der Erwerb sexueller Identität. Bisexuali-
tät. In: Haeberle, E. J. und R. Gindorf (Hg.): Bisexualitäten. Ideologie und
Praxis des Sexualkontaktes mit beiden Geschlechtern. Stuttgart/Jena/New
York: Gustav Fischer Verlag.

Bode, J., (1976): View From Another Closet. Exploring Bisexuality in Women.
New York: Hawthorn Books, 214-244.

Bourdieu, P. (1976): Entwurf einer Theorie der Praxis auf der Grundlage der ka-
bylischen Gesellschaft. Frankfurt a.M.: Suhrkamp.

Burrill, K. G. (2003): Queering Bisexuality. In: Atkins, D. (Hg.): Bisexual
Women in the Twenty-First Century. New York: Harrington Press, 95-106.

Butler, J. (1991): Das Unbehagen der Geschlechter. Frankfurt a.M.: Suhrkamp.

Callis, A. S. (2009): Playing with Butler and Foucault: Bisexuality and Queer
Theory. Journal of Bisexuality, 9 (3/4), 213-233.

Cohen, S. (2008): The gay liberation youth Movement in New York. New York
[u.a.]: Routledge.

Connell, R. W. (1999): Der gemachte Mann. Konstruktion und Krise von Männ-
lichkeiten. Opladen: Leske und Budrich.

Daumer, E. (1992): Queer Ethics, or the Challenge of Bisexuality to Lesbian
Ethics. Hypatia, 7 (4), 91-105.

Dausien, B. (1999): Geschlechterkonstruktionen und Körpergeschichten. Überlegungen zur Rekonstruktion leiblicher Aspekte des »doing gender« in biographischen Erzählungen. In: Alheit, P.; Dausien, B.; Hanses, A. und A. Keil
(Hg.): Biographie und Leib. Gießen: Psychosozial-Verlag, S. 177-200.

Dekker, A. und S. Schäfer (1999): Zum Sampling-Bias empirischer Studien über
männliche Homosexualität. Zeitschrift für Sexualforschung, Jg. 12, Heft 4,
S. 350-361.

Diamond, L. M. (2008): Female Bisexuality from Adolescence to Adulthood.
Results from a 10-Year Longitudinal Study. Developmental Psychology.
Vol. 44, No. 1, 5-14.

Du Plessis, M. (1996): Baltantly Bisexual. Or Unthinking Queer Theory. In: Hall, D. E. und M. Pramaggiot (Hg.): Representing Bisexualities. Subjects and Cultures of Fluid Desire. New York/London: NYUP, 19-54.

Feldhorst, A. (1993): Bisexualitäten. Eine Dokumentation zu bisexuellen Lebensstilen und Lebensweisen. AIDS-Forum DAH Nr. 11.

Fox, R. C. (1996): Bisexuality in Perspective: A Review of Theory and Research. In: Firestein, B. A. (Hg.): Bisexuality. The Psychology and Politics of an Invisible Minority. London: Sage Publications, 3-50.

Freud, S. (1961 [1905]): Drei Abhandlungen zur Sexualtheorie. Frankfurt a.m.: Fischer.

Fritzsche, B. (2007): Das Begehre, das nicht eins ist. Fallstricke beim Reden über Bisexualität. In: Hartmann, J. (Hg.): Empirische Studien zu Geschlecht, Sexualität und Macht. Wiesbaden: VS Verlag für Sozialwissenschaften, S. 115-131.

Gagnon, J. H.; Stein Greenblat, C. und M. Kimmel (1994): Bisexualität aus soziologischer Sicht. In: Haeberle, E. J. und R. Gindorf (Hg.): Bisexualitäten. Ideologie und Praxis des Sexualkontaktes mit beiden Geschlechtern. Stuttgart/Jena/New York: Gustav Fischer Verlag, S. 69-92.

Garber, M. (1995): Vice Versa Bisexuality and the Eroticism of Everyday Life. New York/London: Simon & Schuster.

Giddens, A. (1993): Wandel der Intimität. Sexualität, Liebe und Erotik in den modernen Gesellschaften. Frankfurt a.m.: Fischer.

Glaser, B. M. und A. L. Strauss (1993): Die Entdeckung gegenstandsbezogener Theorie. Eine Grundstrategie qualitativer Sozialforschung. In: Hopf, C. und E. Weingarten (Hg.): Qualitative Sozialforschung. Stuttgart: Klett-Cotta.

Gooß, U. (1995): Sexualwissenschaftliche Konzepte der Bisexualität von Männern. Stuttgart: Enke, S. 9-111.

Haeberle, E. J. (1994): Einführung. Bisexualitäten – Geschichte und Dimensionen eines modernen wissenschaftlichen Problems. In: Haeberle, E. J. und R. Gindorf (Hg.): Bisexualitäten. Ideologie und Praxis des Sexualkontaktes mit beiden Geschlechtern. Stuttgart/Jena/New York: Gustav Fischer Verlag, S. 1-39.

Haeberle, E. J. und R. Gindorf (Hg., 1994): Bisexualitäten. Ideologie und Praxis des Sexualkontaktes mit beiden Geschlechtern. Stuttgart/Jena/New York: Gustav Fischer Verlag.

Hark, S. (1993): Queer Interventionen. Feministische Studien 11/2, S. 104-110.

Hemmings, C. (2002): Bisexual spaces: a geography of sexuality and gender. New York: Routledge.

Herrn, R. (1999): Anders bewegt. 100 Jahre Schwulenbewegung in Deutschland. Hamburg: MännerschwarmSkript Verlag.

Hilbert, A. (2000): Körperbild bei Frauen mit Binge-Eating-Störung. Dissertation am Fachbereich Psychologie, Philipps-Universität Marburg: http:// archiv.ub.uni-marburg.de/diss/z2000/0089/.

Hubbard, P. (2000): Desire/disgust: mapping the moral contours of heterosexuality. Progress in Human Geography 24/2, 191-217.

Hüsers, F. und A. König (1995): Bisexualität. Stuttgart: Georg Thieme Verlag.

Jackson, S. und S. Scott (2010): Theorizing Sexuality. Berkshire/New York: Open University Press.

Kinsey, A. C.; Pomeroy, W. B. und C. E. Martin (1948): Sexual behavior in the human male. Philadelphia: W. B. Saunders.

Kinsey, A.; Pomeroy, W. B.; Martin, C. E. und P. Gebhard (1953): Sexual Behavior in the Human Female. Philadelphia: Saunders.

Klein, F. (1978): The Bisexual Option. New York: Arbor House.

Klein, F.; Sepekoff, B. und T. J. Wolf. (1985): Sexual orientation: A multivariable dynamic process. Journal of Homosexuality, Nr. 11, 35-49.

Klesse, C. (2005): Bisexual Women, Non-Monogamy and Differentialist Antipromiscuity Discourses. Sexualities 8 (4), 449-468.

Klesse, C. (2006):»But if I was a man, they woult think I´m a really big pervert!«. Bisexuelle Nichtmonogamie und postfeministischer Diskurs. In: Haas, B. (Hg.): Der postfeministische Diskurs. Würzburg: Königshausen und Neumann, S. 137-156.

Klesse, C. (2007): Weibliche bisexuelle Nicht-Monogamie, Biphobie und Promiskuitätsvorwürfe. In: Hartmann, J. (Hg.): Empirische Studien zu Geschlecht, Sexualität und Macht. Wiesbaden: VS Verlag für Sozialwissenschaften, S. 291-307.

Kohli, M. (1978): Zum Thema. Erwartungen an eine Soziologie des Lebenslaufs. In: Kohli, M. (Hg.): Soziologie des Lebenslaufs. Darmstadt/Neuwied: Luchterhand, S. 9-31.

Lenz, A. (2009): Kinder und ihre psychisch kranken Eltern. In: Lenz, K. und F. Nestmann (Hg.): Handbuch Persönliche Beziehungen. Weinheim und München: Juventa, S. 745-765.

Löw, M. und R. Ruhne (2011): Prostitution – Herstellungsweisen einer anderen Welt. Frankfurt a.M.: Suhrkamp.

McDowell, L. (1995): Body work: heterosexual gender performances in city workplaces. In: Bell, D. und G. Valentine (Hg.): Mapping Desire: Geographies of Sexualities. London: Routledge, 75-95.

MacDonald, A.P. Jr. (2000): Little bit of lavender goes a long way. A critique of research on sexual orientation. In: Rodríguez Rust, P.C. (Hg.): Bisexuality in the United States. A Social Science Reader. New York: Columbia University Press, 24-30.

McLean, K. (2007): Hiding in the closet? Bisexuals, coming out and the disclosure imperative. Journal of Sociology. 43 (2), 151-166.

Meyer, S. (1985): Von Liebe sprach damals keiner. Familienalltag in der Nachkriegszeit. München: Beck Verlag.

Münder, K. (2004): »Ich liebe den Menschen und nicht das Geschlecht«. Frauen mit bisexuellen Erfahrungen. Königstein/Taunus: Helmer.

Nave-Herz, R. (2002): Kontinuität und Wandel der Familie in Deutschland eine zeitgeschichtliche Analyse. Stuttgart: Lucius/Lucius.

Paul, J. (1994): San Franciscos »Bisexual Center« und der Beginn der Bisexuellenbewegung. In: Haeberle, E. J. und R. Gindorf (Hg.): Bisexualitäten. Ideologie und Praxis des Sexualkontaktes mit beiden Geschlechtern. Stuttgart/ Jena/New York: Gustav Fischer Verlag, S. 156-164.

Paul, J. (2000): Bisexuality: Reassessing Our Paradigms of Sexuality. In: Rodríguez Rust, P. C. (Hg.): Bisexuality in the United States. A Social Science Reader. New York: Columbia University Press, 11-23.

Peuckert, R. (2008): Familienformen im sozialen Wandel. Wiesbaden: VS Verlag für Sozialwissenschaften.

Rodríguez Rust, P. C. (2000a): Review of Statistical Findings about Bisexual Behaviour, Feelings, and Identities. In: Rodríguez Rust, P.C. (Hg.): Bisexuality in the United States. A Social Science Reader. New York: Columbia University Press, 127-184.

Rodríguez Rust, P.C. (Hg., 2000b): Bisexuality in the United States. A Social Science Reader. New York: Columbia University Press.

Rolff, H.-G. (2001): Kindheit im Wandel eine Einführung in die Sozialisation im Kindesalter. Weinheim: Belitz.

Rosenthal, G. (1995): Erlebte und erzählte Lebensgeschichte. Gestalt und Struktur biografischer Selbstbeschreibung. Frankfurt a.M./New York: Campus.

Rosenthal, G. (2008): Interpretative Sozialforschung. Eine Einführung. Weinheim und München: Juventa Verlag.

Savin-Williams, R. C. (2009): How many Gays Are There? It Depends. In: Hope, D. A. (Hg.): Contemporary Perspectives on Lesbian, Gay and Bisexual Identities. New York: Springer, 5-41.

Schmidt, G. (1998): Sexuelle Verhältnisse. Über das Verschwinden der Sexualmoral. Reinbek: Rowohlt.

Schmidt, G. (2004): Sexualität und Kultur: Soziokultureller Wandel der Sexualität. In: Hornung, R.; Buddeberg, C. und T. Bucher (Hg.): Sexualität im Wandel. Zürich: vdf Hochschulverlag AG an der ETH Zürich, S. 11-28.

Schmidt, G. (2005): Das neue Der Die Das: Über die Modernisierung des Sexuellen. Gießen: Psychosozial-Verlag. 2. Auflage.

Schmidt, G.; Klusmann, D.; Dekker, A. und S. Matthiesen (1998): Veränderungen des Sexualverhaltens von Studentinnen und Studenten 1966-1981-1996. In: Schmidt, G. und B. Strauß (Hg.): Sexualität und Spätmoderne. Über den kulturellen Wandel der Sexualität. Stuttgart: Ferdinand Enke Verlag, S. 118-136.

Schmidt, G.; Matthiesen, S.; Dekker, A. und K. Starke (2006): Spätmoderne Beziehungswelten. Report über Partnerschaft und Sexualität in drei Generationen. Wiesbaden: VS Verlag für Sozialwissenschaften.

Schütze, F. (1977): Das narrative Interview in Interaktionsfeldstudien. Dargestellt am Projekt zur Erforschung kommunaler Machtstrukturen. Bielefeld: Universität.

Seidman, S. (2009): Critique of Compulsory Heterosexuality. Sexuality Research and Social Policy. Journal of NSRC 6 (1), 18-28.

Shokeid, M. (2002): You Don't Eat Indian and Chinese Food at the Same Meal. The Bisexual Quandary. Anthropological Quarterly 75, 1, 63-90.

Simon, W. und J. H. Gagnon (1973): Sexual Conduct: The Social Sources of Human Sexuality. Chicago: Aldine.

Simon, W. und J. H. Gagnon (2000): Wie funktionieren sexuelle Skripte?. In: Schmerl, C.; Soine, S.; Stein-Hilbers, M. und B. Wrede (Hg.): Sexuelle Szenen. Inszenierung von Geschlecht und Sexualität in modernen Gesellschaften. Opladen: Leske und Budrich, S. 70-95.

Tucker, N. (1995): Bisexual politics. Theories, Queries, and Visions. New York: Haworth Press.

Udis-Kessler, A. (1990): Bisexuality in an Essentialist World: Toward an Understanding of Biphobia. In: Geller, T. (Hg.): Bisexuality: A Reader and Sourcebook. Novato, CA: Times Change Press, 51-63.

Weinberg, M. S.; Williams, C. J. und D. W. Pryor (1994a): Dual Attraction: Understanding Bisexuality. Oxford: Oxford University Press.

Weinberg, M. S.; Williams, C. J. und D.W. Pryor (1994b): »Bisexuell« werden und sein. In: Haeberle, E.J. und R. Gindorf (Hg.): Bisexualitäten. Ideologie und Praxis des Sexualkontaktes mit beiden Geschlechtern. Stuttgart/ Jena/New York: Gustav Fischer Verlag, S. 201-213.

Empirische Perspektiven

Beziehungen und Sexualität im Jugendalter

SILJA MATTHIESEN/JASMIN MAINKA/URSZULA MARTYNIUK

EINLEITUNG[1]

»Sie sehen Pornos mit 12, haben Sex mit 13, sind schwanger mit 14« – so titelte das Magazin der Süddeutschen Zeitung 2009. Dies ist nur ein Beispiel für die seit einigen Jahren weit verbreitete mediale Skandalisierung der Jugendsexualität: Unter Schlagworten wie »Generation Porno«, oder »Sexualisierung der Jugend« werden Ängste geschürt und Bilder der sexuellen Verelendung von Jugendlichen transportiert. Dabei sprechen die vorliegenden empirischen Jugendstudien eine ganz andere Sprache. Der Umbruch des jugendlichen Sexualverhaltens erfolgte in Deutschland Ende der 1960er, Anfang der 1970er Jahre, auf der Höhe der so genannten »sexuellen Revolution«. Seit dieser Zeit hat sich im Hinblick auf das Alter beim ersten Geschlechtsverkehr nicht mehr viel getan. Die oft zu hörende Klage, Jugendliche fangen immer früher an, ist ein Mythos. Dies zeigen die Wiederholungsuntersuchungen der Bundeszentrale für gesundheitliche Aufklärung (BZgA) aus den Jahren 1994 bis 2009 mit Jugendlichen der Geburtsjahrgänge 1977 bis 1995 (BZgA 2006, 2010). Heute haben in Deutschland knapp ein Viertel der 15-jährigen und etwa zwei Drittel der 17-jährigen Frauen schon einmal mit einem Mann geschlafen. Bei den Jungen gleichen Alters liegt der Anteil der koituserfahrenen um fünf Prozent bis zehn Prozent niedriger.

Wenn elterliche und gesellschaftliche Verbote entfallen, dann müssen Jugendliche selbst Verantwortung für ihr sexuelles Verhalten übernehmen. Die Verantwortung, die Jugendliche übernehmen, lässt sich an ihrem Verhütungsverhalten besonders deutlich ablesen. Das Verhütungsverhalten Jugendlicher hat sich in den letzten 40 Jahren massiv verbessert. Von den heutigen 16- und 17-

---

1 Bei diesem Beitrag handelt es sich um eine modifizierte Version eines Buchkapitels aus »Jugendsexualität im Internetzeitalter« (Matthiesen (Hg.) 2013).

jährigen Frauen haben knapp 88 Prozent bei ihrem ersten, und über 95 Prozent bei ihrem jüngsten Koitus »sicher«, d.h. mit Pille und/oder Kondom, verhütet. Ungewollte Schwangerschaften sind ein Risiko von Jugendsexualität. Dem guten Verhütungsverhalten entsprechend sind die jährlichen Schwangerschaftsraten 15- bis 17-jähriger Frauen mit (im Jahr 2012) fünf bis sechs Schwangerschaften pro Tausend Frauen im internationalen Vergleich hierzulande niedrig (Matthiesen et al. 2009). Das weitverbreitete Stereotyp, Jugendschwangerschaften nehmen ständig zu, ist schlicht falsch. Interessant ist, dass in Ländern mit restriktiven Haltungen zur Jugendsexualität (zum Beispiel USA) Jugendschwangerschaften viel häufiger sind als in Ländern mit liberalen Haltungen (Deutschland oder auch Skandinavien). Sexualkonservative Haltungen gehen einher mit vielen Jugendschwangerschaften und problematischem Verhütungsverhalten. Weder die Längsschnittstudien der BZgA noch andere empirische Untersuchungen in Deutschland (z.b. zusammenfassend Schetsche und Schmidt 2010) geben Hinweise auf eine »sexuelle Verwahrlosung«. Zudem zeigen alle Jugendstudien, dass Jugendliche ihre Sexualität in festen Partnerschaften organisieren (oder ordnen); wie in anderen Bevölkerungsgruppen finden weit mehr als 90 Prozent ihrer Sexualakte in festen Beziehungen statt.

Schwangerschaftsraten, Verhütungsverhalten und Alter beim ersten Geschlechtverkehr sind wichtige und sinnvolle aber auch grobe Indikatoren für das sexuelle Verhalten von Jugendlichen. Um diese zu ergänzen und zu vertiefen wurde am Institut für Sexualforschung und Forensische Psychiatrie der Universität Hamburg zwischen 2009 und 2011 eine große qualitative Studie durchgeführt. Ziel war es, die vorhandenen quantitativen Daten zur Jugendsexualität um die in qualitativen Interviews gewonnenen »weicheren« Befunde über Wertvorstellungen, Beziehungen, Erleben, Ängste und Konflikte zu ergänzen. Im Zentrum der Studie stand die Frage, in welchem Ausmaß das Internet für den Erwerb sexuellen Wissens und psychosexueller Kompetenzen, für die Partnersuche und für die sexuelle Stimulation und Befriedigung genutzt wird. Um den Einfluss der neuen Medien in den breiten sozio-sexuellen Kontext jugendlichen Sexualverhaltens einbetten zu können, wurden darüber hinaus umfassende empirische Daten darüber erhoben, wie Jugendliche gegenwärtig Sexualität und Beziehungen organisieren und welche Wert- und Idealvorstellungen sie dabei leiten. Dieser Beitrag wird die Ergebnisse zum Beziehungsleben junger Frauen und Männer darstellen, die anderen Themen der Studie wurden in weiteren Veröffentlichungen behandelt.[2]

---

2   Vgl. www.jugendsex-forschung.de

DIE STUDIE

Die hier vorgestellten Ergebnisse sind Teil eines Forschungsprojekts über »Sexuelle und soziale Beziehungen von 16- bis 19-jährigen Frauen und Männern«, das von der Bundeszentrale für gesundheitliche Aufklärung (BZgA) gefördert wurde. 160 großstädtische Jugendliche der genannten Altersgruppe wurden im Herbst 2009 mittels qualitativer leitfadengestützter Interviews befragt. Der Leitfaden wurde unter Einbeziehung des Forschungsstandes erstellt, mittels Expertengesprächen überprüft und in einem Pretest erprobt. Er umfasst fünf Abschnitte: (1) Persönlicher Hintergrund; (2) gegenwärtige feste Beziehung und Beziehungssex, bzw. Singleleben und Singlesex; (3) Nutzung des Internets für Flirt, Partnersuche, soziosexuelle Chats; (4) Erfahrungen und Umgang mit Pornografie; (5) sexuelle Entwicklung und bisherige sexuelle Erfahrungen.

Jeweils die Hälfte der Befragten waren Männer bzw. Frauen, Berufsschüler-Innen bzw. GymnasiastInnen und HamburgerInnen bzw. LeipzigerInnen. Die jungen Frauen und Männer wurden über die Schulen kontaktiert. Die Befragung wurde von der Hamburger Behörde für Schule und Berufsbildung sowie von der Sächsischen Bildungsagentur, Regionalstelle Leipzig, bewilligt. Die teilnehmenden Schulen waren in der überwiegenden Mehrheit an der Studie interessiert und sehr hilfsbereit und entgegenkommend.

Das Vorgehen bei der Gewinnung der Stichprobe und der Durchführung der Untersuchung war mit dem Hamburger Datenschutzbeauftragen abgestimmt. Die Schüler und Schülerinnen wurden in der Schule über die Ziele der Studie informiert und darauf aufmerksam gemacht, dass die Teilnahme freiwillig ist. Es gab von Seiten der SchülerInnen eine sehr hohe Teilnahmebereitschaft, so dass an vielen Schulen nicht alle Interviewwilligen befragt werden konnten. Dies spiegelt zum einen ein hohes Interesse der Jugendlichen am Thema »Sexualität« wider, zum anderen waren die Teilnahmebedingungen für die SchülerInnen attraktiv: Es wurde eine Aufwandsentschädigung von 30 Euro gezahlt; an einigen Schulen konnten die Interviews zudem in der Schule und während der Unterrichtszeit geführt werden. Darüber hinaus wurde die Möglichkeit angeboten, das Interview in den Räumen des Hamburger Instituts bzw. (auf Wunsch der Befragten) telefonisch zu führen. Die Interviews dauerten in Abhängigkeit von den sexuellen und Beziehungserfahrungen der Befragten und ihrer Mitteilungsfreudigkeit zwischen einer halben Stunde und drei Stunden. Es wurden 149 Face-to-Face- und elf Telefoninterviews geführt, diese unterschieden sich nicht in der Interviewdauer. Sie wurden von Mitarbeitern und Mitarbeiterinnen des Projekts sowie von durch uns geschulten Studentinnen und Studenten der Universitäten Hamburg und Leipzig (in Leipzig unter der Leitung von PD Dr. Uta Starke) durchgeführt. Frauen interviewten weibliche, Männer männliche Jugendliche. Die Gespräche wurden auf Tonträger aufgenommen und anonymisiert transkribiert. Die Auswertung des umfangreichen transkribierten Materials orientiert sich an der Methodik der qualitativen Inhaltsanalyse und erfolgte z.T. mithilfe des Softwaretools MaxQDA.

Die 160 befragten Jugendlichen und jungen Erwachsenen sind als ein Selbstselektionssample zu verstehen, das nach Ort, Geschlecht und Schulbildung quotiert ist. Tabelle 1 beschreibt die Stichprobe hinsichtlich sozio- und sexualdemografischer Merkmale. Ziel des Samplings war, wie bei qualitativen Studien üblich, eine möglichst hohe Heterogenität von unterschiedlichen Erfahrungen zu erfassen. Dies ist durch den Zugang über unterschiedliche Schulformen relativ gut gelungen, natürlich mit der Einschränkung, dass Jugendliche, die keine Schule besuchen, nicht erreicht wurden. Unter den Hamburger Befragten sind Jugendliche mit Migrationshintergrund mit einem hohen Anteil vertreten.[3] In Bezug auf die bisherigen sexuellen Erfahrungen unterscheiden sich die Befragten nicht von den Befragten der repräsentativen Jugendstudie der BZgA (2010). Wir gehen davon aus, dass die Stichprobe den Mainstream der Großstadtjugendlichen gut abbildet. Jugendliche mit homosexueller Orientierung haben sich an der Befragung nicht beteiligt, obwohl wir sie bei der Vorstellung des Projekts ausdrücklich dazu einluden. Unsere Untersuchung beschränkt sich auf junge Frauen und Männer, die sich selbst als heterosexuell bezeichnen.

---

3   Dabei handelt es sich um sogenannte MigrantInnen der zweiten Generation, also um Jungen und Mädchen, deren Eltern nach Deutschland eingewandert sind und die selber in Deutschland geboren oder überwiegend aufgewachsen sind. In Hamburg beträgt der Anteil der Befragten mit Migrationshintergrund 42 Prozent.

Tab. 1: Die Stichprobe (Fallzahlen)

	Mädchen n=80	Jungen n=80	Gesamt n=160
Alter			
16 Jahre	5	4	9
17 Jahre	38	36	74
18 Jahre	29	29	58
19 Jahre	8	11	19
Schulbildung			
Gymnasium	41	36	77
Realschule*	9	17	26
Hauptschule*	30	27	57
Migration			
Migrationshintergrund**	23	18	41
Sexuelle Erfahrungen			
masturbationserfahren	34	77	111
koituserfahren	59	60	119
gegenwärtig in fester Bez.	41	36	77

* Die Befragten mit Haupt- bzw. Realschulabschluss wurden über die Berufsschulen erreicht.

** Mindestens ein Elternteil hat eine ausländische Staatsbürgerschaft oder ist nach Deutschland eingewandert.

BEZIEHUNGSDEFINITION UND BEZIEHUNGSBIOGRAFIEN

Von unseren 160 Befragten befindet sich die Hälfte zum Zeitpunkt der Befragung in einer festen Beziehung. Mehr als 90 Prozent hatten schon einmal eine feste Beziehung, junge Frauen und junge Männer unterscheiden sich nur geringfügig im Hinblick auf ihre bisherigen Beziehungserfahrungen. Die gegenwärtige feste Beziehung dauert im Durchschnitt seit 13 Monaten an.[4] Für 80 Prozent der aktuell Li-

---

4   Der Median liegt bei 10 Monaten; 25 Prozent der gegenwärtigen Beziehungen dauerten 1-3 Monate, 36 Prozent länger als ein Jahr, die längste Beziehung dauert aktuell 42 Monate.

ierten ist dies nicht ihre erste feste Beziehung, d.h. sie hatten schon mindestens einen anderen Partner/eine andere Partnerin, haben also schon mindestens eine Trennung erlebt. Feste Beziehungen sind in der Regel Koitusbeziehungen. In der gegenwärtigen festen Beziehung haben 80 Prozent schon einmal mit ihrem Partner/ihrer Partnerin geschlafen. Etwa drei Viertel haben in den letzten vier Wochen zusammen geschlafen, die durchschnittliche Frequenz der koitusaktiven Gruppe liegt bei acht Mal im Monat.[56]

Wie definieren Jugendliche nun eine feste Beziehung? Der 17-jährige Phillip gibt eine typische Antwort: »Unter einer festen Beziehung [verstehe ich], dass man wirklich zusammen ist, dass man wirklich nur diese Person liebt, dass es da jetzt nicht noch irgendwelche anderen gibt, dass man wirklich auch sich vollkommen vertrauen kann, dass man auch treu zueinander ist«. Gewünscht werden ein klares Bekenntnis zueinander, Liebe, Treue und Vertrauen. Sexualität gehört nicht unbedingt dazu – gerade die ersten Beziehungen können auch fest sein, ohne dass man miteinander schläft.

Unsere 160 Befragten berichten von insgesamt 252 festen Beziehungen, die sie bisher hatten. Diese dauerten zwischen drei Monaten und dreieinhalb Jahren. Die jungen Frauen haben im Durchschnitt ein Drittel ihrer Lebenszeit seit dem 13. Geburtstag in festen Beziehungen verbracht, die jungen Männer etwas weniger, nämlich ein Viertel der Zeit und zwar in ein bis zwei Partnerschaften (Mittelwert 1,6). 15 Prozent hatten bislang keine Beziehung, die drei Monate oder länger dauerte. Hinter diesen »gemittelten« Werten stehen ganz unterschiedliche individuelle Muster, die wir im Folgenden als Beziehungsbiografien in ihrem Verlauf beschreiben wollen.

Als Beziehungsbiografie bezeichnen wir die Abfolge von Beziehungen und Singleperioden in der Lebensphase zwischen dem 13. Geburtstag und dem Zeitpunkt des Interviews. Beziehungsbiografien variieren in Abhängigkeit von der Dauer und der Anzahl von Beziehungen und Singlephasen und ihrer speziellen

---

5   Zum Vergleich: Von den Singles waren in den letzen vier Wochen nur 13 Prozent koitusaktiv; die durchschnittliche Koitusfrequenz der Singles in den letzten vier Wochen beträgt 0,4 Mal.

6   Diejenigen fest Befreundeten, die (bisher) nicht miteinander schlafen, finden entweder sich oder die Beziehung »zu jung«, oder einer oder beide PartnerInnen haben einen Migrationshintergrund und damit einhergehend weniger freizügige Einstellungen zu vorehelicher Sexualität. Vgl. zur Bedeutung der Jungfräulichkeit und der Akzeptanz vorehelicher Sexualität bei Jugendlichen mit Migrationshintergrund (Matthiesen (Hg.) 2013).

Abfolge und zeigen für jede/n Befragte/n ein individuelles Muster: Wir finden bei den 160 Befragten drei Hauptmuster (vgl. Abb. 1).

(1) Der häufigste Typus, zu dem sich etwa ein Drittel der Befragten zuordnen lassen, sind *seriell-monogame Biografien*. Diese Frauen und Männer haben bisher in mindestens zwei festen Beziehungen gelebt, in denen sie sexuell aktiv (mit Koitus) und treu waren bzw. treu sind. Typisch für dieses Muster ist nicht nur die relativ große Beziehungserfahrung, sondern auch eine gewisse Offenheit für Sexualität außerhalb von festen Partnerschaften: diese Befragten haben fast alle mehr Sexualpartner als Beziehungspartner, d.h. vor, nach und zwischen den festen Beziehungen machen sie sexuelle Erfahrungen mit Kurzzeitpartnern. In dieser Gruppe sind per definitionem alle koituserfahren.

(2) Der zweithäufigste Typus, zu dem wir ebenfalls knapp ein Drittel der Befragten zugeordnet haben, sind die *beziehungsfernen Biografien*. Diese Jugendlichen hatten bisher keine oder nur wenige kurze feste Beziehungen, sie haben noch wenig Beziehungserfahrung gemacht. Zur Kategorie »beziehungsfern« wurden alle Biografien gezählt, in denen die Befragten bislang ein halbes Jahr oder weniger in festen Beziehungen verbracht haben. Zwei Drittel der Befragten mit diesem Biografietyp ist noch koitusunerfahren.

(3) Knapp ein Fünftel der Befragten hat eine *Langzeitbeziehungs-Biografie*, d.h. sie hatten mindestens eine feste Beziehung (mit oder ohne Koitus), die zwei Jahre oder länger andauerte, oder eine Beziehung von mindestens anderthalb Jahren, sofern diese noch aktuell ist. Auffällig ist, dass in dieser Gruppe doppelt so viele Frauen wie Männer sind, fast alle sind sexuell erfahren. Zu diesen drei Mustern lassen sich knapp 80 Prozent der Biografien zuordnen.

Die Betrachtung der Beziehungserfahrungen von Jugendlichen im Längsschnitt hat gegenüber der Querschnittbetrachtung den Vorteil, dass die Vielfalt der unterschiedlichen Verläufe deutlicher hervortritt. Wir finden eine breite Streuung: Etwa ein Drittel macht unterschiedliche Erfahrungen mit wechselnden Partnern und Partnerschaften nach dem seriell-monogamen Muster; ein weiteres Drittel ist noch sehr zurückhaltend und hat bislang wenig Erfahrung, ein Fünftel hat schon langjährige, etablierte Beziehungen und ein weiteres Fünftel lässt sich noch keinem Muster zuordnen.

Abb. 1: Beziehungsbiografien heterosexueller Jugendlicher

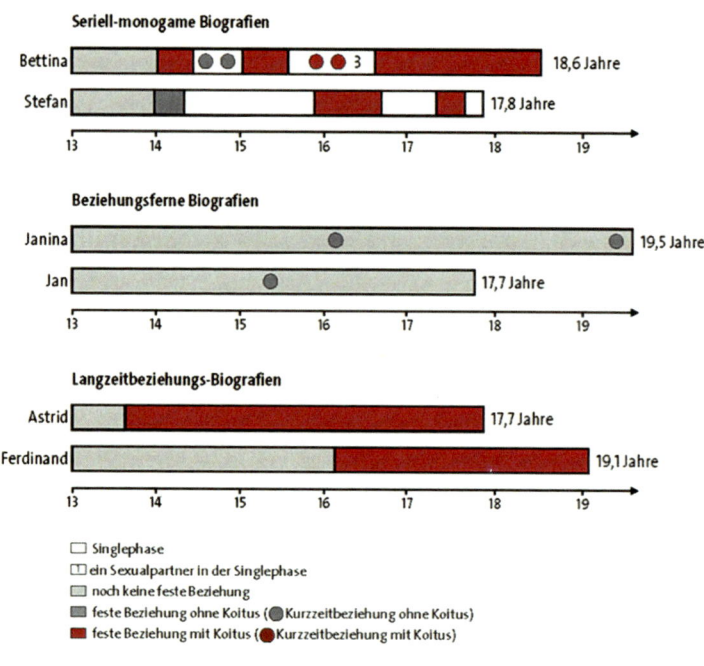

Quelle: BZgA, Datensatz „Jugendsexualität im Internetzeitalter" 2011

BEZIEHUNGSGRÜNDUNG

Heterosexuelle Jugendliche verlieben sich meistens in Personen aus ihrem sozialen Nahraum. Am häufigsten haben sich die fest Liierten über gemeinsame Bekannte (33 Prozent) oder die Schule (23 Prozent) kennen gelernt. An dritter Stelle sind Bekanntschaften, die über das Internet entstanden sind (17 Prozent). Dies unterstreicht einerseits die Bedeutung des Web 2.0 für die Partnersuche, wir wissen aber auch, dass Internetkontakte in vielen Fällen ebenfalls mit Personen aus dem weiteren Bekanntenkreis stattfinden. Zwei kleine Fallgeschichten sollen verdeutlichen, wie der Prozess des »Zusammenkommens« typischerweise verläuft:

Corinna, 17, ist eine Leipziger Gymnasiastin. Vor zehn Monaten hat sie ihren Freund bei einer Party eines gemeinsamen Kumpels kennengelernt. Sie haben auf der Party »*eigentlich gar nicht weiter miteinander geredet*«, außer, dass sie zu ihm gesagt hat: »*komm gut* *nach Hause.«* Zuhause hat Corinna ihn dann angeschrieben *»im Internet, ob er gut nach Hause gekommen ist und da hat sich das so aufgebaut.«* Sie haben dann *»immer mal so hin und her geschrieben«,* bis es zum ersten Treffen kam; nachdem sie sich *»drei-vier-fünf mal getroffen«* hatten, wurden sie offiziell ein Paar. *»Er hat mir geschrieben, dass er sich in mich verliebt hat. Am Anfang war ich mir noch n bisschen unsicher, aber dann hat's auch bei mir klick gemacht und dann kam's halt so, da hat er gefragt, ob wir ne Beziehung haben.«*

Benjamin, 18, ein Hamburger Berufsschüler, ist mit seiner Freundin Christin schon ein Jahr und zehn Monate zusammen. Kennengelernt haben sie sich über Freunde. *»Wir waren im Winter Eislaufen und (...) da haben wir uns kennen gelernt.«* Jedoch war das, was danach kam, in seinen Augen eher *»umständlich«,* da er zu der Zeit des Kennenlernens noch in einer festen Beziehung steckte. *»Beim dritten Mal Sehen hat's dann erst so gefunkt.«* Den Moment, in dem klar wurde, dass die beiden ein Paar sind, beschreibt Benjamin so: *»Das war ganz lustig, weil eigentlich wusste es von uns beiden keiner so wirklich, weil wir auch noch sehr schüchtern waren. Aber das hat sich dann schon, als man sich das erste Mal geküsst hat, da war das schon klar für beide.«*

Peter Fuchs schrieb 1999 in seinem Buch über *»Liebe, Sex und solche Sachen«,* das moderne Liebesideal sehe – im Unterschied zu angebahnten oder vermittelten Ehen – zwei Bedingungen für den Anfang einer Liebe vor: den Zufall der Begegnung und den Mythos der Blitzartigkeit. Die Liebe *»überfällt den Menschen wie ein Blitzschlag«* (Fuchs 1999: 61). Unsere Befragten beziehen sich zwar auf diese romantische Idealvorstellung, auch für sie hat es *»gefunkt«, »eingeschlagen«* oder es war *»Liebe auf den ersten Blick«;* doch sie gehen die Frage der Beziehungsgründung eher pragmatisch an. Die große Mehrheit hat diesen Zeitpunkt explizit kommuniziert, sei es in einem persönlichen Gespräch, sei es in einer SMS. Meistens musste nicht einer das Risiko auf sich nehmen zu fragen: *»möchtest du mit mir zusammen sein?«,* sondern die Unsicherheit, ob man bereits zusammen ist oder zusammen kommen will, wurde gemeinschaftlich im Gespräch geklärt.

Ralf, 17: *»Wir ham quasi gesagt, das ist unser Tag, weil wir uns auf Anhieb gut verstanden ham. Und gemerkt ham, dass wir einiges gemeinsam ham und auch Gefühle für einander hatten und deswegen haben wir gesagt, dass wir zusammen sind.«*
Timo, 17: *»Den Samstagabend war ich bei ihr und dann, äh, ham wir das, is das irgendwie, sind wir gesprächstechnisch draufgekommen und uns gesagt, is eigentlich nichts dabei, versuchen wir's doch.«*

Natalie, 18: »Und da haben wir uns hinterher wieder getroffen, haben uns immer nett unterhalten, geschrieben bei MSN, SMS. Dann haben wir uns irgendwann allein getroffen und haben uns geküsst und dann sind wir ins Kino gegangen, er hat bezahlt. Hat er mich nach hause gebracht. Und dann haben wir uns noch mal getroffen und dann haben wir gefragt: Ja, wollen wir es nicht mal versuchen mit dem zusammen kommen? Und seitdem sind wir zusammen, wir haben richtig drüber gesprochen.«

Bea, 17: »Wir haben uns den Tag danach noch mal getroffen und dann ging es so: Ja, sind wir zusammen oder nicht? Und er so: ›Ja‹ (lacht), können wir uns vorstellen. Und dann war das offiziell.«

In einer Zeit, in der sexuelle Erlebnisse außerhalb von festen Beziehungen unter Jugendlichen akzeptiert – wenn auch wenig verbreitet – sind, ist Sex kein zuverlässiger Marker von Beziehungen. Folgerichtig gibt kein einziger Jugendlicher an, der erste Geschlechtsverkehr sei der Anfang der Beziehung gewesen. Immerhin ein Fünftel nennt den ersten Kuss: »*im Kino haben wir uns zum ersten Mal geküsst*«, erinnert Rüdiger (17); »*wir haben uns geküsst und dann war das eigentlich ziemlich klar für mich*«, sagt Artur (17); »*zu zweit alleine Baden am See und dann kam es zum ersten Kuss, das war unser Zeichen*«, erzählt Katha (18) und die 18-jährige Akay präzisiert, »*das ist immer der erste Kuss auf den Mund.*« Der erste Kuss oder ein besonderes Geschenk symbolisieren häufig den Moment der Beziehungsgründung. Petra erzählt ihre Geschichte, die in vieler Hinsicht typisch ist:

Petra, 18: »Wir waren bei ihm zu Hause und dann ham wir fernsehen geguckt. Dann meinte er, ›Mach mal das Licht aus‹. Dann hab ich das Licht ausgemach. Da [hat] er mir so ne Kette umgebunden, das is' die [Befragte zeigt die Kette um ihren Hals] Herzkette. Und da hab ich gesagt, ›Oh, süß‹. Also mir hatte noch nie ein Junge sowas geschenkt. Er hat dann gesagt, ›Krieg ich auch einen Kuss dafür?‹ Ja okay, dann ham wir uns geküsst und dann wussten wir beide eigentlich schon, dass wir zusammen sind.«

Wir bekommen hier einen ersten Eindruck davon, dass die Beziehungen von Jugendlichen romantisch sind, oder besser: sie sind durch das Ideal der »romantischen Liebe« geprägt. Und sie sind, sobald offiziell gegründet, oft eng: Der Partner/die Partnerin wird innerhalb kürzester Zeit zur wichtigsten Ansprechperson in allen Belangen.

BEZIEHUNGSALLTAG

Natalie (18) hat seit zweieinhalb Wochen einen neuen Freund. Wenn sie sich treffen,»dann liegen wir meistens im Bett, gucken Fernsehen oder unterhalten uns. Oder machen was mit seiner Familie, also essen zusammen Abendbrot. Sonst gehen wir mal raus oder treffen uns mit meinen Freunden«. Schon in den 1990er Jahren konstatierten Sexualforscher eine »Familiarisierung« der Jugend-sexualität (Schmidt et al. 1993: 30). Damit meinten sie, dass viele Eltern von den Beziehungen und den sexuellen Erfahrungen ihrer Kinder wissen und die Sexua-lität der Jugendlichen ein Thema der Kommunikation und der Auseinanderset-zung in der Familie geworden ist. Dieser Trend hat sich bei den von uns befrag-ten Jugendlichen fortgesetzt und noch verstärkt: Fast alle Eltern wissen von den Beziehungen ihrer adoleszenten Kinder, sie kennen den Partner/die Partnerin meist gut und äußern sich überwiegend positiv über die Beziehung, z.t. fahren sie gemeinsam in den Urlaub und oftmals ist die Beziehungsgestaltung eng mit dem familiären Alltag verwoben.

Alle fest Liierten halten mit ihrem Partner Kontakt über Handy oder Internet, es wird oft mehrmals täglich gesimst, telefoniert, gechattet oder gemailt. Einen Partner zu haben bedeutet, diesen ständig auf dem Laufenden zu halten und auf dem Laufenden gehalten zu werden. Dafür braucht es keinen besonderen Anlass; die erste Botschaft ist häufig die »guten-Morgen-SMS«, die Kontakte ziehen sich über gelegentliche »Updates« im Laufe des Tages hin bis zur »gute-Nacht-SMS«.

Katha, 18: »Wir schreiben uns, dass wir uns liebhaben, was wir noch vorhaben am Tag, oder wo wir uns treffen, wenn wir uns treffen.«

Katja, 17: »Was machst du gerade, wie geht's dir, hast du gut geschlafen und dann auch immer so kitschige Sachen wie ›ich liebe dich, ich vermisse dich, Küsschen, Herz‹.«

Benjamin, 18: »Meistens ist es ja SMS, wie das ist mit abends sehen oder was man grad gemacht hat, wenn man 'ne Arbeit geschrieben hat. (...) Dann schreibt man natürlich mal, ja, ist gut gelaufen und sehen wir uns heut' Abend oder nicht.«

Alexander, 19: »Wenn man zum Beispiel jetzt, wo wir in den Klausuren hingen, im Bett sitzt und lernt, da simst man dann einfach mal so 'ne schöne SMS: ›Schlaf schön und träum' was Süßes.‹ (...) Dann freut man sich auch.«

Einen oder gar mehrere Tage nichts voneinander zu hören, erleben junge Paare so gut wie nie, alleine die Vorstellung bereitet ihnen Unbehagen. »*Es wäre ko-misch, wenn er sich einen Tag nicht melden würde*«, sagt Michi (17); wenn er sein Handy vergisst und ein Tag ohne Botschaft vergeht, findet Melanie (17) das

»schlimm, irgendwie« und Dominik (19) *»fehlt am Abend auch was«*, wenn er nicht noch kurz mit seiner Freundin telefoniert. Der ständige Kontakt gibt jungen Paaren Sicherheit und Geborgenheit. In Kontakt zu bleiben ist eine Art von Beziehungspflege, die die heutige Generation der Jugendlichen als erste in dieser Form praktiziert.

83 Prozent der Jugendlichen in einer festen Beziehung haben die Möglichkeit, bei sich zu Hause oder bei der Partnerin/dem Partner zu übernachten, weil die Eltern die sexuellen Beziehungen ihrer Kinder akzeptieren oder zumindest stillschweigend dulden. Die übrigen 17 Prozent teilen sich auf in diejenigen, deren Eltern das grundsätzlich verbieten (meist Eltern mit Migrationsgeschichte), diejenigen, bei denen es aufgrund der Kürze der Beziehung noch nicht dazu gekommen ist, und diejenigen, bei denen es logistisch schwierig ist (z.B. Fernbeziehungen). Das »beieinander Übernachten« wird von Eltern unterschiedlich lässig gehandhabt: Einige erlauben es bereits seit dem Beginn der ersten Beziehung, andere setzen bestimmte Fristen oder Altersgrenzen:

Heiko, 18: *»Und was sagen Eure Eltern dazu, dass Ihr zusammen übernachtet?«* »*Was soll'n se 'n dazu sagen? Wir sind alt genug.«*
Maren, 17: »Am Anfang musst ich immer betteln, dass ich da schlafen durfte, weil das natürlich meiner Mutti auch nicht so geheuer ist. ›Was passiert denn da nun so?‹ Und jetzt hat sich das eigentlich so eingebürgert, dass ich nicht mal mehr fragen muss.«
Marianne, 17: »Eigentlich machen die da keine Vorschriften. Meine Mutter hat bloß gesagt, es wäre schön, wenn sie ihn vorher mal kennen lernen würde und dass ich ihn nicht einfach nachts halb drei mit nach Hause bringe und dann schläft er bei mir. Also schon vorher mal: ›Hallo, ich bin der Max. Ich schlaf heute bei ihnen‹ (lacht) oder so.«

Durch die enge Einbindung der Beziehungen in die Herkunftsfamilie wird das Sexualleben der Jugendlichen von Heimlichkeit entlastet. Zugleich treten zwei Aspekte, die in früheren Generationen wichtig waren, mehr in den Hintergrund: die Rolle der Sexualität für die Autonomieentwicklung und die Loslösung von der Herkunftsfamilie. Dies ist eine große Veränderung, die, so muss man einschränkend sagen, nicht ohne Ausnahmen gilt: Jugendliche mit Migrationshintergrund beispielsweise finden nicht im selben Ausmaß Verständnis und Unterstützung für ihre sexuellen Wünsche im Elternhaus (vgl. BZgA 2010: 25).

Durch die Einlagerung adoleszenter Beziehungen in die Herkunftsfamilie stellen sich neue Probleme. Vor allem beschäftigt die Jugendlichen die Frage der Sicherung ihrer Privatsphäre. Vielfach haben sie die Wahl, ob sie »zu ihm« oder »zu ihr« gehen und entscheiden sich für die Alternative, in der sie ungestörter sind. Wichtige Gesichtspunkte sind dabei: Wer hat schon eine eigene Wohnung;

welches Elternhaus bietet mehr Platz; wo ist man unbehelligt von Geschwistern; wo sind die Eltern häufiger nicht zu Hause; welcher Raum hat dicke Wände; wer hat das große, bequeme Bett? Besonders eindrucksvoll beschreibt Ferdinand die Abwägungsprozesse, die für den gegenseitigen Respekt der Privatsphäre von Eltern und Kindern nötig sind.

Ferdinand, 19: »Wenn ich sturmfrei hab dann [schlafen wir] bei mir. Das Problem ist halt, dass wir beide noch bei den Eltern wohnen. Das heißt, wir müssen das so irgendwie timen, dass entweder bei mir keiner ist oder bei ihr. Problem ist: ihre Mutter hat nur einen Halbzeitjob, Teilzeit, wegen der kleinen Schwester. Und die kleine Schwester ist halt da und dann muss man das echt ziemlich gut timen, was auch n bisschen nervig ist, weil dann in gewisser Weise die Spontaneität wegfällt. Aber die holen wir uns dann woanders wieder. (....) Es gibt Freunde von mir, was weiß ich, die haben lautstark Sex während die Eltern in der Küche stehen (lacht). Das brauch' ich nicht, das kann ich auch irgendwie nicht (beide lachen). Das ist meine Privatsphäre und da muss ich jetzt meine Mutter nicht mit reinziehen (schmunzelt). Also das geht sie nichts an. Genauso wie ihre Privatsphäre mich nichts angeht.«

Das enge Zusammenspiel von familiärem Leben und aktueller Beziehung funktioniert meist problemlos. Beziehung und Familie koexistieren friedlich, gegenseitige Schamgrenzen werden respektiert, der Partner/die Partnerin wird mehrheitlich in die Familie integriert, die Paarsexualität kann im Elternhaus gelebt werden. Jugendliche haben – wie keine Generation zuvor – die Möglichkeit, in ihren Partnerschaften einen gemeinsamen Alltag innerhalb ihrer Herkunftsfamilie zu erproben.

WAS HÄLT BEZIEHUNGEN ZUSAMMEN?

Was antworten Jugendliche auf die Frage, was ihre Beziehung zusammenhält? Den ersten Rang (am häufigsten genannt) nimmt die Intimität ein – gemeint sind: »*beiderseitiges Vertrauen*«, »*wahnsinnig große Offenheit und Ehrlichkeit*«, »*keine Geheimnisse voreinander*« und »*gegenseitiges Verständnis*«. An zweiter Stelle folgt Austausch als Oberbegriff für ähnliche Ansichten, Hobbys, Interessen und andere Gemeinsamkeiten wie beispielsweise »*die gleiche Art von Humor*«, was dazu beiträgt, dass »*man sehr gut zusammen lachen und Spaß haben [kann]*« (Felix, 18). Fast genauso häufig wie Rückhalt, also »*dass wir einfach zueinander stehen und auch füreinander da sind*« (Michi, 17), wird Liebe erwähnt: »*weil wir uns lieben, das hält einfach zusammen*« (Dominik, 19).[7] Auch die gemeinsame Geschichte spielt bei manchen jungen Paaren eine Rolle, verbindend ist, »*dass wir uns so lange kennen*« oder »*dass man vieles zusammen erlebt hat*«. Interessanterweise trägt die Sexualität in den Augen der Befragten nicht viel zum Zusammenhalt bei. Nur zwei Mädchen und ein Junge führen Erotik in ihrer Antwort auf, wobei Sex ein Mal explizit genannt wurde. Genauso selten wurde auch »*das Nicht-allein-sein-wollen*« als entscheidend für das Weiterbestehen einer Partnerschaft wahrgenommen.

Die Aussagen der Befragten waren oft viel plastischer und ausdrucksvoller als die Kategorien das wiedergeben können. Einige Zitate sollen dies illustrieren:

Nadine, 18: »Ich würd sagen, weil wir so sind wie wir sind. Weil wir halt wir selbst sind. Ich denke mal das hält uns zusammen.« (seit zwei Monaten in einer festen Beziehung)

Artur, 17: »Im Grunde genommen, dass wir uns vertrauen können, dass wir uns auch alles sagen, also wir ham wirklich keine Geheimnisse voreinander, und dass der andere auch wirklich tolerant ist.« (seit sechs Monaten in einer festen Beziehung)

Lukas, 18: »Schon der Weg, wie wir uns kennen gelernt haben, der ist heute nicht mehr alltäglich, finde ich, und [es] ist schon so was Besonderes.« (seit sieben Monaten in einer festen Beziehung)

Sabine, 18: »Ich denke einfach, weil wir uns lieben und wir brauchen uns einfach. Also, ich brauche ihn sehr. Ich rede mit ihm über alles.« (seit 36 Monaten in einer festen Beziehung)

Dschamal, 18: »Sie interessiert sich für das, was mir Spaß macht. Ich interessiere mich für das, was ihr Spaß macht.« (seit 30 Monaten in einer festen Beziehung)

Jugendliche haben, wie hier anklingt, hohe Ansprüche. Sie wünschen sich dauerhafte Beziehungen, solange sie sich in der Beziehung aufgehoben fühlen und sie als befriedigend und lebendig erleben. Sobald es jedoch an den erwünschten Qualitäten mangelt, kommt es zum Streit, die Beziehung wird in Frage gestellt und im Zweifelsfall beendet.

---

7 Für die auffallend seltene Nennung von »Liebe« gibt es zwei mögliche Gründe: Zum einen wurde schon vor der Frage nach dem Zusammenhalt nach den Gefühlen für den Partner/die Partnerin gefragt – dort kam die Liebe schon zur Sprache. Zum anderen erscheint es naheliegend, dass Jugendliche sich in ihren oft (noch) kurzen Beziehungen scheuen, das »große« Wort Liebe zu verwenden.

TREUE UND EIFERSUCHT

Schon 1990 hatte Treue einen hohen Stellenwert im Beziehungsleben von deutschen Jugendlichen. Damals gaben 95 Prozent der Mädchen und 89 Prozent der Jungen an, dass man sich Treue versprechen und sich auch treu bleiben solle (vgl. Schmidt et al. 1993: 40). In den letzten 20 Jahren hat sich daran wenig geändert: »*[Treue ist] das A und O für uns beide*«, sagt Marina (17); »*das ist einfach ein Grundpfeiler von einer Beziehung*«, erklärt Artur (17) und Felix (18) formuliert eine weit verbreitete Einschätzung: »*ohne Treue könnte das nicht gehen. Das ist sehr, sehr, sehr, sehr wichtig.*« Für die Allermeisten definiert Treue eine Partnerschaft, sie ist eine Grundregel, ein Beweis der Besonderheit der Liebesbeziehung. Sexuelle Treue hat in den Augen der Jugendlichen viel mit Vertrauen und Ehrlichkeit zu tun. Untreue bedeutet einen schwerwiegenden Vertrauensbruch und Betrug. Dieser stellt die Beziehung in Frage, da er ihre wichtigsten Pfeiler, das gegenseitige Vertrauen und die Intimität, gefährdet: »*Wenn wir uns betrügen würden, würde das der andere jeweils nicht ertragen, weil der sich hintergangen fühlt*«, meint Greta (17). »*Das ist so 'n Vertrauensbruch, [es] würde mir schon sehr weh tun*«, sagt Artur (17). Bei dem Verlangen nach Treue handelt es sich weniger um die Sicherung von Besitzansprüchen als viel mehr um den Schutz des als zentral empfundenen Vertrauensbündnisses. Da in der Treuefrage unter Jugendlichen Einigkeit herrscht, wie in keinem anderen Aspekt ihres Beziehungslebens sonst, sollen zwei Beispiele hier zunächst genügen:

Claudia, 17: »Wir haben mal über Trennungsgründe gesprochen. Dass Treue das Wichtigste ist, wirklich. Also, bei Fremdgehen wäre sofort bei seiner Seite Schluss und bei mir auch.«

Alexander, 19: »Treue ist sehr wichtig. Wir haben auch schon drüber geredet, was wären Gründe, dass man sich trennen würde. Um zu sehen, okay da ist dann Schluss mit lustig. Nicht dass man denkt, okay, das kann ich mir jetzt erlauben und dann bleibt se trotzdem noch mit mir zusammen, sondern nur zu wissen, okay, wie strikt ist sie in der Sache. Und da ham'er gesagt, ja, wenn se fremd geht oder schon beim Küssen dann hört's auf. Weil die Treue eben, dieses Vertrauen was wir eigentlich auch zu'nander aufgebaut haben, das wird ja dann gleich zerstört. Da haben wir auch offen drüber geredet.«

Fast drei Viertel der befragten Liierten haben mit ihren PartnerInnen über das Thema Treue gesprochen. In den Gesprächen haben sie sich »*auf Grundsätze geeinigt*«, oft werden »*Richtlinien festgesetzt*«, damit für beide klar ist »*wo unsere Grenzen sind*«. Auch die Konsequenzen einer eventuellen Grenzüberschreitung werden in der Regel klar festgelegt: »*Wenn ich fremdgehen würde,*

würde er Schluss machen. Das weiß ich. Hat er mir auch definitiv gesagt« (Sophie, 18). Die tatsächlichen oder vermuteten Sanktionen im Fall der Untreue sind streng und klar. Drei Viertel aller fest Liierten verlangen Treue von ihren Partnern und würden die Beziehung wahrscheinlich beenden, etwa ein Viertel könnte sich vorstellen, dem Partner/der Partnerin eine zweite Chance zu geben. Für ein Viertel der Befragten bleibt die Treueerwartung unausgesprochen, sie ist jedoch nicht weniger selbstverständlich: *»Treue wird logischerweise erwartet, auch wenn wir uns das nicht ständig vor Augen halten«* (Timo, 17).

Für Jugendliche gilt, dass Untreue weit vor Sex oder Geschlechtsverkehr anfängt. Manche finden, man kann den Partner schon in Gedanken betrügen, für andere markiert ein intensiver Augenkontakt (*»richtig intensives Flirten, so mit Gucken und Grinsen«*), ein richtiger Flirt (*»richtiges Flirten oder Küssen«*), ein gemeinsamer Tanz (*»innig tanzen würde oder sie an Stellen berühren, wo man's eigentlich nicht sollte, also mal auf n' Arsch fassen«*), ein Treffen zu zweit (*»wenn er sich mit einem Mädchen alleine trifft«*) oder Küssen (*»richtiges Küssen und Anfassen«*) die Grenze zur Untreue. Obwohl für die meisten Befragten schon das »Fremdküssen« im roten Bereich liegt, ist es trotzdem problematisch, die Grenze an dieser Stelle zu ziehen. Denn es kommt, wie der 19-jährige Dominik sagt: *»drauf an beim Küssen, wie man küsst, wen man küsst und warum man küsst.«* Kuss ist also nicht gleich Kuss und die Bewertung hängt davon ab, welche Gefühle und Bedeutungen dahinter stehen. Ähnlich sieht es mit der Untreue im Internet aus. Auch dort hängt die Bewertung davon ab, wie, mit wem und warum man chattet: *»Das kommt drauf an wie man flirtet. Wenn man so'n bisschen flirtet wie ›hey du siehst heute süß aus‹ oder so, also nö. Wenn's so richtig schlimmes Flirten ist wie: ›hey ich will dich heute Abend bei mir haben!‹ und so ›ich will Deine Nähe spüren,‹ das wäre für mich nicht akzeptabel«,* erklärt Markus, 19. Es ist der Verstoß gegen den besonderen Status der Beziehung, gegen das Gefühl der Einzigartigkeit und Exklusivität gerade dieser Liebe, der die Grenze zur Untreue markiert. Und obwohl Eifersuchtskonflikte viele Partnerschaften plagen, ist die Wahrscheinlichkeit, in den (noch) kurzen Beziehungen betrogen zu werden ziemlich gering.

Beziehungssex – wie bald, wie oft?

Jugendstudien zeigen, dass sich die Sexualität heterosexueller junger Männer und Frauen vor allem in Beziehungen abspielt, die sie selbst als »fest« bezeichnen (BZgA 2010; Dannenbeck und Stich 2005; Matthiesen und Schmidt 2009; Schmidt et al. 1993; Wendt 2009). Wie sehr die Sexualität von Jugendlichen von festen Beziehungen »beschlagnahmt« wird, verdeutlicht eine einfache Zahl: Von allen Geschlechtsverkehren unserer Befragten in den letzten vier Wochen, fanden 91 Prozent (Männer) bzw. 99 Prozent (Frauen) in festen Beziehungen statt. Wir haben schon gesehen, dass die aktuelle feste Beziehung fast immer koitusaktiv ist. Dabei liegen zwischen dem Moment, in dem klar ist, dass man zusammen ist und dem gemeinsamen »ersten Mal« sehr unterschiedliche Zeitspannen. Einige wenige (10 Prozent) hatten schon Sex, bevor sie zusammengekommen sind, bei den meisten (40 Prozent) passiert es im ersten Monat nach der Beziehungsgründung, bei einem Viertel dauerte es zwei bis drei Monate und ein Viertel wartet länger – bis zu zwei Jahren – und schenkt dem Freund das besondere Ereignis, z.B. zum Geburtstag. Kommt es innerhalb von vier Wochen nach dem Kennenlernen zum Geschlechtsverkehr, empfinden die Jugendlichen das als »relativ schnell«, »eher früh« und »nicht lange«; einigen ist die kurze Zeitspanne sogar »etwas unangenehm«.

Ab vier Monaten und mehr schlägt die Bewertung um, dann hat man »sich Zeit gelassen«, »gewartet, bis sie die Pille hatte«, langsam wird es »brenzlig« und einige fangen schon an zu klagen: »das hat ewig gedauert, bei der« (Kurt, 17, wartete acht Monate). Manche Mädchen, wie Lin (18) setzten den Termin fest: »Ich hab das speziell festgelegt, dass ich erst nach einem Jahr, wenn ich mir richtig sicher bin, dass er jetzt bei mir bleibt [mit ihm schlafe], zum Einjährigen.« Oder sie befinden selbstbewusst, wie Franzi (17): »Die müssten bei mir mindestens ein Vierteljahr warten bis ich mit denen schlafe, ich muss mir da auch sicher sein, ob der es wirklich ernst meint.« Diese große Varianz zeigt, dass die meisten Jugendlichen in der Lage sind, ihr eigenes, individuelles Tempo zu finden. Dass die meisten sich relativ viel Zeit lassen, hängt damit zusammen, dass für mehr als die Hälfte unserer Befragten der erste Sex in der aktuellen Beziehung auch der erste Sex überhaupt war.[8]

Wenn Jugendliche in einer festen Beziehung einmal begonnen haben miteinander zu schlafen, ist die Frequenz relativ hoch. Der Durchschnitt liegt bei zwei bis drei Mal in der Woche, wobei die Schätzwerte der Jungen etwas höher sind, als die der Mädchen. Sabine, 18, gehört zu denjenigen, die besonders häufig mit ihrem Freund schlafen: »In den letzten vier Wochen haben wir eigentlich jeden Tag (lacht). (…) Ich find's richtig, ich find's genau [richtig] – es passt.« Aber

---

8   Matthiesen und Schmidt finden bei einer Stichprobe minderjähriger schwangerer Frauen eine kürzere durchschnittliche Zeitspanne vom Kennenlernen bis zum »ersten Mal«, die sich wahrscheinlich dadurch erklärt, dass die minderjährig Schwangeren häufiger schon koituserfahren in früheren Beziehungen sind (vgl. Matthiesen und Schmidt 2009).

die Toleranz der Jugendlichen für verschiedene Frequenzen ist groß, wie die nachfolgenden Beispiele zeigen:

Franzi, 17: »Die letzten vier Wochen? Drei mal. [Das ist] genau richtig. Also, ich brauch das, wie gesagt, nicht immer. Wir hatten auch schon mal zwei, drei Monate gar nicht miteinander [geschlafen]. Das war halt mal so 'ne Phase ›Null Bock‹. Da haste dort zu tun gehabt und wegen Schule und Familie. Dann bist du auch irgendwann mal abends geschafft und dann, keine Lust. Das kam von ihm auch mal, aber nicht so oft wie bei mir. Aber so find ich's eigentlich in Ordnung.«

Benjamin, 18: »Letzten vier Wochen? (lacht) Das ist nicht so oft gewesen, vielleicht vier Mal, ungefähr. Ich zähl' da jetzt nicht mit, das kommt auch immer drauf an, wie man sich sieht. Jetzt haben wir uns 'ne ganze Woche nicht gesehen. Man denkt immer, es ist zu wenig, aber irgendwie ist es auch genau richtig. Wenn du zu viel hast, dann wird's langweilig und deswegen ist es eigentlich genau richtig, obwohl, ich glaub, wenn wir uns jedes Mal sehen würden, hätten wir öfters.«

Markus, 19: »[In den letzten vier Wochen?] Weiß ich nicht, vielleicht so 20 bis 30-mal? 20 Mal eher, so 20 Mal. Kommt auf die Situation drauf an. Also ich bin jetzt nicht so, ich sag: ›Ich muss jetzt Sex haben!‹ Das muss nicht sein. Aber wenn sich's ergibt und man das dann will, dann sage ich auch nicht nein. Ich habe jetzt keine Zahl, wo ich mich festlege, wie viel Sex ich in der Woche brauche.«

Sexualität ist heute ein wichtiges Feld für die Erprobung und Validierung einer Partnerschaft, sie ist »*wichtig, aber nicht das Wichtigste*« an einer Beziehung. Die idealtypische Erzählung der Jugendlichen beiderlei Geschlechts lautet – auf ihre wesentlichen Aussagen verkürzt: »Sex gehört in eine Beziehung, Sexualität markiert die Besonderheit dieser Beziehung, aber Beziehungen sind mehr als Sex, es geht in ihnen um den anderen Menschen.« Solche Konzepte von Sexualität und Beziehungen sind offensichtlich weit verbreitet, wir haben sie schon bei Erwachsenen verschiedener Altersgruppen, bei Studierenden und bei minderjährigen Schwangeren gefunden (vgl. Schmidt et al. 2006; Dekker und Matthiesen 2000; Matthiesen und Schmidt 2009).

DISKREPANTE SEXUELLE WÜNSCHE

Die meisten Jugendlichen nehmen die sexuellen Wünsche in Beziehungen als übereinstimmend war, nur eine kleine Minderheit verweist auf Diskrepanzen männlicher und weiblicher sexueller Wünsche. Diese Geschlechtsunterschiede werden am deutlichsten in Bezug auf die sexuelle Initiative wahrgenommen:

Auf die Frage: »Wer ergreift bei Euch meistens die Initiative zum Sex?«, antworten Jugendliche entweder »beide gleichermaßen« oder »häufiger der Junge«. Hier sind einige typische Antworten von Jungen und Mädchen auf die Frage: »Wer fängt an?«

Manfred, 17: »Ja, ich denke schon, ich. Sie ist ein bisschen eher zurückhaltend (…). Sie will das Ganze ja auch, aber sie ist nicht so, dass sie von sich aus selber die Initiative – selbst wenn sie es wollen würde – ergreifen würde.«

Falk, 17: »Es ist natürlich öfters so, dass der Junge natürlich will, aber es kommt auch schon mal vor, dass ich dann keine Lust hab, aber sie.«

Artur, 17: »Kommt immer auf die Situation an, meistens immer ich. Manchmal ist es och, dass es so kommt, dass jetzt nicht jemand direkt sagt, ›ja, wollmer jetzt und so‹, das passiert dann halt.«

Salomea, 17: »Meistens er. (lacht) Ja. Und seltner, also manchmal, auch ich.«

Nadine, 18: »Kommt drauf an wie jemand drauf ist. Wenn ich jetzt Lust hab, dann mach ich einfach die Hose auf und leg los. Oder er, wenn er auf einmal Lust hat. Es ist wirklich unterschiedlich. Mal ich, mal er.«

Petra, 18: »Er eigentlich schon. Immer.«

Die Vorstellung, dass Sex reziprok und wechselseitig sein soll, dass also beide es wollen und dabei auf ihre Kosten kommen sollen, hat unter Jugendlichen den Rang einer Selbstverständlichkeit. Dass eine/r nur »*dem anderen zuliebe*« mitmacht, erscheint ihnen unvorstellbar und grundfalsch. Die Norm der Wechselseitigkeit schließt selbstverständlich unterschiedliche sexuelle Wünsche der Partner nicht aus. Sie verlangt aber einen besonderen Umgang damit, der von gegenseitigem Respekt und Gewaltfreiheit geprägt ist, denn, wie Volker (18) sagt: »*Wenn der Partner nicht will, dann kann man ihn ja nicht dazu zwingen.*«

Tatsächlich kennen fast alle Paare die Situation, dass *sie* mal keine Lust hat. Die Frage, ob es schon einmal vorgekommen ist, dass *er* keine Lust hatte, wird zwar auch gelegentlich bejaht, aber eher im Sinne einer Ausnahme, die die Regel bestätigt. Dementsprechend werden von Jungen sehr elaborierte Geschichten über ihrem Umgang mit Zurückweisungen erzählt. Mädchen wiederum führen aus, wie sie sich fühlen und was sie sagen, wenn sie den Partner sexuell abweisen. Hören wir zunächst, wie die Jungen mit Situationen umgehen, in denen sie Sex wollen, die Freundin aber nicht:

Felix, 18: »Klar, dann läuft es nicht drauf hinaus, dass wir irgendwie trotzdem miteinander schlafen, sondern dann steckt der andere eben zurück, das ist o.k.«

Markus, 19: »Am Anfang ist man dann so'n bisschen eingeschnappt, aber im Nachhinein habe ich dann auch nachgedacht und habe gedacht: ›O.K. Wenn sie nicht will, dann will sie nicht. Ist in Ordnung.‹ Da kann ich ihr jetzt auch nicht böse für sein und dann war das gut. Ich hab' sie da jetzt auch nicht zu gezwungen oder genötigt, das habe ich nicht gemacht.«

Ralf, 17: »Dann bin ich ihr keinesfalls böse, dann passiert nix.«

Heiko, 18: »Sacht sie dann halt, muss ich hinnehmen. Ja, normal. Wie soll man drauf reagieren? Ich kann warten (lacht).«

Wenn die Partnerin nicht will, so lässt sich zusammenfassen, wird dies immer akzeptiert. Die Handlungsoptionen der Jungen bewegen sich zwischen unaufdringlichen Überzeugungsversuchen und schlichtem Warten auf eine bessere Gelegenheit. Negative Gefühle von Kränkung, Zurückweisung und Enttäuschung verfliegen in der Regel schnell.

Auch von den Mädchen wird die Situation, dass sie einmal nicht wollen und den Partner abweisen, nicht übermäßig problematisiert. Typischerweise wird der Wunsch nach Sex zurückgewiesen, ohne dass eine Begründung notwendig ist. Ein einfaches »ich habe keine Lust« genügt:

Salomea, 17: »Ich mach auch nur mit, wenn ich Lust hab. Da sage ich dann auch nicht: ›Ja, ok, mach jetzt‹, sondern dann sage ich auch: ›ne, will ich nicht‹.«

Marie, 18: »Dann sag' ich das. Manchmal akzeptiert er das, manchmal findet er das doof, aber wenn ich müde bin oder kaputt oder so. Also das führt nicht zum Streit, das auf gar keinen Fall. Er kann das akzeptieren. Bisschen meckern, aber dann.«

Fatma, 18: »Nö. Und wenn ich nicht will, dann sag ich das und dann will ich auch nicht. Wenn ich meine Tage hab, hab ich grundsätzlich keinen Sex, das find ich eklig. Das respektiert er und ihm bleibt ja nichts andres über. Da kann ich schon sagen, was ich will, wobei er vielleicht manchmal, er will natürlich mehr als ich, denk ich. Ich bin da nicht so, ich mach es gerne, aber nur, wenn ich es will.«

Maria, 17: »Na is nicht schlimm, also nicht so, dass jetzt gemeckert wird, aber 's wird einfach akzeptiert und dann ist in Ordnung.«

Wir finden bei den jungen Frauen eine ausgeprägte Fähigkeit, Situationen in denen sie keine Lust auf Sex haben klar zu benennen und souverän zu bestimmen. Auch das gelegentliche Murren des Partners stellt den verinnerlichten Grundsatz, nichts zu machen, was man nicht will, nicht in Frage. Die hier detailliert geschilderten Situationen, in denen ein Partner keine Lust hat, sollen nicht darüber hinwegtäuschen, dass die meisten Jugendlichen mit dem Sex in ihrer Beziehung sehr zufrieden sind: »*Also, mit dem Sexleben bin ich sehr zufrieden*«, sagt Nele (18); »*[beim Sex] ist auf jeden Fall alles wunderbar zwischen uns*«, erklärt Nadine (18) und ganz besonders enthusiastisch ist Kurt (19) der meint er habe: »*den schönsten Sex von allen in [s]einem Freundeskreis.*«

VOM »ERSTEN MAL« BIS HEUTE

80 Prozent der jungen Frauen und Männer, die in ihrer Beziehung Geschlechtsverkehr haben, geben an, dass sich der Sex seit dem ersten Mal deutlich verbessert habe. Wenige finden, er sei gleich geblieben und nur ein einziger junger Mann sagt, der Sex habe sich verschlechtert, was allerdings auf sinkende Quantität, nicht auf mangelnde Qualität zurückzuführen sei. Doch was verbessert sich?

Michael, 17: »Man probiert mehr aus und so, weil man ist ja auch länger zusammen und vertraut dem Partner mehr.«

Nadine, 18: »Wir haben uns am Anfang nicht ausgesprochen. Es wusste ja niemand worauf der andere steht. Deswegen hat er auch gesagt, es könnte mir ja wehtun und macht er deswegen langsam. Bis er dann erfahren hat, dass ich das gar nicht mag, Blümchensex.«

Greta, 17: »Wir haben am Anfang Probleme gehabt, weil er Angst hatte, dass er meinen Anforderungen nicht entspricht (…). Dann hab' ich ihm erklärt was meine Lieblingsstellungen sind und wo ich gerne berührt werden möchte und dann hat er das gemacht und dadurch ist es besser geworden. (…) Es ist och länger geworden, nicht mehr so kurz.«

Ferdinand, 19: »[Sex hat sich] auf jeden Fall verändert (…) man muss natürlich da erst reinkommen (schmunzelt). Ich musste das natürlich erstmal alles lernen. (…) Man hat dann nicht mehr dieses stumpfe Geficke, sondern schon irgendwo Leidenschaftlichkeit. (…) Das entwickelt sich mit der Zeit, weil man dann auch diese Peinlichkeitsbarriere irgendwo ablegt und merkt, o.k., mit der kann ich offen darüber reden (…) für mich entwickelt sich die Lust dabei, ihr Lust zu bereiten.«

Nele, 18: »Damals [war es] so ruhig und man wusste nicht genau, was man will und was der andere jetzt will. Aber jetzt reden wir auch darüber, was man selber gut findet und was der andere gut findet. Und dann geht man auf die Wünsche ein und macht das so. Also, es ist besser geworden, intimer, wenn man weiß was der andere will.«

Anfängliche Hemmungen und Ängste werden mit der Zeit abgebaut; Vertrauen, Entspanntheit und der Austausch über sexuelle Wünsche und Vorlieben ermöglichen, besser aufeinander einzugehen. Fast alle jungen Frauen und Männer sind gegenwärtig mit dem Sex in ihrer Beziehung zufrieden.

Fragt man Jugendliche, was sie mit ihrem Partner/ihrer Partnerin noch gerne ausprobieren möchten, antworten zwei Drittel »*nichts*«. Die einen haben bereits vieles ausprobiert, ihnen fällt im Moment nichts mehr ein; andere sind noch nicht so weit und wollen sich erstmal an den »*normalen Sex gewöhnen*« und wieder andere sind »*wunschlos glücklich*«. Das fehlende Drittel nennt Sexpraktiken, die unter Jugendlichen als fortgeschritten gelten und häufig erst nach längerer sexueller Praxis mit einem Partner ausprobiert werden. Sie geben an Dessous, Sexspielzeuge, Pornofilme und – am häufigsten genannt – ausgefallene Stellungen und Sex an ungewöhnlichen Orten ausprobieren zu wollen. Meist werden derartige Wünsche problemlos geäußert oder einfach umgesetzt. Nadine (18) hat beispielsweise »*letztens einfach mal, weil ich ihm einen Gefallen tun wollte, Dessous angezogen. Um das ein bisschen spannend wieder zu machen, was er auch total klasse fand.*«

Auffallend ist, dass der Rahmen für sexuelle Experimente eng gesteckt wird. Massiv ist die Abgrenzung gegenüber »*abartigen*« und »*perversen*« Praktiken. Wir fragten die Jugendlichen: »Was macht ihr sexuell miteinander?« und wollten mit dieser offenen Formulierung Raum für nicht-penetrative sexuelle Praktiken geben. Faktisch hat die Frage die meisten nur irritiert: Sie vermuteten ein Interesse an besonders ausgefallenen sexuellen Variationen, das sie in den meisten Fällen empört oder kichernd von sich wiesen. So antwortet Greta (17): »*Nicht sowas krankes wie Bondage oder Fesselspielchen (kichert). Ganz normal, wir schlafen miteinander, haben Oralsex, nichts Spezielles oder Außergewöhnliches.*« Auch Dieter (18) war verwirrt: »*Geschlechtsverkehr?! Ich meine, (lacht) kann man die Frage konkretisieren? Oral. Kein anal. Auf keinen Fall.*« Gut ist Sex für Jugendliche dann, wenn es beiden Spaß macht und die Sexualität nicht von Ängsten, Sorgen und Hemmungen belastet ist. Dies ist für sie kein utopisches Ideal, sondern entspricht in vielen Fällen der erlebten Realität – unterm Strich sind sie zufrieden und machen, was sie machen wollen.

DER WEIBLICHE ORGASMUS – GÜTESIEGEL FÜR DEN PARTNERSEX?

Wie wir schon gesehen haben, ist für Jugendliche *reziproke* Lust und Befriedigung das zentrale Grundprinzip sexuellen Handelns. Durch diese Erwartung bekommt der Orgasmus beider Partner eine wichtige Rolle zugesprochen, denn er gilt als anerkanntes Zeichen, dass die reziproke Empfindung von Lust und Befriedigung auch tatsächlich eingetreten ist. Wie Sven Lewandowski in seinem Artikel über die soziale Funktion des Orgasmus(-paradigmas) überzeugend herausarbeitet, wird der Orgasmus heute zur zentralen Bezugsgröße für gelungene Sexualität und strukturiert so, was als »richtige Sexualität angesehen wird« (Lewandowski 2001: 209; 2004). Gleichzeitig wissen wir, dass junge Frauen selten beim Partnersex und noch seltener durch vaginalen Geschlechtsverkehr ohne zusätzliche manuelle und/oder orale Stimulation zum Orgasmus kommen (vgl. Matthiesen und Hauch 2004; Lloyd 2005; Wallen und Lloyd 2011). Für junge Paare bedeutet das: die Bestätigung durch den Orgasmus, dass der Sex gut war und alle alles richtig gemacht haben, bleibt in vielen Fällen aus.

Von unseren 34 koitusaktiven Frauen in festen Beziehungen hatten beim letzten Sex mit dem Partner 14 einen Orgasmus, zwei hatten noch nie einen Orgasmus, alle kennen die Situation, keinen Orgasmus beim Partnersex zu bekommen. Die Erfahrung, dass Frauen beim Sex seltener zum Orgasmus kommen als Männer, ist für Mädchen diskursiv gerahmt – sie wissen aus Gesprächen mit Freundinnen, dass das bei Frauen *»sehr unterschiedlich ist«,* sie sind informiert, *»dass [es] einfach normal ist, wenn eine Frau nicht immer beim Sex kommt«,* sie können sich nicht vorstellen, dass *»eine Frau jedes Mal beim Sex einen richtigen Orgasmus kriegt«,* und sie haben gelesen, dass es *»bei einer Frau ein bisschen schwieriger ist, als bei einem Mann«.* Gleichwohl kann der Geschlechtsunterschied der Orgasmushäufigkeit in zweierlei Hinsicht problematisch werden: einerseits für sie, wenn sie sich *»unbefriedigt«* oder *»vernachlässigt«* fühlt; anderseits für ihn, wenn er *»verunsichert«* ist und glaubt, er sei *»nicht gut genug«.*

Bemerkenswerterweise problematisieren die jungen Frauen nur in sehr wenigen Ausnahmefällen die unterschiedlichen Orgasmusfrequenzen. Die meisten erleben den eigenen Orgasmus nicht als Voraussetzung für guten Sex – oder andersherum: Sex kann auch ohne Orgasmus gut sein. Hier einige typische Antworten auf die Frage, wie junge Frauen es erleben, und wie junge Paare damit umgehen, wenn *sie* keinen Orgasmus hatte:

Fatma, 18: »Ich bin da nicht frustriert oder so, weil ich weiß, wenn ich es wollen würde, dann würde er auch noch weitermachen. Oder ich kann mir auch selber helfen, sozusagen. Ich stell mich jetzt auch nicht zurück – es ist nicht so, dass ich das Bedürfnis danach hab und es nicht mache oder realisiere. Aber der Orgasmus ist bei mir manchmal beim Sex nicht so vorrangig. Ich hab nicht das Gefühl, dass Sex nur gut ist, wenn man auch zum Orgasmus kommt. Insofern komm ich damit eigentlich ganz gut klar.« (seit 10 Monaten in einer festen Beziehung)

Nadine, 18: »Das geht bei mir innerlich nicht. Das geht nur am Kitzler. Wo anders hab ich das noch nie gehabt (lacht). Also so gesehen brauch ich das gar nicht. Ich bin auch so befriedigt, wenn ich keinen hab. Wenn er dann mal n netter Mann ist, legt er da mal Hand an. Bin ich natürlich befreit, ne? (lacht) Aber so brauchen tu ich's nicht. (...) Ich hab ihm das gesagt, dass es auch vor ihm noch kein anderer geschafft hat, mich zum Orgasmus zu bringen. Und was sagte er? ›Krieg ich schon hin‹. Hat er ja auch. Also, es ist auf jeden Fall alles wunderbar.« (seit 2 Monaten in einer festen Beziehung)

Bea, 17: »Also direkt danach fühl ich mich manchmal ein bisschen blöd. Wenn wir gerade dabei sind und er dann schon zu früh kommt oder so, dann fühl ich mich schon manchmal kurz zickig, weil mich das dann kurz anpisst. Aber ich bin ihm jetzt och nicht böse oder so, aber fühlst dich dann halt doch ein bisschen blöd (lacht).« (seit 6 Monaten in einer festen Beziehung)

Marina, 17: »Also, dass ich beim Sex keinen Orgasmus hab, stört mich nicht wirklich, also das find ich in Ordnung. Wenn's irgendwann Mal so sein sollte, wär's schön, aber ich muss es nicht zwingend haben, weil, ähm, ich krieg anders den Orgasmus von ihm. Also entweder fingert er mir eben einen oder er leckt mir einen, dann eben so.« (mit kurzer Unterbrechung seit 18 Monaten in einer festen Beziehung)

Die allermeisten jungen Frauen finden es nicht schlimm, wenn sie hin und wieder keinen Orgasmus haben. Die Grenze zur Beunruhigung wird dann überschritten, wenn die Frau beim Sex nie einen Orgasmus hat. Salomea (17) der es so geht, fragt sich, ob sie »*da irgendwie komisch*« ist und Nele (18) sagt deutlich: »*wenn ich jetzt nie einen bekommen hätte, dann wäre was verkehrt gelaufen*«. Nur zwei Frauen kritisieren grundsätzlich den Sex mit ihrem Partner. Sie bemängeln offensiv und selbstbewusst die Qualität der gemeinsamen Sexualität: der Freund sei zu schnell, würde zu wenig auf sie eingehen und vernachlässige orale Praktiken.

Tatsächlich erleben die Mädchen, dass der fehlende Orgasmus eher für die Jungen schlimm ist (die Jungen haben wir zu ihrer Wahrnehmung leider nicht systematisch gefragt). Weitaus häufiger, als dass es ein Problem für *sie* ist, ist es ein Problem für *ihn*:

Michi, 17: »Also für mich gar nicht. Ich denke wenn, dann wäre das eher für meinen Freund schlimm, weil er dann denken würde, es war total schlecht.«

Katja, 17: »Ich denke nicht, dass er damit so groß ein Problem hat. Vielleicht ein bisschen so, dass er sich in seinem Stolz irgendwie gekränkt fühlt. Aber es liegt ja nicht an ihm.«

Salomea, 17: »Für mich ist das nicht das Problem, aber für ihn, weil er dann denkt, dass er nicht gut genug ist.«

Peggy, 17: »Ja, da ist er schon immer enttäuscht, ja, ist er nicht so begeistert. Wenn er dann gefragt hat: ›Naja, hattest du einen?‹ Und dann sag ich: ›Ne‹, da sagt er: ›naja, mh, toll.‹ Also man merkt schon, dass er enttäuscht ist, auf jeden Fall. Ich denk schon, dass er sich da seine Gedanken macht.«

Wir können festhalten, dass der Orgasmus tatsächlich eine wichtige Rolle für die Validierung der sexuellen Performance spielt – für die Jungen, ist der Orgasmus der Partnerin entscheidend; bei den Mädchen reicht es aus, wenn sie zumindest gelegentlich beim Partnersex zum Orgasmus kommen.

PERSPEKTIVEN FESTER BEZIEHUNGEN

Die meisten Jugendlichen (80 Prozent der Mädchen und 90 Prozent der Jungen) sind mit ihrer festen Beziehung, so wie sie ist, zufrieden oder sehr zufrieden. Da die hohe Beziehungszufriedenheit fast immer als beiderseitig eingeschätzt wird, gehen fast alle fest Befreundeten davon aus, in einem Jahr noch mit dem gegenwärtigen Partner/der Partnerin zusammen zu sein. Ob man in fünf Jahren noch zusammen sein werde, wird viel skeptischer eingeschätzt. Fünf Jahre sind eine lange Zeit für Jugendliche und die Planbarkeit der eigenen Biografie wird als begrenzt erlebt. Drei Argumente werden genannt, die die Skepsis gegenüber einer Fünf-Jahres-Perspektive begründen, am häufigsten die *Priorität von Ausbildung, Studium und beruflichen Plänen*. Die beruflichen Zukunftspläne haben in der gegenwärtigen Lebensphase für fast alle Jugendlichen Vorrang vor den privaten Wünschen und für viele ist eine räumliche Trennung in den nächsten Jahren abzusehen. Eine Beziehung über längere Zeiträume als Fernbeziehung zu führen, wird als unattraktiv und unrealistisch eingeschätzt. Es zeigen sich ein solider Pragmatismus und eine hohe Berufsorientierung bei beiden Geschlechtern.

Das zweite, häufig genannte Argument ist die erlebte *Brüchigkeit von Beziehungen*. Die Hälfte derjenigen, die gegenwärtig in fester Beziehung sind, haben die Trennung ihrer Eltern (durch Scheidung, Trennung oder Tod eines Elternteils) erlebt, für 80 Prozent ist die gegenwärtige nicht die erste feste Beziehung, so dass sie selber schon mindestens eine Trennung hinter sich haben. Dazu kommt, dass Beziehungen im Jugendalter, wie wir schon gesehen haben, von Emotionen getragen werden, wodurch ihre Stabilität prinzipiell riskant ist. Dies erleben auch die Jugendlichen und sie drücken diese Erfahrung aus, indem sie sagen: »*es kann immer was passieren*«. Daher ist es wichtig, sich nicht zu sehr festzulegen, damit man nicht zu sehr enttäuscht wird:

Silvia, 17: »Große Liebe und heiraten und bla bla aber…weiß ich nicht, entweder es kommt so oder es kommt nicht. Ich will an so was nicht denken, ich will mir nicht sagen ich bin noch im Jahr mit ihm zusammen und in zwei Wochen mache ich Schluss – ich weiß nicht, kann ja immer was passieren.«

Benjamin, 18: »Eigentlich möchte ich nicht so gerne, dass man so richtige Pläne schmiedet, (…) weil das kann so schnell gehen, wie es angefangen hat, kann es wieder aus sein, aus irgendeinem Grund.«

Aus der Einsicht in die Instabilität fester Beziehungen im Jugendalter folgt eine verbreitete normative Vorstellung von Jugend als Zeit des Ausprobierens unterschiedlicher Beziehungen und wechselnder Partner. Viele Jugendliche verweisen implizit oder explizit auf ein Modell der *Serialität von Beziehungen:*

Marie, 18: »Eigentlich ist jetzt diese Phase, wo man – wenn man zwischen 16 und 18, 20 ist – viel ausprobiert (…). Ich kann das jetzt nicht bis an mein Lebensende so lassen, dann würde mir was fehlen. Ich würde irgendwie auch mal jemand/was anderes ausprobieren.«
Falk, 17: »Weil wir noch so jung sind, nicht so viele Erfahrungen gesammelt haben, deswegen ist es schwierig, so lange zusammen zu bleiben. Bei den meisten in unserem Alter zerbricht eine Beziehung ja schon nach einem halben Jahr. Oder einem Jahr. (…) Über's Heiraten nachzudenken ist noch ein bisschen früh. Wir sind noch jung, wir haben noch das ganze Leben vor uns, eigentlich.«

Wer jetzt nicht unterschiedliche Erfahrungen mit unterschiedlichen Partnern macht, verpasst – so glauben viele Jugendliche – eine wichtige biografische Phase. Damit im Zusammenhang steht die Idee, dass sich noch vieles ändert. Der eigene Charakter, die Pläne, die Wünsche an einen Partner und eine feste Partnerschaft erscheinen noch flexibel: »*Fünf Jahre«*, sagt die 17-jährige Salomea, »*da ändert man sich sehr stark, vor allem in unserem Alter.«* Die Lebensphase zwischen der Adoleszenz und dem jungen Erwachsenenalter wird als Raum für unterschiedliche Erfahrungen konzipiert. Jugendliche stellen sich ganz pragmatisch auf eine (zunächst) serielle Beziehungsbiografie ein und finden dies richtig für ihre Teenagerjahre und die Lebensphase des jungen Erwachsenenalters. Erst mit Mitte/Ende zwanzig erhoffen sie sich, dass die Phase des Ausprobierens in eine beständigere Phase übergeht, in der dann die Familiengründung geplant wird. Wichtigstes Ziel ist für beide Geschlechter zunächst die berufliche Etablierung und die damit einhergehende finanzielle Sicherung einer selbständigen Existenz.

FAZIT

Für die meisten der von uns befragten Jugendlichen gehört Sex in eine Liebesbeziehung, und vice versa gilt ihnen eine Beziehung dann als »fest«, wenn sie mit dem Partner schlafen. Die Beziehungen sind eng, personenzentriert und romantisch, sie werden von den Eltern positiv bewertet und unterstützt und meist bruchlos in den familiären Alltag integriert. Sex und Liebesbeziehungen validieren sich wechselseitig, was dazu führt, dass 16- bis 19-Jährige spätestens zwei bis drei Monate nach dem Beginn einer Beziehung miteinander schlafen, um zu zeigen und zu prüfen, dass bzw. ob es eine »richtige« Beziehung ist. Maßgeblich werden Beziehungen durch die Ideale »Liebe« und »Treue« geprägt – die Auseinandersetzungen und Regelungen um das Thema Eifersucht und die Sicherung der sexuellen Exklusivität haben eine wichtige beziehungsstiftende Funktion. Dabei sind Jugendliche in der Regel tatsächlich monogam, wenn auch oft in kurzen Partnerschaften, seriell monogam.

Sie wünschen sich dauerhafte Beziehungen, aber Dauer wird nur gewünscht, solange sich die Jugendlichen in der Beziehung aufgehoben fühlen und sie als befriedigend und lebendig erleben. Die Mehrheit der von uns befragten Jugendlichen hatte schon mehr als eine feste Beziehung. Sie nehmen wahr, dass serielle Beziehungen bei Jugendlichen und Erwachsenen heute eher die Regel, als die Ausnahme sind. Ihren Zweifel an der Beständigkeit ihrer Beziehungen über das nächste Jahr hinaus leiten sie ganz pragmatisch aus ihrem Alter, der Entwicklung, die vor ihnen liegt, der geforderten Jobmobilität und der Instabilität heutiger Partnerschaften ab. Die Serialität von Beziehungen wird aber nicht als ein Scheitern bedauert, sondern eher als Gelegenheit akzeptiert, mit unterschiedlichen Partnern unterschiedliche Erfahrungen zu sammeln.

Die meisten Jugendlichen sind mit der Sexualität in ihrer Beziehung zufrieden. Sie erleben mit zunehmender Beziehungsdauer eine deutliche Verbesserung der Qualität der Partnersexualität. Junge Frauen beanspruchen gleiche sexuelle Rechte und Optionen wie Männer – dies bezieht sich sowohl auf das Recht, auch mal keine Lust zu haben, wie auch auf den Wunsch nach sexueller Befriedigung (mit oder ohne Orgasmus). Und sie erleben – fast immer –, dass ihre Forderung nach Gleichheit und Gegenseitigkeit in der Partnerschaft respektiert wird. Die Sexualität in der Beziehung wird egalitär und konsensmoralisch organisiert.

Einschränkend muss darauf hingewiesen werden, dass die hier vorgetragenen Ergebnisse den Mainstream der heterosexuellen Jugendlichen beschreiben. Sie sind nicht für alle Jugendlichen verallgemeinerbar und es ist anzunehmen, dass sich in bestimmten Gruppen z.B. bei Jugendlichen aus besonders bildungsschwachen, benachteiligten sozialen Verhältnissen, andere Beziehungsmuster und auch weniger selbstbewusstes Verhalten finden. Wir können nicht ausschließen, dass Jugendliche aus sozial und familiär prekären Verhältnissen, deren Bedürfnisse nach Geborgenheit, Unterstützung, Respekt und Selbstachtung schon sehr früh in ihrer Herkunftsfamilie enttäuscht werden, weniger gut zu einem reflektierten und selbstbewussten Umgang mit Sexualität und Beziehungen in der Lage sind, als die hier befragten jungen Frauen und Männer.

Dank

Wir bedanken uns bei den jungen Frauen und Männern, die den Mut hatten und sich die Zeit genommen haben, mit uns über ihre Sexualität und ihre sexuellen Erfahrungen zu sprechen; ohne ihr Engagement und ihre große Offenheit wäre diese Studie nicht möglich gewesen.

Literatur

Bundeszentrale für gesundheitliche Aufklärung (Hg., 2006): Jugendsexualität. Repräsentative Wiederholungsbefragung von 14-17-Jährigen und ihren Eltern. Köln: BZgA.

Bundeszentrale für gesundheitliche Aufklärung (Hg., 2010): Jugendsexualität. Repräsentative Wiederholungsbefragung von 14-17-Jährigen und ihren Eltern. Aktueller Schwerpunkt Migration. Köln: BZgA.

Dannenbeck, C., Stich, J. (2005): Sexuelle Erfahrungen im Jugendalter: Aushandlungsprozesse im Geschlechterverhältnis. Köln: BZgA.

Dekker, A. und S. Matthiesen (2000): Bedeutungen der Sexualität. In: Schmidt, G. (Hg.): Kinder der sexuellen Revolution. Kontinuität und Wandel studentischer Sexualität 1966 – 1996. Eine empirische Untersuchung. Gießen: Psychosozial-Verlag, S. 97-110.

Fuchs, P. (1999): Liebe, Sex und solche Sachen. Zur Konstruktion moderner Intimsysteme. Konstanz: UVK Verlagsgesellschaft.

Gernert, J. (2010): Generation Porno. Jugend, Sex, Internet. Köln: Fackelträger.

Klein, A. (2010): Jugend, Medien und Pornografie. In: Schetsche, M. und R.-B. Schmidt (Hg.): Sexuelle Verwahrlosung. Empirische Befunde – Gesellschaftliche Diskurse – Sozialethische Reflexionen. Wiesbaden: VS Verlag für Sozialwissenschaften, S. 167-184.

Lewandowski, S. (2001): Über Persistenz und soziale Funktionen des Orgasmus(paradigmas). In: Zeitschrift für Sexualforschung 14, S. 193-213.

Lewandowski, S. (2004): Sexualität in den Zeiten funktionaler Differenzierung. Eine systemtheoretische Analyse. Bielefeld: transcript.

Lloyd, E. (2005): The Case of Female Orgasm – Bias in the Science of Evolution. Cambridge: Harvard University Press.

Matthiesen, S. und M. Hauch (2004): Verschwinden die Geschlechterunterschiede? Auflösung, Umkehr oder Kontinuität traditioneller Geschlechterunterschiede im sexuellen Verhalten – eine empirische Studie an drei Generationen. In: Verhaltenstherapie und psychosoziale Praxis, 36, S. 491-508.

Matthiesen, S.; Block, K.; Mix, S. und G. Schmidt (2009): Schwangerschaft und Schwangerschaftsabbruch bei minderjährigen Frauen. In: Bundeszentrale für gesundheitliche Aufklärung (Hg.): Forschung und Praxis der Sexualaufklärung und Familienplanung, Band 32, Köln: BZgA.

Matthiesen, S. und G. Schmidt (2009): Sexuelle Erfahrungen und Beziehungen adoleszenter Frauen. Qualitative Interviews mit 60 Teenagern, die ungewollt schwanger wurden. In: Zeitschrift für Sexualforschung 22, S. 97-120.

Matthiesen, S. (Hg., 2013): Jugendsexualität im Internetzeitalter. In: Bundeszentrale für gesundheitliche Aufklärung (Hg.): Forschung und Praxis der Sexualaufklärung und Familienplanung, Köln: BZgA.

Schetsche, M. und R.-B. Schmidt (Hg., 2010): Sexuelle Verwahrlosung. Empirische Befunde – Gesellschaftliche Diskurse – Sozialethische Reflexionen. Wiesbaden: VS Verlag für Sozialwissenschaften.

Schmidt, G. (Hg., 1993): Jugendsexualität: Sozialer Wandel, Gruppenunterschiede, Konfliktfelder. Stuttgart: Enke.

Schmidt, G.; Matthiesen, S.; Dekker, A. und K. Starke (2006): Spätmoderne Beziehungswelten. Report über Partnerschaft und Sexualität in drei Generationen. Wiesbaden: VS Verlag für Sozialwissenschaften.

Süddeutsche Zeitung Magazin (2009): Jugend ohne Jugend – Sie sehen Pornos mit 12, haben Sex mit 13, sind schwanger mit 14: Warum haben es unsere Kinder so eilig mit dem Erwachsenenwerden? Ein Krisengespräch. In: Süddeutsche Zeitung Magazin am 28.08.2009.

Wallen, K. und E. A. Lloyd (2011): Female sexual arousal: Genital anatomy and orgasm in intercourse. In: Hormones and Behavior 59, 780-792.

Zur Pluralisierung des Swinging in der eventisierten Lebenswelt der Swingerpaare

MIRIAM VENN

1. EINLEITUNG

Alltägliche Vorstellungen übers Swingen kreisen zumeist um Partnertausch mit Geschlechtsverkehr von Paaren Ende 40/Anfang 50, orgiastische Zustände und wildes Übereinanderherfallen in plüschig angehauchtem Ambiente. Hingegen assoziieren die wenigsten Nicht-Swinger/-innen Swingen mit Erotik-Tanzpartys auf Burgen, Schiffen und in Zügen, Finca-Urlauben auf Mallorca, Luxushotel-aufenthalten in der Karibik, Wellnessangeboten à la Saunaduftreisen oder gar Paaren, die keinen Geschlechtsverkehr mit anderen praktizieren. Und doch sind es gerade solche Angebote, die in der Swingerszene heutzutage immer häufiger zu finden sind.

Dieser Beitrag bietet einen Einblick in die Lebenswelt der Swingerinnen und Swinger, die sich zu großen Teilen als Szene formiert haben. Gezeigt wird, was Swingen ist und wie es sich gegenwärtig in Deutschland in seinen unterschiedlichen Formen darstellt. Dabei soll deutlich werden, dass Swingen in der eventisierten Lebenswelt der Swingerpaare ganz unterschiedlich praktiziert und in den Beziehungen verhandelt und ausgestaltet wird. Der Fokus liegt auf Swinger*paaren*, da diese im Unterschied zu Solo-Swingern und -Swingerinnen das Swingen in ihre Beziehung integrieren.

Im Beitrag wird zunächst die Relevanz des Forschungsfeldes für die Soziologie aufgezeigt (Kap. 2). Hier wird in einem ersten Schritt deutlich gemacht, warum die Beschäftigung mit »kleinen sozialen Lebenswelten« ein wichtiger Bestandteil soziologischer Forschung ist. Im zweiten Schritt wird anhand einiger konkreter Beispiele aus der Welt der Swinger/-innen gezeigt, dass insbesondere die Erforschung der Swingerszene – und der Swingerpaare im Speziellen –

wichtige Erkenntnisse über Modernisierungstendenzen privater Beziehungen und sexueller Verhältnisse beisteuern kann.

Kapitel 3 skizziert die Komplexität des Forschungsfeldes. Will man sämtlichen Formen des Swingens gerecht werden, erweist sich bereits die Formulierung einer tragfähigen Definition als ein äußerst schwieriges Unterfangen. Die definitorischen Schwierigkeiten stellen sich nicht zuletzt als Effekt der Pluralisierung der modernisierten und eventisierten Swingerwelt dar. Anhand exemplarischer Interview- und Forenauszüge illustriere ich im darauffolgenden Kapitel 4, wie sich die »alte« Swingerwelt von der »neuen« Swingerwelt in Deutschland unterscheidet und zeige auf, welche Konsequenzen sich daraus auch für die Anbieter/innenseite als Teil der »Organisationseliten«[1] einer Szene ergeben. Anhand zweier Beispiele wird deutlich, dass das Überleben auf Anbieter/-innenseite vor allem durch zwei Strategien geprägt ist: Intensivierung und Extensivierung der Erlebnisangebote (Kap. 4.1). Die Pluralisierung der Swingingformen macht es erforderlich, dass die Anbieter/-innen ganz unterschiedliche Eventkonzepte erstellen müssen, um mit ihren Angeboten gezielt bestimmte Swinger/-innengruppen anzusprechen. Um einen Einblick in die Vielfalt der unterschiedlichen Arten zu Swingen zu geben, werden anschließend drei typische Swingingformen beispielhaft skizziert (Kap. 4.2). Es sind gerade die neu aufgekommenen Formen des Swingens, die eine erweiterte Definition erforderlich machen. Wie es zu dieser Pluralisierung der Swingingformen und damit einem Szenewandel kam, wird daran anschließend anhand zweier wichtiger Einflussfaktoren, der Mediatisierung und des Wandels von Paarbeziehungen, erläutert (Kap. 4.3). Kapitel 5 stellt Effekte und Trends vor, die sich aus den Veränderungen in der Swingerwelt (Eventisierung der Swingerwelt und Pluralisierung der Swinging-Formen) ergeben. Das abschließende Fazit fasst die wichtigsten Ergebnisse zusammen und macht auf das für viele Nicht-Swinger/-innen unerwartete Ergebnis aufmerksam, dass die Swingerszene womöglich ihren thematischen Fokus zu verlieren scheint.

Datengrundlage dieser Arbeit ist meine explorativ-interpretativ angelegte ethnografische Studie »Paare in der Swingerwelt – Ethnographie einer modernen Lebenswelt«. Das Forschungsprojekt verfolgt drei Hauptziele: Zum einen soll eine detaillierte Beschreibung und Rekonstruktion der Swingerszene in Deutschland erfolgen. Hier knüpfe ich an die Szeneforschung im Anschluss an Ronald

---

1 Nach Hitzler/Niederbacher (2010: 22) rekrutieren sich Organisationseliten zumeist aus langjährigen Szenegänger/-innen, die aufgrund ihrer Szenekenntnisse zumeist kommerzielle Events (vor-)produzieren. Sie strukturieren Szenetreffpunkte und treten auf der Anbieter/innenseite vor allem als Veranstalter/-innen in Erscheinung.

Hitzler an, die bisher aber vorwiegend juvenile Szenen in den Fokus nimmt (vgl. Hitzler/Niederbacher 2010). Zum zweiten möchte ich aufzeigen, dass Swingerpaare je ganz unterschiedliche Swinging-Formen praktizieren, die sich aber idealtypisch gruppieren lassen (drei von ihnen stelle ich in diesem Beitrag exemplarisch vor). Schließlich versuche ich als drittes, Swingen in einen modernisierungstheoretischen Kontext zu stellen und der Frage nachzugehen, ob Swingen ein Modernisierungsprodukt ist. Der vorliegende Beitrag präsentiert erste Ergebnisse zum Wandel bzw. zur Weiterentwicklung der Szene sowie zu typischen Formen des Swingens.

Derzeit verfüge ich über einen umfangreichen Datenkorpus von 46, im Schnitt eineinhalb- bis zweistündigen qualitativen Interviews mit Swingerpaaren, Clubbetreiber/-innen und Partyveranstalter/-innen. Zudem liegen bereits Postskripts zu 40 teilnehmenden Beobachtungen bei Veranstaltungen der Swingerszene vor. Neben Interviews und teilnehmender Beobachtung werden zudem im Speziellen die Forenbeiträge im »Joyclub« und auf »Augenweide« analysiert, da sie die größten Swingingcommunities in Deutschland darstellen.[2] Mithilfe der Onlineforen konnte bereits eine »Kartografie« der Swingerclub- und Partylandschaft in Deutschland angefertigt werden. Sämtliche Daten werden trianguliert und mithilfe der wissenssoziologischen Hermeneutik ausgewertet.[3]

2. DIE SWINGERWELT ALS SOZIOLOGISCHES FORSCHUNGSFELD

Die soziologische Untersuchung der »Swingerwelt« zielt nicht darauf ab, lediglich ein in seiner Reichweite begrenztes Spezialwissen zu produzieren oder – ähnlich dem Boulevardjournalismus – voyeuristische Lüste zu bedienen, sondern als Erforschung von Lebenswelten und Szenen einen Beitrag zur Analyse moderner Gesellschaften zu leisten. Zugleich wird aufgezeigt, dass insbesondere die

---

2 »Joyclub« ist eine Online-Erotikplattform für Singles und Paare, auf »Augenweide« dürfen sich nur Paare registrieren. In beiden Onlineplattformen durchlaufen die Mitglieder einen Validierungsprozess, um die Echtheit der Mitglieder garantieren zu können.

3 Das Dissertationsprojekt »Paare in der Swingerwelt – Ethnographie einer modernen Lebenswelt« wird an der Bergischen Universität Wuppertal am Lehrstuhl von Prof. Dr. Ludgera Vogt betreut und knüpft vor allem an die soziologische Szeneforschung sowie die soziologischen Untersuchungen zu Paarbeziehungen und Paarsexualität an.

Beschäftigung mit Swingen wichtige Erkenntnisse für die Szeneforschung, die Paarsoziologie und die Soziologie der Sexualität liefern kann.

2.1 Die Erforschung von Lebenswelten und Szenen als Beitrag zur Modernisierungstheorie

Hitzler (1999: 478) versteht die Lebensweltanalyse als »nachgerade ›paradigmatisch‹ für eine modernisierungssensible Gesellschaftswissenschaft«. Zunehmende Individualisierung und die Loslösung von traditionellen Gemeinschaftsformen und Sinnwelten führen bei gleichzeitiger Multioptionalisierung der kulturellen, wirtschaftlichen, politischen, religiösen usw. Angebote dazu, dass die Individuen sich ihre Lebenswelten individuell zusammenbasteln müssen. Da ein »Verlust von traditionalen Sicherheiten im Hinblick auf Handlungswissen, Glauben und leitende Normen« (Beck 1986: 206) eingetreten ist, ist es zur Aufgabe der einzelnen Individuen geworden, Werte und moralische Anschauungen selbst zu formen und zu interpretieren. Eine Folge davon ist, dass sich die Lebenswelt des Individuums aus einem Patchwork von »teilzeitlichen« bzw. kleinen sozialen Lebenswelten (Hitzler/Honer 1988) zusammensetzt, an denen es partizipiert.

Die soziologische Lebenswelt-Forschung kann als Vermittlerin und Übersetzerin zwischen den kleinen sozialen Lebenswelten mit ihren je eigenen Relevanzen, Wissensvorräten, Deutungsschemata, Regeln und Routinen entscheidend dazu beitragen, dass der Bereich des gemeinsamen Wissens und der gemeinsamen Relevanzen in einer Gesellschaft nicht auf weniger als ein notwendiges Minimum zusammenschrumpft und die Kommunikation innerhalb der Gesellschaft aufrecht erhalten bleibt (Schütz/Luckmann 1979: 378). Hitzler (1999: 480) fasst treffend zusammen:

»Die in all den ›fremden Welten ganz in der Nähe‹ sich entwickelnden habituellen Eigen- und Besonderheiten, die je speziellen Praktiken und Riten, die identitätsstiftenden Emblematiken und Symboliken, die Relevanzsysteme und Wissensbestände, die Deutungsschemata und Distinktionsmarkierungen werden zu zentralen Gegenständen einer individualisierungs-theoretisch orientierten Diagnose gesellschaftlicher Umstrukturierungen im Rahmen aktueller Modernisierungsprozesse. Und den einschlägig befassten soziologischen Quasi-Ethnologen der eigenen Gesellschaft wächst damit unter anderem auch die ganz praktische Aufgabe zu, als ›Übersetzer‹ zwischen all den je ›eigensinnigen‹ Welten zu fungieren.«

Als lockere, lokal unbegrenzte, thematisch fokussierte Netzwerke ohne feste Mitgliedschaft, sind Szenen kleine soziale Lebenswelten, die prototypische Vergemeinschaftungsformen in der individualisierten Gesellschaft darstellen (vgl. Hitzler 2008: 56f.). Sie sind Produkte eines fortwährenden Modernisierungsprozesses, den es zu analysieren gilt.

3. DIE ERFORSCHUNG DER SWINGERWELT UND IHR BEITRAG ZU ETABLIERTEN SOZIOLOGISCHEN FORSCHUNGSFELDERN

Die Erforschung der Lebenswelt von Swingerinnen und Swingern erscheint besonders gewinnbringend für die Felder der (1) Szeneforschung, der (2) Paarsoziologie und der (3) Soziologie der Sexualität. Nachfolgend werden zu diesen drei Bereichen einige Anknüpfungspunkte an bestehende Forschungsergebnisse aufgezeigt.

(1) Szeneforschung

Szenen gelten nach Hitzler/Niederbacher (2010: 13-16) als protoytpisch für posttraditionale Gemeinschaften. Wenn Hitzler von Szenen spricht, sind jedoch stets juvenile Szenen gemeint.[4] Als neue Sozialisationsinstanzen bieten diese ihren Mitgliedern dringend erforderliche Deutungsmuster und Sinn-Pakete an und wirken so identitätsstiftend. So verwundert es auch nicht, dass die Zugehörigkeit zu einer Szene nach Hitzler (2008: 66-69) häufig mit dem »Erwachsendasein«, d.h. Dauer-Paarbeziehung, Beruf, Haushalt etc. endet. Diese Charakteristika treffen auf die Swingerszene nicht zu, denn das Erwachsensein – zumindest aber die Volljährigkeit – ist bereits Bedingung des Eintritts in eine Szene. Die Forschung zur Swingerszene lässt vermuten, dass die bislang üblichen Definitionen von Szenen einer Öffnung bzw. Erweiterung bedürfen, denn der Großteil der in der Szene aktiven Paare kommt erst zum Swingen, wenn er bereits fest im Leben steht, gemeinhin als »gesetzt« gilt. Typische Swingerpaare brauchen keine »Lebenshilfe« mehr, denn das Swingen ist vielmehr Resultat einer bewusst getroffenen Entscheidung. Erfahrene Swingerpaare wie Carola und Konrad[5] raten daher

---

4   Einen guten Überblick über in diesem Kontext erforschte Szenen bietet das Online-Portal für Szeneforschung: www.jugendszenen.com

5   Sämtliche im Beitrag vorkommenden Namen von Interviewpartner/-innen sind durch fiktiv gewählte Namen ersetzt worden.

auch (jungen) Szeneneulingen, sich erst einmal auf sich selber zu konzentrieren, sich und ihre Beziehung zu festigen und dann gemeinsam einen langsamen Einstieg zu wählen. Sie stehen dem schnellen Einstieg in die Swingerszene kritisch gegenüber:

K: »Na ich find das schon ein bisschen merkwürdig. Also wenn ich, wenn ich sehe, dass die Leute, die sind Mitte 20, die sind seit einem halben Jahr zusammen, sind dann in einem Swingerclub. Das finde ich eigentlich…, ja, was machen die eigentlich. Ist das ein Sport?«

C: »Weil, ähm, dieses am Anfang, wenn du sowieso Angst hast, wird das was? Liebt er dich überhaupt? Passen wir zusammen? Ziehen wir überhaupt zusammen? Heiraten wir mal? Oder wenn diese ganzen Geschichten, du so voll Ängste auch noch bist, dass die Beziehung, diese Liebe, die du empfindest, auch Erfüllung findet und dann sollst du dich mit anderen Sexualpartnern beschäftigen. Ich find das, äh, extrem [K: Schwierig.] schwierig.«

Dahinter steckt das Wissen um die potenzielle Gefährdung der Paarbeziehung beim unüberlegten Einstieg in die Swingerszene. Was aber verführt die Paare zum Swingen, wenn sogar die Beziehung auf dem Spiel stehen kann? Was hält die Szene zusammen, wenn die Swingerpaare mit je eigenen Ansprüchen, Erwartungen und Konzepten des Swingens Teil der Szene werden? Warum kann die Swingerszene im Vergleich zu juvenilen Szenen auch auf lange Mitgliedschaften in den Reihen der »normalen« Szenegänger/-innen blicken? Kurzum: Was unterscheidet diese adulte Szene von juvenilen Szenen – und welche Konsequenzen ergeben sich daraus hinsichtlich szenekonstituierender Merkmale?

(2) Paarsoziologie

Wie nicht zuletzt die »Hamburg-Leipziger Drei Generationen-Studie« (Schmidt u.a. 2006) gezeigt hat, haben sich Beziehungsformen gewandelt: Beziehungen werden serieller, nicht-konventionelle Beziehungen führen immer seltener zur Ehe, dennoch ist die Beziehungsneigung/Beziehungsbereitschaft unverändert hoch. Allerdings sind die Ansprüche der Partner/-innen aneinander und an die Beziehung deutlich gewachsen. Die Beziehungsqualität (Liebe, Intimität und Austausch) ist von entscheidender Wichtigkeit: »Die Instabilität heutiger Beziehungen resultiert nicht aus Bindungsunfähigkeit oder -unlust; sie ist vielmehr die Konsequenz des hohen Stellenwerts, der Beziehungen für das persönliche Glück beigemessen wird und der hohen Ansprüche an ihre Qualität« (Schmidt u.a. 2006: 33). Die Loslösung von traditionellen Gemeinschaftsformen und Sinnwelten im Zuge der Individualisierung, das Aufbrechen der traditionellen Ge-schlechterrollen, die Reform des Ehe- und Scheidungsrechtes sowie ein allge-meiner Wertewandel (weg von Pflicht- und Akzeptanzwerten zu Selbstentfal-tungswerten) usw. (vgl. Peuckert 2008; Herrmann 2008) haben zu einer Plurali-sierung der Lebens- und Sexualformen geführt, die wiederum entscheidenden Einfluss auf die Paarbeziehungen genommen hat. Ein neuer Sexualkodex will den sexuellen Umgang friedlicher, kommunikativer, berechenbarer, rationaler verhandelbar und herrschaftsfreier machen. Die Sexualmoral ist größtenteils ver-schwunden und wurde durch eine Verhandlungsmoral bzw. Konsensmoral der Partner ersetzt (vgl. Schmidt 1996). Bewertet wird nicht die sexuelle Handlung als solche, sondern die Art und Weise ihres Zustandekommens. Den so verän-derten Sexual- und Moralverhältnissen entspricht eine neue Beziehungsform, die reine Beziehung (Giddens 1993), die um ihrer selbst willen eingegangen wird und für die demokratische Aushandlungsprozesse als paaridentitätsstiftend cha-rakteristisch sind. Die Sexualität in solchen Beziehungen ist Verhandlungssache. Gegenseitiges Vertrauen ist entscheidend. Hier lässt sich in Bezug auf die Swin-gerpaare fragen, ob Swingerbeziehungen prototypische Beispiele reiner Bezie-hung sind, wird innerhalb der Beziehungen doch kontinuierlich verhandelt – über den Umgang und die Auslegung von Treue[6], Regeln, Praktiken usw. Ge-lingt es Swingerpaaren durch einen kreativen Umgang mit Werten wie Treue einen funktionierenden Spagat zwischen tradierten Norm- und Wertvorstellun-gen und sexueller Selbstverwirklichung herzustellen? Die Erforschung der Swingerbeziehungen kann somit Einblick in eine spätmoderne Beziehungsform geben, die das, was kulturell gegeben ist, aufnimmt und um das, was sein kann, individuell erweitert.

(3) Soziologie der Sexualität

Die Soziologie der Sexualität hat neuen Aufschwung erfahren. Rüdiger Laut-manns »Soziologie der Sexualität« (2002), der Sammelband »Soziale Dimensio-nen der Sexualität« von Thorsten Benkel und Fehmi Akalin (2010) sowie das von Sven Lewandowski herausgegebene Schwerpunktheft »Sexualsoziologie« der Zeitschrift für Sexualforschung (2012) – um nur einige exemplarisch zu nennen – machen alle unmissverständlich deutlich, dass das Sexuelle immer so-

---

6 Treue ist für Swingerpaare von hoher Relevanz. Untreue wird als schwerwiegender Vertrauensbruch angesehen. Untreue bedeutet, dem Partner/der Partnerin einen sexu-ellen Kontakt o.ä. zu verheimlichen: Der nicht ab- oder ausgesprochene Alleingang wird nicht toleriert.

zial ist. Jedoch hat die Soziologie der Sexualität, wenn es bspw. um die rituellen Ordnungen von sexuellen Interaktionen à la Goffman oder die Skripte im sexuellen Handeln geht (Gagnon/Simon 2005), stets mit der Unzugänglichkeit des Forschungsfeldes zu kämpfen. Lenz weist u.a. darauf hin, dass sich für sexuelle Interaktionen besondere methodische Herausforderungen ergeben, da sich das Sexuelle als Kernbereich des Privaten der Forschung entzieht bzw. versperrt (Lenz 2010: 244). Hier bietet das Forschungsfeld der Swingerinnen und Swinger Möglichkeiten, die sich wohl sonst auf kaum einem anderen Feld in diesem Bereich bieten. Der ethnografischen Erforschung der Lebenswelt der Swingerinnen und Swinger gelingt es, sexuelle Interaktionen außerhalb von experimentellen Umgebungen, in ihren quasi natürlichen Umgebungen zu beobachten und zu analysieren. Das Spezifische an den Swinging-Interaktionen lässt immer auch Rückschlüsse auf seine Kontrastfolie zu, auf das, was die Swingerinnen und Swinger selber als »Normalo-Sex« bezeichnen. Sind bspw. sexuelle Anbahnungsprozesse in Swingerclubs womöglich Zeitrafferaufnahmen von sexuellen Anbahnungsprozessen außerhalb der Swingerwelt? Lässt die Projektion sexueller Normvorstellungen in die Swingerwelt zudem nicht Rückschlüsse auf die gesellschaftliche Akzeptanz bestimmter sexueller Praktiken und Orientierungen zu?

3.1 Was ist Swingen? – Von einer engen zu einer weiten Definition des Swingens

Eine standardisierte Definition des Swingens existiert bislang nicht. Eine aktuelle, aber strittige Definition stammt von dem US-amerikanischen Sozialpsychologen Fernandez (2009): »Swinging can be described as a context in which married couples, or couples in committed relationships, consensually exchange partners solely for sexual purposes.« Schaut man sich Fernandez' Definition genauer auf, wird deutlich, dass Swingen für ihn immer eine Paaraktivität darstellt – wobei Paarsein hier auf eine feste Partnerschaft beschränkt wird. Die Paare tauschen dann im Einvernehmen untereinander die Partner/-innen für sexuelle Zwecke. Diese Definition erfasst, meines Erachtens nach, das Phänomen nur in einem Ausschnitt. Wie in Kapitel 4.2 anhand dreier Beispiele gezeigt werden wird, finden sich bereits unter den von mir befragten Swingerpaaren ganz andere Formen von Swingen als die, die Fernandez beschreibt. Dabei wird deutlich, dass Swingen sich nicht auf den einvernehmlichen Partnertausch mit Geschlechtsverkehr (»mate swapping«) zwischen Frau A und Mann A sowie Frau B und Mann B, noch auf »group sex« – und erst recht nicht auf das reine »wife swapping«[7] reduzieren lassen kann. Fernandez' Definition des Swingens bildet somit eine (zu) enge Form des Swinges ab, wie sie wohl nur zur Entstehungszeit des Swingens in den 60er/70er Jahren in den USA gültig war. Doch selbst Bartell (1971: 4) zeigt in einer der ersten amerikanischen Swinging-Studien auf, dass Partnertausch kein notwendiges Kriterium fürs Swingen darstellt. Er gibt seine Interviewpartner/-innen wieder, die Swingen als »having sexual relations as a couple with at least one other individual« definieren.

Darüber hinaus stellt sich ohnehin die Frage, ob Personen, die ohne festen Partner/ohne feste Partnerin in der Swingerszene partizipieren, nicht auch Swinger sind. Zwei Dinge möchte ich an dieser Stelle kurz zu bedenken geben: (1) Selbstzuschreibung: Die meisten Einzelpersonen, denen ich in der Szene begegnet bin, sehen sich als vollwertige Mitglieder der Szene und bezeichnen sich selber als Swinger. (2) Statuskontinuität: Sollte sich ein Paar trennen, das in der Swingerszene aktiv war und würden beide Teile getrennt voneinander weiterhin in der Szene partizipieren, würde Fernandez' Definition implizieren, dass ihr Swingerstatus mit dem Moment der Trennung verloren ginge. Damit gäbe es u.U. so etwas wie serielles Swingen. In einem von mir geführten Interview mit »Szenemachern« wird daher zurecht eine entscheidende Einschränkung gemacht: »Als Einzelperson ist es theoretisch möglich, Swinger zu sein, dazu muss aber die entsprechende Einstellung vorhanden sein. Das heißt, habe ich morgen einen Partner, bin ich bereit, GENAU das gleiche zu tun, dann willkommen bei den Swingern.« Swinger oder Swingerin zu sein, wird hier also abhängig gemacht von der prinzipiellen Bereitschaft, auch in der Beziehung weiterhin das Swingen zu praktizieren und selbiges seinem Partner/seiner Partnerin zuzugestehen. Zum Swingen gehört also die Bereitschaft, in sexueller Hinsicht – entgegen der Norm – auf Paarexklusivität[8] verzichten zu können. Emotionalität und Sexualität[9] werden weitestgehend voneinander getrennt. In Swingerbeziehungen als Liebesbeziehungen behält der oder die Andere jedoch seine/ihre alleinige Höchstrelevanz[10], d.h. konkret, dass Swinger und Swingerinnen in der Regel

---

7 Der Begriff »wife swapping«, der Frauentausch – wörtlich Ehefrauentausch – bedeutet, wurde von der Swingerszene in den USA schnell durch den Begriff »swinging« ersetzt. Die Reduzierung auf Ehefrauen und die im Begriff transportierten Besitz- und damit Ungleichheitsverhältnisse (die Ehefrau gehört dem Ehemann) wurden kritisiert, so dass diese Bezeichnung nur kurzzeitig im Gebrauch war (Brecher 1971: 259).

8 Zur Exklusivität in Paarbeziehungen s. Burkart 1997, Herma 2009, Lenz 2009 und Maier 2008.

9 Zum Verhältnis von Emotionalität und Sexualität s. Starke 2005.

10 Zur Höchstrelevanz in Intimsystemen s. Fuchs 1999, Tyrell 1987.

emotional monogam leben. Damit unterscheidet sich Swinging von Polygamie[11] und Polyamory[12]. Swingen stellt zugleich einen aktiven Umgang mit den Veränderungen des kulturellen Codes der Liebe dar (vgl. Lenz 2009: 275-307), denn das Eins-Sein von seelischer und körperlicher Liebe wird aufgebrochen. Individuelle – hier vor allem sexuelle – Selbstverwirklichung stellt keinen Widerspruch zur Dauerhaftigkeit von Liebe und Treue innerhalb der Paarbeziehung dar. Swinger/-innen leben ihre individuelle sexuelle Lust[13] aus, was in Swingerbeziehungen zum Imperativ des »Gönnen-Könnens« führt: »Sexuellen Kontakt auch mit anderen Partnern zu erleben und dem eigenen Partner auch mit anderen zu gönnen« (Paula).

Um den soeben angesprochenen Aspekten Rechnung zu tragen, schlage ich vor, eine enge und eine weite Form des Swingens zu unterscheiden, die auch die Selbstzuschreibungen der Swingerinnen und Swinger berücksichtigt, die wiederum je nach Swingingform selber eine eher enge oder weite Variante des Swingens vertreten: »Aber für uns ist Swingen – wenn wir jetzt in der Swinger-Sprache bleiben – PT mit GV, und eifersuchtsfrei« (Tilmann).[14] »Für, für mich ist Swingen ganz einfach die, die Lust eventuell auch mal irgendwie fremde Haut zu spüren« (Anni).

In einer engen Variante, die sich stärker auf die Anfänge des Swinging bezieht, versteht man unter Swingen Partnertausch von Paaren für sexuelle Aktivitäten. Geschlechtsverkehr ist dabei keine notwendige Komponente, wird aber bei dieser Form häufig impliziert. Die weite Variante von Swingen, die ich aufgrund der Mannigfaltigkeit der Swinging-Formen (s. Kap. 4.2) vorschlagen möchte, versteht unter Swingen das geteilte sexuelle Erlebnis von Paaren mit mindestens einer weiteren Person, mit der aber keine feste Beziehung besteht. Der sogenannte Hausfreund/die Hausfreundin, ein regelmäßiger »Spielgefährte«/eine regelmäßige »Spielgefährtin« für sexuelle Aktivitäten stellt dabei eine Form zu Swingen dar, die als Grenze zu festeren Dreiecksbeziehungen betrachtet werden kann. Die Spanne beim Swingen reicht von sexuellen Handlungen vor den Augen weiterer Anwesender bis hin zu Geschlechtsverkehr mit gänzlich Fremden. Das Verhältnis von Männern und Frauen kann divergieren.

---

11 Zur Polygamie (Vielehe) s. Nave-Herz 2004.

12 Polyamory meint das gleichzeitige Führen mehrerer Liebesbeziehungen (s. McCullough und Hall 2003).

13 Zum Primat der sexuellen Lust als legitimem Medium moderner sexueller Verhältnisse s. Lewandowski 2010.

14 PT ist die Abkürzung für Partnertausch, GV die Abkürzung für Geschlechtsverkehr.

Beide Varianten setzen jedoch Kopräsenz der Beteiligten voraus, daher wird bspw. Cam-Sex mit anderen Personen nicht zum Swingen gezählt. Swingen findet im privaten (Privatwohnung/-haus) oder institutionalisierten Rahmen (z.b. Swingerclubs, Erotikpartys, Swingerhotels) sowie im öffentlichen Raum (z.b. Parkplätze) statt. Zudem muss das Swingen in beiden Fällen mehr als ein (einmaliges) »Ausprobieren« sein. Wer bspw. einmal einen sogenannten »threesome« (Dreier) hat oder aus Neugier mit einem befreundeten Paar die Partner/-innen tauscht, ist noch nicht automatisch ein Swinger bzw. eine Swingerin.

4. DIE »ALTE« UND DIE »NEUE« SWINGERWELT

Die Swingerwelt in Deutschland hat sich seit ihren Anfängen erheblich verändert, wie folgender Interviewausschnitt deutlich macht:

»Und früher war es so: Man kam hin, man hat sich kennen gelernt, kurz gesprochen, und dann ging es schneller ab. Die Gespräche waren mehr auf Sex, weniger auf Sympathie gerichtet – natürlich auch auf Sympathie, nicht jeder hat sofort mit jedem – aber das Ganze war mehr auf einer erotischen, sexuellen Basis. Und dann ging man auch hoch auf die Matte, und das Ziel von fast jedem Clubbesucher war Sex. Wenn man heutzutage in die Clubs geht, ist es ein Sehen und Zeigen, jemanden kennen lernen und ›Hallo und hi, wer bist du denn?‹. Erstmal schräg angucken oder nicht, kommt drauf an. Aber das ist heute so. Das war früher nicht ganz so. [...]
Früher war das weniger mit Sehen und Zeigen, ne schöne Unterhose für den Mann war ok, dann noch Badelatschen und das war's. Heutzutage – und das merke ich ja an mir selbst – ich schau, hab ich die passende Hose, die Schuhe, den Gürtel, das Oberteil, stimmt das ganze Outfit. Es wird mehr auf die Optik geachtet. [...] Man kommt im Club zwar noch ins Gespräch, aber man hat die Schwelle dahin, zu sagen: ›Lass uns jetzt Sex machen‹, weil viele in den Club gehen und sagen: ›Nee, wir wollen hier gar nicht. Wir wollen die Atmosphäre erleben oder einfach nur hier sein‹. Und das war früher einfach nicht so.«

Der Interviewauszug mit Tilmann (42 Jahre) zeigt deutlich, dass Sex mit Anderen im Swingerclub keine Selbstverständlichkeit mehr darstellt. Die Suche nach sexuellen Abenteuern mit Dritten scheint vermehrt einer »Catwalk-Manier« gewichen zu sein, wenn Sehen und Zeigen nun im Mittelpunkt stehen. Paare bleiben unter sich und nutzen den Club als Performance-Bühne.

»[…] Die wollen sich einfach nur zeigen und so was alles. Also viele, die wirklich dann auch richtig gut aussehen, die dann rumlaufen und sich zeigen wollen. Aber so sexuellen Kontakt haben die eigentlich keinen. […] Viele junge, viele hübsche Paare auch dabei, aber die einfach nur da zum Quatschen sind, zum Essen sind und zum Partymachen, aber halt Sex machen, nee gar nicht« (Tilmann).

Zudem wird ersichtlich, dass immer mehr Paare in Swingerclubs strömen, die Partnertausch von vornherein ausgeschlossen haben und nur voyeuristisch partizipieren, um sich von der als erotisch und sexuell aufgeladen wahrgenommenen Atmosphäre anregen zu lassen.

Dass dieser Wandel in der Swingerszene die Swinger/-innen selber beschäftigt, wird deutlich, wenn im »Joyclub« Threads mit den Titeln »Ist Swingen überhaupt noch Swingen wie es mal war?« oder auch »Alte Swingerwelt gesucht« eröffnet werden. Die Themenersteller des letztgenannten Threads fragen: »Gibt es auch Paare, die nicht nur schreiben wollen? Warum wollen so viele Paare mittlerweile nur noch fressen, saufen und Party machen? Ist das die neue Swingerwelt? Reale Erotikkontakte werden immer weniger?« (www.joyclub.de/ forum/t273131.alte_swingerwelt_gesucht.html, 27.11.2012)

Doch was genau steckt dahinter, wenn die Joyclubmitglieder »glueckspaar« den »neuen Swingern« im Forum »nur noch fressen, saufen und Party machen« vorwerfen?

4.1 Eventisierung in der Swingerwelt

Ein exemplarischer Blick in den Veranstaltungskalender der Erotikplattform »Joyclub« für ein beliebiges Wochenende (hier: 5./6.10.2012), macht deutlich, dass in der Swingerszene der Zwang zur Wahl und damit die Entscheidung gegen eine Vielzahl anderer Optionen stets präsent ist. Für Freitag sind allein für die Region NRW 46 Veranstaltungen angekündigt worden, für Samstag 58 – mit z.T. gleichen, ähnlichen, aber auch ganz unterschiedlichen Mottothemen. Angeboten werden u.a. die »erste deutsche Rock und Pop(p) Nacht«, 80er- und 90er-Jahre- sowie Saturday-Night-Fever-Partys, eine »Bunga Bunga Bang-Bang-Party«, der Jahreszeit entsprechend diverse Oktoberfeste, sowie Caipi-, Gigolo-, Rubens-, HÜ- (Herrenüberschuss), One-Night-Stands-, Tattoo- und Piercing- sowie Dark Night-Partys.

Alle verheißen das eventtypische Versprechen eines »totalen Erlebnisses« (Gebhardt et al. 2000: 12), d.h. eines außeralltäglichen, als einzigartig inszenierten, polarisierenden, kommerzialisierten und Spaß versprechenden Erlebnisses unter Seinesgleichen (vgl. Hepp et al. 2010: 13ff.). Die Veranstaltung »Paarungszeit deluxe«, eine erotische Tanzparty im Swingerclub WH 6 in Willich, mit knapp 200 Teilnehmer/-innen hat dabei die meisten Voranmeldungen zu verzeichnen. Das Layout des Plakats lässt klar die gewünschte Nähe zu »klassischen« Partyveranstaltungen in Diskotheken und Nightclubs erkennen.

Abb. 1: Paarungszeit Deluxe
Veranstaltungsplakat

(www.joyclub.de/event/115668.paarungszeit_deluxe
_willich.html, 27.11.2012)

Solche erotischen Tanzpartys sollen überwiegend junges Party-Publikum anziehen. Vormals fast ausschließlich von externen Partyveranstalter/-innen angeboten, die Diskotheken, Burgen, Schiffe etc. für diese Art von Partys umfunktioniert haben, versuchen die Swingerclubs nun ebenfalls – entweder in Eigenregie oder in Kooperation mit ebensolchen Veranstalter/-innen – Events zu organisieren. Bei Kooperationen hat sich das Modell »Pauschale Clubanmietung inkl. Personal und Catering« durchgesetzt. Die Eintrittseinnahmen gehen dann an die externen Veranstalter/-innen, die ggf. weitere Künstler/innen oder Showacts buchen und die Veranstaltung bewerben. Mit den erotischen Tanzpartys wird eine spezielle Zielgruppe angesprochen, die als solche auch auf der Eventseite der »Paarungszeit deluxe« im »Joyclub« konkret benannt wird:

»Zielgruppe: Junge und jung gebliebene Paare, Solo-Frauen und -Herren, die Lust auf eine ausgelassene, erotische Party mit elektronischer Tanzmusik haben! Dresscode: Wir erwarten Euch in einem erotischen Club-Outfit bei dem Ihr Eurer Fantasie freien Lauf lassen könnt. Seit dabei gepflegt, stilvoll, freizügig, sexy, provokant oder auch extravangant« (Paarungszeit deluxe o.J.).

Die stetig wachsende Zahl an erotischen Tanzpartys, die das sogenannte »frivole Ausgehen« als Konzept adaptiert haben, ist ein Resultat der von Hitzler (2000: 405) so benannten »Extensivierung von Erlebnisangeboten«. Der Kreis der Nutzer/-innen – und somit die Teilnehmendenzahl – soll möglichst groß sein. »Hardcore-Swinger/-innen« oder »echte Swinger/-innen« (die Begriffe sind Selbst- bzw. Fremdbezeichnungen der Szene) und absolute Nicht-Swinger/-innen sowie sämtliche Abstufungen dazwischen werden zum gemeinsamen Feiern animiert. Dabei ist den Veranstalter/-innen bewusst, dass diese Art von Event wohl am wenigsten die »aktiven«, am Partnertausch interessierten Swinger/-innen anspricht. Die adressierte Zielgruppe befindet sich zu großen Teilen an der immer größer werdenden Peripherie und nicht im engeren, tendenziell partnertauschinteressierten Kern der Szene. Auf einem umkämpften Markt heißt es neue Kund/-innen frühzeitig auf sich aufmerksam zu machen. Eine Clubbetreiberin beschreibt diese Strategie der Neukundenakquise im Interview sehr passend mit den Worten: »Die werden ja auch älter, dann kommen die vielleicht auch mal so zu uns.«

Der Erlebnisextensivierung auf der einen Seite steht jedoch Erlebnisintensivierung auf der anderen entgegen, wie nachfolgendes Beispiel des Veranstalters »Eroluna« zeigt.

Der Ankündigungstext des Anbieters für dessen »Eyes-Wide-Shut«-Mottoparty im homepageeigenen Eventkalender verheißt:

»T.O.P Secret – Exklusiv/Einzigartig – Genuss ohne Grenzen bei der stilvollsten »Eyes Wide Shut Party« Deutschlands…« [Weiter heißt es dann:] »Exklusiv – dekadent – glamourös. Eyes Wide Shut in seiner stilvollsten und geheimnisvollsten Form. Sie möchten dazu gehören? Klicken Sie HIER« (Eroluna o.J.).

Am Beispiel von »Eroluna« lässt sich deutlich erkennen, wie versucht wird, zur Intensivierung des Erlebnisangebotes beizutragen. Mittel sind die Limitierung auf 25 Paare, die versprochene absolute Anonymität und Diskretion, die zwar von allen Anbieter/-innen und Clubbetreiber/-innen zugesagt wird, hier aber im Speziellen gut betuchtes, ggf. in der Öffentlichkeit stehendes Publikum adressieren soll. Die klare Zielgruppenorientierung wird auch durch die Hinweise auf »erlesene Getränke/Sterneküche« deutlich. Reizwörter wie »exklusiv«, »dekadent« und »glamourös« sollen keinen Zweifel daran lassen, dass hier außergewöhnliche Erlebnisse geboten werden, die sich von der marktüberflutenden Fülle an parallel stattfindenden Events unterscheiden, die u.U. auch noch das gleiche Motto tragen.

Mit ihren unterschiedlichen Veranstaltungskonzepten reagieren die Veranstalter/-innen aber nicht nur auf einen dichter werdenden Angebotsmarkt und wachsende Konkurrenz, sondern vor allem auch auf die sich pluralisierenden Swingingformen und -stile. Es gilt passgenaue Angebote für unterschiedliche Swinger/-innen zu kreieren.

4.2 Swingen ist nicht gleich Swingen – Pluralisierung der Swingingformen

Gerade im Zuge der Eventisierung der Szene, die den Bruch zwischen »alter« und »neuer« Swingerwelt deutlich macht, haben sich, wie bereits in Kapitel 3 angedeutet, neue Formen des Swinging etabliert. Um die Bandbreite des Phänomens Swinging aufzuzeigen, werden im Folgenden exemplarisch drei sehr unterschiedliche Formen des Swinging skizziert und anhand von Interviewausschnitten illustriert.

Swingerinnen und Swinger sprechen selbst von unterschiedlichen Swingertypen, wobei ihre ausschlaggebenden Kriterien die Fremdheit (wie gut kennen sich die Beteiligten), die Intensität des sexuellen Kontaktes (von Sehen und Zeigen bis Geschlechtsverkehr) und die Häufigkeit des sexuellen Fremdkontaktes sind. Die zentralen Fragen sind somit: Mit wem, wie und wie oft swingt man?

Je nach Selbstpositionierung variieren dann die Bezeichnungen, in denen durchaus Wertungen mitschwingen. Die beiden folgenden Interviewauszüge mit verschiedenen Paaren machen dies deutlich.

»Also ich finde wie gesagt, also ich denke, es gibt diese, ja, diese Hardcoreswinger, die halt echt irgendwie jedes Wochenende irgendwo in einen Club oder sonst wo immer unterwegs sind, um halt wirklich das Sexuelle, das Ziel ist halt wirklich, ne der sexuelle Kontakt« (Trixi).

»Es gibt mit Sicherheit die Hardcore-Swinger, denen das völlig egal ist, wer es ist, wo es ist und wie es ist. [...] Und da sowohl Männlein wie Weiblein. Also wir haben durchaus auch Frauen erlebt, die am Wochenende sich direkt vor der Theke von 15 diversen Männern nacheinander haben vögeln lassen und dann immer noch nicht genug hatten. Und es waren keine gewerblichen, das waren wirklich Frauen, die gesagt haben, ich will das jetzt erleben. Wie auch andere, also denen ist das völlig egal, welcher Mensch dahinter steckt, Hauptsache Sex« (Monika).

Der Begriff Hardcore-Swinger wird hier aus der Perspektive zweier Swingerinnen verwendet, die sich deutlich von dieser, von ihnen als oberflächlich und geschlechtsverkehrfixierten Swinging-Variante abgrenzen möchten. Die gleiche Art zu Swingen wird von dem Interviewpaar Katja und Wolfram, das diese Variante auslebt, im Interview dann auch ganz anders beschrieben:

K: »Also, wir sind schon ›aktive‹ Swinger. Wir waren damals nicht so aktiv.«
W: »Zum Beispiel die Portale wie AW (Augenweide), da sind Paare, die machen ohne Partnertausch. Also ohne GV, ohne Geschlechtsverkehr.«
K: »Ja, genau.«
W: »Mit Fummeln und Streicheln und so weiter, aber kein Geschlechtsverkehr. Das machen VIELE, auch in Clubs.«
K: »Aber ich finde es nicht so schön. Ich finde das irgendwo...«
W: »Das ist das Gleiche wie eine Suppe ohne Salz im Prinzip.«
K: »Ja, man kann sich nicht so gehen lassen, weil man genau weiß, da ist Stopp.«
W: »Da ist Stopp, ja.«
K: »Genau. Es war nicht so wie gestern. Gestern war klasse.«
W: »Ja, gestern war ja ne HÜ-Party[15], gestern war ja nicht so...«
[...]
K:« Ja, wir sind typische Swinger.«
W: »Ja, RICHTIGE Swinger, sagen wir mal so.«
V: »Ah so, gibt es da Unterschiede?«
W: »Ja, ich sag ja: Gerade bei AW, da hast du dann praktisch ohne GV.«
V: »Ok, wo du gesagt hast, die sind immer nur zum Sehen da...«

---

15 Die Abkürzung HÜ steht für Herrenüberschuss. Charakteristisch für solche Partys ist, dass deutlich mehr Männer als Frauen anwesend sind. Paare oder Single-Damen, die zu solchen Partys gehen, suchen in der Regel gezielt den sexuellen Kontakt zu einem, meist aber mehreren Männern. HÜ-Partys sind nicht gleichbedeutend mit sogenannten Gang-Bang-Partys. Bei Gang-Bang-Partys stellt sich eine bzw. stellen sich mehrere Frauen von vornherein für Geschlechtsverkehr mit den anwesenden Männern bereit.

W: »Ja, genau. Da kannst du rumfummeln, machen und tun...«

K: »Bisschen labern auch...«

W: »... aber OHNE GV, das ist immer so wie ne Suppe ohne Salz.«

K: »Ja, ich mag das nicht. Ich will das nicht!«

Swingen, das in dieser Form praktiziert wird, möchte ich als »Old-School-Swinging« bezeichnen.[16] Der sexuelle Kontakt zu anderen Paaren und/oder Solo-Swinger/-innen steht im Vordergrund. Ein gelungener Swingerclubabend wird am genussbringenden Geschlechtsverkehr mit anderen Swinger/-innen gemessen, wie aus dem Interviewauszug mit Tilmann und Manuela deutlich wird:

T: »Der perfekte Clubabend wäre: Eine Viertelstunde bis 20 Minuten aufwärmen, dann mit dem Pärchen noch einmal eine viertel bis halbe Stunde quatschen. Dann hat man herausgefunden, ob die Chemie stimmt.«

M: »Wenn man auf der Matte ist, dann ist es ja ok, dann labert man ja immer noch weiter und geht nicht direkt an die Wäsche.«

V: »Ach so!«

M: »Aber erstmal den Weg dahin, dass man überhaupt erstmal auf der Matte ist.«

T: »Also, fünfzig bis siebzig Minuten ist der kritische Zeitpunkt (für so ein Gespräch), und dann ist es vorbei.«

M: »Das sind jetzt von uns gefühlte Zeiträume. Du kannst jetzt nicht davon ausgehen, dass viele so denken.«

T: »Aber das ist halt unsere Erfahrung. Es ist nicht so, dass ich auf die Uhr gucke, aber irgendwo gucke ich schon manchmal auf die Uhr: Wir haben uns vor gefühlten zehn Minuten kennen gelernt, und dann rechne ich manchmal nach und denke ›So, jetzt müssen wir aber mal langsam, sonst wird das wieder nix!‹, und dann halt auf die Matte, und dann hat man, wenn alles gut geht, Spaß zu viert, wo dann jeder mit jedem was zu tun hat. Und leider haben wir auch schon die Erlebnisse gemacht, dass man zusammen auf die Matte geht, dann aber nicht getauscht wird.«

Old-School-Swinging praktizierende Paare gehen in der Regel mehrmals pro Monat in einen Swingerclub oder laden Swinger/-innen zu sich nach Hause ein. Sie sind schon mehrere Jahre in der Szene aktiv und können sich eine Beziehung ohne Swingen nicht mehr vorstellen. Dabei liegt der Reiz immer auch im Finden neuer Sexualpartner/-innen. Das Swingen ist in ihren Alltag integriert. Clubein-

---

16 Sämtliche Typen, die ich für diesen Beitrag bilde, sind Idealtypen im Sinne Max Webers.

tritte[17] sollen preislich günstig bis moderat sein und in einem Rahmen von ca. 15-45 Euro pro Paar liegen. Für die wöchentlichen Swingerclubbesuche wird ein familiär geführter, sauberer Club »ohne viel Schnick-Schnack« erwartet. Die Beziehung wird als äußerst stabil wahrgenommen, sodass sexuelle Kontakte zu Dritten auch in getrennten Räumen oder zu unterschiedlichen Zeiten gepflegt werden können. Sämtliche Wünsche und Erlebnisse werden dem Partner/der Partnerin offen kommuniziert.

Eine zweite Form von Swingen, die bereits oben erwähnt wurde, ist das Catwalk-Swinging, bei der es um »Sehen und Zeigen« geht. Paare, die diese Form praktizieren, haben in der Regel keinen sexuellen Kontakt mit anderen Swinger/-innen. Sie nutzen Swingerclubs und -partys, um ihren Exhibitionismus und Voyeurismus ausleben zu können, wie Maria und Jochen es im Interview schildern:

J: »Nein, aber so dieses, na, ist schon eigentlich so, wie sie es sagt. Exhibitionismus, weil erstens Mal wir… Exhibitionistisch und auch…«
M: »Es ist interessant zu gucken.»
J: »Äh, also sehen und zeigen eben.«
M: »Ja, das ist aber auch wenn [J: Wir guck-], wenn du weißt, es guckt jemand.«
J: »Wir wollen nicht nur, dass uns zugeguckt wird. Wir wollen auch selber gucken.«

Bevorzugt besuchen Swinger/-innen, denen es ums »Sehen und Zeigen« geht, Erotikpartys und Swingerclubs, in denen nur Paaren Eintritt gewährt wird, da sie hier auf Swinger/-innen treffen, die Partnertausch nicht automatisch »voraussetzen«. Auf das äußere Erscheinungsbild wird besonderer Wert gelegt. Der für diesen Anlass z.T. extra trainierte Körper wird gerne auch beim Tanzen in erotischen Outfits zur Schau gestellt. Die anderen Swingerinnen und Swinger sind Mittel zum Zweck, sie dienen dazu »sich einen Kick zu holen«.

Eine dritte Form ist das »Cliquen-Swinging«. Diese Form wird von Paaren praktiziert, die »Freunde über die Bettkante hinaus« suchen. Entscheidend ist für diese Paare, dass sexueller Kontakt eine freundschaftliche Basis voraussetzt. Daher ist Sex beim ersten Kennenlernen unüblich, da man passgenaue Sexualpartner/-innen – besser Freizeitgestalter/-innen – sucht, wie Trixi und Tom erklären:

---

17 In Swingerclubeintritten sind Getränke und Verpflegung (meist in Buffetform) stets im Preis inbegriffen.

Tr: »Ja, ja. Schon. Also für mich so der klassische [T: Also wir sind nicht drauf aus, ja.] Swinger so dieses, äh, so einmal rum gehen, Leute scannen und sagen: ›Oh! Die sehen nett aus. Los geht es‹, ne? So. [T: Genau, jetzt Spaß im Bett und äh, ja.] Und das, das machen wir halt nicht. Also wir lernen eigentlich immer…, also wir lassen uns da viel Zeit, ne? Lassen uns, wir lernen Leute kennen, treffen uns erst mal so normal in der Kneipe mit denen, gucken, ob das menschlich irgendwie passt.«

T: »Na ja wir gucken wirklich auf das Menschliche und nicht auf das Sexuelle.«

Es geht darum, sich einen festen Kreis an Swingerfreunden aufzubauen, mit denen man seine Freizeit gestalten kann. Gruppensex und Partnertausch sind dann auch nur eine Möglichkeit der Freizeitgestaltung, die aber bei Treffen stets mitgedacht wird.

A: »Okay. Man kombiniert das aber schon. Wenn es irgendwo geht, kombinieren wir es, dass man sich halt privat TRIFFT, was, irgendwas unternimmt. Ganz normal, als wenn ich irgendwann sage: ›Okay, das sind Freunde‹. Und dann kombiniert man das halt so, dass man, dass man eventuell, […] Dann bleiben sie halt hier über Nacht. Und dann kann sich da schon was ergeben. [M: Aber es, ja.] MUSS aber nicht« (Anni und Michael).

Swingen wird von solchen Paaren als gemeinsame Aktivität verstanden, die keine Alleingänge zulässt. Das bessere Kennen der befreundeten Swingerpaare dient gleichzeitig als ein Schutzmechanismus für die eigene Beziehung, wie der nachfolgende Interviewauszug von Anni und Michael deutlich macht:

A: »Es ist aber auch finde ich wichtig, äh, für den Sex mit anderen Paaren, dass man sieht, dass das Paar glücklich ist. [M: Ja.] Also wenn ich sehe, dass der glück-«
M: »Muss intakt sein.«
A: »Genau. Das, äh, deren Beziehung intakt ist, dass die glücklich sind, ähm, dann kommt bei mir auch oder wird bei mir auch dann nie das Gefühl aufkommen, dass da, ähm, untereinander dann Interesse besteht. Und deswegen hier irgendwie mit ausspannen und verlieben. Ich weiß, die sind glücklich miteinander. Die machen das auch nur zu zweit. Und, ähm, da entsteht dann auch nichts.«

Gemeinsam feiern und etwas unternehmen ist dem gemeinsamen Sex stets vorgelagert und wird als wichtiger empfunden. Das Swingen in diesen Konstellationen findet sowohl in Swingerclubs und auf Partys statt, aber häufiger noch im privaten Kreis.

Die drei, nur rudimentär skizzierten Swingingformen lassen erkennen, wie unterschiedlich derzeit in Deutschland geswingt wird. Swingerpaare stellen individuelle Regeln auf und treffen Vereinbarungen, die einer ständigen Dynamik unterliegen und neu verhandelt werden. Die individuelle Findung einer Swinging-Form, die für beide Partner einen Gewinn darstellt, als gemeinsames Erlebnis gerahmt werden kann und die Beziehung nicht gefährdet, ist daher auch immer wieder Thema der zahlreichen Reflexionsgespräche von Swingerpaaren.

Die Anbieter/-innen kommerzieller Events stehen vor der Herausforderung, immer speziellere Angebote zu entwickeln, um den unterschiedlichen Bedürfnissen der Swingerinnen und Swinger gerecht zu werden. Der Markt diversifiziert sich.

4.3 Motoren des Szenewandels

In der alten Swingerwelt lag der von den Szenegängerinnen und -gängern geteilte thematische Fokus auf dem Partnertausch. Wie in den Unterkapiteln 4.1 und 4.2 bisher gezeigt wurde, ist der Partnertausch jedoch zu *einer* Option unter vielen geworden.

Zwei sich gegenseitig unterstützende Prozesse einer individualisierten und optionalisierten Gesellschaft haben den Wandel in der Swingerszene voran getrieben: die Mediatisierung der Swingerwelt und der aus einer nach innen gerichteten Modernisierung entstandene Wandel von Paarbeziehungen.[18] Der Boom des Internets, die Präsentation von Clubs durch Homepages, technisch ausgereiftere Suchmaschinen und die Einrichtung und intensive Nutzung von Foren und Chats hat das Swingen für Interessierte aus sicherer Distanz »greifbar« gemacht. Auch das Privat-Fernsehen sendet nun regelmäßig Reportagen zu Swingerclubbesuchen und schürt das Interesse seiner Zuschauer/-innen. Der nächste Club und die nächste Party sind kein »Geheimwissen« mehr, das über Pornoheftchen und Mund-zu-Mund-Propaganda verbreitet wird, sondern sind per Mausklick abrufbar. Swingerpatinnen und -paten bieten über Foren ihre Hilfe beim ersten Clubbesuch an, es gibt Tage der offenen Tür und eine Vielzahl auskunftbereiter Internetnutzer/-innen. Der Zugang zur und das Wissen über die Szene (ihre Sze-

---

18 Der Begriff der »innengerichteten Modernisierung« geht auf Gerhard Schulze zurück. Schulze (2005: 418) meint damit, dass sich im Zuge einer Lebensstandardsteigerung in Verbindung mit einer Pluralisierung der Angebote (Waren und Dienstleistungen), eine »zweckrationale Umbildung von Handlungsstrukturen« hin zu einer Orientierung am schönen Leben vollzieht. Damit entstehen u.a. hedonistisch orientiertere Lebensweisen, die zu Anpassungsprozessen in allen Lebensbereichen führen.

nemacher/-innen, ihre Mitglieder, ihre Werte usw.) sind damit so leicht wie noch nie möglich. Gleichzeitig führt der Siegeszug der Verhandlungsmoral (auch Konsensmoral genannt) über die Sexualmoral zu einem stetigen Wandel von Paarbeziehungen. Paare verhandeln demnach nun auch immer häufiger ihr Sexualleben. Dabei suchen sie nach Lösungen, sich sexuell selbst zu verwirklichen und gleichzeitig die gemeinsame Beziehung, die im Zuge der Individualisierung als Lebensanker noch wertvoller geworden ist, zu stabilisieren. Swingen scheint für die Swingerinnen und Swinger ein attraktives Konzept dazustellen, den individuellen und kollektiven Bedürfnissen in der Beziehung gerecht zu werden. Mediatisierung und Beziehungswandel haben der Swingerszene eine Vielzahl neuer Szenegängerinnen und -gänger beschert. Jedoch hat die Kombination aus »Alles kann – nichts muss« und individuell ausgehandelten Swinging-Varianten neue Typen von Swingerpaaren angelockt – eine Gruppe, die von der Anbieterseite (hier vor allem externe Partyveranstalter/-innen) als neue und stetig wachsende Zielgruppe erkannt wurde und seitdem durch entsprechende Angebote in der Szene verstetigt wird.

5. TRENDS – EFFEKTE DER PLURALISIERUNG VON SWINGING-FORMEN UND DER ZUNEHMENDEN EVENTISIERUNG DER SWINGERWELT

In welche Richtung wird sich die Swingerwelt weiterentwickeln? Schon jetzt ist ersichtlich, dass die Angebotsvielfalt stetig zunimmt. Auch Swingerclubs, die bisher keine Mottopartys angeboten haben, sehen sich zunehmend dazu genötigt, neben der traditionellen Silvesterparty auch weitere Themenabende anzubieten. Dadurch nehmen auch die Kooperationen zwischen Clubbetreiber/-innen und externen Veranstalter/-innen zu und das bereits erwähnte Konzept: »Pauschale Clubanmietung inkl. Personal und Catering«, lässt sich immer häufiger vorfinden. Swingerclubs verlieren hierdurch aber u.U. Teile ihre Unabhängigkeit und ihres bisherigen Clubimages, was zu Kundenverlusten beim Stammpublikum führen kann.

Kaum mehr vorfinden wird man Swingerclubs, in denen sich Swinger/-innen aller Arten gleichermaßen wohlfühlen, da die Swinging-Formen zu sehr auseinanderdriften. Swingerclubs und -partys müssen sich ein deutlich erkennbares Profil zulegen, damit gilt: Sag mir wo du swingst und ich sage dir, wie du swingst. Die Swingerclubs und -partys müssen auf ihren Webpräsenzen anzuzeigen, für wen die Veranstaltungen geeignet sind. Der nachfolgende Werbetext eines Swingerclubs adressiert beispielsweise aktive Swinger/-innen, die im Sinne des Old-School-Swingings die sexuellen Aktivitäten im Mittelpunkt wissen möchten:

»Wer ins Blue Heaven kommt, weiß in der Regel, warum er gekommen ist. Wir vom Team wollen immer, dass es ein geiler Abend wird. Wenn aber mal nur Stoffel und Hosentaschenspieler da sind, haben auch wir es schwer, ein erotischen [sic!] Fluidum aufzubauen (…kommt aber zum Glück nur sehr selten vor). […] Um die günstigen Preise halten zu können, verzichten wir auf unnötigen Schnickschnack. Wer gutes Essen will, geht ins Restaurant. Wer tanzen will, geht in die Disco. Wer schwimmen und saunieren will, geht ins Schwimmbad oder in die Sauna. Wer aber einen geilen Abend unter Fremden, Freunden und Gleichgesinnten erleben will, geht ins Blue Heaven« (www.blueheaven-gelsenkirchen.de, 12.03.2014).

Paarclubs, in denen Singlemänner keinen und Singledamen meist nur begrenzt Zutritt haben, rüsten bei ihrer Ausstattung hingegen merklich auf, indem sie nachträglich Saunen, Jacuzzis, Themenzimmer etc. einrichten. Paare, die in Paarclubs gehen, erwarten in der Regel ein für sie stimmiges Gesamtkonzept, ein außergewöhnliches Erlebnis, das mit Luxus und Außeralltäglichkeit einhergeht. Kleinere Swingerclubs machen z.T. aus der Not eine Tugend und verlagern ihr Geschäft stärker auf die Werktage, indem sie dort regelmäßige Mottopartys für ein spezielles Publikum anbieten, z.B. die wöchentliche Bi-, Gang-Bang- oder NS-Party (Natursekt) oder auch nur eine früh beginnende Afterworkparty für eventuelle »Fremdgeherpärchen«.

Bereits deutlich wahrnehmbar ist auch die Tendenz, dass aktive Swinger/ -innen häufiger private Partys veranstalten, die zwar öffentlich in den Foren beworben werden, aber eher zu einem besseren Unkostenpreis in Eigenregie eines oder mehrerer engagierter Pärchen durchgeführt werden. Ein Grund hierfür kann in der Erweiterung der Szene auf Nicht-Swinger/-innen gesehen werden. Das immer stärker werdende Aufweichen der Szenegrenzen führt zu einer Auseinandersetzung mit der kollektiven Identität innerhalb der Szene. Diese semiprofessionellen Partys sind eine Reaktion auf die trendbestimmenden Erotik- und Mottopartys, mit denen sich insbesondere die Old-School-Swinger/-innen nicht identifizieren können. Eine »Back-to-the-Roots«-Bewegung setzt ein, die das aus ihrer Sicht »echte Swingen« propagieren. Damit werden einzelne Formierungen der Szene exklusiv, was neu ist für eine Szene, die sich als besonders offen nach außen versteht. Inwiefern die Veränderungen innerhalb der Szene den Swinger/ -innen aber helfen, gesellschaftlich akzeptiert zu werden, bleibt abzuwarten.

6. FAZIT

Mit dem Beitrag wurde versucht zu zeigen, dass die ethnografische Erforschung der Swingerwelt entscheidende Beiträge für unterschiedliche soziologische Forschungsfelder bieten kann. Sie findet u.a. Anknüpfungspunkte in der Szeneforschung, der Paarsoziologie sowie der Soziologie der Sexualität. Gerade für letztere eröffnen sich äußerst gewinnbringende Forschungsperspektiven, da Daten zu sexuellen Interaktionen, Riten usw. nicht nur per Befragung, sondern auch per Beobachtung gewonnen werden können. Darüber hinaus generiert soziologische Forschung über die Swingerwelt als Lebenswelt auch Erkenntnisse zu relevanten Fragen des gesellschaftlichen Modernisierungsprozesses.

Die Veränderungen in der Swingerwelt, die immer stärker eventisiert wird, machen eine Erweiterung der bisherigen Definition(en) von Swingen notwendig. Die Pluralisierung der Swinging-Formen lässt den klassischen Partnertausch mit Geschlechtsverkehr von Paaren zu nur *einer* speziellen Variante des Swingens werden. Andere Formen, die nicht nur andere Personenkonstellationen und sexuelle Aktivitäten miteinschließen, sondern für die Swinger/-innen auch mit anderen Einstellungen, Fokussierungen und Zielsetzungen einhergehen, sind nun ebenfalls in der Swingerwelt zu finden. Old-School-Swinger/-innen vermissen in der »neuen Swingerwelt« häufig die Möglichkeit des Partnertauschs »ohne lange Anlaufzeit«. Sie sehen sich bspw. Swingerpaaren gegenüber, die Partnertausch von vornherein ausschließen und den Swingerclub als eigene Performance-Bühne ihrer Sexualität nutzen oder solchen, für die eine freundschaftliche Bindung innerhalb eines kleinen Kreises Gleichgesinnter Voraussetzung für sexuelle Interaktionen in der Swingerwelt ist. Swingen ist daher nicht mehr gleich Swingen. Unter Swingen fällt eine große Bandbreite an unterschiedlichen Formen, die an ihrem einen Ende die Grenze zu Nicht-Swingen bis zur Unkenntlichkeit verschwimmen lässt. Swingerclubbtereiber/-innen und Partyveranstalter/-innen in der Swingerszene können daher nur noch Teilgruppen der Szene mit ihren Angeboten adressieren. Der Einstieg in die Swingerwelt scheint derzeit so einfach wie nie zu vor zu sein. Über Erotikpartys, die kaum von normalen Diskoveranstaltungen zu unterscheiden sind, wird auch der jungen Generation ein sanfter Einstieg ermöglicht. Doch stellt sich die Frage, ob die Szene auf diese Weise nicht ihren eigentlichen thematischen Fokus – sexuelle Aktivitäten mit Anderen – verliert.

LITERATUR

Bartell, Gilbert D. (1971): Group Sex. A Scientist's Eyewitness Report on the American Way of Swinging. New York: Pinnacle Books.

Beck, Ulrich (1986): Risikogesellschaft. Auf dem Weg in eine andere Moderne. Frankfurt a.m.: Suhrkamp.

Benkel, Thorsten und Fehmi Akalin (2010): Soziale Dimensionen der Sexualität. Gießen: Pyschosozial-Verlag.

Brecher, Edward M. (1971): Vom Tabu zum Sex-Labor. Die erste Geschichte der Sexualforschung. Reinbek: Rowohlt.

Burkart, Gunter (1997): Lebensphasen – Liebesphasen. Vom Paar zum Single und zurück. Opladen: Leske und Budrich.

Fernandes, Edward M. (2009): The Swinging Paradigm: An Evaluation of the Martial and Sexual Satisfaction of Swingers. In: Electronic Journal of Human Sexuality, Vol. 12. Online: www.ejhs.org/volume12/Swinging2.htm. [20.03.2010].

Fuchs, Peter (1999): Liebe, Sex und solche Sachen. Zur Konstruktion moderner Intimsysteme. Konstanz: UVK.

Gagnon, John H. und William Simon (2005): Sexual Conduct. The Social Sources of Human Sexuality. Second edition. New Brunswick and London: Aldine Transaction.

Gebhardt, Winfried; Hitzler, Ronald und Michaela Pfadenhauer (2000): Einleitung. In: Gebhardt, Winfried; Hitzler, Ronald und Michaela Pfadenhauer (Hg.): Events. Soziologie des Außergewöhnlichen. Opladen: Leske und Budrich, S. 9-13.

Giddens, Anthony (1993): Wandel der Intimität. Sexualität, Liebe und Erotik in modernen Gesellschaften. Frankfurt a.M.: Fischer-Taschenbuch.

Hepp, Andreas; Höhn, Marco und Waldemar Vogelgesang (2010): Einleitung: Perspektiven einer Theorie populärer Events. In: Hepp, Andreas; Höhn, Marco und Waldemar Vogelgesang (Hg.): Populäre Events. Medienevents, Spieleevents, Spaßevents. 2. überarbeitete Auflage. Wiesbaden: VS Verlag für Sozialwissenschaften, S. 7-33.

Herma, Holger (2009): Liebe und Authentizität. Generationswandel in Paarbeziehungen. Wiesbaden: VS Verlag für Sozialwissenschaften.

Herrmann, Horst (2008): Liebesbeziehungen – Lebensentwürfe. Eine Soziologie der Partnerschaft. 4. Auflage. Münster: Telos.

Hitzler, Ronald (1999): Welten erkunden. Soziologie als (eine Art) Ethnologie der eigenen Gesellschaft. Soziale Welt Jg. 50., Heft 4, S. 473-483.

Hitzler, Ronald (2000): »Ein bisschen Spaß muss sein!« Zur Konstruktion kultureller Erlebniswelten. In: Gebhardt, Winfried; Hitzler, Ronald; Pfadenhauer, Michaela (Hg.): Events. Soziologie des Außergewöhnlichen. Opladen: Leske + Buderich, S.401-412.

Hitzler, Ronald (2008): Brutstätten posttraditionaler Vergemeinschaftung. Über Jugendszenen. In: Hitzler, Roland; Honer, Anne und Michaela Pfadenhauer (Hg.): Posttraditionale Gemeinschaften. Theoretische und ethnographische Erkundungen. Wiesbaden: VS Verlag für Sozialwissenschaften, S. 55-72.

Hitzler, Ronald und Anne Honer (1988): Der lebensweltliche Forschungsansatz. Neue Praxis, Jg. 18, Heft 6, S. 496-501.

Hitzler, Ronald und Arne Niederbacher (2010): Leben in Szenen. 3. völlig überarbeitete Auflage. Wiesbaden: VS Verlag für Sozialwissenschaften.

Lautmann, Rüdiger (2002): Soziologie der Sexualität. Erotische Körper, intimes Handeln und Sexualkultur. Weinheim und München: Juventa.

Lenz, Karl (2010): Sexuelle Interaktion von Paaren. In: Benkel, Thorsten und Fehmi Akalin (Hg.): Soziale Dimensionen der Sexualität. Gießen: Psychosozial-Verlag, S. 219-249.

Lenz, Karl (2009): Soziologie der Zweierbeziehung. Eine Einführung. 4. Auflage. Wiesbaden: VS Verlag für Sozialwissenschaften.

Lewandowski, Sven (2010): Sex does (not) matter. Von der sozialstrukturellen Irrelevanz des Sexuellen und der Ausdifferenzierung autonomer Sexualitäten. In: Benkel, Thorsten und Fehmi Akalin (Hg.): Soziale Dimensionen der Sexualität. Gießen: Psychosozial-Verlag, S. 71-90.

Maier, Maja (2008): Paaridentitäten: Biografische Rekonstruktionen homosexueller und heterosexueller Paarbeziehungen im Vergleich. Weinheim und München: Juventa.

McCoullough, Derek und David Hall (2003): What it is and what it isn't. In: Electronic Journal of Human Sexuality, Vol. 6., Online: www.ejhs.org/volume6/polyamory.htm [13.07.2013].

Nave-Herz, Rosemarie (2004): Ehe- und Familiensoziologie. Eine Einführung in Geschichte, theoretische Ansätze und empirische Befunde. Weinheim und München: Juventa.

Peuckert, Rüdiger (2008): Familienformen im sozialen Wandel. 7. vollständig überarbeitete Auflage. Wiesbaden: VS Verlag für Sozialwissenschaften.

Schmidt, Gunter (1996): Das Verschwinden der Sexualmoral. Über sexuelle Verhältnisse. Hamburg: Klein.

Schmidt, Gunter; Matthiesen, Silja; Dekker, Arne und Kurt Starke (2006): Spätmoderne Beziehungswelten. Report über Partnerschaft und Sexualität in drei Generationen. Wiesbaden: VS Verlag für Sozialwissenschaften.

Schulze, Gerhard (2005): Die Erlebnisgesellschaft. Kultursoziologie der Gegenwart. 2. Auflage. Frankfurt a.m.: Campus.

Schütz, Alfred und Thomas Luckmann (1979): Strukturen der Lebenswelt. Bd. 1. Frankfurt a.m.: Suhrkamp.

Starke, Kurt (2005): Endet die Liebe? Sexualität im Generationenvergleich. In: Funk, Heide und Karl Lenz (Hg.): Sexualitäten. Diskurse und Handlungsmuster im Wandel. Weinheim und München: Juventa, S. 89-114.

Tyrell, Hartmann (1987): Romantische Liebe – Überlegungen zu ihrer »quantitativen Bestimmtheit«. In: Baecker, Dirk; Markowitz, Jürgen; Stichweh, Rudolf; Tyrell, Hartmann und Helmut Willke (Hg.): Theorie als Passion. Niklas Luhmann zum 60. Geburtstag. Frankfurt a.m.: Suhrkamp, S. 570-599.

Karrierefrau und Märchenprinz?

Geschlechterverhältnisse und sexuelle Praxis

CORNELIA KOPPETSCH/SARAH SPECK/ALICE JOCKEL

EINLEITUNG

Der folgende Beitrag befasst sich mit der Frage, welche Bedeutung der Sexualität in Paarbeziehungen für die Aushandlung von Geschlechtsrollen zukommt. Dazu wurden Paare untersucht, in denen die Frau aufgrund des prekären Erwerbsstatus des Mannes Familienernährerin ist. Bei diesen Paaren haben traditionelle Rollenbilder ihre Geltung verloren und es soll am Beispiel sexueller Praxis untersucht werden, welche Auswirkungen dies auf das Selbstverständnis der Partner als Mann oder als Frau hat. Entgegen dem Alltagsverständnis soll dazu eine Umkehrung der Perspektive vorgenommen werden: (Hetero-)Sexuelle Praxis wird hier nicht als »natürliche« Folge einer feststehenden Geschlechteridentität betrachtet, vielmehr wird danach gefragt, wie sexuelle Praxis zur Bestätigung oder auch Problematisierung von Weiblichkeit und Männlichkeit in Paarbeziehungen beiträgt.

Kaum je ist die Bedeutung sexueller Praxis für die Herausbildung von Weiblichkeit und Männlichkeit zum Gegenstand empirischer Untersuchungen gemacht worden. So ist die Annahme, dass Sexualität eine zentrale Praxis der Bestätigung weiblicher und männlicher Identität darstellt, zwar fester Bestandteil des Alltagswissens wie auch implizite Vorannahme vieler Forschungen in der Geschlechter- und Sexualforschung. Doch wie genau funktioniert dieser Zusammenhang? Welche Bedeutung kommt der sexuellen Praxis für die Herausbildung und Prägung von Weiblichkeit und Männlichkeit zu? Im Alltagsleben wird meist unausgesprochen davon ausgegangen, dass Sexualität bzw. sexuelle Praxis die Essenz des Weiblichen und des Männlichen darstelle und automatisch aus der gegengeschlechtlichen Anziehung hervorgehe. Sexuelle Praxis scheint in der Natur der Geschlechterdifferenz begründet. Demgegenüber gehen die Autorinnen im Anschluss an neuere handlungstheoretische Ansätze davon aus, dass Sexualität eine vielgestaltige soziale Praxis darstellt, die auf die Herstellung von Geschlechtsidentitäten bezogen ist.

Der Aufsatz gliedert sich wie folgt: Zunächst wird der Stand der Forschung zusammengefasst sowie die Fragestellung und die Forschungsmethode kurz erläutert. Anschließend gehen die Autorinnen kurz auf die Forschungsmethode ein. Es folgen drei ausführlichere Fallrekonstruktionen. Abschließend werden einige Überlegungen zur Bedeutung von Sexualität und Romantik im Milieuvergleich dargestellt.

1. PAARSEXUALITÄT ALS EMPIRISCHER GEGENSTAND – FORSCHUNGSANSÄTZE UND FORSCHUNGSLÜCKEN

Die Paarsexualität ist bislang kaum zum Gegenstand empirischer Untersuchungen gemacht worden. Wie die Überblicksdarstellung von Rüdiger Lautmann (2002) und Sammelbände (z.B. Funk/Lenz 2005; Benkel/Akalin 2010) zeigen, haben sich die Sexualwissenschaften nach 1970 zwar zunehmend etabliert. Allerdings wird Sexualität in diesen Forschungsarbeiten in erster Linie vor dem Hintergrund sozialer Probleme oder »sozialer Abweichungen« thematisiert. Dagegen erfährt die »normale« Sexualität des Paares entgegen aller Alltagsplausibilität fast keine Aufmerksamkeit.[1] Ein Grund für die unbefriedigende For-

---

[1] So gibt es eine wachsende Anzahl von Forschungsstudien und -überblicke, die sich mit Prostitution (vgl. Löw/Ruhne 2011; Benkel 2010; Gerheim 2007; Grenz/Lücke 2006; Grenz 2007) oder Pornografie befassen (vgl. Pastötter 2003, Flaßpöhler 2007; Lewandowski 2012). Letztere hat besondere Aufmerksamkeit durch die starke Verbreitung über das Internet (Döring 2008; 2011a; b) und durch eine vermeintlich starke Nutzung durch Jugendliche (vgl. Gernert 2010; Grimm 2010; Starke 2010; Hill 2011; Matthiesen/Martyniuk/Dekker 2011, Schmidt/Matthiesen 2011; Schetsche 2010) erlangt. Ein weiterer Forschungsstrang bezieht sich auf den Themenkomplex »Jugendsexualität« auch in Verbindung mit dem Risiko früher Schwangerschaft (vgl. Dannenbeck/Stich 2002; Häußler-Sczepan/Wienholz/Michel 2005; Matthiesen/Block/ Mix/Schmidt 2009). Darüber hinaus liegen auch Studien zur weiblichen Sexualität vor (vgl. Helfferich 2001; Schmidt 2003), die sich jedoch auf Fragen von Geburt, Schwangerschaft und Reproduktion konzentrieren und ebenfalls den Paarkontext vernachlässigen.

schungslage liegt in der mangelnden Verschränkung der Sexualwissenschaften auf der einen Seite mit der Paar- und Familiensoziologie auf der anderen Seite.[2] Und selbst die empirische Sexualforschung, die sich in standardisierten Befragungen explizit der Sexualität in Paarbeziehungen widmet (Matthiesen 2007; Schmidt et al. 2006: 113ff; Christopher/Sprecher 2000), kann auf die Frage nach der Rolle sexueller Praxis für symbolische Aushandlungsprozesse im Geschlechterverhältnis kaum befriedigende Antworten geben. Die auf aggregierten Daten basierenden Studien zeigen, dass die sexuelle Aktivität innerhalb von Paarbeziehung mit der Dauer des Zusammenlebens meist absinkt und dass Sexualität für den Zusammenhalt in langjährigen Beziehungen aus der Sicht der Paare von untergeordneter Bedeutung zu sein scheint (Matthiesen 2007). Allerdings können die eher verborgenen Aspekte sexueller Praxis für das Verständnis von Weiblichkeit und Männlichkeit auf der Basis standardisierter Erhebungen meist nicht erfasst werden. Dazu bedarf es qualitativer Einzelfallstudien, die sich stärker mit den dynamischen Aspekten sexueller Praxis in der Paarinteraktion befassen.

Hierzu liegen lediglich zwei Studien, eine in den Erziehungswissenschaften entstandene qualitativ-empirische (Klees 1992) und eine klinisch-psychologische Studie (Dallos/Dallos 1997), vor. Beide Studien dokumentieren, dass Paarsexualität in den von den Autorinnen untersuchten, zumeist männlich dominierten, Beziehungen häufiger von Konflikten und weiblichen Unlustgefühlen geprägt wird. Bei einem größeren Machtungleichgewicht zugunsten des Mannes fühlen sich Frauen von ihren Männern häufiger sexuell ausgebeutet und in ihren eigenen Bedürfnissen weniger wahrgenommen. Dabei wird weibliche Unlust meist als pathologisches Defizit der Frau gedeutet – und dies umso mehr, je größer die Dominanz des Mannes ist. Gewinnt die Frau hingegen an Autonomie, so wird Sexualität jedoch zu einer Angelegenheit der Verhandlung zwischen den Partnern.

---

2   Die beiden Forschungsperspektiven existieren weitgehend unbeeinflusst voneinander und rezipieren sich gegenseitig kaum. Weder in den aktuellen Einführungen zur Familienforschung noch in einschlägigen Handbüchern (Bien/Marbach 2003) wird das Thema Sexualität aufgegriffen. Und selbst die qualitativen Studien zu Partnerschaft, Liebe und Intimbeziehungen (Illouz 2003, 2011; Solga/Wimbauer 2005; Kaufmann 1996; Burkart 1997; Hahn/Burkart 1998/2000) haben Sexualität als Thema entweder völlig ausgespart oder auf Bereiche beschränkt, die nicht das Paar im engeren Sinne, sondern die Internet-Partnersuche betreffen (Kaufmann 2011; Illouz 2011).

Dieser Befund kann auf der Grundlage der Ansätze von Giddens (1993), Illouz (2011) und Jackson/Scott (2010) auf einen modernisierungstheoretischen
Zusammenhang übertragen und bestätigt werden: Infolge der Angleichung der
Geschlechtsrollen seit den 1970er Jahren hat sich allmählich eine Verhandlungsmoral in Paarbeziehungen durchgesetzt, in deren Folge die weibliche Sexualität als stärker beziehungsorientiert wahrgenommen und moralisch aufge-
wertet wurde. Nun ist es das traditionell männliche Sexualverhalten, das aufgrund der dem Mann unterstellten stärkeren »Triebhaftigkeit« tendenziell als deviant und pathologisch angesehen wird.

Die Frage der Zuschreibung von sexueller Lust und Unlust in Paarbeziehungen, wie auch die Frage der Ausdeutung und Bewertung weiblicher und männlicher Sexualität, ist also nicht unabhängig von der Interaktions- und Machtdynamik im Geschlechterverhältnis zu verstehen. Bislang gibt es dazu jedoch kaum
empirische Studien. Welche Rolle spielt Sexualität in Paarbeziehungen, in denen
klassische Rollenbilder ihre Geltung verloren haben oder in denen eine Umkehrung der traditionellen Geschlechterhierarchie stattgefunden hat? Dies soll im
Folgenden am Beispiel von Paaren untersucht werden, in denen die Frau zur
Familienernährerin geworden ist. Dabei wird ein konstruktivistischer Ansatz zugrunde gelegt. Während im Alltag oft unausgesprochen davon ausgegangen
wird, dass sexuelles Begehren so etwas wie die »natürliche Essenz« des Weiblichen und Männlichen darstellt, gehen wir davon aus, dass – umgekehrt – sexuelles Begehren und sexuelle Praxis weibliche und männliche Identitäten wesentlich mitbegründen.

Diese Sichtweise knüpft an geschlechtertheoretische Ansätze an, die sexuelle
Praxis als zentrales Element einer *heteronormativen Ordnung* begreifen, wonach
moderne Geschlechtsidentitäten wesentlich durch die heterosexuelle Matrix des
Begehrens hervorgebracht werden.[3] Eine weitere Grundlage für diese Sichtweise
haben Gagnon und Simon (2005 [1973]) in ihrem Skriptkonzept gelegt, in dem
sie die Auffassung von Sexualität als biologischer Tatsache oder als Ergebnis
einer frühkindlichen Prägung für unzureichend erklären. Stattdessen fokussieren
sie sich auf die Frage, wie Personen auf der Basis »sexueller Skripte« sexuell
interagieren und erleben und wie diese Interaktionen sich auf der Ebene der Persönlichkeit niederschlagen und das sexuelle Selbst konstituieren. Mit der Rolle
sexueller Praxis für die Prägung weiblicher und männlicher Identität haben sich

---

3   Dieser Position sind u.a. die theoretischen Arbeiten des dem Anti-Essentialismus de
     Beauvoirs folgenden materialistischen Feminismus der französischen Autorinnen
     Wittig, Mathieu und Delphy, sowie die konstruktivistischen Schriften Butlers (Butler
     1991, Delphy 1991, Mathieu 1989, Wittig 2001a und 2001b) zuzuordnen.

Gagnon und Simon jedoch weniger beschäftigt. Auf welche Weise »fühlen« und »verstehen« sich Frauen weiblich und Männer männlich, wenn sie sexuell aktiv werden und welche Bedeutung nimmt die sexuelle Praxis für ihre Geschlechtsidentität ein?

2. FRAGESTELLUNG UND METHODE

Es handelt sich bei der folgenden Analyse nicht um eine auf Vollständigkeit bedachte Studie, sondern um eine Exploration eines kleinen Spektrums von Paarsexualitäten. Dazu wurde auf das Interviewmaterial einer größeren Untersuchung zu Geschlechterarrangements in Paarbeziehungen zurückgegriffen, bei denen die Frau zum Zeitpunkt des Interviews das Haupt-/Familieneinkommen verdiente und der Mann arbeitslos oder prekär beschäftigt war.[4]

Für diesen Beitrag wurden leitfadengestützte Interviews dreier Paare ausgewertet, in deren sexueller Praxis sich Rollenkonflikte im Geschlechterverhältnis widerspiegeln. Die drei Fälle zeichnen sich dadurch aus, dass sich die Partner einerseits als moderne Paare verstehen, die sich von traditionellen Rollenvorgaben gelöst haben, weshalb die Frau in der Rolle der Familienernährerin auch von beiden Partnern vordergründig akzeptiert wird. Gleichwohl erleben die interviewten Personen ihre Geschlechtsidentität und die ihres Partners vielfach als problematisch. In bestimmten Bereichen ihres Selbst sehnen sie sich nach eindeutigen Formen von Weiblichkeit und Männlichkeit. Die Fallanalysen lassen vermuten, dass der Wunsch danach vor allem im Bereich der romantischen und sexuellen Praxis artikuliert wird und dort auch seinen legitimen Ort hat. Die Ergebnisse der drei Fallrekonstruktionen ermöglichen Einblicke in Milieuunterschiede und den Zusammenhang von Individualisierung, Sexualität und Ge-

---

4 Es handelt sich dabei um das von der DFG geförderte Projekt »Prekäre Verhältnisse? Erwerbsunsicherheiten und der Wandel von Geschlechterarrangements in Paarbeziehungen im Milieuvergleich«. Laufzeit Juni 2012 bis Juni 2014. Erste Ergebnisse wurden in einem Aufsatz publiziert (Koppetsch/Speck 2014). In der Studie wurden insgesamt 33 Paare zu den Themen Erwerbsarbeit, häusliche Arbeitsteilung, Finanzarrangements, Freizeit, Bekanntennetzwerke und Sexualität befragt. Einbezogen wurden Paare aus drei unterschiedlichen Milieus – dem individualisierten (urban, akademisch), dem familistischen (mittlere Angestellte und Beamte) und dem traditionalen Milieu (Handwerker und Arbeiter). Befragt wurden beide Partner zunächst jeweils in getrennten Einzelinterviews und dann in einem gemeinsamen Paarinterview.

schlecht. Diese sind als Pionierarbeit anzusehen und aufgrund der Besonderheit des Gegenstandes noch lückenhaft. Sie müssen im Kontext dieser und anderer Studien kritisch diskutiert werden.

3. WEIBLICHE MACHT ALS EROTISCHES SPIEL MIT HEGEMONIALER MÄNNLICHKEIT

Kerstin Lenz (31) und Rüdiger Herbst (46) sind seit vier Jahren ein Paar. Sie bewohnen gemeinsam eine neu renovierte Altbauwohnung in einem gutbürgerlichen Viertel einer westdeutschen Großstadt. Derzeit ist Kerstin selbständige Consulterin für Nicht-Regierungsorganisationen und oft auf beruflichen Reisen im Ausland unterwegs. Sie verdient ein Nettoeinkommen von ca. 3.400 Euro. Rüdiger ist als freiberuflicher Journalist tätig. Sein Einkommen ist unregelmäßig, er verdient ca. 1.100 Euro. Der akademische Bildungsweg, der urbane Lebensstil und die Selbstverwirklichungsberufe beider Partner sind typisch für das individualisierte Milieu. Autonomie und Gleichberechtigung spielen eine große Rolle. Beide Partner sollen erwerbstätig sein, sich in gleicher Weise finanziell wie auch in der Haus- und Familienarbeit einbringen. Das Modell des männlichen Familienernährers wird abgelehnt. Dieses Beziehungsideal zeigt sich auch bei Kerstin und Rüdiger: Trotz ihres deutlich unterschiedlichen Gehaltes »teilen« sich die Partner die laufenden Kosten für Miete und Haushalt je zur Hälfte. Beide zahlen je 1.000 Euro monatlich auf ein gemeinsames Haushaltskonto ein, von dem alle gemeinsamen Ausgaben bestritten werden. Dennoch, und im Widerspruch zu diesem Ideal, zeigt sich, dass Kerstin Rüdiger auf indirekte Weise finanziell unterstützt, ohne aber die Konstruktion der gleichheitlichen Beteiligung in Frage zu stellen. So übernimmt sie die Kosten für gemeinsame Unternehmungen, beispielsweise Urlaube, und bezahlt Rüdigers Schulden. Diese finanziellen Hilfestellungen betrachten beide jedoch als »Leihgabe«. Obwohl Rüdiger ihr das Geld vermutlich nie zurückzahlen wird, erhält das Paar die Fiktion aufrecht, dass keiner finanziell auf den anderen angewiesen sei – die finanzielle Autonomie steht symbolisch für die Egalität in der Paarbeziehung.

Dabei wird die Tatsache, dass die Frau deutlich mehr verdient, zunächst als unproblematisch dargestellt. Selbstverwirklichung im Beruf ist wichtiger als ein hohes Einkommen und auch prekäre Erwerbsarbeit ist kein Stigma, solange sie nur irgendwie »kreativ« und anspruchsvoll ist. Sowenig wie Weiblichkeit über die Sphäre der Hausarbeit definiert wird, sowenig ist Männlichkeit an den Erwerbsstatus geknüpft. Gleichwohl zeigen sich untergründig Konflikte. Kerstin bewundert zwar seine künstlerische Arbeit, da die klassische Berufswelt in ihren

Augen für Materialismus, Scheinhaftigkeit und Habsucht steht. Andererseits hält sie Rüdiger jedoch mangelnde Zielstrebigkeit vor und macht ihn für seinen ausbleibenden beruflichen Erfolg verantwortlich. Auf Umwegen führt sie ihm auch sein finanzielles Scheitern vor, indem sie regelmäßig auf die bestehenden »Schulden« aufmerksam macht.[5] Rüdigers Versuch einer alternativen, »coolen« Männlichkeitskonstruktion hält sie ein klassisches Männlichkeitsideal entgegen und führt ihm vor Augen, dass er ihres Erachtens nicht in der Lage sei, für sich selbst, geschweige denn für sie zu sorgen.

Auch für Rüdiger ist die Situation problematisch. Immer wieder zieht er als Kontrastfolie zu seinem eigenen Werdegang die Rolle seines Vaters als eines klassischen Ernährers heran, der das Geld »wahnsinnig toll gemanagt« habe. Er kritisiert seine eigene fehlende Stärke in der Beziehung und bedauert, nicht mehr Geld zu verdienen. Dass er sich als ökonomisch unterlegen empfindet, wird anhand der konkreten Lebenspraxis des Paares sichtbar: Rüdiger zahlt das gemeinsame Essen in einem Restaurant, doch holt er sich die Ausgaben anschließend aus der gemeinschaftlichen Haushaltskasse wieder – auf die symbolische, traditionell männliche Geste des Bezahlens verzichtet er nicht. Gleichwohl werden diese Handlungs- und Konfliktmuster von dem Paar zunächst nicht offen als Geschlechterkonflikte gedeutet. Auseinandersetzungen um finanzielle Beteiligungen, wie auch um die Beteiligung Rüdigers an der Hausarbeit, erfolgen zumindest auf der diskursiven Ebene auf der Folie persönlicher Bedürfnisse und Zukunftserwartungen, nicht vor dem Hintergrund Geschlecht.

Doch im Widerspruch zu den von beiden geäußerten Gleichheitsvorstellungen findet von Seiten Kerstins eine Problematisierung der Rolle Rüdigers innerhalb der Beziehung statt:

---

5   Dies zeigt sich eindrücklich anhand einer Beziehungsepisode: Kerstin möchte Rüdiger einen gemeinsamen mehrwöchigen Spanisch-Sprachkurs im Ausland zum Geschenk machen. Dieser besteht jedoch darauf, sich das Geld »nur« von ihr zu leihen. Nach einem halben Jahr fordert sie den Betrag nun zurück. Als er ihn nicht zurückzahlen kann, kommt es zum Konflikt. Die Machtdynamik zeigt sich hier eindrücklich: Kerstin besteht durch die geforderte Rückzahlung auf »seiner« Definition der Finanzierung seines Sprachkurses als »Leihgabe«. Rüdiger befindet sich somit in einem Dilemma: Einerseits möchte er das großzügige Geschenk nicht annehmen, da es symbolisch für seine finanzielle Schwäche steht, andererseits kann er das Geld nicht zurückzahlen und möchte auch nicht an seine Schulden erinnert werden. Indem Kerstin nun die ausbleibende Rückzahlung als »Vertragsbruch« inszeniert, zerstört sie die von ihm gepflegte Illusion des finanziellen Ausgleichs als Leihgabe und zeigt zugleich, dass sie ihre Spielregeln durchsetzt.

»Ich glaube, ich hab' da so ein klassisches Gefühl von ..... Irgendwie wäre es geil, wenn der Partner so viel Geld hätte, dass ich da auch so eine Rückfalloption habe. Also, [das] klingt vielleicht total blöd aber.... . Genau, dass er mich ins Restaurant ausführen kann, ohne dass ich weiß, dass er das eigentlich gar nicht kann [...]. Ich meine, ich werde Dreiunddreißig, was ist, wenn man Kinder hat ähm. Also das würde nicht gehen. Rüdiger kann für sich selber sorgen aber darüber hinaus: Null.«

Im Widerspruch zu ihrer an anderer Stelle geäußerten egalitären Rollenvorstellung fordert Kerstin hier die klassische Rolle des Mannes als Familienernährer ein. Eine Familie versorgen zu können und seine Partnerin »ausführen« zu können, sind Dinge, die sie sich von ihrem Partner wünscht und die er ihr nicht bieten kann. Unabhängig davon, wie modern sie selbst ihre Haltung ansonsten auch empfindet: auf der Gefühlsebene, so bekennt sie, bleibe sie »klassisch«, also auf die traditionelle Geschlechterordnung bezogen.

Das Leitbild partnerschaftlicher Gleichheit, wie auch die Erwartungen an männliche Autonomie und berufliche Selbstentfaltung, verbieten es Kerstin jedoch, Rüdiger aufgrund seines geringen Einkommens direkt zu kritisieren oder von ihm als Ausgleich für den fehlenden Verdienst eine größere Beteiligung im Haushalt zu verlangen. Die Konflikte um Männlichkeit werden stattdessen primär in der Sphäre von Erotik und Sexualität ausgetragen: Kerstin und Rüdiger haben – so moniert Kerstin – kaum Sex miteinander und Kerstin bezeichnet dies, sowie den Umstand, dass Rüdiger darüber kaum reden möchte, als größte Schwierigkeit in der Beziehung. Sie möchte öfter verführt werden. Während es, folgen wir einschlägigen Studien, normalerweise der Mann ist, dessen Wunsch nach regelmäßigem Sex größer ist (Schmidt et al. 2006: 129), ist es hier also nicht die Frau, sondern der Mann, der lustlos ist.

Für Kerstin, die grundsätzlich an der Zielstrebigkeit und Durchsetzungsfähigkeit ihres Partners zweifelt, wird nun die Sexualität zum Ort der Bestätigung seiner Männlichkeit: Hier wenigstens soll er ›potent‹ und aktiv sein und sich im Sinne des traditionellen Liebeswerbens als Verführer und Eroberer unter Beweis stellen – dabei geht es nicht nur um seine »männlichen« Fähigkeiten, sondern auch darum, sich selbst als begehrte Frau zu erleben. Rüdiger verweigert sich jedoch auch dieser Anforderung und den von ihr aufgestellten Regeln. Seine Lustlosigkeit kann als Rückzug aus der partnerschaftlichen Sexualität und damit als Akt der Selbstbehauptung gedeutet werden. Während in fast allen Bereichen ihrer gemeinsamen Lebensführung Kerstin tonangebend ist, bietet die Sexualität für ihn nun ein Feld der Gegenmacht. Durch die Verweigerung begibt sich Rüdiger in die klassisch weibliche, passive Rolle. Damit wehrt er zugleich die von Kerstin gewünschte Bestätigung ihrer Weiblichkeit ab. Er inszeniert sich gerade nicht als begehrender Mann und signalisiert ihr zumindest potenziell: »ich habe keine Lust auf Dich – als Frau«; »Du bist keine Frau, die ich begehre«.

Sie kontert seine Verweigerung wiederum, indem sie ein Tantra-Seminar, einen Workshop zur sexuellen Selbsterfahrung, ohne ihn besucht. Damit schraubt sie den Machtkampf um eine weitere Spirale nach oben. Sie signalisiert, dass sie nicht bereit ist, auf sexuelle Befriedigung zu verzichten, sondern entschlossen, sich diese notfalls auch käuflich zu verschaffen. Ihre finanziellen Mittel ermöglichen ihr dies. Vor dem Hintergrund der an Paarbeziehungen herangetragenen Erwartungen an sexuelle Exklusivität, kommt dies in gewisser Weise einem Treuebruch gleich. Dies zeigt, in welchem Ausmaß in erster Linie sie die Spielregeln festlegt. Dabei geht es ihr, so sagt sie, bei der Teilnahme am Seminar insbesondere auch um die »Entdeckung ihrer weiblichen Seite«. Nach ihrem Burnout habe sie sich auch »auf sich als Frau« besonnen und sei nicht mehr nur »dieser Karrierehengst« gewesen.

Es scheint, als würden Unsicherheiten männlicher und weiblicher Identität, die durch die Umkehrung der Erwerbs- und Einkommensverhältnisse entstanden sind, bei Kerstin und Rüdiger nicht in der »profanen« Sphäre von Haushalt und Erwerb, sondern allein im Bereich der Sexualität verhandelt werden dürfen. Kerstin besteht auf der sexuellen Anerkennung ihrer Weiblichkeit und möchte dazu auf traditionelle Kodes der männlichen Verführungskunst zurückgreifen. Dadurch erfolgt eine romantische Aufladung der Geschlechterdichotomie: In der außeralltäglichen Sphäre der Erotik (Weber 1988 [1920]: 561) sollen nun stark geschlechtsspezifische romantische Praktiken und Geschlechterdifferenzen ausgedrückt werden, die in vielen Bereichen des Alltagslebens durch Gleichheitsvorstellungen längst liquidiert wurden. Hier geht es um das Erleben von Erotik als »dichter Differenz« (Illouz 2011: 335), um eine rituelle Praxis, durch welche die Identität von Männern und Frauen in ihrer radikalen Verschiedenheit in Szene gesetzt werden soll.

Da die Haltung der Männlichkeit und Überlegenheit, die Rüdiger im Bereich von Sexualität und Erotik einnehmen soll, im Alltagsleben gerade keine Anerkennung findet, scheitert dieser Wunsch jedoch. Denn während Kerstin den Bereich von Erotik und Sexualität als letzte Bastion klarer Geschlechtsidentitäten zelebriert und Rüdiger auffordert, nun darin seine Männlichkeit zu bestätigen und zu stabilisieren, sieht Rüdiger hierin nur eine weitere Geste weiblicher Dominanz. Folglich entzieht er sich dieser Aufforderung und setzt gegen die Wünsche Kerstins seine eigenen Spielregeln der stummen Verweigerung.

4. SEXUALITÄT ALS »WESENSKERN« WEIBLICHER UND MÄNNLICHER IDENTITÄT

Um die Bedeutung von Sexualität und Erotik für die Bestätigung von Weiblich-keit und Männlichkeit in modernen Paarbeziehungen zu verdeutlichen, soll hier ein weiteres Paar vorgestellt werden, bei dem sich die Konfliktkonstellation ähn-lich darstellt. Max (55) und Anne Peters (46) sind seit 20 Jahren verheiratet, ha-ben zwei Kinder und leben zur Miete in einem Reihenhaus in einer westdeut-schen Großstadt. Das Paar ist aufgrund seiner Orientierung an Leitbildern wie Autonomie und Partnerschaftlichkeit ebenfalls dem individualisierten Milieu zu-gehörig, auch wenn Anne, im Gegensatz zu ihrem Partner, keinen typischen Selbstverwirklichungsberuf ausübt: Als Betriebswirtschaftlerin leitet sie die Per-sonalabteilung einer Bank. Das Arbeitsarrangement von Anne und Max, der als Französischlehrer ein kleines Einkommen hinzuverdient, ist auf der Oberfläche konfliktfrei. Seit vielen Jahren praktizieren sie einen Rollentausch, der Ergebnis einer einvernehmlichen Vereinbarung ist: Sie ist die Familienernährerin mit einem Nettoverdienst von ca. 6.000 Euro. Er besorgt den Großteil der Familien- und Hausarbeit, mit Ausnahme der Wäschepflege – die Anne übernimmt – und der Grundreinigung, die wöchentlich von einer Hausarbeiterin erledigt wird. In der Erziehung der Kinder engagieren sich beide, doch auch da ist sein Anteil größer.

Trotzdem sieht Max die Haus- und Sorgearbeit nicht im Vordergrund seines Lebens- und Identitätsentwurfs. Diese seien nicht seine »Hauptaufgabe«. Statt-dessen betont er seine künstlerische Selbstverwirklichung (Bildhauerei und Mu-sik) und seine Ausübung von Extremsportarten (Marathon, Triathlon). Auch er versucht – ähnlich wie Rüdiger – anhand des Künstlers oder des Sportlers eine neue, alternative Form der Männlichkeit zu leben, die nicht auf Erwerb gerichtet ist, aber auch in Familie und Haushalt nicht vollständig aufgeht. Max vergleicht sich mit einem »Kunstwerk«, bei dem jeder Tag wie auch die gesamte Persön-lichkeit einem Gestaltungsprozess unterliegt. Deshalb möchte er Aspekte »tradi-tionell weiblicher und traditionell männlicher« Identität zusammenbringen, seine Identität gestalten »wie eine Skulptur«.

Anne hingegen sieht sich in der Paarbeziehung »sozusagen in der Rolle des Ernährers der Familie«, als »jemand, der Struktur gibt und vielleicht auch Dinge einfordert und vorantreibt« und ihren Mann bei beruflichen Angelegenheiten unterstützt. Inzwischen wünscht sie sich jedoch, dass sie und Max ein »bisschen gleichberechtigter an der Stelle auch wieder werden« sollen. Der Konflikt um Geschlechtsrollen wird dadurch zu einem expliziten Thema innerhalb der Bezie-hung: Einerseits begrüßt Anne den Rollentausch und lobt die Übernahme der

Haus- und Sorgearbeit durch Max, dem sie dafür Respekt zollt. Sie möchte nicht »dominant« sein und mehr die »weiche Seite« ihres Mannes »zur Geltung« kommen lassen. Andererseits empfindet sie die Rolle des reinen Künstlers als für Max unzureichend und wirft ihm vor, sich seiner »männlichen Seite« nicht gestellt zu haben. Sie kritisiert, dass Max sich keinen Galeristen sucht und sich nicht »dem echten harten Wettbewerb aussetzt«. Ihrer Meinung nach hat er sich beruflichen Herausforderungen im Leben nicht gestellt. Er könne mit der Welt »draußen« nicht umgehen und habe sich nur Jobs »unter seiner Qualifikation« gesucht.[6]

Doch Max distanziert sich von ihren Ansprüchen. Zwar hegt er »großen Respekt und Ehrfurcht für Leute, die jeden Tag ins Büro gehen«, er hingegen möchte keiner regulären Tätigkeit nachgehen, die nur »Pflichterfüllung« verlange. Geld sei für ihn nicht wichtig – er habe auch keinen Überblick über die gemeinschaftlichen Finanzen. In seiner Darstellung geht er so weit, dem Geld zerstörerische Kräfte zuzuschreiben: »wenn man die wirtschaftliche Seite betont, verliert man irgendwie so. Als ob man die Gans, die goldene Eier legt, tötet«. Auch moniert er das wiederkehrende Streitthema der Beziehung »wie viel Mann« er »darstellen muss«.

Aber auch Anne bekennt, dass sie ihre eigene Rolle als »unausgegoren« empfindet. Zwar ist sie stolz auf das beruflich Erreichte, doch sieht sie ihren »weiblichen Beitrag in der Beziehung« nicht. Sie bedauert, so wenig in die Haus- und Sorgearbeit einbezogen zu sein und fühlt sich ihrem Mann in Fragen der Persönlichkeitsentwicklung und auch hinsichtlich ihres Beitrags zur Beziehung unterlegen. Ihren Yogalehrer zitierend formuliert sie den Anspruch an sich, ihre »weiblichere Seite mehr zur Geltung kommen« zu lassen.

Ähnlich wie Kerstin im oben skizzierten Fallbeispiel, hofft auch Anne nun, dass in der Sexualität die in Beziehung und Alltag nicht gelebte Weiblichkeit zur Geltung kommen möge. Sie erwartet mehr sexuelle Initiative von Max, sie möchte dass er »sexuell die Führung übernimmt […], so 'ne männliche Rolle sozusagen 'ne klassisch männliche Rolle« einnimmt. Doch Max spielt den Ball zurück: »Ich bin nicht der Prinz, der dich wachküsst«, dich irgendwo aus dem »Turm« herausholt. »Das ist schon etwas, wo du aktiv werden musst«. Ähnlich wie Rüdiger weigert auch Max sich, das seit langer Zeit innerhalb des Paares eingespielte Rollenverhalten zu verändern. Anders als Kerstin befragt sich Anne

---

6   Ohne dass sie explizit auf Männlichkeit eingehen würde, entspannt sich also auch hier das Ideal hegemonialer Männlichkeit, die an Erwerb und beruflichen Erfolg geknüpft ist sowie an die »ernsten Spiele des Wettbewerbs« (Bourdieu 1997: 203) der Männer unter sich (Meuser/Klein 2008).

aber selbstkritisch nach ihren eigenen Anteilen innerhalb dieses Konflikts. Sie begreift ihren Wunsch, vom Mann verführt zu werden und selbst die passive, »weibliche« Rolle zu übernehmen, als einen tiefer liegenden Teil ihrer Persönlichkeit, den sie aus ihrem »früheren Leben« mitbringt und den sie, anders als den zielstrebigen »männlichen« Teil ihrer Persönlichkeit, »willentlich nicht beeinflussen« könne. Sie konstruiert sich somit als eine Persönlichkeit, deren sexuelles Sein eine essentielle Weiblichkeit repräsentiert, die in Tiefenschichten ihres Wesens verankert ist und die im Widerspruch zu den biografisch später angenommenen autonomen und »männlichen« Teilen ihrer Persönlichkeit steht. »Also, da merk ich einfach, die Rolle, die ich so im Alltag lebe, die hab ich auf der Ebene gar nicht«. Ähnlich wie bei Kerstin wird damit die Sexualität zur Projektionsfläche unerfüllter Wünsche, sexuelle Praxis wird als Kern einer als verschüttet empfundenen Weiblichkeit erfahren.

Weiblichkeit und das sexuelle Selbst

An diesen beiden Fallbeispielen lassen sich zwei Aspekte verdeutlichen. Es zeigt sich, dass es bei Anne und Max, wie auch bei Rüdiger und Kerstin, die Frau ist, die in sexueller Hinsicht in die offensive Rolle gerät. Kerstin wie auch Anne erwarten sexuelles Vergnügen in der partnerschaftlichen Intimität und melden bei ihrem Partner sexuelle Wünsche an. Demgegenüber nehmen Rüdiger wie auch Max die Rolle des »lustlosen« Partners ein, also desjenigen, der im Bereich der Sexualität Zurückhaltung wahrt und nicht allzu viel erwartet. Dies ist eine überraschende Umkehrung des herkömmlichen Musters, wonach sonst eher die Frau den Part des lustlosen Partners übernimmt (Dallos/Dallos 1997, Klees 1992, Schmidt et al. 2006). Das bei etablierten Paaren typischerweise auftretende Absinken der Koitusfrequenz beunruhigt in den meisten Paarbeziehungen sonst eher den Mann, da häufiger Geschlechtsverkehr eher mit dem klassischen Bild von Männlichkeit in Verbindung gebracht wird (Schmidt et al. 2006: 129). Die Vorstellung, »ich will ja eigentlich mehr« stellt eine Art Trost für den Mann dar. Er drängt und sie setzt Grenzen. Dadurch wird die Einschätzung des Mannes, er wolle eigentlich mehr sexuelle Aktivität, wenn nur die Frau wollte, stabilisiert (ebd.).

Vermutet werden kann, dass sexuelle Initiative von den Realisierungschancen des Bedürfnisses nach sexueller Bestätigung abhängt. Dies gilt für Männer wie für Frauen. So mag bei den beschriebenen Paaren die Umkehrung der sonst üblichen Rollen im Hinblick auf die Erwerbsarbeit dazu geführt haben, dass Frauen eine sexuelle Bestätigung ihrer Weiblichkeit innerhalb der Paarbeziehung als möglich und realisierbar erscheint. Diese wird zumindest von Kerstin und Anne eingefordert. Die sexuelle Dominanz Kerstins und Annes ist aber, wie wir gesehen haben, keine einfache, sondern eine paradoxe Umkehrung der Rollen. Insbesondere bei Anne Peters wird deutlich, dass sie im Sexuellen gerade nicht dominieren möchte. Sie will, dass der »Mann sozusagen die Führung, also auch sexuell die Führung übernimmt oder sozusagen 'ne klassisch männliche Rolle einnimmt«.

Der zweite Aspekt bezieht sich auf die Frage, wie die befragten Frauen Sexualität im Hinblick auf ihre eigene Identität begreifen, wie sie ihr »sexuelles Selbst« (Jackson/Scott 2010) konstruieren. Offenkundig wird Sexualität von Kerstin und Anne als der Bereich begriffen, an dem Weiblichkeit und Männlichkeit als »natürlicher Teil« des Selbst erfahren wird, der durch Rollenkritik und Reflexivität nicht angetastet werden kann. Das zeigt sich etwa daran, dass Anne zwar ihre »überkommenen Rollenbilder« im Bereich der sexuellen Praxis selbstkritisch hinterfragt, gleichzeitig aber hervorhebt, dass sie aufgrund ihrer »Prägung« bzw. »Persönlichkeit« nicht anders könne. Mit anderen Worten: Während die Arbeitsteilung im Haushalt, wie auch das Geldverdienen und die Erwerbsarbeit, zwischen den Geschlechtern verhandelt werden dürfen, wird Weiblichkeit und Männlichkeit in der Sexualität von Kerstin und Anne als etwas Wesenhaftes, etwas Essentielles imaginiert.

Sexualität wird aus der Sicht dieser Frauen somit zum einzigen Bereich, in dem eine geschlechtliche Differenz gleichsam ontologisch begründet werden kann. Aus diesem Grund werden Konflikte um Weiblichkeit und Männlichkeit häufig in der sexuellen Praxis zum Ausdruck gebracht. Wenn der Mann nicht genug verdient (Kerstin) oder nicht durchsetzungsfähig genug erscheint (Anne), dann ist dies, so die Konstruktion der Paare, kein Problem für das alltägliche Zusammenleben, es könnte daraus aber ein Problem für die sexuelle Praxis und die sexuelle Attraktivität resultieren. In der Sexualität dürfen männliche und weibliche Verhaltensformen eingefordert werden – der Mann soll die Frau verführen und ihr in manchen Dingen auch überlegen sein. Hier ist es gerechtfertigt, ein »klassisches Gefühl« oder »unausgesprochene Wünsche« zu haben. Dies erlaubt Frauen wie Anne und Kerstin, die beruflich ›ihren Mann stehen‹, sich in der Sexualität weiblich zu fühlen. Hier können die männliche und die weibliche ›Natur‹ im Sinne eines »gender display« (West/Zimmermann 1987: 130) dramatisiert und dargestellt werden.

5. WEIBLICHKEIT ALS AUSSERALLTÄGLICHER ERFAHRUNGSRAUM UND PRIVILEG

Diese Auffassung von Sexualität als Essenz weiblicher Individualität kann anhand eines weiteren Fallbeispiels mit einem eher rollenbezogenen Verständnis von Weiblichkeit und Sexualität kontrastiert werden. Jan Gerber (40) und Karin Braun (41) sind seit zehn Jahren ein Paar. Sie sind verheiratet und haben zwei Söhne. Karin ist Haupt- und Realschullehrerin. Jan hat nach dem Hauptschulabschluss eine Ausbildung zum Industriekaufmann absolviert und arbeitete zunächst als Möbelverkäufer. Das Paar kann dem familistischen Milieu, einem mittleren Angestelltenmilieu mit ländlichem Einschlag zugerechnet werden: Kinder, Haus und Familie sind in diesem Milieu wichtiger als die individuelle und berufliche Selbstverwirklichung und waren auch zentrale Kriterien bei der Partnerwahl. Das gemeinsame Familienleben steht im Mittelpunkt der Lebensführung.

Gegenwärtig ist Karin vollzeiterwerbstätig, sie verdient ca. 4.000 Euro. Jan beginnt, nachdem er vor einem Jahr arbeitslos geworden ist, eine Selbständigkeit als Berater, die ihm bis zum jetzigen Zeitpunkt allerdings, abgesehen vom Gründerzuschuss von ca. 600 Euro, kaum Einnahmen einbringt. Gleichzeitig kümmert er sich während der Arbeitszeiten Karins vollständig um die Kinder und übernimmt auch einen größeren Teil der Hausarbeit. Anders als die individualisierten Männer unserer Studie bezeichnet er sich selbst als »Hausmann«. Darüber hinaus hat das Paar gemeinsam den Ausbau des geerbten Hauses organisiert. Inzwischen sind die Renovierungsarbeiten abgeschlossen, die vor allem in Jans Hand lagen. Auch bei diesem Paar ist das Geschlechterarrangement trotz der vordergründigen Akzeptanz der getauschten Rollen untergründig konfliktbeladen. Anders als bei den individualisierten Paaren wird bei diesem Paar allerdings nicht primär die Männlichkeit des Mannes, sondern die Weiblichkeit der Frau problematisiert. Der Rollentausch hat sich bereits beim Kennenlernen aufgrund der prekären Erwerbssituation Jans abgezeichnet und wurde dann vor einem Jahr mit der Arbeitslosigkeit Jans und dem Eintritt in die Vollzeitstelle bei Karin besiegelt. Karin verdient nun »das Geld« und trägt damit entscheidend dazu bei, Jans Schulden aus seiner vorhergehenden Selbständigkeit zu tilgen und die Unterhaltszahlung für seine Tochter aus erster Ehe zu bestreiten. Sie empfindet diese Situation als »belastend«, weil diese beinhaltet, dass sie ihre Erwerbstätigkeit nicht reduzieren kann: »Ohne meinen Job würd's nicht gehen«.

Auch dieses Paar kann die Problematik enttäuschter Erwartungen an die Rollen von Mann und Frau nicht offen besprechen – denn der Rollentausch ist der implizite Vertrag der Beziehung. Anders als Anne und Kerstin hat Karin, die sich eher an klassischen Vorstellungen von Familie orientiert, die Rolle der Familienernährerin von Anfang an nicht gewollt. Nachdem verschiedene Beziehungen zu Männern, die keine feste Bindung eingehen wollten, gescheitert waren (»ich hatte vorher echt nur Arschlöcher«), hat sie sich für Jan entschieden, der bereit war, mit ihr eine Familie zu gründen. Dafür musste sie in Kauf nehmen, dass er, anders als vorgesehen, finanziell nicht für die Familie aufkommen kann und nur einen geringen Teil zum Familieneinkommen beiträgt. Aufgrund der Schwierigkeiten, einen für das »Projekt Familie« passenden Partner zu finden, ist davon auszugehen, dass es für Karin eine Kompromisslösung darstellt, Jan gewählt zu haben: »na dann wird man ja auch älter und dann wird die Auswahl immer geringer. Oder die taugliche Auswahl«.

Darüber hinaus ist Karin auch mit der aktuellen Situation in der Partnerschaft unzufrieden. Das Paar verbringt wenig Zeit gemeinsam, den ehelichen Austausch empfindet Karin als unbefriedigend: »Wo's bei uns echt mangelt ist in der Kommunikation also, dass der Jan einfach nicht viel spricht«. Auch empfindet Karin die Tatsache, dass sie praktisch Alleinverdienerin ist und die damit verbundene finanzielle und zeitliche Belastung als Zumutung. Sie sagt, es »nervt total«, dass sie die Schulden für den Ausbau des gemeinsamen Hauses und die ihres Partners allein abbezahlen müsse. Aus ihrer Sicht besteht darin eine offenkundige Ungerechtigkeit. Dies wird in der Beziehung allerdings nicht direkt, sondern unterschwellig mitgeteilt, etwa indem Karin ihre große Arbeitsbelastung und Verantwortlichkeit betont: »Ich mein, ich geh morgens um sieben aus dem Haus und alles schläft hier noch, ja«.

Als Grund für die Vermeidung eines offenen Konfliktes kann ein Machtgefälle zugunsten Jans vermutet werden. Karin sagt, dass sie schon zu Beginn der Beziehung »viel dafür getan« habe, »dass er mich nicht wieder verlässt«. Offenkundig glaubt sie, nicht genügen zu können, denn sie äußert im Interview die Sorge, als Frau nicht attraktiv, nicht weiblich, genug zu sein und auch in sexueller Hinsicht ihren Beitrag in der Beziehung nicht zu erfüllen. Da sie zu wenig Zeit habe, könne sie nicht »so viel Frau« sein, wie es »der Mann« wünsche, und könne auch nicht so locker sein. Dann habe sie auch keine Lust. Und auch Jan erklärt im Interview, dass er sich von Karin wünsche, sie möge häufiger einen Rock anziehen und »sich mal lösen«. Er beklagt sich darüber, dass Karin abends nach der Arbeit oft keine Lust mehr auf Sex habe – »irgendwie auf der Couch zu kuscheln oder wie auch immer.« Doch wird die Ursache für die unbefriedigende Sexualbeziehung, anders als bei Kerstin und Anne, von Karin wie auch von Jan weniger in seinem Versagen in der Rolle des Geldverdieners, des Ernährers, sondern primär in Karins defizitärer Weiblichkeit gesehen. »Ich finde einfach diese Frau nicht«, sagt Karin.

Das Eingeständnis defizitärer Weiblichkeit ist aber mehr als eine bloße Unterwerfungsgeste. Es dient Karin zugleich als stärkstes Argument gegen die Zumutungen ihrer Rolle als Familienernährerin. Das Thema Weiblichkeit nimmt einen großen Raum im Interview ein. Es wird, gleich einem wiederkehrenden Refrain, ständig wiederholt und wirkt wie ein stummer, an Jan gerichteter, Vorwurf: »Ich möchte gern bisschen mehr Frau sein. – Aber es geht nicht. Also ich ja – ich bin halt ich bin ja der MANN quasi in der Beziehung ich muss ja: – das Geld verdienen.« Für das Frausein, so findet Karin, muss man sich Zeit nehmen. »Ja – ich möcht' lieber gern mal ein bisschen mehr Frau sein ja oder mich einfach auch mal mit 'ner Brigitte ins Bett legen – morgens um neun mit 'nem Kaffee.« Die Zeit dafür habe sie jedoch nicht, weil es ohne ihren Job »nicht gehe« und sie sich entsprechend auch nur wenige Monate Elternzeit genommen habe. Nur Frauen, die längere Zeit zuhause verbracht haben, können sich demnach ausgiebig der Pflege ihrer Weiblichkeit widmen – »und da merk ich einfach, ja, die tüddeln auch einfach mehr mit den Kindern«. Da sie mehr »Last« habe, könne sie seine Wünsche nach mehr Weiblichkeit nicht erfüllen. Während alle anderen schliefen, gehe sie einer anstrengenden und aufreibenden Erwerbstätigkeit nach.

Auch bei diesem Paar wird die Auseinandersetzung um die Neuverhandlung der Geschlechtsrollen in die Sexualität verschoben. Während der Mann die Paarkonflikte vor allem der Frau und ihrer sexuellen Lustlosigkeit zuschreibt, führt sie ihm sein Versagen als Ernährer vor Augen. Karin bestätigt zwar seine Sicht auf ihre mangelhafte Rollenperformanz als Frau, kontert jedoch, dass ihre fehlende Weiblichkeit in erster Linie mit ihrer Verantwortung als Familienernährerin zu tun habe. Sie reicht den Vorwurf ihrer Lustlosigkeit damit an Jan zurück, indem sie erklärt, dass der (unfreiwillige) Rollentausch sie zum »Mann in der Beziehung« mache, wodurch sie die Rolle der sexuell attraktiven und weiblichen Frau nicht mehr ausfüllen könne.

6. MILIEUUNTERSCHIEDE: SEXUALITÄT UND ROMANTIK

Alle drei beschriebenen Frauen sind einerseits stolz auf ihren beruflichen Erfolg, gleichzeitig bedauern sie den Verlust vermeintlich nicht gelebter weiblicher Anteile. Die Erfüllung von Weiblichkeit wird nun in die Sphäre der Sexualität und Erotik projiziert. Weiblichkeit beinhaltet dieser Sichtweise gemäß Projektionen und Privilegien, die eine außeralltägliche Welt im Gegensatz zu Arbeit, Produktivität und Nützlichkeit umreißen. Männlichkeit erscheint demgegenüber auf der

Ebene von Alltag und Erwerb angesiedelt. Sie repräsentiert die profane Welt des Nützlichen, die kalte Welt des Marktes.

Allerdings zeigen sich zwischen den drei befragten Frauen auch Unterschiede hinsichtlich der zugeschriebenen Bedeutungen von Weiblichkeit im Geschlechterverhältnis. Während Kerstin und Anne eher ein modernes Frauenbild verkörpern, evoziert Karin in ihren Aussagen ein Bild von Weiblichkeit, das an die Hausfrauenrolle der 1960er Jahre erinnert. Weiblichkeit steht für Gespräche mit Freundinnen über Kleidung und Schminke, für häusliches Leben, Mütterlichkeit und – vor allem – für Abhängigkeit. Im Kontrast dazu steht die männliche Welt der Arbeit und des Berufes, die »männliche« Unabhängigkeit und Stärke verschafft. Frausein und Unabhängigkeit stellen in den Augen Karins also Gegensätze dar. Frausein wird zudem als persönlichkeitsprägende Rolle verstanden, die bereits in der Kindheit eingeübt wird. Und weil Karin sich eher die männliche Rolle angeeignet hat, ist sie aus ihrer Sicht sehr unabhängig und eben nicht weiblich. Schon als Kind habe sie auf dem Traktor gesessen, während ihre Freundinnen »mit den geviertelten und gezuckerten Erdbeeren in der Tupperware« ins Schwimmbad radelten.

Diese eher rollenbezogene Sichtweise auf Weiblichkeit und Männlichkeit unterscheidet sich deutlich von der Sichtweise Annes und Kerstins, die eher dem individualisierten Milieu zugeordnet werden können. Anne und Kerstin sehen ihre Weiblichkeit – zumindest vordergründig – nicht im Widerspruch zu einem unabhängigen Leben. Sie scheint eher etwas zu sein, das neben dem und in Kompensation zum beruflichen Leben im Privaten ausgelebt werden sollte. Vor allem aber steht Weiblichkeit für sexuelle Attraktivität – also für die Fähigkeit, männliches Begehren zu evozieren. Sexualität und Erotik sind im individualisierten Milieu von großer Bedeutung – nicht nur für die Bestätigung von Weiblichkeit und Männlichkeit. Sie sind hier bedeutsamer Teil der »Intensivierung emotionaler Lebensprojekte« (Illouz 2011: 23) und stehen im Zentrum sowohl der Paarbeziehung wie auch der persönlichen Selbstentfaltung. Deshalb ist eine eingeschlafene oder konflikthafte Sexualität, so sehen dies Kerstin und Anne, ein Problem für die Beziehung als auch für das persönliche Selbstwertgefühl. Demgegenüber wird Sexualität und Begehren bei den befragten Paaren aus dem familistischen Milieu und dem Arbeitermilieu häufiger der Stabilität der Beziehung untergeordnet. Zwar äußern einige Paare aus dem familistischen Milieu bedauernd, dass ihre gemeinsame Sexualität an Intensität verloren habe oder ganz eingeschlafen sei, doch wird stets die Normalität und manchmal auch die Notwendigkeit dieser Entwicklung hervorgehoben: Selbstverwirklichung vertrage sich nicht mit der Stabilität einer Beziehung. Das Ausleben des sexuellen Begehrens, das zeigten Beispiele von gescheiterten Ehen im Bekanntenkreis, führe zu Trennungen und damit zur Zerstörung von Familien.

Auch hinsichtlich der Standards sexueller Attraktivität unterscheiden sich die Milieus. Gefragt danach, was sie in der Anfangsphase der Beziehung an ihren Frauen attraktiv fanden, nennen Männer aus dem Arbeitermilieu häufiger eindeutige und standardisierte Attribute: den Rock, die langen Haare, die gute Figur oder das hübsche Gesicht. Nicht die Einzigartigkeit der Frau, sondern ihre sichtbare Zugehörigkeit zur Gruppe der Frauen ist in ihren Augen für die Attraktivität entscheidend. Demgegenüber wird Attraktivität im individualisierten Milieu stärker der persönlichen »Ausstrahlung«, dem individuellen Stil oder der besonderen Persönlichkeit der Frau bzw. des Mannes zugeschrieben (vgl. dazu auch Burkart 2000; Koppetsch 2000). Frauen, die sich sichtbar nach geltenden Schönheitsstandards ausrichten, sich stark schminken oder gar Schönheitsoperationen vornehmen lassen, wird ein schwaches Selbstwertgefühl nachgesagt. Attraktivität soll vor allem »natürlich« sein, also durch die Persönlichkeit und nicht in erster Linie durch die Aufmachung zum Ausdruck kommen. Auch ist es im individualisierten, anders als im Arbeitermilieu, eher ein Tabubruch, wenn der Mann die Frau auffordert, sich mal einen Rock anzuziehen oder sich häufiger zu schminken.

Offensichtlich begreifen individualisierte Paare Erotik und Sexualität stärker als einen Teil ihrer individuellen Persönlichkeit. Sexuelle Verführung in der Anbahnungsphase der Beziehung darf deshalb nicht nach vorgefertigten Mustern ablaufen. Konventionelle Werbungsrituale wie das feierliche Überreichen von Sekt, der Kuss vor einem Sonnenuntergang, das Anstecken von Ringen oder das Mitbringen von Blumen gelten tendenziell als kitschig und dürfen höchstens in ironischer Übertreibung dargeboten werden. Werbung und Verführung sollte auf die Persönlichkeit des Umworbenen gemünzt sein. Die Begebenheit des Kennenlernens wird von den befragten Paares aus dem individualisierten Milieu stets als romantische Geschichte erzählt, welche die Einzigartigkeit des Partners betont. Verführung und Erotik sind eingebettet in ein Ethos der Spontaneität. Demgegenüber betreiben Paare aus dem Arbeitermilieu Werbeverhalten eher innerhalb eines konventionellen Handlungsrahmens. Auch die sexuelle Praxis erfolgt stärker ritualisiert mit festgesetzten Regeln und klaren Rollen von Mann und Frau. Damit geht häufig auch eine pragmatische Haltung zur partnerschaftlichen Sexualität einher, die ein Facharbeiter im Rahmen einer von Michael Meuser durchgeführten Studie wie folgt auf den Punkt brachte: »Wir kommen ganz gut aufeinander und kommen auch ganz gut wieder voneinander runter« (Meuser 1998: 281).

Bei genauerem Hinsehen zeigt sich jedoch, dass Sexualität als rituelle Praxis auch im individualisierten Milieu eine zentrale Rolle bei der Wiederherstellung einer (im Diskurs aufgeweichten) Geschlechterdichotomie spielt. Wie unsere Paare zeigen, sehnen sich auch individualisierte Frauen und Männer in der erotischen Sphäre oft nach eindeutigeren und ritualisierten Formen der Geschlechterbeziehungen. Kerstin und Anne wünschen sich, dass der Mann in der Sexualität initiativ wird respektive die Führung übernimmt. Wie ist das zu erklären? Sexuelle Attraktivität und Verführung stellen im individualisierten Milieu einen Balanceakt, eine Gratwanderung dar. Einerseits ist ein Bekenntnis zu traditionellen Geschlechterrollen tabu, andererseits ist die Inszenierung von Weiblichkeit und Männlichkeit im Sinne einer dichten Differenz Teil des Verführungsspiels auch im individualisierten Milieu. Ja, mehr noch: Hier und nur hier, also in der Sphäre der Sexualität und Erotik (z.B. auch beim Tanzen), darf Genus, also die Behauptung der radikalen Verschiedenheit von Mann und Frau, inszeniert und rituell zum Ausdruck gebracht werden. Und je prekärer oder fragwürdiger die Behauptung von Weiblichkeit und Männlichkeit in vielen Lebensbereichen des modernen Lebens geworden ist, desto wichtiger wird die Sphäre von Erotik und Sexualität als Ventil für »unerlaubte« Sehnsüchte nach archaischen Rollen und traditionellen Formen der Weiblichkeit und Männlichkeit.

Jedoch darf diese Dimension von Sexualität und Erotik nicht thematisiert werden, vielmehr ist die Inszenierung von Geschlecht Teil einer latenten erotischen Praxis. Wer diese Praxis thematisiert, riskiert die Entzauberung der Erotik. Genau dies wird von Rüdiger, der die sexuelle Verführung Kerstins als Inszenierungsspiel von Männlichkeit verweigert, wie auch von Max, der zu Anne sagt, er sei nicht der Prinz, der sie wachküsse, forciert. Das Skript des Märchenprinzen, wie auch andere Formen der erotischen Inszenierung von Sexualität, werden von Max und Rüdiger der Lächerlichkeit preisgegeben – sie erscheinen, sobald thematisiert, als unangemessen für eine »emanzipierte« Frau. Wir interpretieren diese Form der forcierten Enttabuisierung und Entzauberung als Ausdruck männlicher Gegenmacht: Gegen die Dominanz der beruflich erfolgreichen und selbstbewussten Frau, die in allen Lebensbereichen autonom geworden ist und Männlichkeit auf eine Rolle im erotischen Spiel reduziert, setzen diese Männer die Macht der sexuellen Verweigerung.

LITERATUR

Benkel, Thorsten (Hg., 2010): Das Frankfurter Bahnhofsviertel. Devianz im öffentlichen Raum. Wiesbaden: VS Verlag für Sozialwissenschaften.

Benkel, Thorsten und Fehmi Akalin (Hg., 2010): Soziale Dimensionen der Sexualität. Gießen: Psychosozial-Verlag.

Bien, Walter und Jan H. Marbach (Hg., 2003): Partnerschaft und Familiengründung. Ergebnisse der dritten Welle des Familien-Survey. Familiensurvey, Band 11. Opladen: Leske und Budrich.

Bourdieu, Pierre (1997): Die männliche Herrschaft. In: Irene Dölling und Beate Krais (Hg.): Ein alltägliches Spiel. Geschlechterkonstruktionen in der sozialen Praxis. Frankfurt a.m.: Suhrkamp, S. 153-217.

Burkart, Günter (1997): Lebensphasen – Liebesphasen. Vom Paar zur Ehe zum Single und zurück? Opladen: Leske und Budrich.

Burkart, Günter (2000): Zwischen Körper und Klasse. Zur Kulturbedeutung der Haare. In: Koppetsch, Cornelia (Hg.): Körper und Status. Zur Soziologie der Attraktivität. Konstanz: UVK, S. 61-98.

Butler, Judith (1991): Das Unbehagen der Geschlechter. Frankfurt a.m.: Suhrkamp.

Christopher, F. Scott und Susan Sprecher (2000): Sexuality in Marriage, Dating, and Other Relationships: A Decade Review. Journal of Marriage and the Family 62, 999-1017.

Dallos, Sally und Rudi Dallos (1997): Couples, Sex and Power: The Politics of Desire. Buckingham: Open University Press.

Dannenbeck, Clemens und Jutta Stich (2002): Sexuelle Erfahrungen im Jugendalter. Aushandlungsprozesse im Geschlechterverhältnis. Bundeszentrale für gesundheitliche Aufklärung (Hg.). Köln: BZgA.

Delphy, Christine (1991): Penser le genre: Quels problemes? In: Delphy, Christine (Hg., 2001): L'enemi principal – Penser le genre. Paris: Éditions Syllepse.

Döring, Nicola (2008): Sexualität im Internet. Ein aktueller Forschungsüberblick. Zeitschrift für Sexualforschung, 21 (4), S. 291-318.

Döring, Nicola (2011a): Sexuell explizite Medienangebote. Produktion, Inhalte, Nutzung und Wirkungen. In: Schweiger, Wolfgang und Andreas Fahr (Hg.): Handbuch Medienwirkungsforschung. Wiesbaden: Springer VS, S. 419-436.

Döring, Nicola (2011b): Sexuell explizite Inhalte in neuen Medien. Negative und positive Wirkungen auf unterschiedliche Bevölkerungsgruppen. In: Reinecke, Leonard und Sabine Trepte (Hg.): Unterhaltung in neuen Medien. Köln: Herbert von Halem Verlag, S. 361-378.

Flaßpöhler, Svenja (2007): Der Wille zur Lust. Pornographie und das moderne Subjekt. Frankfurt a.m.: Campus.

Funk, Heide und Lenz Karl (Hg., 2005): Sexualitäten. Diskurse und Handlungsmuster. Weinheim und München: Juventa.

Gagnon, John H. und William Simon (2005 [1973]): Sexual Conduct. The Social Sources of Human Sexuality. Chicago: Aldine Transaction.

Gerheim, Udo (2007): Freier. Ein sich windender Forschungsgegenstand. Projektskizze einer qualitativ-empirischen Untersuchung zu habituellen Mustern heterosexueller Prostitutionskunde. In: Mitrovic, Emilija (Hg.): Arbeitsplatz Prostitution. Stabstelle Gleichstellung der Hochschule für Angewandte Wissenschaften Hamburg, Band 4. Lit-Verlag, S. 123-193.

Gernert, Johannes (2010): Generation Porno. Jugend, Sex, Internet. Köln: Fackelträger Verlag.

Giddens, Anthony (1993): Wandel der Intimität. Sexualität, Liebe und Erotik in modernen Gesellschaften. Frankfurt a.M.: Fischer.

Grenz, Sabine (2007): (Un)heimliche Lust. Über den Konsum sexueller Dienstleistungen. Wiesbaden: VS Verlag für Sozialwissenschaften.

Grenz, Sabine und Martin Lücke (Hg., 2006): Verhandlungen im Zwielicht. Momente der Prostitution in Geschichte und Gegenwart. Bielefeld: transcript.

Grimm, Petra; Rhein, Stefanie und Michael Müller (2010): Porno im Web 2.0. Die Bedeutung sexualisierter Web-Inhalte in der Lebenswelt von Jugendlichen. Berlin: Vistas.

Hahn, Kornelia und Günter Burkart (Hg., 1998): Liebe am Ende des zwanzigsten Jahrhunderts. Studien zur Soziologie intimer Beziehungen. Opladen: Leske und Budrich.

Hahn, Kornelia und Günter Burkart (Hg., 2000): Grenzen und Grenzüberschreitungen der Liebe. Studien zur Soziologie intimer Beziehungen II. Opladen: Leske und Budrich.

Häußler-Sczepan, M.; Wienholz, S. und M. Michel (2005): Teenagerschwangerschaften in Sachsen. Angebote und Hilfebedarf aus professioneller Sicht. Eine Studie im Auftrag der Bundeszentrale für gesundheitliche Aufklärung (Hg.). Köln: Fachheftreihe Forschung und Praxis der Sexualaufklärung und Familienplanung, Band 26.

Helfferich, Cornelia (2001): Mädchen in Auseinandersetzung mit Sexualität und Geschlechtern. Neue Wege geschlechtsspezifischer Sexualpädagogik. In: Bundeszentrale für gesundheitliche Aufklärung (Hg.): »Meine Sache« – Dokumentation der Fachtagung zur Sexualpädagogischen Mädchenarbeit. Köln: BZgA, S. 19-27.

Hill, Andreas (2011): Wirkungen des Pornografiekonsums bei Jugendlichen. Ein Überblick über die empirische Forschung. In: Zeitschrift für Sexualforschung 24, S. 379-399.

Illouz, Eva (2003): Der Konsum der Romantik. Liebe und die kulturellen Widersprüche des Kapitalismus. Frankfurt a.m.: Campus.

Illouz, Eva (2011): Warum Liebe weh tut: Eine soziologische Erklärung. Frankfurt a.m.: Suhrkamp.

Jackson, Stevi und Sue Scott (2010): Theorizing Sexuality. Berkshire: Open University Press.

Kaufmann, Jean-Claude (1996): Frauenkörper – Männerblicke. Konstanz: UVK.

Kaufmann, Jean-Claude (2011): Sex@amour. Wie das Internet unser Liebesleben verändert. Konstanz: UVK.

Kemler, Eva; Löw, Martina und Kim Ritter (2012): Bisexualität als Überschuss sexueller Ordnung. Eine biografieanalytische Fallstudie zur sexuellen Selbstwerdung. In: Zeitschrift für Sexualforschung 25, S. 314-338

Klees, Karin (1992): Partnerschaftliche Familien. Arbeitsteilung, Macht und Sexualität in Paarbeziehungen. Beltz: Juventa.Koppetsch, Cornelia (Hg., 2000): Körper und Status. Zur Soziologie der Attraktivität. Konstanz: UVK.

Koppetsch, Cornelia und Günter Burkart (1999): Die Illusion der Emanzipation. Zur Reproduktion von Geschlechtsnormen in Paarbeziehungen im Milieuvergleich. Konstanz: UVK.

Koppetsch, Cornelia und Sarah Speck (2014): Wenn der Mann kein Ernährer mehr ist. Coolness als Strategie männlichen Statuserhalts in individualisierten Paarbeziehungen. In: Behnke et al. (Hg.) Wissen – Methode – Geschlecht: Erfassen des fraglos gegebenen. Wiesbaden: Springer VS, S. 281-298.

Lautmann, Rüdiger (2002): Soziologie der Sexualität. Erotischer Körper, intimes Handeln und Sexualkultur. Weinheim und München: Juventa.

Lewandowski, Sven (2012): Die Pornographie der Gesellschaft. Beobachtungen eines populärkulturellen Phänomens. Bielefeld: transcript.

Löw, Martina und Renate Ruhne (2011): Prostitution. Herstellungsweisen einer anderen Welt. Frankfurt a.M.: Suhrkamp.

Mathieu, Nicole-Claude (1989): Identitée sexuelle/sexuée/de sexe? In: Daune-Richard, Anne-Marie; Hurtig, Marie-Claude und Marie-France Pichevin (Hg.): Catégorisation de sexe et constructions scientifiques. Université de Provence: Aix-en-Provence.

Matthiesen, Silja (2007): Wandel von Liebesbeziehungen und Sexualität. Empirische und theoretische Analysen. Gießen: Psychosozial-Verlag.

Matthiesen, Silja; Block, Karin; Mix, Svenja und Gunter Schmidt (2009): Schwangerschaft und Schwangerschaftsabbruch bei minderjährigen Frauen. Forschung und Praxis der Sexualaufklärung und Familienplanung. Köln: BZgA

Matthiesen, Silja; Martyniuk, Ursula und Arne Dekker (2011):»What do girls do with porn?« Ergebnisse einer Interviewstudie, Teil 1. In: Zeitschrift für Sexualforschung 24. S. 26-352.

Meuser, Michael und Gabriele Klein (Hg., 2008): Ernste Spiele. Zur politischen Soziologie des Fußballs. Bielefeld: transcript.

Meuser, Michael (1998): Geschlecht und Männlichkeit. Soziologische Theorie und kulturelle Deutungsmuster, Opladen: Leske und Budrich.

Pastötter, Jakob (2003): Erotic Home Entertainment und Zivilisationsprozess. Analyse des postindustriellen Phänomens Hardcore-Pornographie. Wiesbaden: Deutscher Universitäts-Verlag.

Schetsche, Michael (Hg., 2010): Sexuelle Verwahrlosung. Empirische Befunde – Gesellschaftliche Diskurse – Sozialethische Reflexionen. Wiesbaden: VS Verlag für Sozialwissenschaften.

Schmidt, Gunter; Matthiesen, Silja; Dekker, Arne und Kurt Starke (2006): Spätmoderne Beziehungswelten. Report über Partnerschaft und Sexualität in drei Generationen. Wiesbaden: VS Verlag für Sozialwissenschaften.

Schmidt, Gunter und Silja Matthiesen (2011):»What do boys do with porn?« Ergebnisse einer Interviewstudie, Teil 2. In: Zeitschrift für Sexualforschung 24, S. 353-378.

Schmidt, Renate-Berenike (2003): Lebensthema Sexualität. Sexuelle Einstellungen, Erfahrungen und Karrieren jüngerer Frauen. Opladen: Leske und Budrich.

Solga, Heike und Christine Wimbauer (Hg., 2005):»Wenn zwei das Gleiche tun….«. Ideal und Realität sozialer (Un-)Gleichheit in Dual Career Couples. Opladen: Budrich.

Starke, Kurt (2010): Pornografie und Jugend – Jugend und Pornografie. Eine Expertise. Lengerich: Pabst Science Publishers.

Weber, Max (1988 [1920]): Die protestantische Ethik und der Geist des Kapitalismus. In: Max Weber: Gesammelte Aufsätze zur Religionssoziologie. Band 1. Tübingen: Mohr.

West, Candace und Don Zimmermann (1987): Doing Gender. In: Gender & Society, 125-151.

Wittig, Monique (2001 a [1980]): La pensée straight. In: Wittig, Monique: La pensée straight. Paris: Éditions Balland.

Wittig, Monique (2001 b [1980]): On ne naît pas femme. In: Wittig, Monique: La pensée straight. Paris: Éditions Balland.

Wittig, Monique (1980b): On ne naît pas femme, Erstveröffentlichung in Questions Féministes 8. Paris: Éditions TIERCE. Wiederveröffentlichung in: Wittig, Monique (2001): La pensée straight. Paris: Éditions Balland.

»How to Seduce Hot Women«

Sexuelle Kommunikationsstrategien und Geschlechtertypologien in Verführungsratgebern für Männer

FEHMI AKALIN

1. EINLEITUNG

Kaum ein gesellschaftlicher Bereich kommt inzwischen ohne Beratung aus, in vielen sozialen Systemen sind professionelle Beratungen fest institutionalisiert: in der Politik und in der Sozialen Arbeit ebenso wie in Unternehmen und in der Schule (vgl. Nestmann/Engel/Sickendiek 2004; Schützeichel/Brüsemeister 2004; Fuchs 1994). Obwohl von der Soziologie bislang wenig beachtet, entfaltet das Phänomen Beratung seine gesellschaftlich weitreichendste Wirkkraft allerdings in nicht-professionellen Kontexten: von Ernährungs- und Diätempfehlungen in Illustrierten, über Hilfestellungen in Sachen Beziehung und Sexualität in populärwissenschaftlichen Büchern bis hin zu Flirt- und Verführungstipps in Internetforen sind Ratgeber ein fester Bestandteil der (Medien-)Gesellschaft. Von der Wissenschaft nahezu völlig ignoriert, haben Internetplattformen für Ratsuchende der klassischen face-to-face-Beratung durch professionalisierte Paarberater und Beziehungstherapeuten längst den Rang abgelaufen.

Aber auch das von der Soziologie bislang wenig untersuchte Genre der ›populären Ratgeber‹[1] hat jüngst selbst eine markante Neustrukturierung erfahren. Adressierte der klassische Lebenshilfe- und Beziehungsratgeber-Markt nämlich primär ein weibliches Zielpublikum, wurde das publizistische Feld vor gut einer Dekade im Kielwasser des semi-dokumentarischen Bestseller-Hits von Neil Strauss: »The Game« (2005) mit einer inzwischen kaum überschaubaren Fülle an Texten mit ausgefeilten und detailreich ausgeführten Anleitungen darü-

---

1 Vgl. jedoch: Peter-Paul Bänziger (2010) und Iris Osswald-Rinner (2011).

ber, wie ›Mann‹ mit ›attraktiven Frauen‹ flirtet, sie ›datet‹, verführt und eine sexuell erfüllende Beziehung mit ihnen führt, regelrecht überschwemmt. Bereits
ein paar Jahre zuvor hatte das Phänomen ›Seduction‹ im Online-Bereich im vergleichsweise noch kleineren Ausmaß reüssiert, wo zahlreiche Internetforen entstanden, in denen die überwiegend männlichen Mitglieder in Form von ›field reports‹ und ›lay reports‹ ihre Erfahrungen austauschten und sich gegenseitig Ratschläge erteilten.[2] Mittlerweile ist das Internet zum bedeutsamsten Ort dieser
speziellen Beratungskommunikation avanciert und aus der anfänglichen Subkultur ›Seduction‹ ist eine millionenschwere Wirtschaftsbranche mit internationalen
Seminaren, Flirtkursen und Bootcamps für eine zahlungskräftige und offenbar
beratungsbedürftige Klientel geworden.

Versucht man in einem ersten Zugriff das Angebot an sogenannter Verfüh-
rungs-Literatur in eine gewisse Systematik zu bringen, so fällt zunächst auf, dass
die Publikationen entweder auf primär praxis- bzw. feldorientierte oder primär
persönlichkeitsorientierte Aspekte des ›Pick Up‹ abzielen.[3] Während die praxis-
betonenden Exemplare der Gattung versuchen, die Komplexität des ›Feldes‹
mithilfe von technizistischen Konzepten zu strukturieren und den Ratsuchenden
mit konkreten und kontextsensitiven Tipps darüber zu versorgen, wie die Un-
wahrscheinlichkeit sexueller Kommunikation in Wahrscheinlichkeit transformiert werden kann, setzen die persönlichkeitsbezogenen Ratgeber wesentlich
fundamentaler an.

Im Folgenden soll das soziologisch kaum beachtete Genre der ›Pick Up‹-
Ratgeber in einem ersten explorativen Zugriff analysiert werden. Zunächst wird
diese spezielle Variante der Ratgeberkommunikation in den Gesamtkontext des
Beratungsphänomens eingeordnet. Dem folgt eine intensive soziologische Lektüre exemplarischer Texte der ›Verführungsratgeber‹ unter systematischer Berücksichtigung der jeweiligen Sinndimensionen der Ratgeberkommunikation. In
einem Resümee werden schließlich Thesen zur Erklärung des rezenten Booms
und des Erfolgs von Ratgebern im Allgemeinen und ›Verführungsratgebern‹ im
Speziellen formuliert, indem nach den kommunikationsspezifischen Leistungen

---

2   Typischerweise haben viele spätere Star-Autoren von Ratgeber-Texten ihre Karrieren
    als gewöhnliche Mitglieder in der Mitte der 1990er gegründeten Newsgroup ›alt.
    seduction.fast‹ begonnen.

3   Sofern nicht anders vermerkt, werden im Folgenden die Begriffe ›Seduction‹, ›Pick
    Up‹ und ›Verführung‹ gemäß den Usancen der deutschsprachigen Pick-Up-Commu-
    nity synonym verwendet.

von Beratungen gefragt wird. Abschließend erfolgt ein Plädoyer für die Nutzbarmachung von Ratgeber-Analysen für eine Soziologie der Sexualität.[4]

2. VERFÜHRUNGSRATGEBER IN DER BERATENEN GESELLSCHAFT

2.1 Zur Soziologie der Beratung

Bei der Beratung handelt es sich in erster Linie um eine Form der Kommunikation, die durch feste Erwartungsstrukturen geprägt ist und sich in sachlicher, sozialer und zeitlicher Hinsicht gegen andere Kommunikationstypen abgrenzen lässt (vgl. Schützeichel 2004; Fuchs 2000; Paris 2005). In der Sachdimension weist sie sowohl in ihrer Binnenstruktur – z.b. Selektion der Themen, Formen der Mitteilung (face-to-face oder massenmedial), sprachliche Merkmale – als auch in ihrer Außenstruktur – Situationen, Kontexte, soziale Felder – ein spezifisches Strukturmuster auf. Grundsätzliches Kennzeichen der Beratung ist, dass sie auf (individuell) bestimmbare und lösbare Probleme spezialisiert ist. ›Problem‹ lässt sich dabei bestimmen als aus drei Komponenten bestehender Sinnzusammenhang: einem unerwünschten Anfangszustand, einem erwünschten Zielzustand und einem Hindernis, das den Übergang vom negativen Istzustand zum positiven Sollzustand blockiert. Wissenssoziologisch haben wir es hier mit der Einheit einer Unterscheidung von Problemdefinition als typisiertem Wissen über Abweichungen vom erwünschten Zustand und von Problemlösung als typisiertem Wissen über Operationen, mit denen das Hindernis überwindbar und das angestrebte Ziel erreichbar erscheint, zu tun (vgl. Krause 2006: 10f.). Andererseits generieren Beratungsangebote aber nicht nur durch ihre Omnipräsenz und Widersprüchlichkeit, sondern auch durch ihren genuinen Optionscharakter selbst

---

4   Der vorliegende Aufsatz versteht sich sowohl als Beitrag zu einer Soziologie der Beratung als auch zur Soziologie der Sexualität. Entsprechend besteht das primäre Erkenntnisinteresse darin, die exemplarisch herangezogenen Ratgebertexte als Beispiele einer Selbstproblematisierung und Selbstbeschreibung des Sexualitätssystems für die soziologische Analyse fruchtbar zu machen. Dabei stellen die folgenden Ausführungen ausdrücklich ihre Selbstbeschränkung und Einseitigkeit heraus: Sie rekonstruieren ausschließlich die sich selbst als heterosexuell-männlich apostrophierende Optik der Primärtexte und unternehmen nicht den Versuch, die in diesen Ratgebern konstruierten Geschlechtertypologien mit externen Geschlechterkonstruktionen zu kontrastieren.

Probleme: das Grundprinzip der Freiwilligkeit von Beratungen führt seinerseits zum Entscheidungsproblem zwischen den Optionen der Annahme oder Nichtannahme von Handlungsempfehlungen.

In der Sozialdimension besteht eine asymmetrische Rollenkonstellation zwischen Ratgeber und Ratsuchendem, wobei entlang der beiden sachlichen Dimensionen Problemdefinition und Problemlösung vier Kommunikationskonstellationen möglich sind (vgl. Hömberg/Neuberger 1994, S. 221f.). Erstens, wenn sowohl die Problemdefinition als auch die Problemlösung von Experten formuliert wird (klassisches Beispiel für diese ›Expertenkultur‹: Gesundheitsberatung); zweitens, wenn die Problemdefinition von Betroffenen vorgenommen, die Problemlösung jedoch von Experten geliefert wird (Stichwort: ›Dr. Sommer‹; siehe: Wenzel 1990), eine dritte Variante besteht darin, dass Experten ein Problem vorgeben, zu dem Betroffene sich melden können (Stichwort: die Call-In-Sendung ›Domian‹; siehe Krause 2006); schließlich gibt es die Konstellation, die durch die Popularisierung des Mediums Internet in quantitativer Hinsicht mittlerweile die Ratgeberkommunikation eindeutig dominiert, zuvor jedoch eher die Domäne alltäglicher face-to-face-Beratung war: wenn Betroffene sowohl an der Problemdefinition als auch an der Problemlösung mitwirken (Beispiele für diese neue ›Betroffenheitskultur‹: ›Planet-Liebe.de‹ und ›Pick Up Forum‹).

In der Zeitdimension zeichnen sich Beratungen zwar durch ihre Zukunftsorientiertheit aus (die Zukunft ist ungewiss, deshalb muss man sich ja entscheiden), andererseits ist aber ihr Objekt, das Wissen, in der modernen Gesellschaft dem Problem des akuten Werteverfalls ausgesetzt: was gestern noch als gesund galt, ist es heute womöglich nicht mehr oder ist gar schädlich, sodass Ratgeber in letzter Konsequenz sowohl als Problemlöser wie auch als Problemgeneratoren wirken (vgl. Akalin 2010). Aber auch in gesamtgesellschaftlicher Perspektive kann Ratgebern in der sozialen Evolution eine protagonistische Rolle zugesprochen werden, ohne dass dies von der soziologischen Theorie bislang systematisch aufgegriffen wurde: so wird beispielsweise die eigentliche gesellschaftliche Verbreitung des Ideals der romantischen Liebe entgegen den Annahmen der etablierten ›Liebessoziologie‹ auf die enorme Wirkung von Eheratgebern zu Beginn des 20. Jahrhunderts zurückgeführt (vgl. Mahlmann 1991). Für Norbert Elias gar ist der Zivilisationsprozess ohne die Breitenwirksamkeit von Benimmbüchern schwer vorstellbar (Elias 1978).

2.2 »Die Regeln des Spiels«. Feldorientierte Ratgeber

In dem als exemplarisches Beispiel für feldorientierte Ratgeber ausgewählten Text von Mystery, einem der ersten Stars der jüngeren Pick-Up-Community, wird zunächst eine Einordung in die klassische Courtship-Traditon vorgenommen. Für Mystery (2005) hat zunächst »(e)very long-term (sexually intimate) relationship […] a beginning, middle, and an ending« (40), wobei »(t)he beginning is known as the courtship« (68; Hervorh. im Original). Dieses auch von der Forschungsliteratur zur Zweierbeziehung (vgl. Lenz 2009) zu Grunde gelegte quasievolutionäre Verlaufsmodell von Intimbeziehungen wird sodann mit einem temporalen Zielindex versehen und in die Phase des Umwerbens hineinkopiert, denn der eigentliche Gegenstand dieses Ratgebers sei ja das Courtship bzw. das Problem, wie man dies überhaupt initiiert: »Further, every courtship, from meeting each other to having sex, has a beginning, middle, and an ending to it« (41). In diesem von Mystery als ›M3 Model‹ apostrophierten Handlungsdesign ist zwar die erfolgreiche Verführung des ›target‹ das obligatorische Ziel, allerdings »(o)nly after you attract can seduction take place«, indessen zwischen ›attraction‹ und ›seduction‹ noch ein weiterer Handlungsschritt dazwischengeschaltet werden müsse, denn »before a woman who is attracted to you will be seduced, there is one additional crucial stage: you must build comfort« (48; Hervorh. i.O.). Die Problemdefinition enthält an dieser Stelle bereits die Stichpunkte der Problemlösung, die im Folgenden ausführlich entfaltet werden.

Der erste Schritt zu diesem Ziel besteht darin, das dreigliedrige horizontale Kaskadenmodell zweiter Ordnung mit einer vertikalen Subdifferenzierung zu versehen, und zwar entlang der (Partial-)Probleme, die der angehende Verführer in den drei Phasen ›Attraction – Comfort – Seduction‹ (Anziehung – Vertrauensaufbau – Verführung) jeweils lösen müsse: »The three steps of the M3 Model are broken down into three phases each: A1 — The Approach. A2 — Female-to-Male Interest. A3 — Male-to-Female Interest C1 — Conversation. C2 — Connection. C3 — Intimacy. S1 — Foreplay. S2 — Last-Minute Resistance. S3 — Sex« (68), sodass am Ende eine neungliedrige Matrix das Handlungsgerüst einer idealtypischen Verführungsaktion bildet.

Der Hauptteil des Ratgebers besteht in der Folge darin, dem Ratsuchenden dieses mehr oder weniger genau festgelegte Skript Schritt für Schritt minutiös vorzustellen, wobei der trotz beachtlicher Komplexitätsreduktion mittels Sequentialisierung immer noch überaus kontingente Handlungsspielraum mithilfe der dichotomischen Formel ›Dos and Don'ts‹ binarisiert und somit weiter eingeengt wird. Die Handlungsdirektive für den Handlungskomplex ›Annäherung‹, die erste Stufe der Anziehungs-Phase (A1), lautet etwa, die Zielperson anzusprechen und sich dabei einer indirekten anstelle einer direkten Gesprächseröffnung zu bedienen. Eine direkte Ansprache würde nämlich Bedürftigkeit signalisieren und unmissverständliches sexuelles Interesse bekunden, womit die Adressatin von vornherein auf ein Podest gestellt, der Mann komplementär in eine inferiore und damit unattraktive Position degradiert würde. Das Don't-Imperativ umfasst dabei nicht nur naheliegende Aktionen, sondern zielt ebenso auf vermeintlich marginale Verhaltensparamater, die geeignet seien, einen attraktiven Gesamteindruck des Mannes potenziell zu torpedieren. Dem gilt es unbedingt entgegenzusteuern. Als Grundregel wird da etwa gefordert: »(D)on't offer to buy drinks for girls« (74). Anhand der sogenannten griffigen ›3-Second Rule‹ illustriert Mystery beispielhaft die typische Multifunktionalität und hohe Reflexionskraft zahlreicher ›Do-Vorgaben‹. Sobald der Mann eine Frau entdecke, von der er sich angezogen fühle, müsse er handeln und sie sofort, d.h. innerhalb von ›drei Sekunden‹ ansprechen – einerseits würde er damit verhindern, dass die situationstypische Angst vor Zurückweisung und Kontaktaufnahme (›rejection and approach anxiety‹) die Ebene der Logik überhaupt erreiche und somit den spontanen Handlungsimpuls mit allerlei sozial antrainierten und akzeptierten Scheinrationalitäten blockiere, andererseits »(t)his really adds a natural spontaneity to the approach« (72) und wirke dadurch enorm attraktivitätssteigernd.

In Rücksichtnahme darauf, dass ein spontanes erotisches Interesse nicht gleichzeitig auch jeweils mit einem spontanen erfolgsversprechenden Einstieg einhergehe, empfiehlt Mystery unter dem Schlagwort ›canned material‹ die Vorbereitung und das Einüben von Routinesprüchen, die einerseits der Anforderung interessanter und aufmerksamkeitsweckender Gesprächseröffnung (›opener‹) genügen, andererseits auch verhindern sollen, dass durch vorschnelle eindeutige Interessenbekundung eine Abwehrhaltung bei der Umworbenen ausgelöst und die attraktivitätshemmende Unterwürfigkeit des Mannes signalisiert wird (77). Anstelle des üblichen: »Wow, you are so beautiful!«, also eher: »Nice nails. Are they real?« (98). »The main purpose of the opener«, so wird gegen gängige Anmache-Vorstellungen argumentiert, »is to get her attention and raise her interest in a chat. It is not a time to hit on her. It is not a time to introduce yourself. It is not a time to compliment her or spend money on her« (79).

Die Zielperson soll über die erotischen Intentionen des Initiators der Kommunikation zunächst im Unklaren gelassen werden, etwa durch eine betonte Beiläufigkeit der Eröffnung, durch vorgetäuschte Zeitverknappung (false time constraints) oder Desinteresse signalisierende Körpersprache (disinterested body language). Die Informationskomponente der Kommunikation soll zunächst mithin bewusst keinen Aufschluss darüber erlauben, ob hier eine erotisch codierte Kommunikation gestartet werden soll oder eher eine gewöhnliche Alltagskommunikation in Gang kommt: »The opening phase is the time that it takes you to get past the shield [...]. She must think that you aren't even considering seducing her« (76). Mit »all of these tactics« soll einerseits verhindert werden, dass attraktive Frauen als Routinemaßnahme gegenüber ständigen und penetranten Anbaggerungsversuchen ihr Schutzschild aufrichten, um andererseits mit der Irritation ihrer Images ihre Eitelkeit zum eigenen Vorteil auszunutzen: »I'm hot I'm beautiful«, würde sie sich dann insgeheim selbstvergewissern, »but I didn't win this guy over. [...] I'll just fix that little smear on my image that he has of me« (90).

Ein idealer Einstieg liefere mithin auch die Vorlage für Investmentbereitschaft auf Seiten der Frau und markiere so den Übergang zur nächsten Stufe (A2), in der der Mann mit kommunikativer Kompetenz seine Attraktivität bzw. seinen Wert demonstrieren soll (›demonstration of higher value (DHV)‹). Im günstigsten Fall soll die Zielperson hierbei »respond with indicators of interest (IOIs), which will help you to gauge your progress. This is the essence of the A2 phase« (93). Die von den Proponenten neuerer Verführungsratgeber gegenüber klassischen Flirt- und Dating-Ratgebern immer wieder herausgestellte konträre Argumentationsfigur kommt denn auch in den Ausführungen zu dieser Phase am deutlichsten zum Vorschein. Den ideellen Hintergrund bildet dabei die als akkumulierter Erfahrungswert deklarierte Einsicht, dass ein charmantes und zuvorkommendes Hofieren attraktiver Frauen allein auf der Grundlage, dass sie attraktiv sind, die potenziellen Erfolgschancen der Verführer signifikant verschlechtert.

Diese zunächst kontraintuitive Behauptung gewinnt an systeminterner Plausibilität, wenn auf die geschlechterspezifische Rollenasymmetrie in der Sozialdimension in der Startphase der Kommunikation verwiesen wird. Die Verführungsratgeber unterstellen für die Ausgangsposition ein erotisches Machtungleichgewicht zu Gunsten der physisch attraktiven Frau (157). Traditionelles männliches Werbeverhalten im Einklang mit dem Standardrepertoire der höfischen Kultur würde so gesehen diese – als Basisprämisse jeder sexuellen Kommunikation mit attraktiven Frauen vorausgesetzte – erotische Disparität nur noch verstärken und somit der Demonstration männlicher Attraktivität, der conditio sine qua non der Verführung, von vornherein einen Riegel vorschieben. Statt Ratifizierung der Ausgangslage soll vielmehr das Ungleichgewicht austariert werden, indem der Mann symbolisch wie kommunikativ einerseits das erotische Kapital der Frau herab-, andererseits den eigenen Marktwert heraufsetze. »For example, if you [...] already have two girls with you, you have demonstrated pre-selection, which is a DHV. [...] Telling stories that are fun, interesting, and emotionally relevant, demonstrates social skill, which is a DHV. A story can also be structured to convey specific characteristics in the subtext, allowing you to surreptitiously flip attraction switches.« (114)

Mit anderen Worten: Der Mann soll sich von der körperlichen Attraktivität der Frau merklich unbeeindruckt zeigen und mit seinem Flirthandeln nicht nur den eigenen erotischen Marktwert steigern, sondern zwischen den Zeilen ihr die sachdienliche Botschaft aussenden: »You are pleasant but disinterested in her beauty. This will intrigue her because she knows guys. And this isn't normal. You must have really high taste, or be used to girls [...]. These questions make her curious. So this keeps happening and is known as flirting« (98).

Die Offenheit der Informationskomponente in der A1-Phase hinsichtlich der unklaren erotischen Rahmung der Kommunikation erfährt in der A2-Phase durch die Mitteilungskomponente eine nun ambivalente erotische Codierung. Das Flirtverhalten des Mannes macht der Frau die Offerte, der laufenden Kommunikation ihrerseits eine erotische Richtung zu geben – durch indirektes Mitteilen ihres erotischen Interesses. Typisch für die erotische Kommunikation der Initialphase ist es, dass das Wie der Mitteilung wichtiger ist als das Was. Vom Mann wird deshalb kompetentes Beobachtungsvermögen verlangt, um durch adäquates Verstehen des subtilen Mitteilungsverhaltens der interessierten Zielperson den zeitgenauen Übergang zur nächsten Phase zu erkennen und zu vollziehen. Mystery verhandelt diese Mitteilungssignale unter dem Stichwort ›Interessensindikatoren‹ (95f.).

Hat die Zielperson mithin auf das attraktive Flirtverhalten des Mannes mit ausreichendem Investment in die Interaktion reagiert und ihr Interesse am Fortgang der Kommunikation indikativ signalisiert, und – das ist für eine erfolgreiche erotische Kommunikation freilich äußerst wichtig – hat der Mann dies auch ›richtig‹ verstanden, kann er zur nächsten Etappe übergehen und seinem Kommunikationspartner ebenfalls sein Interesse demonstrieren. Setzte sich Mystery bis hierher gegen klassische Dating-Ratgeber dezidiert in Opposition, orientiert er sich in der nun folgenden Phase scheinbar an den Maßstäben romantischer Beziehungsratgeber. Anziehungskraft sei zwar eine unbedingt notwendige und in der erotischen Kommunikation in Bezug auf den männlichen Part häufig missachtete, aber dennoch keine hinreichende Bedingung für eine erfolgreiche Verführung: »Once interest has been generated, the game is not over. If only it were that easy. In fact, it is not attraction that gets the girl« (131).

Auf den ersten Blick ganz im Sinne der historischen Semantik der romantischen Liebe, wonach die einzigartige Individualität der Liebenden – ihr eigener Individualitätsanspruch ebenso wie die Erwartung der Wertschätzung ihrer Einzigartigkeit durch den Partner – ein zentrales Merkmal dieses Liebesmodells ist (vgl. Luhmann 1982; Lenz 2009: 278f.), integriert das Pickup-Konzept, das doch im Kern dem Ideal der hedonistischen Liebe folgt (vgl. Gerhards/Schmidt 1992), auch diesen Baustein in seine Architektonik – aus Rücksicht auf die unhintergehbaren Erwartungen der Frau: »(S)he wants to feel that she is important to him not just as an attractive woman, but as a specific woman. She needs to feel that it wasn't easy, she had to invest and there was some fear of loss, but now he is ›falling‹ for her and she represents a unique value to him. This is all instinctive« (Mystery 2005: 132). Freilich verrät spätestens der letzte Satz, dass hier nicht an das historisch entstandene soziokulturelle Konzept der romantischen Liebe angeschlossen wird, sondern – und das ist auch der zentrale gemeinsame Nenner sämtlicher Verführungsratgeber unterschiedlichster Ausprägung – an die soziobiologischen Annahmen über die Gattung Mensch, in diesem speziellen Fall: die Gattung Frau: »This all comes back to pair bonding. A woman takes a much larger risk evolutionarily (and therefore emotionally) when she has sex. It's not enough that she is attracted to you — the pair bond must be there as well. She must have some assurance that when she is pregnant back in the cave, you will stick around to bring her your fresh kills from the hunt« (131).

In dieser Phase nun kann der Mann, da die Frau sich ausreichend für die laufende Interaktion qualifiziert hat, seinerseits Interessensindikatoren aussenden, Komplimente machen, sein explizites Interesse bekunden – ohne jedoch die zuvor aufgebaute sexuelle Attraktivität zu untergraben, indem er sein kommunikatives Verhalten als ein stimulierendes Changieren zwischen entspannenden und spannenden Polen ausrichtet, zwischen ›hot and cold‹, ›push and pull‹, als ›one step forward, two steps back‹ (140ff.).

Typischerweise markiert ein gemeinsames Weiterziehen in eine ›comfort location‹ das Ende der Anziehungs-Phase und den Beginn der Phase des Vertrauensaufbaus. Fokussierten die bisherigen Ausführungen in erster Linie die Zeitdimension erotischer Kommunikation (die strikt einzuhaltende zeitliche Abfolge des Regelwerks), die mit zentralen Annahmen zur Sozialdimension (die anfängliche Asymmetrie im sozialen Status zwischen dem Objekt der Begierde und dem sein Begehren noch nicht verratendem Initiator der Kommunikation) flankiert wurde, rückt mit dem Übergang zur nächsten Etappe, der Comfort-Phase, nun auch die Raumdimension explizit ins Zentrum der Aufmerksamkeit, ohne dass jedoch die Zeit- und die Sozialdimension in ihrer Bedeutung marginalisiert würden. Die je spezifisch konnotierten Räumlichkeiten sollen dabei einerseits den Verführungsprozess als einen natürlichen eigendynamischen Vorgang mit inhärenter Logik erscheinen lassen, andererseits durch häufige Lokalwechsel die Suggestion einer abwechslungsreichen gemeinsamen Systemgeschichte und damit von Vertrautheit stärken. Voraussetzung hierfür sei allerdings, dass die strikte Reihenfolge eingehalten werde (164).

Das Endziel dieses zweiten Phasenblocks besteht in der Herstellung von Vertrautheit unter dem Gesichtspunkt der Auswahl von Räumlichkeiten, die mit Alltäglichkeit konnotiert sind: »The point […] is to make her feel familiar with you. It's not about routines so much as shared space. Take her with you to the mall. Let her keep you company while you are working on a paper« (185). Auch die konversationelle Ebene der Kommunikation steht unter diesem Imperativ: »It's necessary to develop a wide conversational rapport [...]« (183). Verglichen mit den detailreichen und relativ konkreten Konversationstipps zum ersten Phasenblock, fallen die Empfehlungen hier deutlich allgemeiner und weniger starr aus, was wiederum die beabsichtigte Simulation des Alltäglichen unterstreicht.

Wird die mittlere Phase, die Phase des Vertrauensaufbaus, den Richtlinien gemäß kompetent ausgestaltet, soll zum passenden Zeitpunkt zur finalen Phase (Seduction) übergegangen werden, die mit dem Geschlechtsverkehr (sexual intercourse) seinen vorläufigen Abschluss findet. In dieser Phase ist die Kommunikation insgesamt explizit sexuell gerahmt, was sie deshalb auch krisenanfälliger als je zuvor macht. In der Raumdimension soll dieser Wendepunkt mit dem Übergang zur ›comfort location‹ innerhalb der ›sex location‹ vorbereitet werden, z.B. im Wohnzimmer in der Wohnung des Mannes, mit dem die Frau idealerweise noch in der Comfort-Phase als codeneutralem Aufenthaltsraum vertraut gemacht wurde. In der Zeitdimension ist auch dieser Phasenblock in symmetrischer Entsprechung zu den beiden vorangegangenen Blöcken dreischrittig aufgebaut und nach dem Muster Problem/Problemlösung strukturiert. Das erste Problem, das in dieser Phase bearbeitet werden muss, wird in Anlehnung an das Vokabular der Marketingpsychologie als ›buyer's remorse‹ bezeichnet, die in Form einer kognitiven Dissonanz auf Seiten der Frau einer friktionsfreien Fortführung des Verführungsprozesses im Weg stehe, wenn der Mann unmittelbar zum Sex übergehe, ohne zuvor für die nötige Erregung seiner Partnerin gesorgt und den Anschein einer Überrumpelung aus dem Weg geräumt zu haben. Als Problemlösungsstrategie wird ein sukzessive eskalierendes Vorspiel empfohlen: kissing, touching breasts, top removal, bra removal, pants removal, panties removal, fingering, oral sex (202). Dass auch die sexuelle Erregung nicht zwingend einen Dissonanz-neutralisierenden Effekt habe, komme in der letzten und kritischsten Hürde zum Ausdruck, der eine evolutionspsychologische Herkunft attestiert wird: dem Last-Minute Resistance (LMR): Dieser Widerstand bzw. Rückzug in letzter Minute »is a horrible, uncontrollable fear built right into the circuitry of most women, and it is your job to ease her through it. Having sex is a much larger risk and investment for a woman than it is for a man, and LMR is her last ring of defense before the Point of No Return« (202). Die Tipps zur Bewältigung dieses letzten retardierenden Moments im Verführungsprozess sind vielfältig, proaktiv und reaktiv: der Mann könne z.B. selbst vor dem entscheidenden Wendepunkt in Variation der in der Comfort-Phase eingeführten und erprobten push and pull-Strategie auf verbaler Ebene spielerisch den widerständigen Part übernehmen, während er gleichzeitig die körperliche Eskalation vorantreibe. Komme sie ihm mit der Rückzugshandlung zuvor, sei zustimmendes Verhalten die adäquateste Reaktionsweise. Sei ihr Widerstand nicht bloß symbolischer Natur, dann »just do a freeze-out: turn on the light, snuff out the candle, check your email, go to the kitchen to make a sandwich« (ebd.). Diese Form des nonchalanten Aufmerksamkeitsentzugs anstelle einer beleidigten oder gar gereizten Reaktion sei enorm wirkungsvoll: »The power of this is in its sincere delivery. If you were sulking, that would show that you were affected. But you're unaffected. Just switch off the arousal circuitry like it's no big deal and freeze her out sexually«, dann »try again in ten minutes« (ebd.).

Das eigentliche Ziel, der Movens einer jeden Verführung, der Geschlechtsakt, wird in den Pickup-Ratgebern in Abgrenzung zu Sexualratgebern bezeichnenderweise ausgespart. Bei Mystery und vielen seiner Epigonen geschieht dies noch ohne weitere Kommentare, andere sind da gelegentlich jedoch auskunftsfreudiger. So schließt Jeremy Soul (2010) seine entsprechenden Ausführungen zur letzten Stufe des Verführungsprozesses ganz lapidar mit den Worten: »This is not a sex manual, so you're on your own from this point!« (127) Auf der anderen Seite jedoch wird – und damit den Startpunkt der Argumentation wieder aufnehmend – die zentrale Bedeutung des Sex, genauer: des regelmäßigen Geschlechtsverkehrs, für eine längerfristige Intimbeziehung eigens betont: »It is necessary to do [sexual intercourse] several times in order to begin the sexual relationship« (Mystery 2005: 65). Somit orientiert sich dieser erste Klassiker des modernen Verführungsratgebers ganz offensichtlich noch an der Tradition des klassischen Beziehungskonzepts und versteht sich sowohl in der Selbstbeschreibung als auch in der Einordnung des Modells als Baustein einer ›Sexual Relationship‹ nicht, jedenfalls nicht exklusiv, als eine Handreichung für den ›schnellen Sex‹ bzw. für ›one night stands‹ (vgl. 51, 60, 132, 160).

Im Anschluss an diesen ersten locus classicus der modernen Pick Up-Literatur wurde der umfassende Anspruch dieses Prototypen feldorientierter Verführungsratgeber in dieser Form nicht mehr explizit aufgegriffen. Vielmehr wurde das Grundgerüst – mal expressis verbis, mal eher stillschweigend – entweder en detail ergänzt, relativiert – oder gar fundamental entschlackt: viele Verführungsratgeber, die dem Konzept langfristiger Beziehungen in dieser Striktheit nicht folgen und das Modell auch für kurzfristige sexuelle Kontakte öffnen, stellen konsequenterweise die Relevanz der Comfort-Phase nicht nur generell in Frage, sondern schreiben ihr unter handlungsstrategischen Gesichtspunkten gar dysfunktionale und kontraproduktive Auswirkungen zu. Es wurden in Anschlusspublikationen aber auch Teilkomponenten aus dem Gesamtmodell herausgebrochen und verselbständigt, mit ausschließlicher Konzentration auf die Comfort-,

Seduction- oder insbesondere die Attraction-Phase – mit einer Fülle monothematischer Handreichungen ausschließlich zu Gesprächseröffnungen, zu spezifischen Annäherungsstrategien in Abhängigkeit von ›meeting locations‹: street, book store, house party, night club, pub, campus, shopping mall, ja sogar airplane (Juggler 2005).

Was jedoch sämtliche feldorientierten Verführungsratgeber bei allen unterschiedlichen Schwerpunktsetzungen, divergenten Ausgestaltungen des Phasenmodells – sozusagen als gemeinsamer Nenner – eint, ist die Tatsache, dass Aspekte der ›Person‹ der an der Verführungskommunikation teilnehmenden Menschen nicht thematisiert werden. Dies entspricht zunächst den Beobachtungen der Sozialtheorie, die diese Spezifik vieler sozialer Systeme der modernen Gesellschaft auf die Formel Situation vs. Person zuspitzt: »Zumeist dominiert [...] die Situation die Handlungsauswahl. Beobachter können das Handeln sehr oft besser auf Grund von Situationskenntnis als auf Grund von Personkenntnis voraussehen« (Luhmann 1984: 229.). Entsprechend kommt die ›Person Frau‹ in feldorientierten Ratgebern in der denkbar generalisiertesten Form vor: Sie ist die physisch attraktive, allseits begehrte, anspruchsvoll-wählerische HB (hot babe) auf einer Skala von 7 bis 10, die mit plumpen Anmachen nicht zu ködern ist und um ihren Ruf besorgt ist. Analog wird ›Mann‹ bezeichnenderweise – negativ! – danach typologisiert, welche Fehler er im Phasenmodell üblicherweise begehe: Der Nice Guy, der unmittelbar mit der 2. Phase (Vertrauensaufbau) beginnt, ohne zuvor Anziehung hergestellt zu haben; der Player, der von der 1. Phase (Anziehung) direkt in die 3. Phase (Verführung) springt, ohne zuvor das nötige Vertrauen aufgebaut zu haben; der Friend, der, unfähig zu eskalieren, in der 2. Phase (Vertrauensaufbau) stecken bleibt und in die Freundschaftszone rutscht – und von der Frau nicht mehr ernsthaft als Sexualpartner wahrgenommen wird, sondern entsprechend missbraucht wird: als Nachhilfelehrer, als Therapeut, als Anwalt, als Chauffeur; und schließlich der Seducer bzw. Verführungsnovize, der sofort mit der 3. Phase (Verführung) startet, mit Anzüglichkeiten oder eindeutigem körperlichem Einsatz – und ebenfalls scheitert (vgl. Mystery 2005: 51-63).

Weitere Bemerkungen oder Hinweise zu den Persönlichkeiten der Kommunikationspartner sind in diesem Typus Ratgeber nicht ausfindig zu machen. Freilich ist diese Abstraktion von der Person der beabsichtigen Komplexitätsreduktion der Ratgeber geschuldet und ist auch generell typisch für viele unpersönliche Kommunikationen in der modernen Gesellschaft. Nur: gerade Intimbeziehungen bilden in der modernen funktional differenzierten Gesellschaft einen der wenigen Bereiche, in dem das Einbringen der eigenen Persönlichkeit nicht nur erlaubt, sondern geradezu konstitutiv ist für ihre Emergenz und Reproduktion (vgl. Luhmann 1982: 14). Genau an dieser Leerstelle der feldorientierten Verführungsratgeber setzen die persönlichkeitsorientierten Ratgeber an. Wie wir allerdings noch sehen werden, geht es ihnen freilich mitnichten um das emphatische Engagement für die Inklusion des Menschen als ›Vollperson‹ in die Intimkommunikation, sondern – ganz im Sinne der Ratgeber-Agenda: dem Versprechen der Komplexitätsreduktion – um die Scharfstellung der Optik auf ein spezifisches Teil-Merkmal der Person: ihre erotische Attraktivität.

2.3 ›Maskuline Männer‹ und ›feminine Frauen‹. Persönlichkeitsorientierte Ratgeber

Die primär persönlichkeitsorientierten Verführungsratgeber kritisieren an den feldorientierten Ratgebern, dass sie die eigentlichen Probleme ihrer Rezipienten, die sie zu diesen Anleitungen greifen lassen, letztlich nicht an der Wurzel packen und sie deshalb auch nicht lösen könnten: das Auswendiglernen von lustigen Anmachsprüchen, von Routinen, von strikten Ablaufmodellen sei zwar nicht völlig wirkungslos, aber letztlich nur oberflächliche Kosmetikpflege – eine mühsame und anstrengende obendrein.»When I first started learning about how to meet women«, resümiert David DeAngelo (2004) seine Vorbehalte gegenüber feldorientierten Pickup-Modellen,»I can remember thinking that I needed to learn pick-up lines and other tricks. I had no idea that this stuff was basically useless« (88). Das wird von John Alexander etwas moderater, aber im Kern ähnlich formuliert:»I'm not saying that those systems don't work, because they do. The problem is that guys don't need to memorize laundry lists of ›do‹ this‹ and ›do that‹ in order to get a girl« (2005: 6). Das Versprechen der Vereinfachung folgt auf dem Fuße:»So I'm introducing […] a much easier system« (ebd.). Diese Differenzierung des Angebotsspektrums, die Zwei-Kulturen-Theorie der Verführungsratgeber, ist mithin eine textimmanente Beschreibung der persönlichkeitsorientierten Ratgeber selbst, ohne dass sie das Gegenmodell allerdings mit einem konkreten Titel belegen würden. Die dichotomisierende Absetzbewegung, die von den feldorientierten Ratgebern gegenüber klassischen Dating-Manualen vorgenommen und zum Ausgangspunkt des eigenen Argumentationsgangs gemacht wurde, wird hier auf der zweiten Ordnungsebene fortgeführt, nur dass jetzt der erste Typ der Verführungsratgeber – als Zeichen der gesteigerten Selbstreflexivität – einleitend die Kontrastfolie des eigenen Modells bildet.

Die persönlichkeitsorientierten Ratgeber gehen von der Grundprämisse aus, dass das ›Pick Up‹-Problem nicht in der Komplexität der Situation besteht, sondern in den Persönlichkeitsdefiziten der an der erotischen Kommunikation Beteiligten begründet liegt. Deshalb wird dem männlichen Ratsuchenden eine zweiseitige Problemlösungsstrategie anempfohlen. Er soll zum einen lernen, sein Ob-

jekt der Begierde richtig zu ›screenen‹, d.h. durch gezieltes Beobachten der Ver-
haltens- und Reaktionsweisen der in Frage kommenden Kandidatinnen die ›passende‹ auswählen und die ›unpassende‹ herausfiltern. Zum anderen soll der Ratsuchende selbst sich in ein Objekt weiblicher Begierde transformieren, indem er
sich ein attraktives männliches Verhalten zulegt. Die Legitimation für den
selbstzugewiesenen Ratgeberstatus wird dabei stets aus dem Erfahrungsschatz
abgeleitet: »(I)t took me years of trial and error to figure this stuff out«, gesteht
beispielsweise DeAngelo (2004: 13).

2.3.1 »Work on Yourself«. Vom Nice Guy zum Alpha Man

Zunächst fällt auf, dass Attraktivität von persönlichkeitsorientierten Verführungsratgebern teilweise anders operationalisiert wird als von feldorientierten,
die der ›Attraction‹ ebenfalls eine herausragende Bedeutung im Verführungsprozess zuweisen. Während jedoch dort Attraction primär als strategisches
Kommunikationshandeln gefasst wird, das der Interaktionslogik der Flirtsitua-
tion zu gehorchen hat, wird es hier als eine Eigenschaft der ›Person Mann‹ kon-
turiert.

Gleichzeitig verweisen die persönlichkeitsorientierten Ratgeber dezidiert auf
jene die Situationslogik transzendierenden unterschiedlichen Attraktivitätskonst-
ruktionen beider Geschlechter. Für Männer sei Anziehung schlicht eine Frage
des Aussehens, betont DeAngelo (2004), denn »(f)or men, attraction usually
happens in response to a beautiful face and a nice body« (20). Fälschlicherweise
würden viele Männer daraus jedoch den Schluss ziehen, dass die hauptsächliche
Relevanz des »physical appearance« auch für Frauen gelte: »Because this response happens so strongly with us, we assume that it happens the same way for
women... a common error in thinking in [sic!] that many people make in many
areas of life« (44). Tatsächlich werde Anziehung von Frauen jedoch anders besetzt als von Männern: »For men it's all about looks first, personality second; for
women, it's more about personality, then looks« (21). Es liegt auf der Hand, dass
Verführungsratgeber gemäß ihrer Argumentationslogik vom Aussehen des Mannes abstrahieren müssen: entspräche auf der einen Seite der Ratsuchende den
Idealvorstellungen männlich guten Aussehens, könnte seine Erfolg- wie Ratlo-
sigkeit, die ihn zu Ratgebern greifen lässt, letztlich nicht in diesem Faktor begründet liegen; wäre auf der anderen Seite gutes Aussehen der entscheidende Er-
folgsfaktor, würden sich die Ratschläge in Empfehlungen zum Gang ins Fitness-
studio oder dem Erwerb von Schönheitsprodukten erschöpfen. Im Sinne einer
Vergrößerung des Adressatenkreises wird gutes Aussehen daher als nicht-
relevante Größe behandelt. Analoges gilt für pekuniäre Potenz. Sowohl gutes
Aussehen als auch Reichtum sind weder eine notwendige noch eine hinreichen-

de Bedingung für Attraktivität, was zwar den Rat nicht ausschließt:»[to] (m)ake the best of your looks and money«, aber letztlich gilt:»your personality is the most powerful quality you can improve« (116).

Die Problemdefinition ebenso wie das Lösungsversprechen der persönlichkeitsorientierten Ratgeber werden schon im Titel herausgestellt. Gelegentlich wird das Problem selbst benannt, wie etwa bei Robert A. Glover (2001): »No More Mr. Nice Guy«, in der Regel jedoch folgt die Titelgebungspraxis dem Benennen des erwünschten, positiv konnotierten Zielzustands, beispielhaft bei John Alexander:»How to Become an Alpha Male«, wobei hier die schlagzeilenartig auf dem Cover arrangierten Untertitel einerseits die generelle Zuordnung zum Genre der Verführungsratgeber signalisieren:»Attract Women and Become Successful at Seduction«, andererseits aber auch in Form einer selbstbeschreibenden Zuordnung die spezifisch persönlichkeitsorientierte Ausrichtung der vorliegenden Publikation herausstreichen:»Develop Your Ideal Personality«.

Bezeichnenderweise adressieren sämtliche Autoren der persönlichkeitsorientierten Ratgeber ihre Leser unisono als Nice Guys. Jedoch wird dieses Persönlichkeitssyndrom, das für den Verführungsprozess als völlig ungeeignet gilt, in entlastender Weise auf externale Ursachenfaktoren zugerechnet: der Nice Guy erscheint so als Opfer verfehlter Erziehung und sexualfeindlicher Moral. Letzteres wird meist mit gesellschaftskritischem Impetus vorgetragen, u.a. von Glover. Wesentlich häufiger ist jedoch der mikrosoziale und weniger pessimistische Rekurs auf die pädagogische Konstellation:»When I was growing up«, erinnert sich z.B. Alexander,»my mom, aunts, and other older ladies always told me that to get a girlfriend, I would need to be a nice guy. I'd need to constantly buy a girl flowers, give her gifts, and take her out to eat« (18). David DeAngelo sieht in diesem Erziehungsstil auch gar nicht so sehr eine absichtliche Fehlsteuerung der (weiblichen) Erzieher, sondern vielmehr eine den Frauen generell nicht bewusste Diskrepanz zwischen (sozialem) Wunsch und (biologischer) Wirklichkeit:»there's a big difference between what women ›want‹ and what makes a woman feel attraction« (DeAngelo 2004: 21; Hervorh. weggelassen). Da jedoch das defizitäre Persönlichkeitsmerkmal des Nice Guy als fremdverschuldet erscheint, ist der Weg zur eigenmächtigen Korrektur nicht gänzlich verbaut. Dass dies nicht nur nötig, sondern auch möglich ist, begründen die Autoren nahezu ausschließlich mit Verweis auf die eigene Biografie. Es gehört denn auch zu den grand narratives persönlichkeitsorientierter Ratgeber, dass sich ihre Autoren selbst stets als reformierte ehemalige Nice Guys/Betas/Wussies beschreiben. »True confession: I used to be beta.« (Alexander 2005: 25) In der Nacherzählung (›My Story‹) erscheint die eigene sexuelle Biografie als eine Verkettung von Rückschlägen und Entbehrungen:»Throughout high school and early college, I had no friends, didn't hang out with anyone, and struck out with every woman I dated. I spend my Friday and Saturday nights alone, sexually frustrated. My 21st birthday came and went, and I was still a virgin. I was miserable and I didn't know how to change that« (8). Allmählich habe er aber die Beobachtung gemacht, »that there are [...] three classes of men« (18).

Ganz unten in der Hackordnung befänden sich die »nice guys, who make up the majority of the male population«. Der Nice Guy zeichne sich dadurch aus, dass er praktisch um Sex bettle, Sex als eine Gefälligkeit der Frauen für ein zuvorkommendes, unterwürfiges, nettes Verhalten betrachte, obwohl er doch mit dieser Einstellung permanent Schiffbruch erleide. Sein größter Fehler sei letztlich seine Lernresistenz, »he doesn't learn from this—he's back using the same tactics on the very next woman«, wobei die Ironie daran darin bestehe, dass »women consider nice guys to be manipulative«, wie Alexander geschickt den üblichen Vorwurf an die Adresse des Pick-up, zutiefst manipulativ zu sein, dadurch zu entkräften versucht, dass er die Argumentation auf den Kopf stellt und den vermeintlichen Manipulator rehabilitiert (18). In die gleiche Kerbe schlägt auch DeAngelo, wenn er die Grundüberzeugung des Nice Guy, nicht manipulativ, sondern er selbst sein zu wollen, und ausschließlich wegen seines Selbst geliebt zu werden, als die eigentliche Tragödie ansieht. Denn was Nice Guys für ihr wahres Ich halten würden, für ihr unverfälschtes natürliches Ich, sei in Wahrheit Resultat von unbewussten Internalisierungen fremder Erwartungen: das vermeintlich wahre Selbstbild, »to which these guys are usually clinging are strongly based on what others think of them, so they act like anything but ›themselves‹, buy gifts and meals, kiss up, and generally act manipulative any way they can« (DeAngelo 2004: 42). Indem sie ihre Begierden, ihre Bedürfnisse verleugneten, um Fremderwartungen gerecht zu werden, würden sie nicht nur die Frauen, sondern im Grunde sich selbst betrügen (ebd.). Frauen würden dies aber insgeheim durchschauen, im Nice Guy einen offensichtlichen Manipulator erkennen, der sie mit Geschenken und Essenseinladungen zu bestechen versuche. Schlimmer sei allerdings, dass der Nice Guy hinsichtlich seiner kommunikativen Fähigkeiten, überhaupt in seiner ganzen Art, einfach nur »boring« sei: er spreche immerfort über »logical things like foreign policy or how a car engine operates«, sei prahlerisch, immer darum bemüht, sich ohne Gespür für Subtilitäten ins rechte Licht zu rücken. Nur sei daran im erotischen Sinne gar nichts attraktiv (Alexander 2005: 18ff.). »Believe me«, versichert Alexander seinen Lesern, »I've been there« (20).

Auf der mittleren Ebene, über dem Nice Guy, aber unterhalb des Alpha Male, befinde sich »the asshole, or jerk«, der im Gegensatz zum Beta Male jedoch immerhin auf bestimmte Frauen anziehend wirke, »because assholes aren't boring« (Alexander 2005: 24). Anders als der sexuell passive Nice Guy, der damit keinerlei Emotionen bei der Frau auslöse, erzeuge der Bad Boy mit seinem sexuell aggressiven Auftreten negative Emotionen, aber doch immerhin Emotionen. Sein eigentliches Erfolgsgeheimnis sei allerdings seine Hartnäckigkeit, die Persistenz, mit der er die Frauen solange bedränge, bis manche von ihnen irgendwann nachgeben würden. Überhaupt würden Bad Boys erstrebenswertes dominantes Handeln mit tyrannischem, herrschsüchtigem Verhalten verwechseln. Maskuline Dominanz zu demonstrieren, bedeute nicht »to grunt, scratch, and slap a women around like a cave man« (26). Letztlich sei die Orientierung am Bad Boy-Modell aber nicht zu empfehlen, denn aggressives, missbräuchliches Verhalten würde komplementär exakt jene Frauen anziehen, die wenig Selbstwertgefühl hätten und emotional gestört seien (24).

Als die grundlegendste Eigenschaft des Alpha-Mannes gilt den Ratgebern dessen Unabhängigkeit – die Unabhängigkeit von der Zustimmung anderer, die Unabhängigkeit von fremden Erwartungen schlechthin. Die Demonstration der Alpha-Persönlichkeit sei daher nicht bloß auf Kommunikation mit Frauen beschränkt, sondern umfasse sämtliche soziale Kontakte. Alphaness erscheint in dieser Perspektive als ein Set diverser Merkmale, die unter dem Label Attraktivität subsumiert werden. Bei Alexander (2005) erscheint Attraktivität als ein spezifischer Lebensstil, der als ein mehrdimensionaler ›mindset‹ einmal verinnerlicht, automatisch eine attraktive Ausstrahlung generiere: »(A)s an attractive man, you: 1) Make women come into your reality, not the other way around. 2) Take the lead role, since women are usually passive when it comes to dating and sex. 3) Emotionally arouse women. 4) Are a man of high value, so it is up to women to win your affection. 5) Don't take women too seriously, nor do you take life too seriously. 6) Have your own beliefs, are assertive, and think for yourself. 7) Remember, you don't need her approval!« (55). Die Quintessenz dieser Grundeinstellung in Bezug auf den Verführungsprozess sieht Alexander darin, dass das Lebensglück des Alpha-Mannes von einer individuellen Frau unabhängig ist, »since he views women as sources of fun in his life—no more and no less« (99). Gute Beziehungen mit Frauen seien eine schöne Bereicherung eines ohnehin erfüllten Lebens, nicht dessen Bedingung, wie fälschlicherweise eines der hartnäckigsten ›limiting beliefs‹ bei vielen Männern laute. »Women aren't the center of the universe« pflichtet DeAngelo bei (DeAngelo 2004: 35), dieser Eindruck entstehe vor allem dann, wenn Frauenbekanntschaften primär aus zufälligen Begegnungen resultierten und so die Suggestion ihrer Besonderheit wegen Knappheit erweckten: »If you rely merely on chance encounters, e.g. meeting women randomly through mutual friends, you're making women seem more scarce than they really are and giving them more value than they deserve«

(50). Stattdessen empfiehlt DeAngelo »[to] adopt the mindset of ›There are plenty of women […]‹« (ebd.). Mit anderen Worten: »(D)on't devote yourself 100 % to any woman. Have other interests in your life that pull you away from her from time to time« (Alexander 2005: 156). Alexander, der den life-style-Aspekt herausstreicht, widmet sich daher auch vergleichsweise ausführlich der Operationalisierung der Devise ›make the best of your looks‹. Die Überschriften der einzelnen Unterkapitel lassen erkennen, worum es im Einzelnen geht: Your shoes, Your hair, Skin, Shaving, Dressing, Matching, Accessories, Your Style, Your Body (56-65).

DeAngelo marginalisiert demgegenüber die äußeren Faktoren (outer game) wesentlich konsequenter und betont stärker die inneren Persönlichkeitseigenschaften (inner game): »Good looks don't hurt, but if you're not 6'4" tall and model-handsome, then you have to learn how to attract women with your personality. And being ›nice‹ isn't going to do it for you« (DeAngelo 2004: 26), auch dann nicht, wenn man einen modischen life style pflegt, dies als Seitenhieb gegen Mainstream-Illustrierte für Männer. Frauen fühlten sich denn auch, so DeAngelo weiter, eher von Männern angezogen, »who are funny, confident, and mysterious« (ebd.). Die in vielen, auch und gerade klassischen Dating-Ratgebern schon zum Gemeinplatz sedimentierte Forderung, ein Mann solle humorvoll sein, wird mit dem von DeAngelo in diesem Zusammenhang geprägten Begriff des ›Cocky and Funny‹ (C&F) zur Attraktivitätserzeugung umcodiert und auf ein neues Fundament gestellt. Wohl weil dieses Konzept sowohl das Typologisierungs-Paradigma persönlichkeitsorientierter Verführungsratgeber aufgreift und als auch das Prinzip des attraktiven Dominanzverhaltens auf anschaulich-konkrete Weise kondensiert und konfirmiert, erwies es sich alsbald als eine der erfolgreichsten und anschlussfähigsten Formeln der Pickup-Community und avancierte schnell zum Inbegriff attraktiven Alpha-Verhaltens. In der Heftbeilage zur CD-Edition »Cocky Comedy. CD Audio Series«, die als workbook konzipiert ist, kontrastiert DeAngelo das Konzept des ›Cocky Comedy‹ einerseits mit dem völlig fehlenden Humor beim Bad Boy, andererseits mit dem konventionellen ›Sense of Humor‹, der vornehmlich von Nice Guys eingesetzt werde (12): Das konventionelle Humorverständnis, das auf anbiedernde Art rein der Unterhaltung der Frau dienen und sie in eine gepflegt-heitere Stimmung versetzen wolle, arbeite nach dem Muster Spannung aufbauender Einstieg – Spannung abbauende Pointe/Erlösung; die Cocky-and-Funny-Haltung hingegen sei mit ihrem zyklischen Muster Spannungsaufbau-Retardierung-Steigerung der Spannung-Retardierung usw. entschieden auf einen irritierenden Schwebezustand aus, verfolge nicht das Ziel, die Frau zum Lachen zu bringen, sondern sie zu reizen und so Anziehung herzustellen. Das Comedy-Verständnis des C&F sei weder clownesk (wie von Nice Guys gepflegt), noch beleidigend-arrogant (wie von Bad Boys kultiviert), sondern ein Mix aus leichter Arroganz, Sarkasmus und Neckerei. Konkret heißt dies etwa:»Never give a woman a direct answer... unless it's no. If a woman complains about something you do, say, ›I'm glad you like it‹ and keep doing it. Deliberately misinterpret or exaggerate what a woman says... and look for sexual innuendos in conversation« (DeAngelo 2005: 96).

Der Einsatz der ›Cocky and Funny‹-Methode wird auch dafür empfohlen, um an der Reaktion der Frau hierauf Rückschluss auf deren Persönlichkeit zu ziehen. Dieser Aspekt des ›screening‹, der in den Alpha-Persönlichkeitfokussierten Ratgebern jedoch eher beiläufig angesprochen wird, bildet das thematische Zentrum des zweiten Typus persönlichkeitsorientierter Verführungsratgeber.

2.3.2 »Find The Right Woman«. Drama Queens, Attention Seeker und Good Girls

Diese Genrevariante persönlichkeitsorientierter Ratgeber wartet mit dem Versprechen auf, komplementär zur attraktiven Persönlichkeitsstruktur des Mannes die jeweiligen Persönlichkeitsstrukturen des gegengeschlechtlichen Objekts erotischer Begierde offenzulegen. Die Problemdefinition erfolgt in aller Deutlichkeit gleich in der Einleitung des vom Autorenkollektiv South/Clare/Franco (2008) vorgelegten Ratgebers:»The majority of men today do not possess very many tools that work effectively when it comes to understanding and dealing with the opposite sex« (xxiv). Typischerweise wird auch hier eine Abgrenzung von in dieser Hinsicht defizitären Ratgebern vorgenommen, in diesem Fall von »mainstream dating and relationship«-Büchern:»Go ahead and take a visit to your local bookstore. Browse the books on relationships, and the books authored by women purporting to tell you ›what women want‹ and ›how to treat women‹. Does this stuff actually work?« (xxiv-xxvi). Mit Blick auf hohe Scheidungsraten und die immer weiter auseinanderklaffende Kluft zwischen den Geschlechtern könne die Antwort nur lauten:»no, it does not work!« (xxvi). Das eigentliche Manko auch der problembewussteren Mainstream-Ratgeber sei, dass sie bei allen Versuchen, die Quellen von Beziehungskrisen in den unterschiedlichen biologischen Grundlagen der Geschlechter auszumachen, sich nur der halben Wahrheit annäherten, indem sie sich zwar um die Entschlüsselung der für Männer rätselhaften Logik des weiblichen Geschlechts bemühten, dabei aber das eigentliche Zentralproblem ignorierten:»The big problem with books such as John Gray's ›Men are From Mars, Women are From Venus‹ […] is that while they can help men to understand female logic to a certain degree, in the process they emasculate the man, stripping him of his masculine core« (21). Zur Erzeugung und Aufrecherhaltung der notwendigen »sexual attraction« sei daher nicht nur das Verstehen der weiblichen Logik erforderlich, »but at the same time (to) remain as real, masculine men« (ebd.). Die Frontstellung gegenüber Ratgebern beschränkt sich also lediglich auf die gängigen Beziehungsratgeber aufgrund ihrer Entmaskulinisierungsagenda, die Genrezugehörigkeit zu den persönlichkeitsorientierten Verführungsratgebern wird demgegenüber mit dem Plädoyer für ›Alphaness‹ mithin ausdrücklich herausgestellt. Der Rahmen, innerhalb dessen die nachfolgenden Ausführungen dann erfolgen, konstituiert sich dabei einerseits aus den »biological and evolutionary principles«, andererseits aus »our experience with women, and our observations of women's behavior« (xxvii).

Um die eigentliche Ursache für das Kernproblem zwischen Frauen und Männern zu verstehen, müsse man die schizophrene Lage beleuchten, in der sich Frauen befänden: Dieser »Female Basic Conflict« (South et al. 2008: 54) bestehe darin, dass Frauen sich auf instinktiver Ebene sexuell zu maskulinen Männern hingezogen fühlten, auf rationaler Ebene jedoch aufgrund der größeren Folgeprobleme, die Sex für sie habe, Männer nach ihren Versorgerqualitäten auswählen müssten, denn »in their heads they know that nice guys make much better husbands« (29). Dieser von den Autoren als »Lover-Provider Dichotomy« bezeichnete Grundkonflikt löse bei Frauen auf der Ebene erotischer Interaktion eine psychologische Dissoziation aus, an deren Folgen sie auch in der modernen Gesellschaft noch laborierten (31). Sie würden versuchen, attraktive Männer in die Versorgerrolle hineinzumanipulieren, dann aber das sexuelle Interesse an ihnen verlieren, sobald ihnen dies gelänge (29). Auf der Grundlage dieses Kernkonflikts haben sich laut South/Clare/Franco bei Frauen unterschiedliche Persönlichkeitstypen ausgebildet, die sie entlang der Persönlichkeitskomponenten Sex Drive und Self-Esteem zu sortieren versuchen (61). Indem sie diese Komponenten jeweils mit einem Niveauindex (high/low) versehen, gelangen sie zu vier basalen Merkmalsausprägungen: High Self-Esteem (HSE), Low Self-Esteem (LSE), High Sex Drive (HD) und Low Sex Drive (LD) (63ff.).

Außerordentliche Popularität erfuhr diese bereits lange vor der Buchpublikation in den einschlägigen Foren kursierende Typologie im deutschsprachigen Raum mit der Übernahme und drastischen Operationalisierung in Lodovico Satanas Ratgeber »Lob des Sexismus«, der seit seiner Publikation im Jahre 2006 unangefochten die amazon-Bestsellerliste in der Kategorie »Flirten & Verführen« anführt.[5] Zuvor hatte Lodovico Satana (ein Pseudonym) seine »Frauentypologie« unter dem Mitgliedsnamen »endless enigma« im deutschsprachigen »Pick

---

5   www.amazon.de/gp/bestsellers/books/11076761/ref=pd_zg_hrsr_b_1_4_last (Letzter Stand 20. Juni 2013).

Up Forum« (www.pickupforum.de) in diversen Forenbeiträgen vor- und zur Diskussion gestellt und damit eine radikale Schwerpunktverlagerung des Forums angestoßen, das bis dato von feldorientierter Beratungskommunikation dominiert war.

Zu Beginn seines zentralen Kapitels stellt Lodovico Satana die Relevanz dieser Typologie klar:»Für den Verführer ist es sehr wichtig, die Frauen, die er ins Bett bekommen möchte, richtig einzuschätzen. Besonders dringlich ist das bei Frauen, mit denen er eine lange Beziehung haben möchte« (92). Bei dieser Identifizierung erscheint die Self-Esteem-Komponente von grundlegender Bedeutung, so dass die Einschätzung der begehrten Frau grundsätzlich davon abhänge, welchen Wert sie sich selbst zuspreche. Dabei bedeute ein hohes Selbstwertgefühl»ein Zurechtkommen mit sich selbst (mit dem eigenen Körper, den eigenen Stärken und Schwächen, den eigenen Wünschen, Träumen und Begierden) und der Welt (mit den Problemen, Hindernissen und Möglichkeiten der Umwelt, sowie mit anderen Menschen und deren Bedürfnissen)«, mithin ein grundsätzlicher »Friede mit der eigenen Existenz in dieser Welt« (ebd.). Spiegelbildlich zeichneten sich Frauen mit einem niedrigen Selbstwertgefühl durch»schwerwiegende Störung der gesamten Persönlichkeit« aus, sie könnten»bestimmte Aspekte ihres Erlebens nicht in ihr Selbstbild integrieren«, womit die von South u.a. diagnostizierte psychologische Dissoziation mustergültig in diese Typbeschreibung integriert wird. Für den Verführer komme es nun darauf an, diese Typen rechtzeitig und zuverlässig zu identifizieren, wobei als generelle Faustformel gelte: »Je mehr Selbstwertgefühl, desto besser! Je mehr Lust auf Sex, desto besser!« (115)

Zur passgenauen Identifizierung erarbeitet Lodovico Satana eine Liste von Verhaltensauffälligkeiten, die im Falle der»LSE-Frau« den Status von»Warnsignalen« haben. Diese zeichne sich u.a. durch die Unfähigkeit aus, gute Behandlung durch andere zu ertragen, weshalb man hier gezielt Komplimente als Tests einsetzen könne; komplementär hierzu sei sie nicht in der Lage, anderen Gutes zu tun, vielmehr würde sie es vorziehen, andere zu erniedrigen, um sich selbst aufzuwerten, was wiederum mit ihrem Wunsch nach Aufmerksamkeit und Bestätigung einhergehe; schließlich könne sie – hier kommt der für Intimbeziehungen als besonders relevant erachtete Faktor ›Sex Drive‹ ins Spiel – Sex nicht genießen (93ff.). Entsprechend exponiere sich die»HSE-Frau« durch die dem »LSE-Fall« spiegelbildlich entgegengesetzten Handlungsweisen, die ihre »warmherzigen, geduldigen, klugen, empathischen, einfühlsamen, witzigen, rührenden, kreativen und zärtlichen« Charaktereigenschaften ausdrückten, wie etwa die Fähigkeit, sich an unscheinbaren Dingen zu erfreuen; aufmerksam mit Mitmenschen umzugehen; Arbeit, Freizeit, soziales Engagement, Pflichterfüllung und Leidenschaften harmonisch miteinander arrangieren zu können; nicht zuletzt verfüge sie über ein intaktes Liebesleben, weil sie ihre Sexualität akzeptiere und sich daran erfreuen könne (103ff.).

Um im Sinne der Ratgeberfunktion, trotz Detaillierung des Modells durch illustrative Beispiele der Forderung nach Reduktion von Komplexität nachzukommen, kreuzt Lodovico Satana die indexikalisierten Persönlichkeits-Komponenten ›Selbstwert‹ und ›Sexualtrieb‹ miteinander, und porträtiert innerhalb der auf diese Weise zustande gekommenen Matrix archetypische Persönlichkeiten, wobei das Feld aus der Kombination von ›hohem Selbstwertgefühl‹ und ›niedrigem Sexualtrieb‹ leer bleibt, da diese Konstellation in der Realität nicht vorkomme.

In dieser Konstruktion treten beispielsweise Frauen mit ›niedrigem Selbstwertgefühl‹ und ›niedrigem Sexualtrieb‹ als ›Opfer-Typ‹, als ›Märtyrer-Typ‹ und als ›Borderline-Typ‹ auf (105ff.). Im Anschluss an die mit typischen Zitaten angereicherten plastischen Porträts lautet das Fazit für alle drei Archetypen: »Weder für bloßen Sex noch für eine Beziehung auch nur im Geringsten von Nutzen« (107). ›Die Drama Queen‹, der ›Attention Seeker‹ und das ›Flittchen‹ etwa gelten als typische Persönlichkeiten innerhalb des Feldes, das durch Kreuzung der Merkmalsausprägungen ›niedriges Selbstwertgefühl‹ und ›hoher Sexualtrieb‹ gebildet wird. Der Generalratschlag hier lautet, keine langfristigen Beziehungen mit diesen Typen einzugehen, sondern sie lediglich für Sex in Betracht zu ziehen (108ff.). »Eine HSE-HD-Frau des submissiven Typs« schließlich, das ›Good Girl‹ schlechthin, erscheint in dieser Typologie als »ein strahlendes Geschenk Gottes an die Männer dieser Erde«, was wie eine Reformulierung des klassischen Konzepts romantischer Liebe klingt: »Wenn du ihr Traumprinz bist und bleibst, wird sie bis ans Ende deiner Tage deine Gefährtin sein. Keine Frau lebt und würdigt die Maxime Mein Mann und ich erobern zusammen die Welt so wie sie« (114).[6]

Der abschließende generelle Rat lautet: »Sieh dir an, wie dich eine Frau behandelt und du bist auf dem besten Weg, ihren Charakter zu erkennen. […] Hör nicht allzu sehr darauf, was sie dir sagt, sondern beurteile sie nach ihren Taten« (115). Vor allem die Empfehlungen in Bezug auf die Phase der Kontaktanbahnung stehen in diametralem Gegensatz zu den Direktiven der feldorientierten Verführungsratgeber, in denen die Person der Frau einen blinden Fleck bildet: »Besondere Bedeutung kommt deiner ersten Interaktion mit ihr zu. Die erste

---

6   Vgl. hierzu Peter Fuchs' Codierungsvorschlag für das Intimsystem: »WIR ZWEI/Rest der Welt« (Fuchs 2003: 43).

Begegnung mit einer Frau kann sehr aufschlussreich sein! Sie wird dir unweiger-
lich Hinweise geben, was für eine Frau sie ist« (ebd.).

3. SCHLUSSBETRACHTUNG: WAS LEISTEN RATGEBER?

Im Zusammenhang mit der Bewertung von Ratgeberkommunikation kommt
immer wieder die generelle Frage nach ihrer Funktionalität zum Vorschein –
nach der Umsetzbarkeit der praktischen Handlungsanweisungen und nach dem
Erfolg bei der Lösung jenes Problems, das die Ratsuchenden die Beratungsangebote in Anspruch nehmen lasse. Was leisten Ratgeber also?

Schaut man sich die einschlägigen Argumente in der entsprechenden Fachli-
teratur jedoch an, gelangt man zu eher zweifelhaften Erkenntnissen. In der Regel
verfehlen nämlich nahezu sämtliche Autoren, die sich dieser zentralen Frage
widmen, die Spezifik, den eigentlichen Kern des Beratungsphänomens. So stellt
etwa Dagny Guhr, die in ihrer rhetorischen Untersuchung zu den persuasiven
Strategien in der Courtshipkommunikation neben wissenschaftlichen Studien
auch die populärwissenschaftliche Ratgeberliteratur in den Blick nimmt, unter
Bezugnahme auf andere Fachwissenschaftler fest, dass diese Ratgeber »kritisch
zu betrachten (sind), da sie im Wesentlichen regelhaft präsentieren, was in der
Forschung durchaus umstritten oder teilweise sogar widerlegt ist« (2008: 36).
Sie erweitert ihren Einwand, indem sie zusätzlich zu ihrem Argument der mangelnden wissenschaftlichen Fundierung und der fehlenden empirischen Über-
prüfbarkeit, die prinzipielle Nichteignung dieser Texte aufgrund »ihrer Erfolgs-
gewissheit, ihrer Rezeptologie« betont (37). Abwägender, aber letztlich von
gleichen Maßstäben wie Guhr ausgehend, argumentiert auch Nils Becker (2009).
Auf der Grundlage seiner umfangreichen rhetorischen Untersuchung von Ratgebern zur Verführungskommunikation gesteht er diesen zu, dass sie »zwar über
allgemeine Sequenzmuster der Beziehungseskalation (aufklären), insbesondere
über stereotype Interaktionssequenzen bei Erstbegegnungen und ersten Dates«,
moniert jedoch gleichzeitig, dass sie die zahlreichen Alternativpfade, die eine
Verführungskommunikation in der Realität aufweise, ignorierten, dass sie mithin
»den strategischen Aushandlungscharakter heterosexueller Beziehungen weitgehend unberücksichtigt« lassen (213).

Wären die hier kritisierten Ratgeber-Texte empirische Studien, die mit dem
Code wahr/falsch im Medium Wahrheit operieren bzw. würden sie sich selbst
als Beiträge zum Wissenschaftssystem promovieren, könnte man die Monita der
Autoren gewiss nachvollziehen. Nur: die betreffenden Texte adressieren mitnichten die scientific community als Zielgruppe, noch legt deren ausdrücklich

ausgestellte Selbstzuordnung zur kommunikativen Gattung von Ratgebern eine solche Anschlusskommunikation nahe.

Um die Frage nach der speziellen Leistung, die Ratgeber erbringen, adäquat beantworten zu können, empfiehlt es sich, die Beobachter zu beobachten und die Besonderheiten der Ratgeberkommunikation zu rekonstruieren. Was ist also das eigentliche Problem, auf das Beratungen generell reagieren? Worin liegt das gesellschaftliche Problem, das Ratgeber heutzutage offenbar notwendig und erfolgreich machen lässt?

Als erster Einstieg in die Problemlage, auf die Ratgeber generell reagieren, kann auf die sog. ›Unendlichkeitsproblematik‹ verwiesen werden, wonach jede Kausalfeststellung in verschiedenen Richtungen Verweisungen ins Unendliche impliziert, dass also jede Ursache (jedes Ereignis) eine unendliche Zahl von Wirkungen (Folgen) haben kann und jede Wirkung eine unendliche Zahl von Ursachen (vgl. Akalin 2011: 166f.). Jede Kausalitätsunterstellung in der Realität arbeitet daher mit spezifischen Beobachtungsschemata, die aus dem Horizont unendlicher Verknüpfungsmöglichkeiten bestimmte auswählt. Die Ratgeber versuchen nun genau dieses Problem der Kontingenzkausalität zu bearbeiten, die sie implizit als Unsicherheitsfaktor in der Verführungskommunikation wie auch im Bewusstsein ihrer Rezipienten unterstellen. Ratgeber im Allgemeinen, Verführungsratgeber im Speziellen radikalisieren noch einmal diese soziale Routine der einfachen Kausalschematisierungen. Die feldorientierten Ratgeber etwa reduzieren das kontingente Aktionsfeld auf eine einfache Binarität: wenn du Handlung A ausführst, führt es zum gewünschten Ergebnis; wenn du B ausführst, zum unerwünschten. Die Kontingenzkausalität wird dabei in Monokausalität überführt. Die Leistung dieser Reduktion liegt mithin in der Unsicherheitsabsorption. Das eigentliche Problem der Ratsuchenden besteht wohl darin – das ist die grundlegende Prämisse, von der Ratgeber ausgehen – dass sie vor der als komplex wahrgenommenen Situation kapitulieren und handlungsunfähig sind. In der Perspektive der Ratgeber ist daher Nichthandeln heikler als ›falsches‹ Handeln. Von den Ratgebern wird dies sogar ausdrücklich so gesehen: »Worum geht's hier also wirklich? Um Aufmunterung und Mutmache. Um einen dezenten Tritt in den Arsch« (Lodovico Satana 2006: 6). Die empirisch oder wie auch immer begründete Anstrengung, das Handlungsfeld wieder komplexer zu machen, nimmt nicht nur die unsicherheitsabsorbierende Reduktionsleistung der Ratgeber wieder zurück, sie sitzt auch dem Fehlschluss auf, dass sicheres Entscheiden überhaupt möglich sei (vgl. Akalin 2010).

Ebenso verfahren auch die persönlichkeitsorientierten Ratgeber, die die Individualitäten der an der erotischen Kommunikation beteiligten Männer und Frauen – darin gewiss politisch inkorrekt – nicht berücksichtigen. Das fängt bereits auf der allgemeinsten Ebene an, wo die Unterscheidung von ›Mann‹ und ›Frau‹ als ahistorisches, evolutionär wirksames biologisches Faktum behandelt wird. Auf diesem Schema aufbauend erfolgt sodann die dichotome Binarisierung in ›attraktive Männer‹ vs. ›unattraktive Männer‹ und ›attraktive Frauen‹ vs. ›unattraktive Frauen‹. Auf der nächsten Ebene kann dann jeweils operationalisiert werden, welche Verhaltensmuster attraktive Persönlichkeiten ausmachen, sodass sich am Ende der Alpha-Mann und das Good Girl als die für sexuelle Beziehungen idealen Typen herausschälen lassen.

Zur Erklärung für den allgemeinen Erfolg von Ratgebern wird gelegentlich auf zeitdiagnostische Gesellschaftsanalysen verwiesen, wie etwa die in diesem Kontext oft bemühten Thesen der Risiko- und Individualisierungsgesellschaft. Hintergrund dieser Argumentation ist, dass »früher« ein großer Teil der alltäglichen Probleme mithilfe des unmittelbaren sozialen Netzwerks wie Freunden, Familienmitgliedern und Arbeitskollegen gelöst werden konnte, ohne dass professionelle Berater hinzugezogen werden mussten, dass aber angesichts der fortschreitenden Individualisierung die Chancen für einen solchen Wissenstransfer schwinden würden, denn: »notwendige Voraussetzung für die Tradierung von Alltagserfahrung ist ein eng geflochtenes soziales Netzwerk, in dem immer wieder die gleichen Probleme auftauchen« (Hömberg/Neuberger 1994, 224). Diese These würde in der Tat gut erklären, warum Online-Ratgeber hier dermaßen erfolgreich einspringen konnten, sind doch durch die massenhafte Nutzung des Internets die Chancen geradezu explodiert, in Kontakt mit Personen zu treten, die »die gleichen Probleme« haben.

Zur Erklärung des speziellen Erfolgs von Verführungsratgebern muss dieser allgemeine Ansatz freilich auf Entwicklungen im betreffenden Sozialbereich bezogen werden. Folgt man der Studie »Spätmoderne Beziehungswelten« von Gunter Schmidt und seinen Mitarbeitern (2006), ist das charakteristische Kennzeichen heutiger Beziehungen ihre kürzere Dauer und ihre Serialität: Wenn Partnerschaften serieller würden, dann würden auch Singleperioden in der Beziehungsbiografie häufiger. Kombiniert man diesen Befund mit der These der Autoren, dass der Wunsch nach Partnerschaft und Beziehung nach wie vor ungebrochen sei, dann erscheint es plausibel, dass »Beziehungswillige« heute viel häufiger vor dem Problem stehen, einen Partner zu suchen und zu finden. Das Finden eines Partners ist heutzutage keine einmalige Sache mehr, keine Sache für die Ewigkeit, sondern ein permanentes Problem. Hinzu kommt, dass Begegnungen und künftige Partnerschaften nicht mehr dem Zufall überlassen werden sollen (vgl. DeAngelo 2004: 50).

Abschließend soll noch ausdrücklich die Relevanz von Ratgeber-Analysen für eine Soziologie der Sexualität betont werden. Wie die Soziologie der Sexualität häufig darauf hingewiesen hat, ist die sexuelle Kommunikation von der Phase der Kontaktanbahnung bis zum Intimverkehr der Forschung nicht direkt zugänglich. Dass hierbei gelegentlich auf Spielfilme als Analyse-Material zurückgegriffen wird, da »Filme ihre Geschichten aus der Realität schöpfen, indem sie jeweils zeitspezifisch vorführen, welche Probleme im Zusammenhang mit sexuellen Interaktionen auftauchen und wie sie von den Akteuren interaktiv bearbeitet werden können« (Sammet 2003: 101), erscheint in diesem Zusammenhang nachvollziehbar. Allerdings stellt sich die Frage, warum nicht Ratgeber, die ja im Unterschied zu Spielfilmen nicht nebenbei, sondern explizit die o.g. Beobachtungen ermöglichen, als Material herangezogen werden. Die Spielfilmkommunikation erfolgt schließlich im Rahmen der Unterhaltungsfunktion, sie beobachtet Intimsysteme nicht zum Zwecke der Dokumentation, sondern als Pool für interessante Erzählungen (vgl. Akalin 2013). Die sexuellen Konzepte, die aus Spielfilmen diskursanalytisch extrahiert werden, sind daher eher unbeabsichtigte Nebenfolgen der Filmkommunikation. In Sexual- und Verführungsratgebern hingegen erfolgt der Bezug auf Sexualität bewusst und direkt, weswegen sie sich auch wesentlich besser und methodologisch unbedenklicher für die von Sammet formulierten Forschungsziele eignen. In dieser Perspektive lassen sich Sexual-Ratgeber als Selbstbeschreibungen des Sexualitätssystems betrachten. Auf dieser Grundlage ließe sich als vorläufige These etwa formulieren: Verführungsratgeber für Männer promovieren »Attraktivität« als Medium des Sexualitätssystems, das mit »attraktiv/nicht-attraktiv« binar codiert ist, wobei dieser Code in feldorientierten und persönlichkeitsorientierten Varianten je unterschiedlich programmiert wird.[7]

Vor diesem Hintergrund lässt sich Ratgebern in diesem Zusammenhang ein weiterer forschungsprogrammatischer Vorzug attestieren, den Sammet ausdrücklich – und zu Recht – Spielfilmanalysen nicht zutraut, nämlich »als kulturelle Handlungsanweisungen betrachtet [zu werden], durch die die [Rezipienten] die

---

7 Dass komplementär dazu Ratgeber für Frauen auf der Ebene der Programmierung möglicherweise andere Konzepte vertreten – und dabei dem ›Schönheitshandeln‹ (Degele 2004) vermutlich eine exponiertere Rolle zusprechen –, soll hier zumindest als Arbeitshypothese künftiger Forschung erwähnt werden. Die Ebene der Programmierung lässt sich freilich nicht nur in synchroner Perspektive (Ratgeber für Frauen, Ratgeber für Paare) weiter spezifizieren, sondern auch in diachroner: im historischen Blickwinkel wären hier auch ältere, dem romantischen Ideal verpflichtete Konzepte zu berücksichtigen.

Normen für den Umgang zwischen den Geschlechtern erlernen, [...] und als
>kulturelle Szenarien<, auf die Akteure bei der Entwicklung ihrer >sexuellen
Skripte< zurückgreifen« (Sammet 2003: 101). Unter diesem Gesichtspunkt muss
die Soziologie der Sexualität viel stärker als bislang Ratgeber für die Analyse
des Sexualitätssystems nutzbar machen.

QUELLENVERZEICHNIS

1. Verwendete Ratgeberliteratur

DeAngelo, David (2004): Attraction Isn't A Choice. o.O.

Glover, Robert A. (2001): No More Mr. Nice Guy! A Proven Plan for Getting
What You Want In Love, Sex and Life. o.O.

Juggler [Wayne Elise] (2005): How to be a Pickup Artist. A Practical Guide.
o.O.

Mystery (2005): The Venusian Arts Handbook. The Mystery Method. 2nd Edition. o.O.

Satana, Lodovico (2006): Lob des Sexismus. Frauen verstehen, verführen und
behalten. Norderstedt.

South, Joseph W.; Clare, David und Franco (2008): Practical Female Psychology
for the Practical Man. o.O.

Strauss, Neil (2005): The Game. Penetrating The Secret Society Of Pickup Artists. New York: Regan Books/Harper Collins.

2. Wissenschaftliche Literatur

Akalin, Fehmi (2010): Sexualität zwischen Risiko und Gefahr. Der populäre
Sex-Diskurs als Unsicherheitsgenerator (Vortrag auf dem 34. Kongress der
Deutschen Gesellschaft für Soziologie in Jena 2008). In: Soeffner, Hans-
Georg (Hg.): Unsichere Zeiten. Herausforderungen gesellschaftlicher Trans-
formationen. Band 2. Wiesbaden: VS Verlag für Sozialwissenschaften. (CD-
ROM-Beilage).

Akalin, Fehmi (2011): Die kulturellen Dimensionen des Sozialen. Ein Vergleich
handlungstheoretischer und systemsoziologischer Kulturkonzepte. Hamburg:
Verlag Dr. Kovac.

Akalin, Fehmi (2013): Neuromancer – Zum Verhältnis von Liebe als Kulturmuster und Liebe als soziale Praxis am Beispiel des neuen US-amerikanischen
Liebesfilms. In: Morikawa, Takemitsu (Hg.): Die Welt der Liebe. Liebesse-

mantiken zwischen Globalität und Lokalität. Bielefeld: transcript, S. 359-379.

Bänziger, Peter-Paul et al. (Hg., 2010): Fragen Sie Dr. Sex! Ratgeberkommunikation und die mediale Konstruktion des Sexuellen. Frankfurt a.m.: Suhrkamp.

Bänziger, Peter-Paul (2010): Sex als Problem. Körper und Intimbeziehungen in Briefen an die ›Liebe Marta‹. Frankfurt a.m. [u.a.]: Campus.

Becker, Nils (2009): Überzeugen im erotischen Partnerwerbungsgespräch. Berlin: Weidler.

Degele, Nina (2004): Sich schön machen. Zur Soziologie von Geschlecht und Schönheitshandeln. Wiesbaden: VS Verlag für Sozialwissenschaften.

Elias, Norbert (2003 [1978]): Über den Prozeß der Zivilisation. Soziogenetische und psychogenetische Untersuchungen. Band 1: Wandlungen des Verhaltens in den weltlichen Oberschichten des Abendlandes. Frankfurt a.m.: Suhrkamp.

Fuchs, Peter (1999): Liebe, Sex und solche Sachen. Zur Konstruktion moderner Intimsysteme. Konstanz: UVK.

Fuchs, Peter und Enrico Mahler (2000): Form und Funktion von Beratung. In: Soziale Systeme 6, Heft 2, S. 349-368.

Fuchs, Peter und Eckart Pankoke (Hg., 1994): Beratungsgesellschaft. Schwerte: Katholische Akademie Schwerte.

Gerhards, Jürgen und Bernd Schmidt (1992): Intime Kommunikation. Eine empirische Studie über Wege der Annäherung und Hindernisse für ›safer sex‹, Baden-Baden: Nomos.

Guhr, Dagny (2008): Argumentation in der Courtship-Kommunikation. Zu den persuasiven Strategien im Gespräch. Berlin: Weidler.

Hömberg, Walter und Christoph Neuberger (1994): Konturen und Konzepte des Ratgeberjournalismus. In: Bentele, Günter und Kurt R. Hesse (Hg.): Publizistik in der Gesellschaft. Konstanz: UVK, S. 211-233.

Krause, Daniel (2006): Beratung, Therapie oder doch bloß »Show«? Motivationen und Gratifikationen von Domian-Anrufern. Dissertation am Fachbereich Philosophie der Westfälischen Wilhelms-Universität zu Münster. Westfalen. http://d-nb.info/983941645/34

Lenz, Karl (2009): Soziologie der Zweierbeziehung. Eine Einführung. Wiesbaden: VS Verlag für Sozialwissenschaften.

Luhmann, Niklas (1982): Liebe als Passion. Zur Codierung von Intimität. Frankfurt a.m.: Suhrkamp.

Luhmann, Niklas (1984): Soziale Systeme. Frankfurt a.m.: Suhrkamp.

Mahlmann, Regina (1991): Psychologisierung des ›Alltagsbewusstseins‹. Die Verwissenschaftlichung des Diskurses über Ehe. Opladen: Westdeutscher Verlag.

Nestmann, Frank; Engel, Frank und Ursel Sickendiek (Hg., 2004): Das Handbuch der Beratung. 2 Bände. Tübingen: dgvt-Verlag.

Paris, Rainer (2005): Raten und Beratschlagen. In: Sozialer Sinn 6, Heft 2, S. 353-388.

Osswald-Rinner, Iris (2011): Oversexed and underfucked. Über die gesellschaftliche Konstruktion der Lust. Wiesbaden: VS Verlag für Sozialwissenschaften.

Sammet, Kornelia (2003): Sexualität im Beziehungsaufbau. Zum Wandel geschlechtsspezifischer Muster in der zweiten Hälfte des 20. Jahrhunderts. In: Lenz, Karl (Hg.): Frauen und Männer. Zur Geschlechtstypik persönlicher Beziehungen. Weinheim/München: Juventa, S. 93-116.

Schmidt, Gunter et al. (2006): Spätmoderne Beziehungswelten: Report über Partnerschaft und Sexualität in drei Generationen. Wiesbaden: VS Verlag für Sozialwissenschaften.

Schneider, Wolfgang Ludwig (2005): Was erklärt die Systemtheorie? Systemtheoretische Analyse als Beitrag zur Aufdeckung ›sozialer Mechanismen‹. In: Schimank, Uwe und Rainer Greshoff (Hg.): Was erklärt die Soziologie? Berlin: Lit Verlag, S. 252-274.

Schützeichel, Rainer (2004): Skizzen zu einer Soziologie der Beratung. In: Schützeichel, Rainer und Thomas Brüsemeister (Hg.): Die beratene Gesellschaft. Wiesbaden: VS Verlag für Sozialwissenschaft, S. 273-285.

Schützeichel, Rainer und Thomas Brüsemeister (Hg., 2004): Die beratene Gesellschaft. Zur gesellschaftlichen Bedeutung von Beratung. Wiesbaden: VS Verlag für Sozialwissenschaften.

Wenzel, Susanne (1990): Sexuelle Fragen und Probleme Jugendlicher. Dargestellt an den Leserbriefen Jugendlicher in der Zeitschrift »BRAVO« (1968-1987). Frankfurt a.M. u.a.: Peter Lang.

Autorinnen und Autoren

Fehmi Akalin (Dr. phil.), Soziologe in Frankfurt am Main, lehrt Medienwissenschaften am Fachbereich Germanistik und Kunstwissenschaften der Philipps-Universität Marburg. Er ist Mitherausgeber des Sammelbandes Soziale Dimensionen der Sexualität. Gießen 2010. Zuletzt erschienen: Neuromancer. Zum Verhältnis von Liebe als Kulturmuster und Liebe als soziale Praxis am Beispiel des US-amerikanischen Liebesfilms. In: Takemitsu Morikawa (Hg.): Die Welt der Liebe. Liebessemantiken zwischen Globalität und Lokalität. Bielefeld 2014.

Thorsten Benkel (Dr. phil.) ist Akademischer Rat für Soziologie an der Philosophischen Fakultät der Universität Passau. Seine Forschungsschwerpunkte sind Mikrosoziologie, empirische Sozialforschung, Wissenssoziologie, Soziologie des Rechts und der Sexualität. Veröffentlichungen: Sexualität. In: G. Endruweit/ G. Trommsdorf/N. Burzan (Hg.): Wörterbuch der Soziologie. Konstanz/München 2014; Stigma, Sex und Subkultur. In: F. Mildenberger et al. (Hg.): Was ist Homosexualität? Hamburg 2014; Die Verwaltung des Todes, 2. Aufl. Berlin 2013; Soziale Dimensionen der Sexualität (Mithg.). Gießen 2010; Das Frankfurter Bahnhofsviertel. Devianz im öffentlichen Raum. Wiesbaden 2010. Im Erscheinen: Soziologie des Strafrechts (Mithg.).

Alice Marina Jockel (Dipl.-Soz.) war von 2011 bis 2014 wissenschaftliche Mitarbeiterin am Institut für Soziologie der TU-Darmstadt und arbeitete im DFG Forschungsprojekt »Wenn der Mann kein Ernährer mehr ist. Zum Wandel von Geschlechterbeziehungen in Familie und Paarbeziehungen im Milieuvergleich«. Ihre Forschungsschwerpunkte sind Geschlechterverhältnisse, Soziologie der Sexualität, Arbeitssoziologie.

Eva Kemler (Dipl.-Soz.) arbeitet seit 2012 in der freien Wirtschaft. Ihre Diplomarbeit trägt den Titel »Das heimische Wohnzimmer als sicherer Diskursraum. Eine Analyse des emanzipatorischen Potenzials von Dildopartys« (TU Darmstadt: Diplomarbeit 2010).

Cornelia Koppetsch (Dipl.-Psych., Dr. phil.) ist Professorin für Soziologie an der TU Darmstadt. Ihre Forschungsschwerpunkte sind Gegenwartsdiagnosen; Familie, Geschlechterverhältnisse und Sozialstruktur; Bildung, Arbeit und Lebensführung. Wichtigste Publikationen: Die Wiederkehr der Konformität. Streifzüge durch die verunsicherte Mitte. Frankfurt am Main 2013; Nachrichten aus den Innenwelten des Kapitalismus. Zur Transformation moderner Subjektivität (Hg.): Wiesbaden 2011; Soziologie des Privaten. Wiesbaden 2011 (gemeinsam herausgegeben mit Kornelia Hahn); Symbolanalytiker – ein neuer Expertentypus? Einige Thesen zum Wandel akademischer Berufsfelder. In: Leviathan 2011 (3), 407-433; Das Ethos der Kreativen. Eine Studie zum Wandel von Arbeit und Identität am Beispiel der Werbeberufe. Konstanz 2006; Die Illusion der Emanzipation. Zur Wirksamkeit latenter Geschlechtsnormen im Milieuvergleich. Konstanz 1999 (gemeinsam mit Günter Burkart).

Rüdiger Lautmann (Prof. Dr. phil., Dr. jur.) lehrte als o. Professor für Allgemeine Soziologie und Rechtssoziologie an der Universität Bremen (1971 bis 2010) und leitete das Institut für Sicherheits- und Präventionsforschung in Hamburg (2001 bis 2009). Seine Arbeitsschwerpunkte liegen in den Soziologien von Kriminalität und Recht, von Geschlecht und Sexualität. Letzte Buchpublikationen: Lexikon zur Soziologie (Mithg.). 5. neubearb. Aufl., Wiesbaden 2010; Fremde als Ordnungshüter? Die Polizei in der Zuwanderungsgesellschaft Deutschland (Mitautor). Wiesbaden 2010; Justiz – die stille Gewalt (Neuausgabe). Wiesbaden 2011; Capricen – Momente schwuler Geschichte. Hamburg 2014; Was ist Homosexualität? Forschungsgeschichte, gesellschaftliche Entwicklungen und Perspektiven (Mithg.). Hamburg 2014; Soziologie des Strafrechts (Mithg. im Erscheinen). Neuerdings Aufsätze zur sexuellen Diversität im Feld der Sozialen Arbeit, darunter im Forum sozial 2014, Nr. 2 und 3, sowie in: E. Tuider/A. Klein (Hg.): Sexualität und Soziale Arbeit. 2014. Homepage: http://www.lautmann.de/

Sven Lewandowski (Dr. phil.), ist Lehrkraft für besondere Aufgaben am Institut für Politikwissenschaft und Soziologie der Julius-Maximilians-Universität Würzburg und Mitglied des Beirats der Zeitschrift für Sexualforschung. Seine Forschungsschwerpunkte sind Sexualsoziologie, Systemtheorie, Soziologische

Theorien. Wichtigste Publikationen: Sexualität in den Zeiten funktionaler Differenzierung. Eine systemtheoretische Analyse. Bielefeld 2004; Die Pornographie der Gesellschaft. Beobachtungen eines populärkulturellen Phänomens. Bielefeld 2012; Schwerpunktheft »Sexualsoziologie« der Zeitschrift für Sexualforschung (Gastherausgeber) 2012.
Homepage: www.SvenLewandowski.de

Martina Löw (Prof. Dr.) ist Professorin für Soziologie der Planung und Architektur an der TU Berlin. Wichtigste Veröffentlichungen: Prostitution. Herstellungsweisen einer anderen Welt. Frankfurt am Main 2011 (mit Renate Ruhne); Soziologie der Städte. Frankfurt am Main 2008 (als Suhrkamp Taschenbuch Wissenschaft 2010); Raumsoziologie. Frankfurt am Main 2001, derzeit 8. Auflage.

Jasmin Mainka (M.Sc.) ist Psychologin und war von 2009 bis 2013 studentische Hilfskraft am Institut für Sexualforschung und Forensische Psychiatrie am Universitätsklinikum Hamburg-Eppendorf. In diesem Rahmen schrieb sie ihre Bachelorarbeit über Intimrasur als neue Körpernorm bei Jugendlichen. Im September 2014 absolvierte sie ihren Master in klinischer Psychologie und Psychotherapie an der Medicalschool Hamburg. Zuletzt veröffentlichte sie, gemeinsam mit Silja Matthiesen, den Artikel »Intimrasur als neue Körpernorm bei Jugendlichen«. In: BZgA Forum 2011 (3).

Urszula Martyniuk (MA Psych.) ist wissenschaftliche Mitarbeiterin am Institut für Sexualforschung und Forensische Psychiatrie des Universitätsklinikums Hamburg-Eppendorf. Ihre Forschungsschwerpunkte sind Sexualität von Jugendlichen und jungen Erwachsenen, Sexualität und Internet, sexuelles Risikoverhalten und kulturelle Aspekte der Sexualität. Zuletzt publizierte sie zusammen mit Silja Matthiesen und Arne Dekker »Sexuelle Interaktionen von Jugendlichen im Internet. Ergebnisse einer qualitativen Interviewstudie mit 160 Großstadtjugendlichen«. In: Medien & Kommunikationswissenschaft, 61, 327-344.

Silja Matthiesen (Dr. phil. Dipl.-Soz.) leitet gegenwärtig am Institut für Sexualforschung und Forensische Psychiatrie des Universitätsklinikums Hamburg-Eppendorf die BZgA geförderte qualitative Interviewstudie »Sexuelle und soziale Beziehungen von Studentinnen und Studenten«. Sie ist Leiterin der Sexualpädagogischen Abteilung der pro familia Hamburg und Mitherausgeberin der Zeitschrift für Sexualforschung. Zu ihren Forschungsschwerpunkten gehören: Jugendsexualität, Schwangerschaft und Schwangerschaftsabbruch und Geschlechterfragen. Zuletzt erschien von ihr die Studie »Jugendsexualität im Internetzeitalter« (BZgA, Köln 2013).

Otto Penz (Dr., Soziologe) ist derzeit wissenschaftlicher Mitarbeiter am Institut für Politikwissenschaft der Universität Wien und Principal Investigator des FWF-Projekts »Affektive Arbeit in der Arbeitsvermittlung« sowie Lehrbeauftragter an der Universität Wien und an der Wirtschaftsuniversität Wien; 2000-2012 Adjunct Associate Professor für Soziologie an der Universität Calgary. Arbeitsschwerpunkte: Soziologie des Körpers, der Schönheit und der Emotionen, Sportsoziologie, Arbeitssoziologie, Politische Soziologie. Rezente Veröffentlichungen: Schönheit als Praxis. Über klassen- und geschlechtsspezifische Körperlichkeit. Frankfurt 2010; »Kommodifizierung von Gefühlen und Gefühlsarbeit«, Themenheft der Österreichischen Zeitschrift für Soziologie 38(2)/2013 (Hg. mit Birgit Sauer); »Affektive Subjektivierung: Arbeit und Geschlecht«. In: Freiburger Zeitschrift für Geschlechterstudien 20(2)/2014 (mit Birgit Sauer).

Kim Ritter (M.A. Soziologie) ist Lehrbeauftragte an der Universität Vechta und der Fachhochschule Frankfurt. Aktuelle Publikation: »Dieses Gefühl irgendwie so 'n Zuhause gefunden zu haben.« Biografische Konstruktionen von Bisexualität im Kontext monosexueller Ordnung. In: Bundesstiftung Magnus Hirschfeld (Hg.): Forschung im Queerformat Aktuelle Beiträge der LSBTI*-, Queer- und Geschlechterforschung. Bielefeld 2014.

Kim Scheunemann (Dipl. Soz.), forscht zu Gender- und Queerstudies, Sexualforschung; Professionssoziologie und Affekttheorie. Publikation: Sänger, Eva; Dörr, Annalena; Scheunemann, Judith; Treusch, Pat (2013): Embodying Schwangerschaft: pränatales Eltern-Werden im Kontext medizinischer Risikodiskurse und Geschlechternormen. In: GENDER 1/2013, 56-71; Medikalisierung und Geschlecht; Geschlechtsbeurteilung durch Expert*innen. »Grenzen« – Vortrag auf der 24. Wissenschaftlichen Tagung der Deutschen Gesellschaft für Sexualforschung. Hamburg, 21.09.2013; (Un-)Wirklichkeiten von (A-)Sexualität. Vortrag im Rahmen der Ringvorlesung »Jenseits der Geschlechtergrenzen«. AG Queer Studies der Universität Hamburg, 27.06.2012.

Sarah Speck (Dr. phil) ist wissenschaftliche Mitarbeiterin am Institut für Soziologie der TU Darmstadt. Ihre Forschungsschwerpunkte sind Geschlechter- und Paarforschung, soziale Milieus, Wandel von Arbeit und Arbeitsverhältnissen. Wichtigste Publikationen: Mütter ohne Grenzen. Paradoxien verberuflichter Sorgearbeit am Beispiel der SOS-Kinderdörfer. Wiesbaden 2014; Wenn der

Mann kein Ernährer mehr ist. Coolness als Strategie männlichen Statuserhalts in individualisierten Paarbeziehungen. In: C. Behnke/D. Lengersdorf/S. Scholz (Hg.): Wissen – Methode – Geschlecht. Erfassen des fraglos gegebenen. Zum Werk Michael Meusers. Wiesbaden 2014, 281-289, (gemeinsam mit Cornelia Koppetsch). »Der anstrengendste Job der Welt«. Sorge- und Liebesarbeit im SOS-Kinderdorf. Österreichische Zeitschrift für Geschichtswissenschaften 2013 (1), 80-108; Herrschaftsverhältnisse und Herrschaftsdiskurse. Essays zur de-konstruktivistischen Herausforderung kritischer Gesellschaftstheorie. Münster 2007 (gemeinsam mit Volker Weiß).

Miriam Venn ist wissenschaftliche Koordinatorin des Zentrums für Transformationsforschung und Nachhaltigkeit (TransZent) sowie wissenschaftliche Mitarbeiterin im BMBF-geförderten Projekt »Die Studieneingangsphase: ›Wege ebnen, Vielfalt fördern, Perspektiven aufzeigen‹« im Fach Soziologie an der Bergischen Universität Wuppertal. Sie promoviert im Anschluss an ihr abgeschlossenes Lehramtsstudium für Gymnasien und Gesamtschulen mit den Fächern Sozialwissenschaften, Deutsch und Philosophie im Fach Soziologie zum Thema »Paare in der Swingerszene – Ethnographie einer modernen Lebenswelt«. Darüber hinaus ist sie freiberuflich tätig als Trainerin in der Hochschuldidaktik und im Schlüsselkompetenzbereich sowie als systemische Coachin und Organisationsberaterin.

KörperKulturen

Andréa Belliger, David J. Krieger (Hg.)
Gesundheit 2.0
Das ePatienten-Handbuch

2014, 144 Seiten, kart., 15,99 €,
ISBN 978-3-8376-2807-4

Ulrike Busch, Daphne Hahn (Hg.)
Abtreibung
Diskurse und Tendenzen

2014, 330 Seiten, kart., 29,99 €,
ISBN 978-3-8376-2602-5

Elk Franke (Hg.)
Herausforderung Gen-Doping
Bedingungen einer noch nicht geführten Debatte

Juni 2015, ca. 270 Seiten, kart., 19,80 €,
ISBN 978-3-8376-1380-3

Leseproben, weitere Informationen und Bestellmöglichkeiten
finden Sie unter www.transcript-verlag.de